Basiswissen Psychologie

Reihe herausgegeben von
J. Kriz, Institut für Psychologie, Universität Osnabrück, Osnabrück, Deutschland
M. Bühner, Department Psychologie, Ludwig Maximilians Universität München, München, Bayern, Deutschland
T. Goschke, Fakultät für Mathematik und Naturwissenschaften, TU Dresden, Dresden, Deutschland
A. Lohaus, Fakultät für Psychologie und Sportwissenschaft, Universität Bielefeld, Bielefeld, Nordrhein-Westfalen, Deutschland
J. Müsseler, Institut für Psychologie, Rheinisch-Westfälische Technische Hochschule Aachen, Aachen, Deutschland
A. Schütz, FB Psychologie, Universität Bamberg, Bamberg, Deutschland

Die erfolgreiche Lehrbuchreihe im Programmbereich Psychologie: Das Basiswissen ist konzipiert für Studierende und Lehrende der Psychologie und angrenzender Disziplinen, die Wesentliches in kompakter, übersichtlicher Form erfassen wollen.

Eine ideale Vorbereitung für Vorlesungen, Seminare und Prüfungen: Die Bücher bieten Studierenden in aller Kürze einen fundierten Überblick über die wichtigsten Ansätze und Fakten. Sie wecken so Lust am Weiterdenken und Weiterlesen.

Neue Freiräume in der Lehre: Das Basiswissen bietet eine flexible Arbeitsgrundlage. Damit wird Raum geschaffen für individuelle Vertiefungen, Diskussion aktueller Forschung und Praxistransfer.

Reihe herausgegeben von
Prof. Dr. Jürgen Kriz
Universität Osnabrück

Wissenschaftlicher Beirat

Prof. Dr. Markus Bühner
Ludwig-Maximilians-Universität
München

Prof. Dr. Jochen Müsseler
Rheinisch-Westfälische Technische
Hochschule, Aachen

Prof. Dr. Thomas Goschke
Technische Universität, Dresden

Prof. Dr. Astrid Schütz
Otto-Friedrich-Universität, Bamberg

Prof. Dr. Arnold Lohaus
Universität Bielefeld

Weitere Bände in der Reihe http://www.springer.com/series/12310

Werner Greve · Tamara Thomsen

Entwicklungspsychologie

Eine Einführung in die Erklärung menschlicher Entwicklung

Werner Greve
Institut für Psychologie
Stiftung Universität Hildesheim
Hildesheim, Niedersachsen, Deutschland

Tamara Thomsen
Institut für Psychologie
Stiftung Universität Hildesheim
Hildesheim, Niedersachsen, Deutschland

Zusätzliches Material zu diesem Buch finden Sie auf http://www.lehrbuch-psychologie.springer.com.

Basiswissen Psychologie
ISBN 978-3-531-17006-0   ISBN 978-3-531-93432-7   (eBook)
https://doi.org/10.1007/978-3-531-93432-7

Die Deutsche Nationalbibliothek verzeichnet diese Publikation in der Deutschen Nationalbibliografie; detaillierte bibliografische Daten sind im Internet über http://dnb.d-nb.de abrufbar.

© Springer Fachmedien Wiesbaden GmbH, ein Teil von Springer Nature 2019
Das Werk einschließlich aller seiner Teile ist urheberrechtlich geschützt. Jede Verwertung, die nicht ausdrücklich vom Urheberrechtsgesetz zugelassen ist, bedarf der vorherigen Zustimmung des Verlags. Das gilt insbesondere für Vervielfältigungen, Bearbeitungen, Übersetzungen, Mikroverfilmungen und die Einspeicherung und Verarbeitung in elektronischen Systemen.
Die Wiedergabe von Gebrauchsnamen, Handelsnamen, Warenbezeichnungen usw. in diesem Werk berechtigt auch ohne besondere Kennzeichnung nicht zu der Annahme, dass solche Namen im Sinne der Warenzeichen- und Markenschutz-Gesetzgebung als frei zu betrachten wären und daher von jedermann benutzt werden dürften.
Der Verlag, die Autoren und die Herausgeber gehen davon aus, dass die Angaben und Informationen in diesem Werk zum Zeitpunkt der Veröffentlichung vollständig und korrekt sind. Weder der Verlag noch die Autoren oder die Herausgeber übernehmen, ausdrücklich oder implizit, Gewähr für den Inhalt des Werkes, etwaige Fehler oder Äußerungen. Der Verlag bleibt im Hinblick auf geografische Zuordnungen und Gebietsbezeichnungen in veröffentlichten Karten und Institutionsadressen neutral.

Umschlaggestaltung: deblik Berlin
Einbandabbildung: © Focus Pocus LTD/stock.adobe.com

Springer ist ein Imprint der eingetragenen Gesellschaft Springer Fachmedien Wiesbaden GmbH und ist ein Teil von Springer Nature
Die Anschrift der Gesellschaft ist: Abraham-Lincoln-Str. 46, 65189 Wiesbaden, Germany

Vorwort

Diese Einführung in die Entwicklungspsychologie ist etwas anders aufgebaut als die meisten anderen. Es geht um die Erklärung von Entwicklung, also um die Frage, warum wir uns entwickeln – warum so, wie wir es tun, und warum wir uns überhaupt entwickeln. Die verschiedenen Kapitel und Abschnitte diskutieren verschiedene Perspektiven auf diese Frage, insbesondere die Einflussdimensionen biologische, soziale und autonome Entwicklungsbedingungen. Das Buch ist so gemeint, dass es am besten von vorne nach hinten gelesen wird – viele der späteren Kapitel und Argumente werden frühere voraussetzen, manche der vorne aufgeworfenen Fragen werden im weiteren Verlauf wieder aufgegriffen. Es ist ein Einführungsbuch und wird daher viele Aspekte nur anreißen und manche sehr vernachlässigen. Und es soll zugleich für die Entwicklungspsychologie werben – und für die Erklärungsperspektive, die wir hier behandeln.

Es liegt nicht im Rahmen eines Einführungsbuchs, alle Punkte und Argumente mit Literaturhinweisen zu belegen. Wir haben das an wichtigen Punkten getan, häufig auch auf Überblicksarbeiten verwiesen, manchmal auch wichtige Klassiker zitiert und mitunter exemplarisch einzelne Arbeiten oder Autoren. Unweigerlich ist diese Auswahl höchst selektiv geworden, sehr unvollständig und auch nicht repräsentativ. Der Hinweis ist wichtig, dass das Fehlen von Quellenangaben über weite Strecken des Textes nicht nahelegen soll, dass dies alles ausschließlich eigene Gedanken seien. Sie sind es nicht. Im Gegenteil: Dieses Buch handelt fast ausschließlich von den Ideen anderer – es berichtet von ihnen, fasst sie zusammen, versucht sie zu ordnen, diskutiert sie gelegentlich (insbesondere durch Kontrastierung mit den Ideen anderer) – „originell" (im wörtlichen Sinne der „Ursprünglichkeit") ist kaum etwas. Es gibt schon in Deutsch zahlreiche Lehr- und Einführungsbücher zur Entwicklungspsychologie, viele mehr in Englisch. Viele, aus denen wir selbst viel gelernt haben, haben wir eingangs und fortlaufend zitiert, aber auch diese Auswahl ist selektiv. Die Unvollständigkeit der Nachweise war einfach unvermeidlich – wohl ist uns damit nicht. Zwar folgt der Text in manchen Passagen auch früheren eigenen Arbeiten (insbesondere in den Kap. 4, 5 und 6); das wäre schwer zu vermeiden und wohl auch nicht sinnvoll gewesen. Viele dieser Arbeiten haben wir zitiert, gewiss nicht an allen Stellen, an denen wir ihnen gedanklich und gelegentlich bis in Formulierungen hinein gefolgt sind. Aber auch diese Arbeiten schulden anderen Dank; daher sind hier ein paar Dankesworte moralisch geboten – und auch unser Anliegen.

Der Dank, den wir beide all denen schulden, die über so lange Zeit mit uns über Entwicklung diskutiert haben, muss allgemein bleiben, schon deswegen, weil dieses Buch diesen Gesprächen und Personen gewiss viel mehr verdankt, als uns klar ist. Wenn wir hier keine Namen nennen, dann vor allem aus Sorge, andere nicht zu nennen, die Schweigen nicht verdient haben. Sagen wollen wir aber doch, dass das vorliegende Buch Jochen Brandtstädter weit mehr verdankt als Zitationen und Belegverweise signalisieren könnten; seine Aufsätze und Bücher, auch ungezählte Diskussionen, die Werner Greve mit ihm geführt hat (und auch gemeinsame Arbeiten), haben die hier präsentierte Argumentation vielfach und tiefgreifend geprägt – ganz gewiss auch an Stellen, die man gerne für eigene Gedanken halten würde. Daneben haben auch andere Lehrerinnen und Lehrer einen oder beide von uns beeinflusst oder geprägt oder beeindruckt und ebenso auch sehr viele Kolleginnen und Kollegen, die oft Freunde wurden, darunter einige, mit denen einer oder beide von uns nun schon viele Jahre sprechen, gemeinsam denken und schreiben. Ein pauschaler, aber ernst gemeinter Dank an sie alle muss genügen; das schließt die Kolleginnen und Kollegen der Arbeitsgruppe Entwicklungspsychologie in Hildesheim ganz ausdrücklich und ganz besonders ein.

Das Buch verdankt sein tatsächliches Erscheinen der sehr langen und geduldigen, (zunehmend) hartnäckigen und dabei zugleich uneingeschränkt unterstützenden Begleitung von Jürgen Kriz, der auch inhaltlich zahlreiche wertvolle Hinweise beigetragen hat. Das gesamte Manuskript haben außerdem drei Studierende der Psychologie sorgsam und kritisch gelesen – viele wichtige Punkte wären unklar (einige falsch) geblieben ohne die sehr genauen und aufmerksamen Rückmeldungen von Tabea Farnbacher, Ann-Danielle Hartwig und Franziska Reimers.

Werner Greve
Tamara Thomsen

Inhaltsverzeichnis

1 **Menschliche Entwicklung: Wie kann Einzigartigkeit erklärt werden?** ... 1
   1.1 Was ist Entwicklung? ... 2
   1.2 Entwicklung beschreiben ... 4
   1.3 Entwicklung erklären ... 8
   1.4 „Innen"- und „Außen"-Steuerung – Welche Faktoren gestalten unsere Entwicklung? ... 12
   1.5 Welche Arten von Entwicklungseinflüssen lassen sich unterscheiden? ... 14
   1.6 Der Aufbau dieses Buchs ... 17

2 **Von der induktiven zur geordneten Beschreibung: Entwicklungsphasen** ... 21
   2.1 Beschreibung von Entwicklung und Entwicklungsverläufen: Entwicklungsaufgaben ... 24
   2.2 Psychosexuelle Stadien: Bausteine einer universellen Entwicklungstheorie? ... 31
   2.3 Psychosoziale Krisen: Die Vielfalt von Entwicklungsverläufen ... 44
   2.4 Sequenzielle Logik: Die Entwicklung des Denkens folgt den Gesetzen des Denkens ... 51

3 **Entwicklung als Sozialisation** ... 61
   3.1 Die Entwicklung für soziale Interaktion: Moralische Entwicklung ... 62
   3.2 Die Entwicklung durch soziale Interaktion: Wie prägend ist frühe Bindungserfahrung? ... 77

4	Natürliche Entwicklung: Die biologische Perspektive.............	91
	4.1 Biologisches Wachstum: Reifung	92
	4.2 Natur und Kultur: Das „Anlage/Umwelt-Problem"	104
	4.3 Evolutionäre Prinzipien: Entwicklung ist selbst ein Evolutionsprodukt	120
5	Entwicklung über die Lebensspanne: Entwicklungsprozesse	135
	5.1 Von der Beschreibung zur Erklärung von Entwicklung: Ein zusammenfassendes Zwischenfazit	135
	5.2 Selbstregulation: Die aktionale Entwicklungsperspektive........	141
	5.3 Selbst-Regulation: Die Entwicklung des Selbst................	155
	5.4 Lebenslauf als psychologisches Problem: Entwicklungsregulationstheorien..........................	169
	5.5 Entwicklung als Problemlösen: Adaptation und Äquilibration..	186
6	Entwicklungssysteme: Dynamische Adaptation auf verschachtelten Ebenen.................................	197
	6.1 Die Komplexität der Entwicklungskontexte: Entwicklungseinflüsse und Entwicklungsbedingungen auf verschiedenen Ebenen	200
	6.2 Entwicklungsdynamik: Entwicklung als Entwicklungsbedingung..................................	219
	6.3 Entwicklungssysteme: Die Komplexität von Bedingungen, Folgen und Prozessen.......................	224
Literatur..		229
Sachverzeichnis		239

Menschliche Entwicklung: Wie kann Einzigartigkeit erklärt werden? 1

Menschen verändern sich, ihr Leben lang. Die Veränderung ist oft erheblich: Das schreiende kleine Paket, das die Hebamme in den Armen hält, hat mit dem einkaufstaschenbeladenen Hausmann, mit der hartherzigen Drogendealerin, mit dem alten Herrn auf der Parkbank – hat mit all diesen Personen nichts gemeinsam, wie es scheint. Schon äußerlich hat sich auf dem langen Weg von diesem kleinen Bündel bis zu uns Erwachsenen buchstäblich alles verändert: Von der Haut bis zu den Gedanken ist beinahe nichts mehr so, wie es im ersten Lebensmoment war.

Zweifellos wird man viel von dem, was sich seit dem Moment, in dem die Befruchtung der Eizelle den Beginn einer Biografie markiert hat, verändert hat, *Entwicklung* nennen. Fähigkeiten haben sich entwickelt (zu beißen, zu laufen, zu sprechen), Eigenschaften und Neigungen (zu widersprechen, fröhlich zu sein), natürlich auch Körperfunktionen (die Koordination von Auge und Hand, die Reaktionsgeschwindigkeiten, die Sexualität). Viel davon haben wir fast zwanglos erworben – die Biologie hat uns irgendwie vorbereitet („prädisponiert"), diese Dinge zu lernen. Aber ohne die Fürsorge von Erwachsenen, vor allem von den Eltern, wäre das natürlich auch nicht (gut) gegangen, und manches haben wir auch von ihnen gelernt, was andere, woanders, nicht oder nicht so gelernt haben (z. B. die *Mutter*sprache). Im Laufe unseres Lebens hat die Kultur (die Gesellschaft), vertreten oder verkörpert durch eine Reihe von Personen (z. B. Lehrer, Gleichaltrige) oder andere Faktoren (z. B. Bücher, Internet), eine ganze Reihe weiterer Einflüsse eingebracht, Möglichkeiten geschaffen, Wege gebahnt oder blockiert, Fähigkeiten möglich gemacht (Lesen und Schreiben, Tanzen oder Auto fahren, Musikgeschmack). Als Möglichkeit war dies alles in diesem kleinen Bündel schon angelegt, aber realisiert werden musste es dennoch erst im Laufe der Zeit – mit anderen Worten: *durch* Entwicklung. *Ganz* von alleine ging es nicht, obwohl sich manches davon, wie es scheint, fast ohne äußere Hilfestellung entwickelt hat

© Springer Fachmedien Wiesbaden GmbH, ein Teil von Springer Nature 2019
W. Greve und T. Thomsen, *Entwicklungspsychologie*, Basiswissen Psychologie,
https://doi.org/10.1007/978-3-531-93432-7_1

(wir wachsen, wenn wir überhaupt überleben, nahezu von alleine), und manches gewissermaßen nur herausgeholt werden musste – eben: *ent-wickelt* (wir lernen Laufen fast ganz ohne Hilfe). Anderes wäre ohne systematische Förderung nicht entwickelt worden (Rechnen, Lesen, Autofahren). Aber wie ist das mit dem, was uns jenseits konkreter Fertigkeiten ausmacht: unsere Eigenschaften, unsere Überzeugungen, unsere Möglichkeiten und Grenzen, unser Denken und Fühlen, unser *Selbst*? Auch diese Aspekte, nicht nur unsere Fähigkeiten, machen uns zu der Person, die jeweils „Ich" ist. Welche Einflüsse machen uns auf welche Weise zu dieser Person? Ist es wichtig, verschiedene Veränderungsprozesse zu unterscheiden? Laufenlernen oder Sprechenlernen geschieht anders als das Schreibenlernen, und nochmals anders als Lernen des Umgangs mit Niederlagen im Laufe des Lebens – wie wichtig sind Unterschiede, wie wichtig sind Gemeinsamkeiten? Diese Fragen sollen in diesem Buch behandelt werden.

1.1 Was ist Entwicklung?

Betrachtet man insbesondere die grundlegenden Fähigkeiten (Bewegen, Sprechen, Denken), sieht es fast so aus, als ob diese Entwicklung irgendwann eine Art Abschluss findet: Man hat hoffentlich die Grundausstattung fürs Leben beisammen, ist *er-wachsen*. Natürlich kann man an der einen oder anderen Stelle an sich weiterarbeiten, sich spezialisieren (Psychologie studieren), einen Gesichtspunkt vertiefen (besser Klavier spielen) oder etwas Neues lernen (eine fremde Sprache), aber das sind doch eher, so scheint es, zusätzliche Dinge, nicht wesentlich, nicht notwendig. Natürlich, bis zum Tode wird sich noch manches verändern, wird man noch viel lernen – aber sind das noch *Entwicklungen*?

Vermutlich wird man tatsächlich nicht alle Veränderungen Entwicklungen nennen wollen. Schon in der Kindheit gibt es viele Veränderungen, die man anders einordnen wollen wird: Zum Beispiel wachsen die Haare und die Finger- und Zehennägel, was wir (jedenfalls dann, wenn sie erst mal da sind) nicht als Entwicklung betrachten würden, obwohl es nicht so verschieden zu sein scheint, beispielsweise von der *Entwicklung* der Zähne. Manchmal bekommen wir einen Sonnenbrand (die Färbung und Struktur der Haut verändert sich), was wir nicht als Entwicklung ansehen, obwohl auf den ersten Blick kaum etwas anderes passiert als bei der Entwicklung eines Muttermals. Und natürlich gibt es jederzeit kurzfristige Veränderungen (vor einer Stunde hatte ich Hunger, jetzt nicht mehr, vor vier Stunden habe ich geschlafen, jetzt bin ich wach), die ganz bestimmt keine Entwicklung sind. Welche Veränderungen sind dann also *Entwicklungen*?

1.1 Was ist Entwicklung?

Offenbar ist es nicht so einfach, „Entwicklung" zu definieren: Was unterscheidet Entwicklung von „Reifung", von „Lernen", von „Wachstum", überhaupt: von „Veränderung"? Irgendwie scheint es um „Fortschritt" zu gehen, aber auch nicht jeder Fortschritt ist gleich eine Entwicklung: Wenn ich ein englisches Wort lerne, dann ist das noch keine, eher schon, wenn ich eine grammatische Regel in Englisch lerne, aber *eine* Regel reicht dafür eigentlich auch noch nicht. Selbst wenn ich als Erwachsener Englisch als Fremdsprache lerne (d. h. *viele* Wörter und Regeln – ihre Struktur), scheint das auf den ersten Blick irgendwie „weniger Entwicklung" zu sein (obwohl es mühsam ist und lange dauert) als Laufen zu lernen. Laufen lernen alle (wenn sie gesund sind): *Das* ist ein Musterbeispiel von Entwicklung, ebenso wie Denken lernen, Sprechen lernen und solche Prozesse. Wenn man diese Fähigkeiten *nicht* erwirbt, dann erkennt man daran, dass die Entwicklung gestört ist (normale Entwicklung ist anscheinend dadurch definiert, dass man Denken und Laufen lernt). Allerdings: Wenn man nicht Englisch (als Fremdsprache) lernt ist das ganz sicher keine Entwicklungsstörung. Also sind nur universelle und notwendige Fortschritte „Entwicklung"?

Aber Vorsicht: Wir haben gerade verschiedene Ebenen vermischt. Englisch zu lernen ist ein *Beispiel* für das Lernen von Sprechen (und Denken). Es kommt natürlich nicht darauf an, *was* man spricht und denkt, sondern *dass* man es kann (denn alle denken und sprechen verschieden, mehr oder weniger). Klar: Auf Englisch kommt es nicht an, aber irgendeine Sprache muss es schon sein. Eine Sprache zu lernen hat eine *Funktion*: sozialen Anschluss, Kooperation, Informationsaustausch. Laufen hat eine Funktion (Menschen bewegen sich schneller, wenn sie auf zwei anstatt auf vier Beinen gehen, sie können weiter sehen und sie haben die Hände frei). Ist „Entwicklung" also *funktionale* Veränderung? So einfach ist das auch wieder nicht: Nicht alle funktionalen Veränderungen sind Entwicklungen. Wenn ich von meinem Vater Skat spielen lerne, dann ist das sicher nützlich („funktional"), denn viele Menschen in meinem Land spielen Kartenspiele (man kann es gut gebrauchen, um in Kneipen Kontakt zu knüpfen, zum Beispiel). Aber vielleicht würde man zögern, das Skat-Lernen als Entwicklung zu bezeichnen (allenfalls könnte es sein, dass das Gedächtnis und vielleicht sogar eine bestimmte Form strategischen Denkens geschult werden – *diese* Veränderungen würde man Entwicklung nennen wollen, aber dann ist „Skat" immer noch lediglich das *Mittel* für diese „Entwicklungsförderung" gewesen). Umgekehrt: Welche Funktion hat es, dass mein Haar schon sehr früh weiß geworden ist (bei manchen Männern und Frauen wird das Haar erst sehr spät grau, oder dass man sich im Alter zunehmend langsamer bewegt? Funktionen sind hier schwer zu entdecken, aber sind diese Veränderungen im höheren Alter *deswegen keine* Entwicklung? Wir würden sie eher doch so nennen.

Offenbar können wir auf diese Weise nicht genau bestimmen, was „Entwicklung" ist. Versuchen wir es anders. Entwicklung hat sicher etwas mit „Alter" zu tun: Entwicklungen sind „alterskorrelierte Veränderungen". In erster Näherung hilft das sicher, und für praktische Entscheidungen wird man Alterseinordnungen häufig brauchen (Wann ist ein Kind „schulreif"?). Aber schon auf den zweiten Blick wird auch dieser Ansatz schwierig. Das chronologische Alter (die Zahl der Tage seit dem Tag meiner Geburt) muss mit dem biologischen Alter nicht übereinstimmen: Der körperliche Zustand eines 50-jährigen Mannes im Jahr 2018 unterscheidet sich von dem eines 50-Jährigen im Jahr 1968, 1918 oder 1868 ganz erheblich, ganz zu schweigen von dem eines 50-Jährigen in der Zeit von Kolumbus, Karl dem Großen oder Cäsar (man hätte zu diesen Zeiten übrigens kaum 50-Jährige gefunden, weil die Lebenserwartung deutlich niedriger war). Das subjektiv gefühlte Alter, das manchmal unsere Handlungen und Empfindungen viel stärker beeinflusst als unser biologisches oder chronologisches Alter, ist nochmals etwas anderes, und auch das „soziale" Alter, also das, was andere von jemandem „in meinem Alter" erwarten, könnte nochmals etwas anderes sein. „Das" Alter gibt es folglich nicht.

Manchmal wird „Alter" nur als Synonym für „verstrichene (Lebens-)Zeit" gebraucht. Das aber wäre ganz sicher keine Erklärung für Veränderung, denn eine Veränderung ist *definiert* durch *verschiedene Zustände* einer Struktur (z. B. eines Organismus) zu *verschiedenen Zeitpunkten*.

1.2 Entwicklung beschreiben

Sind es vielleicht *bestimmte* Zustände zu *bestimmten* Zeitpunkten, die Entwicklung ausmachen? Das klingt ganz plausibel: Laufen lernt man so ungefähr mit einem Jahr (mehr oder weniger, s. Siegler et al. 2016d), nicht erst mit sechs, sechzehn oder sechzig. Denken dauert länger, aber auch hier ist klar: Ein Säugling von wenigen Wochen kann es noch (so gut wie) gar nicht, ein 16-Jähriger sollte es können, wenigstens im Prinzip (wir kommen auf die Entwicklung des Denkens zurück; Abschn. 2.4).

> **Sprechen lernen: Entwicklungsschritte (genauer betrachtet)**
> Da Säuglinge bereits vorgeburtlich hören können, werden die Grundsteine des Spracherwerbs schon vor der Geburt gelegt. So präferieren Säuglinge beispielsweise die eigene Muttersprache, wenn sie sich hinreichend von der anderen Sprache unterscheidet, und können Reime, die sie in den

1.2 Entwicklung beschreiben

letzten Schwangerschaftswochen im Mutterleib gehört haben, wiedererkennen. Die rezeptiven Sprachfähigkeiten gehen somit den produktiven Sprachfähigkeiten voran. Bereits mit sechs Wochen beginnen Kinder erste sprachliche, oftmals langanhaltende Laute zu produzieren („oooohhh"), sie murmeln, gurren, quietschen und schreien. Mit wachsendem Lautrepertoire erkennen die Kinder, dass sie durch diese Vokalisationen in Interaktion mit anderen (meist den Eltern) treten können und erweitern somit kontinuierlich ihr Lautrepertoire durch Feedback und Imitation. Auch das Lachen, das etwa im Alter von zwei bis vier Monaten auftritt, spielt eine Rolle bei der Erweiterung des Lautrepertoires. Im Alter von etwa sechs bis zehn Monaten, im sogenannten „Lallstadium", werden aus einfachen vokalischen Lauten schließlich Konsonant-Vokal-Kombinationen („ba", „pa"), die nun auch aneinandergereiht werden („bababa"). Dieses Plappern ist eine Vorbereitung auf die ersten Worte, die Kinder etwa im Alter von zehn bis fünfzehn Monaten sprechen. Aber schon bevor Kinder die ersten Worte überhaupt sprechen können, sind sie in der Lage, die Bedeutung von vielen Wörtern zu verstehen. Das Sprachverstehen wird in diesem Altersbereich bereits auf etwa 50 Wörter geschätzt. Die rezeptive Sprache geht somit weiterhin der Sprachproduktion voran. Die ersten gesprochenen Worte beziehen sich zunächst vor allem auf Personen und Gegenstände und werden – in der sogenannten holophrasischen Phase – als Einwortsätze („haben") verwendet. Während Kinder mit etwa achtzehn Monaten über einen aktiven Wortschatz von etwa 50 Wörtern und über einen rezeptiven Wortschatz von etwa 200 Wörtern verfügen, steigt ihr Repertoire bis zum Ende des zweiten Lebensjahres auf etwa 150 bis 200 aktiv gesprochene Wörtern an. Diese rapide Zunahme wird auch als Wortschatzexplosion bezeichnet. Zu dieser Zeit beginnen Kinder auch, Wörter miteinander zu verknüpfen, um erste Sätze aus ihnen zu bilden. Dies geschieht zunächst noch im Telegrammstil anhand von Zweiwortkombinationen („Teddy haben"). Sind Kinder im Alter von 24 Monaten noch nicht in der Lage, 50 Wörter zu sprechen, werden sie als sogenannte Late-Talker bezeichnet. Für sie besteht ein nicht unerhebliches Risiko, im weiteren Verlauf eine Sprachstörung zu entwickeln. Im Laufe des dritten Lebensjahres lernen Kinder vor allem auch Verben und Adjektive hinzu. Zweiwortkombinationen weiten sich auf Drei- und Vierwortkombinationen aus, und es werden erste komplexere und verstehbare Sätzen gesprochen, in denen sich nun auch erste grammatische Strukturen zeigen. Diese Entwicklung macht es den Kindern möglich, kurze Gespräche zu führen und aufrechtzuerhalten.

> Äußerungen von Dreijährigen beziehen sich dabei noch verstärkt auf aktuelle Begebenheiten, außerdem sind Unterhaltungen mit Gleichaltrigen größtenteils durch einseitige und weniger durch wechselseitige Äußerungen gekennzeichnet. Die Fähigkeit, Sprache grammatikalisch überwiegend korrekt zu gebrauchen, ein aufeinander bezogenes Gespräch über längere Zeit zu führen, Erzählungen über vergangene Ereignisse miteinzubeziehen und Sprache als Kommunikationsmittel gezielt einzusetzen (Sprachpragmatik), nimmt im Laufe des Vorschulalters immer weiter zu.

So eine Reihung lässt sich für viele Bereiche finden. Jedenfalls über Kindheit und Jugend hinweg folgt Entwicklung in vielen Bereichen offenbar einer relativ klaren und relativ einheitlichen (universellen) Ordnung. Es wäre nicht nur seltsam, sondern in manchem tatsächlich undenkbar, wenn die Entwicklung eines Menschen ganz anders verliefe als wir es erwarten: Erst (mit einem Jahr) eine Berufsausbildung, dann (mit sieben) Schreiben lernen, dann Denken lernen (mit 12), irgendwann später Laufen (mit 16), schließlich Sprechen (mit 25). Auch ohne viel darüber nachgedacht zu haben, merken wir sofort: So *kann* es nicht verlaufen. Eine Berufsausbildung setzt sicher Denken voraus, ziemlich sicher auch Sprechen, vielleicht auch Laufen; auch stärker von der Kultur geprägte Lebensveränderungen (z. B. Heiraten) setzen jedenfalls dann, wenn damit eine eigenständige Entscheidung gemeint ist, nicht nur eine komplexe körperliche Entwicklung, sondern in vieler Hinsicht eine geistige Entwicklung voraus. Und in der Tat ist es *eine* Aufgabe von Entwicklungspsychologie, solche *Entwicklungssequenzen* zu identifizieren und zeitlich einzuordnen (natürlich viel genauer und spezifischer als in diesen Beispielen eben, wir kommen auf ein prominentes Beispiel in Abschn. 2.4 zurück).

Dazu liegt es besonders nahe, Entwicklungsschritte, Entwicklungsabschnitte oder Entwicklungsstadien zu suchen, die sich voneinander gut unterscheiden lassen. Die häufig zitierte Metapher hierfür ist der Schmetterling, dessen Entwicklung drei qualitativ sehr verschiedene Abschnitte durchläuft: Raupe, Puppe, Schmetterling. Und in der Tat: Obwohl es, wie sich zeigen wird, *theoretisch* wenig fruchtbar ist, menschliche Entwicklung in Phasen zu denken, ist es *praktisch* äußerst nützlich, Entwicklung in Phasen oder Abschnitten zu beschreiben. Schulreif oder nicht, geschäftsfähig oder nicht – wir brauchen Kategorien, um Entscheidungen zu treffen.

In solchen pragmatischen Grenzziehungen liegt aber auch eine Gefahr: Die Gefahr ist nicht gering, dass ein zunächst relativ beliebiger institutioneller Übergang schließlich als eine substanzielle Differenz wahrgenommen wird, obwohl

1.2 Entwicklung beschreiben

der Begriff „Schulalter" eigentlich nur eine Konvention ausdrückt. Alle haben immer gewusst, dass das Kind, das gestern den Kindergarten verlassen hat, um heute in die Schule zu gehen, dasselbe Kind mit denselben Fähigkeiten und Schwierigkeiten geblieben ist. Wir müssen uns davor hüten, aus einem organisatorischen Übergang (vom Kindergarten in die Schule) einen psychologischen Unterschied zu machen („Schulkind", „volljährig", „Ehemann", „Rentnerin"). Dass eine neue institutionelle Umgebung eine in vielerlei Hinsicht neue Anforderungsstruktur impliziert, und dass die unumgängliche Anpassung (z. B. des Kindes) an diese Anforderungen (z. B. der Schule) dann in der Tat (vielleicht sogar: relativ schnell) einen psychologischen Unterschied nach sich zieht, kann dennoch zutreffen (wir kommen auf die Bedeutung des Entwicklungskontexts in diesem Buch immer wieder zurück).

Weil es keinen großen und gewiss keinen prinzipiellen Unterschied zwischen dem Schulkind und dem Kindergartenkind gibt, ist die Metapher, die hier vielleicht näherliegt als das Bild der Raupe, die Vorstellung eines Baumes, der zuerst ein kleines Zweiglein ist, das aus dem Boden schaut, dann ein Busch, dann ein Stämmchen und irgendwann ein großer, alter Baum. Hier irgendwelche Phasen zu unterscheiden wäre offenbar ganz willkürlich – die Entwicklung verläuft kontinuierlich. Wiederum schließt dies im Einzelnen diskontinuierliche Sprünge nicht aus: Es gibt ein bestimmtes Jahr, in dem der Baum das erste Mal geblüht oder Frucht getragen hat, und dieser eine verdorrte Ast ist in einem ganz bestimmten heißen Sommer übriggeblieben. (Es gibt solche qualitativen „Sprünge" auch in anderen Bereichen. Zum Beispiel sind manche Einsichten – als „Aha!"-Erlebnis – nicht kontinuierlich: Sie waren subjektiv im Augenblick zuvor eben nicht schon zu 90 % präsent, sondern gar nicht.)

Altersbezogene Phasen („Schulalter") inhaltlich festlegen zu wollen kann auch deswegen leicht irreführend werden, weil es zwischen verschiedenen Schulkindern viel mehr und größere Unterschiede gibt als zwischen Schul- und Kindergartenkindern – selbst dann, wenn man Schulkinder eines Geburtsjahrgangs betrachtet. Daher müssten wir eigentlich noch genauer hinsehen und in jedem Einzelfall prüfen, ob die Entwicklungsvoraussetzungen ausreichend sind, um bestimmte Anforderungen stellen zu können: „Schulreif" hängt natürlich nicht vom Geburtstag ab, sondern davon, ob man bestimmte Fähigkeiten (Denken, Sprechen, Bewegen etc.) schon hinreichend entwickelt hat, um das, was man jetzt lernen soll, wirklich auch schon lernen zu können. Das ist ein zweites wichtiges Gebiet der Entwicklungspsychologie: *Entwicklungsdiagnostik*. Es ist theoretisch wie methodisch anspruchsvoll, genau und verlässlich zu messen, „wie weit" eine Person in ihrer Entwicklung ist. Eine solche Diagnose würde weiter gehen als eine an das Lebensalter gebundene Konvention von „Schulreife" und in

Bezug auf klar benannte und (mit den zu bewältigenden Aufgaben begründeten) Kriterien den Entwicklungsstand erfassen.

1.3 Entwicklung erklären

Obwohl diese beiden Themen der Entwicklungsbeschreibung – die Identifikation von Entwicklungssequenzen und eine differenzierte individuelle Entwicklungsdiagnostik – praktisch höchst wichtige Fragen betreffen, wird dieses Buch kaum davon handeln; wir werden sie gelegentlich berühren (etwa im Zusammenhang mit Theorien, die Entwicklungssequenzen beinhalten), aber nicht ausführlich diskutieren. Dies ist kein Handbuch darüber, was man wann kann. Ein wichtiger Grund dafür, diese Themen auszusparen, ist der, dass sie oft (und oft sehr gut) in Lehrbüchern behandelt werden (z. B. Berk 2011; Lohaus und Vierhaus 2015; Pauen 2016), und da es hier gerade auf die Details ankommt (Wann *genau*? Wie kann man das *genau* erfassen?), bietet ein relativ kurzes Einführungsbuch kaum den richtigen Rahmen für sie.

Es gibt aber noch einen wichtigeren Grund, warum wir nicht systematisch beschreiben werden, wer wann was kann oder nicht mehr kann. Denn so nützlich eine gute Beschreibung (einschließlich der zeitlichen Einordnung) von Entwicklungsverläufen sein kann – eine Erklärung kann aus einer bloßen Beschreibung nicht abgeleitet werden: Es ist ja klar, dass man dies oder jenes nicht deswegen kann, *weil* man acht Jahre alt ist. „Schulreif" ist man, wenn bestimmte Fähigkeiten ausreichend ausgebildet sind. Die Erklärung dafür, warum man diese Fähigkeiten in genau dieser Weise ausgebildet hat, hat mit dem Alter nicht mehr zu tun als dass diese Entwicklungen über einen Zeitabschnitt hinweg stattgefunden haben, Zeit „brauchten" (Entwicklung *ist* ein Nacheinander von Zuständen). Warum Entwicklung aber nicht bei einem Zustand stehen geblieben ist, ist damit nicht erklärt.

Das aber ist das, was Wissenschaft eigentlich will: erklären. Dazu ist eine allgemeine *Theorie* erforderlich, also eine *allgemeine* Struktur von Zusammenhängen (z. B. kausalen Zusammenhängen: a *wenn* b, x *weil* y), in die man konkrete Einzelfälle (Personen, Kontexte usw.) einordnen kann.

> **Was ist eine Theorie?**
> Der Begriff „Theorie" wird für sehr unterschiedliche Gedankensysteme verwendet. Wir meinen hier damit ein komplexes System von Annahmen (Aussagen), das Phänomene (wie z. B. die kognitive Entwicklung von

Kindern im Alter von 0 bis 6 Jahren) systematisch mit bestimmten Bedingungen in einer Weise in Zusammenhang setzt, die zur *Erklärung* dieser Phänomene beiträgt. Eine Theorie soll Phänomene nicht nur zutreffend beschreiben, nicht nur zutreffend vorhersagen, sondern auch zutreffend erklären. Die Bedingungen für das zu untersuchende Phänomen, die in der Theorie genannt werden, sind, mit anderen Worten, *kausal* wirksam beim Auftreten (Zustandekommen) der Phänomene.

Es ist klar, dass eine Theorie verallgemeinern muss, sonst wäre eben nur ein Einzelfall (oder einige wenige Fälle) beschrieben. Und es ist auch klar, dass eine Theorie reduzieren muss: Ein wichtiger Teil jeder Theorie ist, die *Unwirksamkeit* vieler potenzieller Faktoren zu behaupten – die eben, von denen sie *nicht* spricht.

Die Aussagen, die in der Theorie formuliert werden, müssen in sich konsistent und widerspruchsfrei sein (sonst können sie nichts erklären), und sie sollen so sparsam und genau wie möglich sein. Weil Theorien und Erklärungen Sätze (Behauptungen) sind, kann man also sagen, dass ein konkretes Phänomen zu erklären (sehr vereinfacht gesagt) bedeutet, einen Satz, der das zu erklärende Phänomen beschreibt, aus der Theorie und der Beschreibung der jeweils geltenden Randbedingungen abzuleiten (eben deswegen muss die Theorie konsistent sein).

Eine wissenschaftliche Theorie ist unter anderem dadurch gekennzeichnet, dass aus ihr empirisch prüfbare Hypothesen abzuleiten sind (man nennt dies den „empirischen Gehalt" einer Theorie). Wenn man z. B. die Voraussetzungen für eine bestimmte Fähigkeit kennt, kann man vorhersagen, dass man erst x können muss, um y können zu können. Diese Behauptung hat empirischen Gehalt, denn sie könnte falsch sein (das wäre dann gezeigt, wenn man y doch schon zeigen kann, obwohl man x noch nicht kann). Das bedeutet: Eine Theorie ist dann nicht wissenschaftlich (hat keinen empirischen Gehalt), wenn eine solche Prüfung unmöglich wäre. Aus der „Theorie" ‚Wenn der Hahn kräht auf dem Mist ändert sich das Wetter oder bleibt wie es ist' folgt leider keine prüfbare Hypothese über das Wetter, weil mit dieser Vorhersage jedes Wetter vereinbar ist.

Nicht immer ist das leicht zu erkennen: Häufig enthalten Behauptungen logische Zirkel oder andere Formen der logischen Trivialität, die nicht auf den ersten Blick deutlich werden. Ist die These „ein richtiges moralisches Urteil setzt ein hinreichend entwickeltes Mitgefühl voraus" gehaltvoll? Nur dann, wenn Moral nicht schon durch Mitgefühl definiert ist (z. B. Moral ohne Mitgefühl ist keine „richtige" Moral), sonst wäre die

> These eben zirkulär (hierzu ausführlicher s. Brandtstädter 1981). Manchmal sind Konzepte zirkulär definiert (ein berühmtes Beispiel ist der Begriff des „Verstärkers" in den klassischen Lerntheorien: Für die Person X ist die Konsequenz Y ein Verstärker genau dann, wenn das Verhalten nach dieser Verhaltenskonsequenz häufiger auftritt – sonst wäre sie eben kein Verstärker gewesen).
>
> Die Prüfung einer Theorie über die Hypothesen (Vorhersagen), die aus ihr ableitbar sind, ist ein zentraler Aspekt wissenschaftlicher Forschung: Wenn eine solche Hypothese (Vorhersage) nicht zutrifft, muss (sofern die Randbedingungen richtig erfasst sind) die Theorie falsch sein. Das ist ein wichtiger Aspekt von wissenschaftlicher Arbeit – deswegen sucht Wissenschaft nicht nach Bestätigung, sondern nach Widerlegung. Denn leider *beweist* eine zutreffende Vorhersage die Theorie nicht (auch wenn die Vorhersage zutrifft, dass Aspirin Kopfschmerzen lindert, beweist das die „Theorie" nicht, dass Aspirinmangel die Ursache des Kopfschmerzes war).

Dieses Buch handelt vor allem davon, *warum* wir uns auf eine bestimmte Weise entwickeln. Wir wollen die Prozesse und Mechanismen in den Mittelpunkt stellen: das, was Entwicklung „antreibt" und „gestaltet". Wenn man Entwicklung nicht aus der beschreibenden Perspektive („Was-verändert-sich-wann?") betrachtet, sondern sich fragt, was die gestaltenden Prozesse sind, dann beachtet man auch Phänomene, die einem sonst weniger auffallen. Nicht zuletzt dies: Entwicklung findet manchmal auch dann statt, wenn man auf den ersten Blick nichts davon sieht. Es geht nicht nur darum, sich zu verändern (z. B. etwas zu lernen) – auch Stabilität ist ein wichtiger Teil dessen, was Entwicklung ausmacht. Natürlich wird unsere Aufmerksamkeit leichter von Veränderung geweckt als von Unbeweglichkeit; das verführt dazu, zu denken, Entwicklung sei *Veränderung* über die Zeit oder mit dem Alter. Aber oft ist die Frage mindestens ebenso spannend, warum sich etwas *nicht* verändert. Warum zum Beispiel bleibt das Bild, das wir uns von uns selbst machen, über die lange Strecke des Erwachsenenalters bis ins hohe Alter hinein so erstaunlich stabil? Warum sind wir so sicher, über unser ganzes Leben hinweg *dieselbe* Person geblieben zu sein, obwohl sich doch buchstäblich *alles* an uns verändert hat (sogar unsere Körperzellen sind nicht mehr die, mit denen wir als Fötus im Uterus unserer Mutter begonnen haben)? Wenn es nötig ist, ändern wir offenbar Teile unseres Selbstbilds, aber wie wird erreicht, dass wir das Gefühl, wir seien noch wir selbst, dabei nicht ernstlich in Gefahr gerät? Wenn wir die Prozesse untersuchen, die Entwicklung anstoßen, bewegen und gestalten, dann müssen wir diese Stabilisierungen ebenso im Blick behalten wie Veränderungen. Etwas überspitzt könnte man sagen, dass Stabilität nicht der Gegensatz, sondern ein Spezialfall (der Grenzfall – sozusagen der Minimalfall) von Veränderung ist: Es sind, wie sich zeigen soll, nicht *andere* Prozesse, die jeweils Stabilität oder Veränderung hervorbringen, sondern dieselben Prozesse, nur mit anderen Randbedingungen.

Es liegt nahe, daraus den Schluss zu ziehen, manche Veränderung sei keine Entwicklung, und Entwicklung sei nicht unbedingt Veränderung. Aber wie wir eben gesehen haben, muss der Umstand, dass man keine Veränderungen *sieht*, durchaus nicht heißen, dass nichts passiert ist (wir werden das später genauer betrachten in Abschn. 5.3). Der springende Punkt an der Betrachtung von Entwicklungsprozessen ist gerade, dass sie manchmal dafür sorgen, dass das, was wir betrachten (z. B. das Verhalten oder bestimmte Überzeugungen und Empfindungen), sich nicht sichtbar ändert. Um das zu erreichen müssen sie aber doch etwas „tun" (z. B. Informationen, die mich selbst betreffen, in einer bestimmten Weise verarbeiten). Anders gesagt: Die Stabilität, die wir *auf einer bestimmten Ebene* registrieren, wird durch Variabilität auf anderen Ebenen *hergestellt* (bewahrt). Dies geschieht systematisch und hat Funktionen (z. B. für unser Überleben oder unser Wohlbefinden), weswegen es eben aussichtsreich ist, nach *allgemeinen Prozessen* zu suchen, die Entwicklung steuern – oder besser gesagt: ausmachen.

Ein Gedanke, der uns im Zusammenhang mit der Frage, was Entwicklung ist und ausmacht, immer wieder begegnen wird, ist das Konzept der Problemlösung. Entwicklung, kann man etwas zugespitzt sagen, besteht in einer Folge von Problemen (Aufgaben) und Lösungsversuchen (Popper 1994). Die Aufgaben und Probleme verändern sich im Laufe der Zeit: der Lebenszeit eines Individuums, aber auch der Generationen. Manche der Aufgaben, die unsere Vorfahren – Jäger und Sammler in der afrikanischen Steppe – im Laufe ihrer Entwicklung lösen mussten, müssen wir auch heute noch lösen (laufen lernen), andere sind weggefallen (Mammuts jagen), wieder andere hinzugekommen (Führerschein). Natürlich variieren Aufgaben auch zwischen Personen und Kontexten, und es gibt für viele Aufgaben (selbst wenn sie vielen Menschen gleich gestellt wird) mehr als eine Lösung – mit unterschiedlichen Folgen für die weitere Entwicklung. Wir werden auf die Frage, wie weit diese Perspektive tragen kann, ausführlicher zurückkommen.

1.4 „Innen"- und „Außen"-Steuerung – Welche Faktoren gestalten unsere Entwicklung?

Die Vorstellung, Kinder seien einfach kleine, unfertige Erwachsene, hatte vom Mittelalter an das Bild von Kindheit jahrhundertelang geprägt (Ariès 1975/1987). Maler stellten Kinder mit den Gesichtszügen von Erwachsenen dar (nur kleiner), und dies zeigt nicht nur eine ganz uneigenständige Vorstellung von Kindheit, sondern auch die Idee einer „vorgeformten" Entwicklung: Die erwachsene Person ist im Kind vollständig angelegt („präformiert"). Das Kind „ent-wickelt" sich zu einem „ausgewachsenen" („er-wachsenen") Menschen. Das, was in ihm angelegt ist, wird sich „ent-falten", und mit dem Erwachsen-Sein ist die Entwicklung dann eben abgeschlossen.

Diese Vorstellung von Kindheit hat sich im 19. Jahrhundert zu wandeln begonnen: Kinder werden nun systematischer erzogen, in der Schule insbesondere, und dadurch nicht nur ent-wickelt, sondern auch geformt. Das impliziert die Vorstellung, dass Kinder nicht von alleine werden (können), was sie werden sollen, sondern dass Formen nötig und somit auch möglich ist. Aber auch wenn die Notwendigkeit der Zuwendung nun über die hilflosen Anfänge des Lebensbeginns hinausreicht (und damit zugleich die Idee einer *eigenständigen Phase* der Kindheit geboren ist) – die Annahme, dass Entwicklung zielgerichtet verläuft, bliebt zunächst unverändert. Und wenn das Ziel von Entwicklung die erwachsene Person ist, dann ist Entwicklung auf Kindheit und Jugend begrenzt. Diese Perspektive prägt alle Entwicklungstheorien in der ersten Hälfte des 20. Jahrhunderts ungebrochen, wobei sie (mit Ausnahme von Jean Piaget; Abschn. 5.5) nicht biologisch argumentieren.

Darüber hinaus weisen die wichtigsten „klassischen" Entwicklungstheorien, zu denen die Theorien von Sigmund Freud, Jean Piaget und Lawrence Kohlberg zählen (zum Überblick s. etwa Flammer 2017), zwei weitere Gemeinsamkeiten auf. Erstens gehen alle diese Entwicklungstheorien davon aus, dass Entwicklung in qualitativ unterscheidbaren Phasen verläuft („Raupe, Puppe, Schmetterling"), die, zweitens, in einer festgelegten, unabänderlichen Reihenfolge auftreten. Die Perspektive der inneren Vorgeformtheit und Festgelegtheit erhielt Rückendeckung durch die seit Beginn des 20. Jahrhunderts bedeutsamer werdende Evolutionstheorie, die der (Fähigkeit zur) Reproduktion eine zentrale Rolle im Lebensspiel zuweist. Es liegt dann aus biologischer Sicht nahe, „Entwicklung" als den Weg der befruchteten Eizelle zum reproduktionsfähigen Organismus (mithin: zum Erwachsenen) zu verstehen (für eine moderne Verteidigung eines solchen

1.4 „Innen"- und „Außen"-Steuerung ...

Ansatzes s. Bischof 2008), wobei dieser „Weg" verlässlich (also in einer feststehenden Sequenz) durchlaufen werden muss.

Die Diskussion in der zweiten Hälfte des 20. Jahrhunderts hat sich von hier aus in drei Richtungen bewegt. Eine Linie argumentierte, dass diese Idee der „Vorgeformtheit" den maßgeblichen Einfluss des Kontexts, zum Beispiel der Erziehung oder der Kultur, stark unterschätze. Viele sozialwissenschaftliche Ansätze haben, insbesondere in der Mitte des 20. Jahrhunderts, der (sozialen) Umwelt die entscheidende Rolle bei der Entwicklung zugeschrieben: Von entscheidender Bedeutung für die Entwicklung des Menschen sei seine „Sozialisation" (Abschn. 3.2 und Abschn 6.1). Eine zweite Argumentationslinie betonte, dass beide Ansätze die Bedeutung der eigenen Handlungen, Entscheidungen und Ziele der Person für sich selbst unterschätzen. Insbesondere im letzten Drittel des 20. Jahrhunderts wurde die sogenannte „aktionale" Perspektive der Entwicklungspsychologie – die Idee der „Selbstgestaltung" – vielfach betont (Abschn. 5.2). Und die dritte Linie argumentierte (zunehmend gegen Ende des 20. Jahrhunderts), dass die innere Festgelegtheit tatsächlich erheblich sei – möglicherweise noch mehr als gedacht: Unser genetisches Erbe bestimmt nach dieser Vorstellung zu einem erheblichen Anteil, wer wir werden (Abschn. 4.2).

Es soll sich zeigen (s. insbesondere Abschn. 4.2), dass vielleicht schon die Frage danach irreführend ist, welcher Faktor wie wichtig oder einflussreich ist (in gewisser Hinsicht ist schon die Unterteilung zwischen „innen" und „außen" irreführend; Abschn. 6.1). Viele moderne Ansätze betonen die wechselseitige Beeinflussung all dieser Faktoren (z. B. zwischen genetischen und Umwelteinflüssen). Das klingt plausibel – aber kann man sich das überhaupt noch vorstellen? Gibt es Theorien oder Modelle, die die vielen denkbaren Wechselwirkungen ordnen helfen? Wie kann man menschliche Entwicklung erklären?

Die Antwort hat erhebliche Folgen für unser Bild von uns selbst – und auch für die eingangs berührte Frage, was Entwicklung eigentlich „ist". Wenn die Funktion von Entwicklung nur die „Ent-Wicklung" des vorgeformten Er-Wachsenen ist, dann ist Entwicklung auf Kindheit und Jugend begrenzt. Wenn Selbstgestaltung ein zentraler Aspekt der Erklärung von Entwicklung ist, dann sind Kindheit und Jugendalter eher vorbereitende Phasen dafür: Man erwirbt die Voraussetzungen dafür, sich später im Erwachsenenalter selbst gestalten zu können. Wenn biologische Einflüsse bestimmend oder mindestens kanalisierend sind für unsere Entwicklung, wie viel Spielraum bleibt dann für Selbstgestaltung – gibt es sie tatsächlich?

1.5 Welche Arten von Entwicklungseinflüssen lassen sich unterscheiden?

Wir werden in diesem Buch verschiedene Ansätze vorstellen und diskutieren, die für (oder gegen) einige oder mehrere dieser Argumentationslinien sprechen. Aber vielleicht ist es hilfreich, sich schon jetzt, ganz zu Anfang, klarzumachen, dass Entwicklung durch verschiedene Arten oder Formen von Einflüssen bestimmt wird. Mehrere Autoren (z. B. Brandtstädter 1990) haben darauf hingewiesen, dass es lohnend ist, mindestens *drei Arten von Einflüssen* zu unterscheiden: kontextuelle, individuelle und universelle Entwicklungsbedingungen (s. zum Folgenden Abb. 1.1).

Die erste Art von Einflüssen haben wir oben schon angesprochen: Historische und kulturelle Bedingungen bestimmen mit, wie wir uns entwickeln. In manchen Darstellungen werden historische von kulturellen Bedingungen unterschieden, aber natürlich sind „historische" Bedingungen eigentlich kulturelle Bedingungen: Wenn zu einer anderen Zeit dieselben Bedingungen herrschen würden, dann

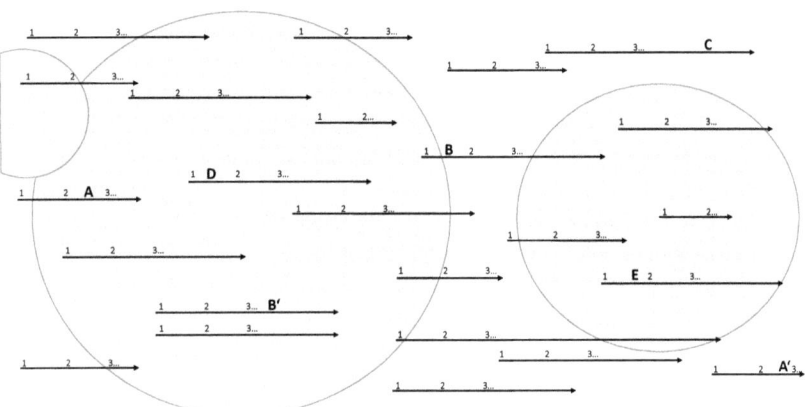

1, 2, 3…	Lebenszeitkorrelierte allgemeine Entwicklungseinflüsse, deren Auftreten und wesentliche Charakteristika relativ unabhängig vom Kontext und von der individuellen Biografie sind.
I., II., III.	Kontextabhängige Entwicklungseinflüsse, die mehrere Individuen betreffen, aber nicht allgemein sind, beispielsweise historische Ereignisse (Mauerfall) oder kulturelle Einflüsse (Sklaverei). Der Einfluss auf die individuelle Entwicklung hängt auch davon ab, in welcher Entwicklungsphase (1,2,3…) und in welcher Art (punktuell oder zeitlich andauernd) der Einfluss auftritt.
A, B, C	Individuelle Entwicklungseinflüsse, die einzelne Individuen betreffen. Dazu zählen verschiedene Ereignisse wie ein Unfall, Hochzeit oder S cheidung (A, B, C…), sowie auch Varianten von Ereignissen, die zu denselben Zeitpunkten (A und A') oder zu verschiedenen Zeitpunkten (B und B') auftreten.

Abb. 1.1 Kontextuelle, universelle und individuelle Entwicklungseinflüsse

würde die bloße Zeit keinen Unterschied machen. Natürlich können gleichzeitig verschiedene kulturelle Bedingungen realisiert sein (das ist in der Geschichte fast immer der Fall gewesen); Unterschiede zwischen verschiedenen historischen Zeitpunkten in der Geschichte eines Landes sind also ein Spezialfall kultureller Unterschiede.

Allgemeiner gesagt: Es kommt auf den *Kontext* an, in dem wir uns entwickeln und an den wir uns, mindestens bis zu einem gewissen Grad, anpassen müssen. Vergleichen wir eine Person, die in Dresden 1960 geboren wurde, mit einer, die dort 1980 geboren wurde, und mit einer, die 2000 geboren wurde. Ein historisches Ereignis wie der Fall der Mauer zwischen den beiden deutschen Staaten im Jahr 1989 betrifft sie in sehr unterschiedlicher Weise. Die erste Person wird Kindheit, Jugend und sogar das „Heraufdämmern" des Erwachsenenalters (Arnett 2000) in einem der beiden deutschen Staaten erlebt haben, sich aber dann, als Erwachsene (mit 30 Jahren), in einem anderen Staat vielleicht völlig neu orientieren müssen (z. B. eine Ausbildung als Juristin wegen der politischen Veränderung nicht beruflich nutzen können). Die zweite Person wird die Umorientierung nach dem Mauerfall als junges Kind erleben, manches davon (z. B. die Sorgen der Eltern durch den Wegfall des Arbeitsplatzes) vielleicht nicht bewusst registrieren, anderes aber durchaus (plötzlich sind andere Konsumgüter verfügbar als vorher). Die dritte Person wird dies alles nur aus den Erzählungen von anderen (z. B. der Eltern oder im Schulunterricht) kennen. Wahrscheinlich wird das historische Ereignis „deutsch-deutsche Vereinigung" alle drei Personen in ihrer Entwicklung beeinflussen (auch die dritte Person ist vielleicht von den Folgen der Vereinigung direkt betroffen, vielleicht durch die Veränderungen in ihrem Heimatort, aber auch durch den Einfluss von Personen, die den Mauerfall selbst erlebt haben, z. B. Lehrer oder Verwandte), aber gewiss in sehr unterschiedlicher Weise. Dieser Effekt wird größer, wenn man an größere Abstände denkt: Es macht offenbar einen gewaltigen Unterschied, ob man zu Zeiten Cäsars oder Karls des Großen oder Napoleons oder Angela Merkels geboren ist – oder ob man im Jahr 2010 in Deutschland, im Sudan, in Syrien, China oder Nordkorea geboren wurde. Der Kontext spielt gewiss eine große Rolle. Wir werden diese kontextuellen oder kulturellen Entwicklungseinflüsse selten konkret thematisieren (vgl. zu dieser Perspektive etwa Valsiner und Connolly 2003). Aber sie werden an wenigstens einem Beispiel (einer Theorie der moralischen Entwicklung; Abschn. 3.1) grundsätzlicher diskutiert werden, eine ganz besondere Seite von ihr (die Bedeutung des Kontexts im Rahmen der Entwicklungsgeschichte der *Spezies* „homo sapiens") wird im Abschn. 4.3 diskutiert, und die *Systematik* des Kontexteinflusses werden wir im Kap. 6 genauer betrachten. Daneben wird die Rolle des Kontexts immer wieder als Problem oder Einwand auftauchen. Es ist tatsächlich eine wichtige

Perspektive – eine Theorie, die Entwicklung erklären will, muss auf diesen Punkt systematisch Bezug nehmen.

Aber es ist klar, dass nicht nur solche Ereignisse oder Bedingungen einflussreich sind, die *alle* Menschen betreffen, in deren Lebzeiten sie auftreten. Wir werden auch von ganz *individuellen* Erfahrungen beeinflusst, vielleicht manchmal geprägt, die nur uns allein betroffen haben: Die Scheidung meiner Eltern haben andere nicht miterlebt, die lange Krankheit, wegen der ich ein Schuljahr wiederholen musste, hat nicht einmal meine Geschwister sehr betroffen, die Begegnung mit der Person, die mich später geheiratet hat, hat nur mein Leben von Grund auf geändert. All das hat unsere Entwicklung beeinflusst: Wir sind die Person, die wir ganz individuell geworden sind und noch werden, weil uns diese ganz speziellen, einzigartigen Erlebnisse widerfahren sind. Ziemlich sicher kann man derart individuelle und *unsystematische* Einflüsse nicht umfassend behandeln, ohne am Ende für jede Einzelperson eine individuelle Biografie zu beschreiben (wie dies vor über 80 Jahren Charlotte Bühler (1933) getan hat). Das Ziel der Entwicklungspsychologie kann es nicht sein, eine Sammlung aller einzelnen Biografien zu bilden. Aber es ist auch klar, dass man den Aspekt der Individualität von Entwicklung nicht übersehen darf. Wir werden ihn mehrfach behandeln, vor allem dort, wo es um die Prozesse der Auseinandersetzung mit Herausforderungen, Problemen, Aufgaben oder Krisen geht (Abschn. 5.4).

In diese zweite Kategorie individueller Entwicklungseinflüsse gehören auch die Einflüsse, die wir uns selbst auswählen. Auch wenn wir vieles von dem, was uns bestimmt, nicht bestimmen können (unsere Gene, unsere Eltern, die Kultur, in die wir hineingeboren sind), sind wir doch in mancher Hinsicht Mitproduzenten unserer Entwicklung. Wir setzen uns (Entwicklungs-)Ziele für uns selbst: Wir wollen vielleicht mutiger werden oder ein besserer Partner oder unsere Fähigkeiten erweitern, und wir versuchen systematisch, diese Entwicklungsziele zu erreichen (z. B. durch eine Therapie, durch ein Training, durch sorgfältige Selbstbeobachtung). Nicht zuletzt dieser Punkt ist ein wesentlicher Faktor – zugleich Resultat und Bedingung – unserer Individualität (wir werden über diese „aktionale Perspektive" im Abschn. 5.2 ausführlicher sprechen).

Kontextuelle und individuelle Entwicklungseinflüsse haben gemeinsam, dass sie einmalig sind: Der Fall der Mauer zwischen den beiden deutschen Staaten ebenso wie der Sportunfall vor meinem Sportabitur treten *so* nicht wieder auf. Man kann sie genau beschreiben, man kann ihren Einfluss auf Entwicklungsverläufe von Menschen untersuchen, aber man kann aus ihnen keine wissenschaftliche (d. h.: allgemeine) Theorie machen. Vielleicht muss man das auch nicht. Wir werden sehen (Kap. 5 und Kap. 6), dass es vielleicht weiter führt, stattdessen die *Prozesse* zu identifizieren, die erklären, wie eine Person mit Erfahrungen

(Erlebnissen oder Kontextbedingungen) umgeht und wie sie sie verarbeitet. Denn es ist plausibel anzunehmen, dass zwar nicht die Erfahrungen selbst, wohl aber der Umgang mit ihnen (ihre Verarbeitung) allgemeinen Prinzipien folgt.

Die Form des Entwicklungseinflusses, die wir am ausführlichsten behandeln werden, sind daher „universelle" Einflüsse, die überall und jederzeit, eben *unabhängig* vom Kontext wirksam sind. Damit sind gerade nicht konkrete Bedingungen gemeint, sondern allgemeine Prozesse und Gesetzmäßigkeiten. Eine naturwissenschaftliche Perspektive sucht genau dies: allgemeine (universelle) Regelmäßigkeiten (Muster, Gesetzmäßigkeiten), die hinter der Vielfalt des Lebens stecken – die sie *erklären*. Es geht also um Einflüsse, die Entwicklung steuern oder beeinflussen, die bei allen Menschen in der gleichen Weise auftreten, egal ob sie in Peru oder Deutschland oder zu Zeiten Cäsars oder Bismarcks gelebt haben. Die oben kurz angesprochenen „Phasen-Theorien" (Raupe, Puppe, Schmetterling) haben diese Absicht verfolgt, weil sie nach (Abfolgen von) Phasen suchen, die universell auftreten: bei allen und überall in einem bestimmten Alter. Aber auch Theorien, die stärker bestimmte Entwicklungsprozesse in den Blick nehmen (z. B. Prozesse, die den Umgang mit Problemen regulieren; Kap. 5), erheben den Anspruch, kontextübergreifend gültig zu sein (d. h. universell wirksame Prozesse zu beschreiben). In diese Perspektive gehört auch die Frage, inwieweit menschliche Entwicklung durch die von unseren Eltern geerbte genetische Ausstattung geprägt, beeinflusst, gesteuert wird – und inwieweit nicht (diese Frage ist natürlich für die *Erklärung* von Entwicklung von herausragender Bedeutung; wir werden sie insbesondere in Abschn. 4.2 diskutieren). Kurzum handeln fast alle Kapitel im Wesentlichen von den universellen Erklärungsansätzen für menschliche Entwicklung.

1.6 Der Aufbau dieses Buchs

Aber der Reihe nach. Diese einleitenden Bemerkungen sollten nur darauf vorbereiten, was Sie in diesem Buch erwartet (und was Sie darin weniger finden werden). Aber auch wenn wir nun beginnen, ohne „Entwicklung" definiert zu haben: Je mehr man über Entwicklungsprozesse und -mechanismen weiß, desto klarer wird, was Entwicklung „ist" (und was sie nicht ist) – die Frage nach einer angemessenen Definition wird sich dabei hoffentlich geklärt oder sich auch in gewisser Weise erledigt haben (wir kommen in Abschn. 5.3 darauf nochmals zurück).

Die Orientierung an Entwicklungserklärungen und Entwicklungsprozessen bringt es mit sich, dass das Buch nicht in der sonst oft üblichen Weise gegliedert ist. Man findet in Lehrbüchern der Entwicklungspsychologie üblicherweise drei Ordnungsprinzipien: Man kann nach Lebensabschnitten gliedern (Kindheit, Jugend, Erwachsenenalter, Alter – oder auch genauer; s. Berk 2011), man kann nach Entwicklungsbereichen gliedern (z. B. Sprache, Motorik, Emotionen, soziale Fähigkeiten und Beziehungen; s. Pauen 2016), und man kann nach Theorien bzw. theoretischen Ansätzen gliedern (Freud, Piaget, Erikson, Kohlberg, Baltes, usw.; s. z. B. Flammer 2017). Häufig werden diese Systeme gemischt, z. B. innerhalb der Lebensabschnitte wird nochmals nach Bereichen getrennt (Schneider und Lindenberger 2012), oder innerhalb der Lebensabschnitte oder Bereiche werden einzelne Theorien behandelt, besonders dann, wenn ein Lehrbuch sich auf einen Lebensabschnitt konzentriert, etwa eine Entwicklungspsychologie des Kindes- und Jugendalters (Lohaus 2018; Lohaus und Vierhaus 2015; s. Pauen 2016), des Erwachsenenalters (z. B. Faltermaier et al. 2014; Lang et al. 2012) oder der Lebensspanne (Brandtstädter und Lindenberger 2007). Wir werden nicht systematisch entlang des Lebensalters oder verschiedener Funktionsbereiche argumentieren. Verschiedene Funktionsbereiche und Lebensabschnitte werden an unterschiedlichen Stellen jeweils dann als Beispiel herangezogen, wenn sie den Punkt, um den es geht, besonders anschaulich verdeutlichen. Aber obwohl wir die Erklärung von Entwicklung in den Mittelpunkt stellen wollen, werden wir auch nichtsystematisch entlang von Theorien argumentieren. Natürlich werden die Perspektiven, die wir betrachten, oft durch Theorien (prototypisch) repräsentiert. Einige Theorien (z. B. die Theorien von Piaget und Havighurst) werden mehrfach auftauchen (wir werden jeweils nur den Aspekt besprechen, der die jeweilige Perspektive oder den jeweiligen Erklärungsansatz illustriert oder klären hilft) – dadurch wird man solche Theorien nicht an einer Stelle nachlesen können, sondern im Laufe des Buchs nach und nach kennen lernen. Andere werden nur an einer Stelle auftreten und dadurch – manchmal sehr – verkürzt bleiben.

Vor allem wollen wir die Diskussion (eines Aspektes) einer Theorie immer zugleich auch nutzen, um *generelle* Probleme einer Erklärung von Entwicklung zu diskutieren: methodische (z. B. wie könnte man diese Theorie empirisch prüfen?), theoretische (z. B. welche stillschweigenden Voraussetzungen macht diese Theorie, die näher besehen nicht selbstverständlich sind?) oder inhaltliche (z. B. welcher wichtige Aspekt wird in dieser Theorie nicht angesprochen?).

Gleichgültig, wie man ordnet: Jedes (Lehr-)Buch muss auswählen und Schwerpunkte setzen. Manchmal geschieht dies unter einem spezifischen Blickwinkel (etwa dann, wenn man eine Entwicklungspsychologie für Lehrer und Lehrerinnen schreibt; s. z. B. Schick 2011; Tücke und Burger 2007; oder Entwicklung etwas allgemeiner behandeln will; s. z. B. Steinebach 2000), aber

1.6 Der Aufbau dieses Buchs

immer auch nach einem eigenen Urteil darüber, welche Themen, Bereiche, Theorien oder Befunde besonders wichtig oder unwichtig sind. Wir werden nicht nur bei der *Beschreibung* von Entwicklung – wer kann wann was? – stark auswählen, sondern auch bei Theorien. Die Absicht unserer Auswahl war es, prototypische Theorien zu behandeln, also solche, die eine bestimmte Perspektive, einen bestimmten Erklärungsansatz besonders gut verdeutlichen oder repräsentieren.

Das bedeutet, dass wir uns darauf verlassen müssen, dass dieses Buch kritische und nachdenkliche Lesende findet, die durch unsere Darstellung vielleicht angeregt werden, sie mit anderen zu vergleichen, um den je gewählten Akzenten auf die Spur zu kommen, die nach- und weiterdenken möchten, kritisch prüfen, verwerfen oder (einstweilen) annehmen. Das Buch, das wir geschrieben haben, soll eine Hilfe dabei sein, Einsicht in das zu gewinnen, was (menschliche) Entwicklung ausmacht und insbesondere wie sie erklärt werden kann, und es soll eine hoffentlich etwas ungewöhnliche Perspektive dazu beitragen. Vor allem aber soll es Lust darauf machen, es zu versuchen.

Von der induktiven zur geordneten Beschreibung: Entwicklungsphasen

2

Wenn man menschliche Entwicklung verstehen will, liegt es nahe, sie zunächst genau zu beschreiben. Besonders am Anfang des Lebenslaufs, wenn man meint, dem kleinen Menschen buchstäblich bei Wachsen und Werden zusehen zu können, und so viel versäumt, wenn man nicht täglich registriert, was sich verändert, erscheint uns Entwicklung so spektakulär, dass wir kein Detail übersehen und geringschätzen wollen. Tatsächlich bildet sorgfältiges Registrieren einen möglichen Ausgangspunkt von Wissenschaft (einige Pioniere des Faches haben mit der genauen Beobachtung ihrer eigenen Kinder begonnen, z. B. William Stern und Jean Piaget; zusammenfassend s. Lück und Miller 1993). Aber schon die schiere Menge des Registrierbaren stellt uns vor eine kaum zu bewältigende Aufgabe (s. z. B. das Buch von Barker and Wright (1961) „One boy's day"). Schon deswegen kann das Beobachten allein kein Weg sein, Entwicklung zu verstehen. Das Anliegen, Entwicklung nicht nur beschreiben, sondern erklären zu wollen, macht es notwendig, eine Systematik in der Vielfalt zu suchen, mit der man sie nicht nur reduzieren, sondern insbesondere auch ordnen kann. Es liegt nahe, dies zunächst „induktiv" zu versuchen: Induktion meint den Versuch, aus (einer Vielzahl von) Einzelfällen auf allgemeine Muster zu schließen. Im gelingenden Fall kann dabei eine Ordnung gefunden werden, die natürlich jedenfalls zu den Fällen passt, aus denen sie gewonnen wurde.

> **Induktiv – deduktiv**
> Als „induktiv" werden solche Erkenntnismethoden bezeichnet, die vom Speziellen auf das Allgemeine schließen. „Ich habe *viele* weiße Schwäne beobachtet, bislang keinen anderen – also sind (vielleicht oder wahrscheinlich) *alle* Schwäne weiß." Das Problem (die Grenze) dieses Erkenntniswegs

ist, dass aus noch so vielen einzelnen Fällen nicht *folgt*, dass alle Fälle so sind wie die bisher beobachteten. Hunderte, auch Tausende von Beobachtungen von weißen Schwänen *beweisen* nicht, dass alle Schwäne weiß sind; selbst die Wahrscheinlichkeit, dass das so ist, hängt von vielen Randbedingungen ab (z. B. davon, wo und wie man gesucht hat).

Demgegenüber wird der umgekehrte Weg als „deduktiv" bezeichnet: Hier geht man von einer allgemeinen Annahme (einer Theorie oder Hypothese) aus und schließt von ihr auf den speziellen Fall. „Wenn *alle* Schwäne weiß sind, dann *muss* auch der weiß sein, den ich morgen in Australien sehen werde." Wenn dieser Schwan dann schwarz ist (es gibt schwarze Schwäne in Australien), dann ist damit *bewiesen*, dass die Theorie („Alle Schwäne sind weiß") falsch war (dazu genügt ein einziger Fall).

Das bedeutet zugleich: *Allgemeine* Theorien (und die aus ihnen abgeleiteten Hypothesen) können niemals bewiesen, nur widerlegt werden. Natürlich ist die Prüfung von Theorien tatsächlich viel komplizierter – wir können die Vielzahl von Einwänden und Details im Rahmen dieses Buchs nicht behandeln (zur Einführung s. etwa Chalmers 2007; Hecht und Desnizza 2012; Kriz et al. 1990; Steinebach 2000).

Wichtig ist aber, dass die Widerlegung einer Hypothese („Alle Schwäne sind weiß") durch einen Einzelfall (einen schwarzen Schwan) nicht an der Definition scheitern darf („Wenn er schwarz ist, dann beweist das, dass er kein Schwan sein kein, denn alle Schwäne sind weiß!"). Dann wäre der Satz „Alle Schwäne sind weiß" keine empirisch prüfbare Hypothese (oder Theorie) gewesen, sondern eine Definition (Definitionen können nicht widerlegt werden, also auch nicht falsch sein; wir kommen auf dieses Problem zurück; Abschn. 3.1). So verstanden wäre die Äußerung nicht widerlegbar gewesen – sie hätte, wie oben (Abschn. 1.3) schon gesagt, keinen empirischen Gehalt gehabt. Oftmals sind wissenschaftliche Sätze in dieser Hinsicht nicht eindeutig; wir werden das insbesondere anhand der Formulierung „Entwicklung findet über die gesamte Lebensspanne statt" ausführlicher diskutieren (Abschn. 5.4)

Fast alle „klassischen" Theorien der Entwicklungspsychologie verfolgen einen vom beschreibenden ausgehenden, ordnenden (induktiven) Ansatz: Obwohl sie alle auf genauer Beobachtung beruhen und oft sorgfältig einzelne Phänomene oder Fälle beschreiben, listen sie nicht nur die einzelnen Details von Entwicklungsverläufen auf, sondern ordnen die aus Sicht des jeweiligen Ansatzes wesentlichen Aspekte qualitativ unterscheidbaren Entwicklungsabschnitten zu. Es ist das Ziel dieser Ansätze, allgemeine *Entwicklungsphasen* zu identifizieren, durch die menschliche Entwicklung strukturiert ist. Zugleich führen fast alle dieser Ansätze eine zweite Gefahr eines solchen induktiven Ansatzes vor Augen: Man bleibt leicht bei der gefundenen oder gebildeten Ordnung der Beschreibung stehen, ohne zu erklären, warum genau *diese* Ordnung (diese Sequenz) universell durchlaufen wird (könnte es, unter Umständen, auch andere Sequenzen, andere Phasen geben?) und warum sie *durchlaufen* wird (warum könnte man nicht in einer Phase verharren?).

Wir werden, wie angekündigt, diese klassischen Entwicklungstheorien in diesem Buch nicht umfassend darstellen, sondern ausgewählte Aspekte von einigen nutzen, um wichtige Argumente, Befunde, Methoden und Probleme der Entwicklungspsychologie zu illustrieren. Wir beginnen mit einem Ansatz, der um die Mitte des 20. Jahrhunderts formuliert wurde, weil er besser als die ihm zeitlich vorangehenden geeignet ist, ein wenig Ordnung in Entwicklungsbedingungen zu bringen – dennoch ist auch er ein typisches Entwicklungsphasenmodell (Abschn. 2.1). Der zweite Abschnitt (Abschn. 2.2) ist deswegen besonders lang, weil wir am Beispiel einer der berühmtesten Theorien eine Reihe ganz grundsätzlicher Fragen der empirischen Untersuchung erläutern und diskutieren wollen; die Theorie (Freud), anhand derer wir dies diskutieren werden, ist aber nicht wichtiger als die anderen in diesem Kapitel (oder Buch). Der dritte Abschnitt behandelt die Erweiterung des Blicks auf die gesamte Lebensspanne, vor allem aber die Frage, wie man nicht nur die Universalität und den spezifischen Charakter einer bestimmten Entwicklungsphase, sondern auch deren Sequenz beurteilen soll (Abschn. 2.3). Der wiederkehrende Befund, dass Phasen und ihre Reihenfolge immer vom Kontext abzuhängen scheinen, wird im vierten Abschnitt durch eine Theorie relativiert, dass es in mindestens einem Entwicklungsbereich auch Argumente für eine universelle Sequenz gibt (Abschn. 2.4). Diese Argumentation führt dazu, dass dieses zweite Kapitel relativ lang ist. Wir haben uns dennoch dazu entschieden, es nicht in zwei Kapitel aufzuteilen, weil alle Argumentationsschritte zu der Frage gehören, ob es wirklich hilfreich für die Erklärung von Entwicklung ist, sie als Phasensequenz aufzufassen. Zugleich sind die jeweils an diesen Beispielen diskutierten prinzipiellen (vor allem methodischen) Überlegungen für alles Weitere hilfreich und oft nötig.

2.1 Beschreibung von Entwicklung und Entwicklungsverläufen: Entwicklungsaufgaben

Eine Entwicklungstheorie, die den Ansatz einer induktiven Beschreibung besonders konsequent verfolgt, wurde von Robert Havighurst (1956) vorgeschlagen. Grundgedanke seines Ansatzes ist das Konzept der *Entwicklungsaufgaben*, durch die die (für alle Menschen) wichtigen Entwicklungsabschnitte gekennzeichnet werden, die Menschen im Laufe ihrer Entwicklung durchlaufen. Diese Entwicklungsabschnitte (z. B. frühe Kindheit oder Erwachsenenalter) werden deswegen durch „Aufgaben" beschrieben, weil es jeweils darum geht, eine Reihe von für diesen Lebensabschnitt charakteristischen Herausforderungen zu meistern, Probleme zu lösen und Anforderungen zu erfüllen.

> **Entwicklungsaufgaben**
> Entwicklungsaufgaben kennzeichnen Probleme oder Herausforderungen, die sich dem Individuum zu einem Zeitpunkt oder zu einer Phase seines Lebens stellen. Sie treten über die gesamte Lebensspanne auf (z. B. die Einschulung in der Kindheit, das Eingehen erster intimer Partnerschaften in der Jugend oder der Einstieg in den Beruf im frühen Erwachsenenalter) und entstehen durch die biologische Entwicklung (z. B. Pubertät), gesellschaftliche Anforderungen und Erwartungen (z. B. „trocken werden") oder individuelle Wünsche und Zielsetzungen (z. B. berufliche Selbstständigkeit erreichen). Außerdem stellen auch antizipierte (z. B. die Geburt eines Kindes) sowie unvorhergesehene kritische Lebensereignisse (z. B. der plötzliche Tod eines Familienmitglieds) Entwicklungsaufgaben dar. Havighurst nahm an, dass die geglückte Bewältigung einer Entwicklungsaufgabe eine günstige Voraussetzung für das Lösen von weiteren Entwicklungsaufgaben und für ein zufriedenes Leben darstellte. Ihre missglückte Lösung sollte hingegen zu Unzufriedenheit, Missbilligung durch die Gesellschaft sowie Schwierigkeiten mit folgenden Entwicklungsaufgaben führen.

Dieser Ansatz ist, obwohl er lange wenig beachtet (und in den Augen vieler Lehrbücher auch kein „Klassiker") wurde, aus mehreren Gründen interessant und lehrreich. Die zentrale Idee, Entwicklung als durch Herausforderungen (Probleme) strukturiert zu verstehen, wird uns in verschiedenen Theorien (in unterschiedlicher sprachlicher Form) begegnen – wir werden argumentieren (Kap. 5), dass sie ein erhebliches Potenzial hat, Ansätze zu integrieren, die auf den ersten Blick sehr verschieden zu argumentieren scheinen. Zugleich aber illustriert Havighursts Ansatz fundamentale Probleme von Entwicklungstheorien, vor allem die Gefahr, die Bedeutung des Entwicklungskontexts, die wir im Kap. 1 angesprochen haben, zu unterschätzen. Es lohnt sich, dies am Beispiel seiner Theorie etwas genauer zu betrachten.

Aufgabenarten: Quellen- und Verbindlichkeitsvarianten

„Aufgaben", „Probleme", „Herausforderungen" und derartige Begriffe beschreiben im Zusammenhang mit menschlicher Entwicklung Vorgaben, also einen Entwicklungszustand, den man erreichen (oder lösen) *soll*. Das unauffällige „soll" verweist auf ein schwieriges Problem (das uns verschiedentlich begegnen wird; s. insbesondere Abschn. 3.1: Wertfreiheit): Gibt es tatsächlich Vorgaben oder Normen, die vorschreiben, wohin und wie wir uns entwickeln *sollen* und wann wir welche Zwischenziele erreichen *müssen*? Wer legt das fest (falls es festliegt) und welche Folgen hat es, wenn wir diese Normen verfehlen?

Wenn wir Entwicklung durch die „Aufgaben", die sie „erfüllen" soll, beschreiben wollen, ist es wichtig, zwei Aspekte (oder: Varianten) des Begriffs „Norm" zu unterscheiden, die auf je eine Art von Havighursts Entwicklungsaufgaben hinweisen. Zum einen bezeichnen wir damit das „Normale" (im Sinne von „üblich" oder „typisch"): Diese Bedeutung von „Norm" ist eine *Beschreibung*: Norm besagt hier einfach, dass alle, die meisten, die Mehrheit, der Durchschnitt (oder ein anderer Indikator der *zentralen Tendenz*) etwas tut, kann, hat, will etc.. Insbesondere die Aufgaben, die Havighurst als „biologische" Entwicklungsaufgaben bezeichnet, sind in diesem Sinne beschreibende Normen. Es ist in diesem Sinne normal, mit etwa einem Jahr laufen zu können (Siegler et al. 2016d), es ist normal, mit zehn bis 15 Monaten erste Wörter, mit eineinhalb Jahren erste Zweiwortsätze und mit drei Jahren komplexe grammatische Sätze sprechen zu können (Weinert und Grimm 2012).

Auch der biografische Zeitpunkt des Beginns und des Endes der monatlichen Regelblutung bei Frauen (Menarche und Menopause) sind Beispiele für diese Art von Norm: Sie variieren ein wenig zwischen verschiedenen Personen, aber der Lebenszeitpunkt ist doch ungefähr für alle gleich. Die Vermutung liegt nahe, dass die *faktische* „Normierung" hier durch biologische Mechanismen erfolgt, die sicherstellen, dass (für die Spezies) notwendige und charakteristische Entwicklungsschritte sequenziell und zeitlich verlässlich absolviert werden (diese biologischen Mechanismen werden wir in Kap. 4 ausführlicher diskutieren; es wird sich dabei zeigen, dass es eben doch nicht einfach nur biologische Mechanismen sind, die dies „festlegen"). Wegen dieser weitgehenden Gleichförmigkeit dieser Entwicklungssequenzen und -terminierungen können wir dann auch Abweichungen von *dieser Art von* Entwicklungsnormen feststellen – und *nennen* sie deswegen auch „Abweichungen" (bei extremen Abweichungen manchmal sogar „Störungen"). Dies führt zu dem wichtigen Thema der Entwicklungsdiagnostik, das wir etwas später in diesem Kapitel behandeln werden (Abschn. 2.4).

Dagegen ist der zweite Aspekt von „Norm" nicht *be*schreibend (deskriptiv), sondern *vor*schreibend (präskriptiv): Häufig soll eine Norm Verhalten *regulieren*, das ohne diese Norm zwischen Personen viel unterschiedlicher wäre (und vielleicht unerwünschte Verhaltensvarianten einschließt). Mit anderen Worten: Die Spannbreite des Verhaltens ist „eigentlich" viel breiter – die Norm, die zu diesem Zweck eingeführt wurde, soll diese Spannbreite des tatsächlichen Verhaltens verringern. Die Straßenverkehrsordnung ist so eine Norm: Dass wir rechts fahren, bei Rot halten oder an Kreuzungen dem von rechts kommenden Fahrzeug Vorfahrt einräumen, ist keine „natürlich" vorfindliche, sondern sozial ausdrücklich vereinbarte Normierung des Verhaltens. Wenn sich solche Normen auf die Entwicklung beziehen, spricht Havighurst meistens von *sozialen Entwicklungsaufgaben*. Mitunter sind dies sehr explizite Normen: Einschulung, Volljährigkeit oder Ruhestand sind Beispiele dafür, dass manchmal ausdrücklich festgelegt ist, wann was von uns und unserer Entwicklung zu festgelegten Zeitpunkten erwartet wird. „Abweichungen" (die sich hier natürlich auch sehr einfach feststellen lassen) können – und werden häufig – sozial sanktioniert werden (wer nicht zur Schule geht, obwohl er schulpflichtig ist, muss mit Reaktionen, vielleicht sogar Sanktionen rechnen). Das ist bei biologischen Entwicklungsaufgaben natürlich nicht der Fall (Reaktionen sind hier vielleicht therapeutischer Art, aber Sanktionen wären vollkommen sinnlos).

Manchmal sind soziale Normen auch weniger explizit: So war es zum Beispiel in der zweiten Hälfte des zwanzigsten Jahrhunderts (in Deutschland) „normal", spätestens in der Mitte des dritten Lebensjahrzehnts zu heiraten, und zwar nicht nur im deskriptiven (statistischen), sondern auch im präskriptiven (sozial gewollten) Sinne von „normal". Wer Ende des dritten Lebensjahrzehntes nicht verheiratet war, musste (obwohl es natürlich keine explizite Vorschrift war zu heiraten) mit kritischen Nachfragen rechnen („Willst Du denn nicht langsam heiraten?"), vielleicht mit auch negativen Reaktionen („Ich vermiete nicht an ledige Frauen!"). Auch derart implizite soziale Normen können das Verhalten regulieren – und werden dadurch zu Entwicklungsaufgaben („Ich sollte bis Ende zwanzig verheiratet sein!"). Zwei Punkte sind daran bemerkenswert: Zum einen entstehen solche impliziten präskriptiven

Normen manchmal aus statistischer Normalität: Wenn „alle" es so machen, dann entsteht leicht der Eindruck, es sei ja wohl richtig so, wie es alle machen, denn dann fällt es auf, wenn man es anders macht. Zum anderen aber gibt es hier, wie stark der soziale Druck auch sein mag, grundsätzlich eben doch die Möglichkeit, sich anders zu entwickeln (z. B. später oder gar nicht zu heiraten) – und dies ist der entscheidende Unterschied zwischen biologischen (deskriptiven) und sozialen (präskriptiven) Entwicklungsaufgaben: Ich kann mich nicht gegen den Beginn meiner Pubertät oder die Menopause entscheiden, aber ich kann mich dagegen entscheiden, zu heiraten.

Havighurst hatte den biologischen und sozialen Entwicklungsaufgaben noch eine dritte Kategorie von Aufgaben hinzugefügt: die *selbstgestellten (autonomen) Entwicklungsaufgaben*, mit denen wir vor allem als Erwachsene unser Leben mitgestalten (z. B. für einige Monate in ein weit entferntes Land reisen, um Entwicklungshilfe zu leisten). Auch die selbstgestellten Entwicklungsaufgaben beinhalten vorschreibende Normen: So sollen und wollen wir werden, so nicht. Dieser Gedanke hat (übrigens auch bei Havighurst selbst) zunächst sehr wenig Beachtung gefunden, obwohl er im letzten Drittel des 20. Jahrhunderts eine neue Perspektive der Entwicklungspsychologie stark beeinflussen sollte (wir werden auf diesen Gedanken der „aktionalen Perspektive" in Abschn. 5.2 ausführlicher zurückkommen).

Die drei Arten von Entwicklungsaufgaben – biologische, soziale und autonome – unterscheiden sich also durch ihre Verbindlichkeit. Vorschreibende Aufgaben können manchmal sehr verbindlich sein (Gesetze, wie z. B. die Schulpflicht), manchmal weniger (wie z. B. Höflichkeitsregeln). Beschreibende Aufgaben sind, wenn sie stark durch biologische Prozesse bestimmt sind (Menopause), zwar unausweichlich, aber nicht in einem sozialen Sinne verbindlich. Soziale Tendenzen (das, was „alle" tun) können eine gewisse Verbindlichkeit mit sich bringen („man" tut das eben nicht; die sogenannte „normative Kraft des Faktischen"). Der wichtigere Aspekt für Havighurst war, dass sich Entwicklungsaufgaben durch ihre „Quelle" voneinander unterscheiden; dies hat ihnen auch ihre Bezeichnung gegeben. Dabei war die besondere Betonung des Umstands, dass menschliche Entwicklung wesentlich auch durch soziale Entwicklungsaufgaben bestimmt wird, zwar mit dem sozialen Zeitgeist (Mitte des 20. Jahrhunderts), aber gegen den Geist der seinerzeit dominanten Entwicklungstheorie formuliert (Abschn. 2.2).

Havighursts Ansatz, Entwicklung durch Normen zu beschreiben, berührt übrigens noch ein anderes grundsätzliches Problem der Entwicklungspsychologie: die Frage, ob es einen Weg gibt, gelingende von misslingender, erfolgreiche von gescheiterter, gesunde von kranker Entwicklung objektiv zu unterscheiden. Der Ansatz der Entwicklungsaufgaben, die ja offenbar in bestimmter Weise gelöst werden *sollen*, legt dies nahe: Wer (einen Teil der) Entwicklungsaufgaben nicht (richtig) löst, dessen Entwicklung ist nicht „gelungen". Aber sofern Normen die Verhaltens- und Entwicklungsspielräume *innerhalb* dessen, was Menschen überhaupt möglich ist, einschränken, dann wirft das die Frage auf, wer derartige Normen denn festlegt oder wie sie legitimiert werden könnten (durch Einsicht?). Praktisch haben Menschen diese Frage immer schon irgendwie gelöst (z. B. werden explizite soziale Normen wie etwa die Schulpflicht heute in westlichen Ländern durch demokratische Verfahren legitimiert). Aber damit ist die grundlegende ethische Frage, ob das wirklich eine ausreichende tragfähige Legitimation ist, keineswegs geklärt. Wir werden auf das Problem „gelingender Entwicklung" (in Abschn. 5.2) zurückkommen – für die Perspektive der angewandten Entwicklungspsychologie ist sie von zentraler Bedeutung.

Die Bedeutung des Kontexts: Die Grenzen der Beschreibung

Der tragende Gedanke der Theorie von Havighurst ist es, die menschliche Entwicklung anhand der Sequenz der verschiedenen Entwicklungsaufgaben – anfangs überwiegend biologisch, dann zunehmend sozial und teilweise selbstgewählt – zu beschreiben und damit zu strukturieren. Havighurst selbst hat vor allem Wert auf eine genaue Beschreibung der sozialen Entwicklungsaufgaben gelegt, aber immer auch biologische und selbstgesetzte genannt. In der Tat kann man so relativ differenziert beschreiben, durch welche Herausforderungen (und Entwicklungsschritte) zum Beispiel das Jugendalter gekennzeichnet ist (Eschenbeck und Knauf 2018; Havighurst 1948).

> **Entwicklungsaufgaben im Jugendalter**
> Auch wenn sich Individuen darin voneinander unterscheiden können, zu welchem Zeitpunkt, über welchen Zeitraum und in welcher Reihenfolge sie bevorstehende Entwicklungsaufgaben lösen, gibt es dennoch einige typische Entwicklungsaufgaben, die sich nahezu jedem jungen Menschen im Jugendalter stellen.
>
> Typische Entwicklungsaufgaben im Jugendalter sind:
>
> - reife, vertrauensvolle Beziehungen mit Gleichaltrigen eingehen
> - intime Beziehungen aufnehmen und aufbauen
> - Umgang mit Sexualität erlernen

2.1 Beschreibung von Entwicklung …

- emotionale Unabhängigkeit von den Eltern erlangen
- eigenständige und eigenverantwortliche Entscheidungen treffen
- sich auf ein selbstständiges Leben vorbereiten
- sich ein stimmiges Bild von sich Selbst/eine eigene Identität erarbeiten
- sich für eine Ausbildung/einen Berufsweg entscheiden
- eine Zukunftsperspektive erarbeiten
- ein Wertesystem und ethische Prinzipien entwickeln
- eine Geschlechtsrolle entwickeln
- den eigenen Körper akzeptieren

Manche dieser Entwicklungsaufgaben spielen in manchen kulturellen Kontexten eine geringere oder eine besondere Rolle (z. B. „eigene Identität").

Der Vorteil dieses Zugangs ist es, dass der Entwicklungsabschnitt, den man genauer betrachten will, beliebig detailliert beschrieben werden kann, und dass man jederzeit auch Abschnitte einfügen kann, wenn sich eine zeitliche Abgrenzung („Jugendalter") als zu grob erweist. Tatsächlich ist diese Form der Beschreibung von Entwicklung(-sabläufen) auch sensibel gegenüber Kontexteffekten: Wenn sich die Umstände („die Zeiten") ändern und dies Folgen für die Entwicklung der Menschen hat (Kap. 1), kann man die Aufgabenliste (wie in „Jugendalter") einfach aktualisieren und revidieren.

Allerdings liegt in dieser Änderungssensitivität zugleich ein ernstes Problem der Theorie: Sie ist, wenn die konkrete Auflistung von Aufgaben für sie konstitutiv ist, offenbar nicht kontextunabhängig formulierbar – und das bedeutet: Sie ist keinesfalls generalisierbar und damit keine *allgemeine* Entwicklungstheorie. Man braucht, mit anderen Worten, so viele Varianten der Theorie der Entwicklungsaufgaben wie es Kontexte gibt *und geben könnte*, die verschiedene soziale Entwicklungsaufgaben erzeugen, und weil das niemals abschließend aufgelistet werden kann, ist diese Theorie immer (grundsätzlich) unvollständig und bleibt unabgeschlossen selbst für den Bereich, für den sie Geltung beansprucht. Sie stellt, anders gesagt, im besten Fall immer nur eine gegenwärtige Sammlung von *Beschreibungen von Entwicklungskontexten* dar. Das ist nicht wenig, wohlgemerkt, aber es ist schon deswegen unzureichend für eine zufriedenstellende Theorie, weil es notwendigerweise unabgeschlossen und unvollständig bleiben muss – weil man niemals sicher sein kann, alle möglichen kulturellen Kontexte berücksichtigt zu haben, die vielleicht andere Listen von Entwicklungsaufgaben mit sich bringen würden.

Überdies bietet dieser Ansatz keine Erklärung, warum wir uns entwickeln. Die Mechanismen, mit denen Entwicklungsaufgaben Entwicklung beeinflussen oder gestalten, werden nicht geklärt. Durch die Benennung der „Quellen" (biologische, soziale und autonome) wird allerdings angedeutet, in welcher Richtung jeweils nach Erklärungen gesucht werden könnte (wir kommen auf alle drei „Richtungen" in den folgenden Kapiteln zurück). Obwohl es wichtig ist, diesen Einwand ernst zu nehmen, würde es den Ansatz von Havighurst sehr unterschätzen, wenn man ihn deswegen einfach beiseitelegte. Insbesondere ist der Gedanke, dass Entwicklungsaufgaben auch von uns selbst gestellt werden, sehr originell gewesen (er passte damals gar nicht in den Zeitgeist, vielleicht wurde er deswegen auch nicht aufgegriffen) und inhaltlich äußerst interessant, auch wenn Havighurst selbst ihn nur sehr kurz behandelt und nicht weiterverfolgt hat (ausführlicher zu diesem Aspekt s. Abschn. 5.2). Und es wird sich zeigen (Abschn. 5.4 und Abschn. 5.5), dass auch der Gedanke der „Entwicklungsaufgaben als Entwicklungssteuerung" durchaus fruchtbar ist, wenn man ihn um die Mechanismen ergänzt, durch die sie Entwicklung beeinflussen.

> **Wie kontextabhängig darf eine Theorie sein?**
> Im Kap. 1 haben wir den Umstand angesprochen, dass historische und kulturelle Bedingungen Einfluss auf die Entwicklung von *Personen* haben können: Es hat gewiss erhebliche Folgen für die Entwicklung eines Menschen, ob er den Zweiten Weltkrieg als erwachsener Mensch erlebt, ob er ihn als kleines Kind erlebt und seine Folgen faktisch wirksam werden, oder ob er über ihn nur durch die Erzählungen von anderen erfährt. Bedeutet das nicht, dass Entwicklungstheorien zeit- und kulturgebundene Effekte berücksichtigen *müssen*? In der Tat: Das bedeutet es. Aber konkrete Ereignisse (der Zweite Weltkrieg, der Fall der Mauer) oder historische kulturelle Bedingungen (die hinduistische Kultur in Indien, die Sklaverei in den USA vor 1865) dürfen nicht *die Wahrheit der Theorie* beeinflussen. Es ist beispielsweise zwecklos, eine Entwicklungstheorie zu formulieren, die nur für Personen gilt, die den Beginn des Zweiten Weltkriegs als Kind erlebt haben, denn das wäre eben nur eine historische Beschreibung. Etwas anderes wäre es, wenn ich allgemeine Prozesse untersuche, wie Menschen mit Belastungen umgehen – und sie am Beispiel einer Kindheit im Zweiten Weltkrieg überprüfe.

Wir haben oben (Kap. 1) kurz erläutert, was eine „Theorie" ist; wichtig ist für den hier angesprochenen Punkt, dass eine Theorie reduzieren muss, also die *Unwirksamkeit* vieler potenzieller Faktoren behaupten. Selbstverständlich muss eine Entwicklungstheorie den Einfluss kontingenter Bedingungen (soziokultureller Umstände oder individueller Lebensereignisse) prinzipiell berücksichtigen, also erklären, wie und warum sie Einfluss auf den Entwicklungsverlauf der Personen haben, die von ihnen betroffen sind. Wenn aber eine Theorie immer dann neu geschrieben werden muss, wenn sich die kontingenten Umstände (die historischen kulturellen und sozialen Bedingungen) ändern, dann ist diese Theorie nicht das, was wir suchen: eine *allgemeine* Entwicklungstheorie, also eine Theorie, die die Entwicklung von Menschen unter allen Umständen beschreibt. Aber sie wäre auch nicht das, was wir suchen, wenn sie den Einfluss des Kontexts ignorieren würde, denn dann wäre sie empirisch falsch bzw. unvollständig.

2.2 Psychosexuelle Stadien: Bausteine einer universellen Entwicklungstheorie?

Eine Entwicklungstheorie mit diesem Anspruch der *universellen Geltung* hat – beinahe ein halbes Jahrhundert vor Havighurst – Sigmund Freud vorgelegt. Seine Entwicklungstheorie ist zudem eingebettet in eine der wenigen umfassenden Theorien der menschlichen Psyche, die die Neuzeit hervorgebracht hat. Es ist hier nicht der Platz, die psychoanalytische Theorie insgesamt in ihren vielen Details zu entfalten (Freud hat zudem seine Theorie mehrfach auch grundlegend verändert; zum Einstieg in die Originallektüre und zum Überblick s. etwa Freud, 1916–17/1969; Tyson und Tyson 2012). Für den Zweck dieser einführenden Diskussion muss es genügen, kurz daran zu erinnern, dass Freud drei Instanzen der Person unterscheidet: das „Es", den Sitz der Triebe (die auf zwei Grundregungen zurückzuführen seien: einen konstruktiven („Eros") und einen destruktiven („Thanatos")), das „Ich", der Ort des „Realitätsprinzips", mit dem die Impulse aus dem Es mit den Anforderungen und Restriktionen der Außenwelt möglichst in Einklang gebracht werden sollen, und das „Über-Ich", die Instanz der normativen Kontrolle und Regulation. Fast alle Inhalte dieser drei Instanzen sind der Person nicht bewusst (insbesondere die Triebe des „Es" bleiben unbewusst); nur ein sehr kleiner Ausschnitt des Ich ist uns aktuell bewusst zugänglich (manche „vorbewussten"

Inhalten können uns bewusst werden, wenn der Kontext dies nahelegt (anregt), etwa durch einen Erinnerungsanreiz, und zulässt).

Die auf dieser Architektur der Person beruhende Entwicklungstheorie geht davon aus, dass wir bei unserer Geburt kaum mehr als ein Bündel „Es" sind. In der Auseinandersetzung mit der Realität, die der Erfüllung der Begehrlichkeiten des Es Grenzen setzt, entwickelt sich dann zunächst das Ich (das entsprechend zwischen „Realitätsprinzip" und „Lustprinzip" vermittelt). Das Erwachen erotischer Wünsche (die sich auf den gegengeschlechtlichen Elternteil richten) scheitert dann aber nicht nur an Realitäten, sondern führt vor allem in eine emotional dilemmatische Konstellation, die nur durch den Aufbau der dritten Instanz (Über-Ich) gelöst werden kann, die dafür zuständig ist, unsere Wünsche zu regulieren (z. B. Wünsche, die als unerlaubt erlebt werden, zu verdrängen). Diese Entwicklung in der frühen Kindheit wird folgerichtig drei Entwicklungsphasen zugeordnet, die nicht nur jeweils durch ein Zentrum des Lustgewinns charakterisiert sind (oral – anal – phallisch), sondern eben den schrittweisen Aufbau der beiden am Lebensbeginn nicht vorhandenen Instanzen „Ich" und „Über-Ich" ermöglichen.

Phasen der psychosexuellen Entwicklung

Im ersten Lebensjahr befindet sich der Säugling, der hier noch vollkommen durch das Es gesteuert ist, in der *oralen Phase*. Im Vordergrund steht der Lustgewinn über die erogene Zone des Mundes, die Triebbefriedigung erfolgt durch Berührungen der Mundschleimhaut, das Saugen (z. B. an der Brust der Mutter), das Lutschen (z. B. am Daumen), das Schlucken (z. B. von Nahrung) und etwas später durch das Beißen und Kauen. Erfolgt die Triebbefriedigung zu exzessiv oder wird ihr nicht angemessen nachgekommen, ist eine Fixierung auf dieser Stufe die Folge, die nach Freud lebenslang den Charakter der Person bestimmt und sich im Erwachsenenalter beispielsweise in übermäßigem Essen, Rauchen oder Trinken sowie in extremer Hartnäckigkeit oder Dominanz äußern kann. In der sich im zweiten und dritten Lebensjahr anschließenden *analen Phase* verlagert sich das Zentrum des Lustgewinns auf die Afterregion. Hier erlangt der Säugling allmählich Kontrolle über die eigenen analen und urethralen Körperfunktionen. Das Zurückhalten und Loslassen der eigenen Körperausscheidungen, aber auch das Spiel mit dem eigenen Kot und das Erkunden der eigenen Genitalregion werden somit zur Quelle der Triebbefriedigung. Da sich die Triebe des Es und die offensichtlicher werdenden Restriktionen durch die Umwelt immer schwieriger übereinbringen lassen, entwickelt sich in dieser Phase das Ich, um zwischen

2.2 Psychosexuelle Stadien ...

den eigenen Trieben und den Forderungen der Umwelt zu vermitteln. Eine übertriebene Sauberkeitserziehung der Eltern kann zur Fixierung auf dieser Stufe führen, die sich später beispielsweise in zwanghafter Reinlichkeit und Ordentlichkeit oder Geiz, aber auch in Großzügigkeit und Aufopferung äußern kann. In der dritten Phase der psychosexuellen Entwicklung, der *phallischen Phase*, die das dritte bis sechste Lebensjahr umfasst, verschiebt sich die erogene Zone auf die Genitalregion, der Lustgewinn geschieht durch das Spiel mit den Genitalien und ihrer sexuellen Stimulation. Da sexuelle Wünsche und Fantasien mit den Forderungen der Umwelt übereingebracht werden müssen, entwickelt sich in dieser Phase – über den Ödipus- bzw. Elektrakomplex (wir kommen darauf sofort zurück) – das Über-Ich, das internalisierte Normen und Werte beinhaltet und mit dem Konzept des „Gewissen" vergleichbar ist. Das Ich wird nun zum Vermittler zwischen Es und Über-Ich. Wird der Konflikt dieser Phase nicht angemessen gelöst, kann das Verhältnis zu den eigenen Eltern und zukünftigen Partnern, aber auch generell zu Männern oder Frauen zukünftig beeinträchtigt sein. Die daran anschließende *Latenzphase* umfasst etwa das sechste bis zwölfte Lebensjahr. In diesem Lebensabschnitt bleiben die sexuellen Triebe im Verborgenen, da sexuelles Streben verdrängt oder in sozial akzeptierte Bahnen umgeleitet wird (z. B. in Wissbegierigkeit in der Schule). Dennoch lassen sich laut Freud bei nahezu allen Kindern Masturbation oder sexuelle Fantasien finden. Werden diese unterdrückt, wirkt sich dies ungünstig auf die Ich-Entwicklung aus. In der darauffolgenden *genitalen Phase*, die mit der Pubertät einhergeht, werden alle erogenen Zonen wieder erweckt, der Fokus liegt jedoch verstärkt auf der Genitalregion. Die sexuelle Energie wandert nun wieder nach außen und macht sich durch körperliche Veränderungen sowie gesteigerte genitale Empfindlichkeit bemerkbar. Triebbefriedigung wird zunächst durch Masturbation, später durch den Geschlechtsverkehr erreicht. Die Veränderungen in dieser Phase rufen oftmals Konflikte früherer Entwicklungsstufen oder Instanzen hervor, die sich in Stimmungsschwankungen oder spontanen Verhaltensänderungen äußern können. Aufgabe in dieser Phase ist es, ein neues Gleichgewicht zwischen Es, Ich und Über-Ich zu schaffen und eine eigene sexuelle Identität zu finden.

Die Reihenfolge, in der diese Sequenz durchlaufen wird, ist dieser Theorie zufolge ebenso wie ihre Funktion und ihre zentralen Charakteristika universell: Alle Menschen durchlaufen diese Entwicklungssequenz – unabhängig vom Kontext, von der Kultur und von individuellen Konstellationen. Selbstverständlich ist der *individuelle Verlauf* jeder Phase von zahllosen Randbedingungen abhängig: Der individuelle und kulturelle Kontext kann dazu führen, dass eine Phase nicht erfolgreich durchlaufen wird und dass die notwendigen Entwicklungsschritte nicht gelingen. Das kann zu kleineren oder größeren Störungen der weiteren Entwicklung führen und möglicherweise den individuellen Charakter prägen. Aber das *Auftreten* der Phase (Entwicklungszeitpunkt, Anordnung der Phasen) und der in ihr vorgesehenen „Entwicklungsaufgabe" kann durch Kontextbedingungen nicht verändert werden.

Die Entwicklungstheorie Freuds (die sich zwischen 1900 und den späten 30er Jahren, vor allem um 1923, mehrfach stark verändert hat) ist insgesamt eindrucksvoll genau durchdacht; exemplarisch dafür ist die Dynamik der dritten, der phallischen („ödipalen") Entwicklungsphase (die Freud für einen zentralen Aspekt seiner Theorie insgesamt hielt). Es ist auch deswegen lohnend, sie genauer zu betrachten, weil an ihr zugleich einige besondere Schwierigkeiten der psychoanalytischen Entwicklungstheorie und zugleich Herausforderungen für jede Entwicklungstheorie exemplarisch deutlich werden (vgl. zum Folgenden ausführlicher auch Greve und Roos 1996).

Probleme der empirischen Prüfung universeller Entwicklungsphasen: Das Beispiel „Ödipuskomplex"

Die dritte Entwicklungsphase beginnt mit der Entdeckung des anatomischen Geschlechtsunterschieds durch das Kind: Seine Neugier wird zum Interesse und zum erotischen Begehren, das sich auf das gegengeschlechtliche Elternteil richtet (Freud 1916–17/1969, S. 327 ff.). Der gleichgeschlechtliche Elternteil wird nun als Rivale, als bedrohlich erlebt, und aus der ursprünglich zugewandten wird nun (seitens des Kindes) eine ambivalente Beziehung. Dieser Konflikt ist die Grundlage für die Entwicklung der dritten psychischen Instanz, die die Ressourcen für den Umgang mit diesem Konflikt (und allen weiteren) bereitstellt bzw. erweitert – dem Über-Ich. Bei Jungen entsteht mit der Entdeckung des anatomischen Geschlechtsunterschieds die von Freud sogenannte „Kastrationsangst", die Furcht, den eigenen Penis (durch den Vater) zu verlieren; dadurch wird der Konflikt emotional intolerabel. Das erotische Begehren des Jungen gegenüber der Mutter muss aufgegeben werden – die Instanz, die dies ermöglicht, ist eben das Über-Ich, das die psychische Energie bereitstellt, mit der auch (so) starke Triebregungen dauerhaft abgewehrt (hier: verdrängt) werden können. Das Über-Ich wird dadurch (in den Worten Freuds) der „Erbe" des Ödipuskomplexes. Wenn dies erreicht ist, kann die Bedrohung durch den Vater auf dem Weg der Identifikation (mit dem „Aggressor") überwunden werden, was nicht nur die Grundlage für eine Geschlechtsrollenidentität legt, sondern zugleich die Möglichkeit einschließt, an der zärtlichen Beziehung zur Mutter in gewissem Maße festzuhalten.

Für den Zweck dieses Abschnitts ist diese kurze Skizze ausreichend (obwohl sie der Komplexität der zahlreichen Überlegungen Freuds und seiner Nachfolger und Nachfolgerinnen nicht gerecht wird; vgl. zur Diskussion etwa des sogenannten „vollständigen" Ödipuskomplexes oder der Unterschiede zwischen den Geschlechtern Greve und Roos 1996, Kap. 2; dort auch mit weiteren Literaturhinweisen). Schon diese Skizze sollte deutlich machen, dass die psychoanalytische Entwicklungstheorie sehr kohärent aufgebaut ist (für einen Überblick s. etwa Tyson und Tyson 2009). In Bezug auf die dritte („phallische", „ödipale") Phase sollte der zugrunde liegende (intrapsychische) Konflikt (zwischen Begehren und Angst) dramatisch genug sein, um die psychischen Energien zu entfalten, die nötig sind, um eine Regulationsinstanz zu begründen, die den inneren Regungen („Trieben") neben den äußeren (durch die Realität gesetzten: deskriptiven) nun auch innere (normative) Grenzen setzt. Die (Auf-)Lösung dieses Konflikts, die darin besteht, die unzulässigen Wünsche zu verdrängen und sich zugleich mit dem Verursacher der Angst (und damit dem Brennpunkt des Konfliktes) zu identifizieren, der zugleich ein (gleichgeschlechtliches) Rollenmodell für die zu entwickelnde Geschlechtsidentität anbietet, ist konsistent und plausibel. Genauso plausibel ist es, dass danach, wenn alle drei Instanzen entwickelt sind, eine längere Phase („Latenz") ohne dramatische Entwicklung folgt; in ihr lernt das heranwachsende Kind nicht nur die Kulturtechniken (z. B. Lesen und Schreiben), sondern auch die sozialen Regeln dieser Kultur (z. B. Etikette). Und plausibel ist schließlich auch, dass das zunächst verdrängte Thema Sexualität dann zu Beginn der Pubertät wiederkehrt: Es muss – und kann – nun anders gelöst werden, indem sich nun das Begehren auf andere gegengeschlechtliche Personen richtet.

Auch wenn diese Überlegungen konsistent erscheinen – die entscheidende Frage in Bezug auf jede Theorie ist, ob sie zutrifft (oder wenigstens: haltbar ist). Erwartungsgemäß ist die Debatte um die Ödipustheorie (die Freud immerhin als Eckpfeiler seiner Theorie insgesamt angesehen hat; Freud, 1905/1972) ebenso umfangreich wie vielschichtig (für eine differenzierte kritische Diskussion s. etwa Bischof 1985). Viele Aspekte dieser Theorie sind innerhalb der psychoanalytischen Tradition kontrovers diskutiert worden (etwa zur Frage des Zeitpunkts, den schon Freud selbst uneinheitlich angegeben hatte). Manche Diskussionspunkte (etwa zum Geschlechtsunterschied) sind höchst interessant, aber ihre detaillierte Schilderung und Diskussion würde für den hier verfolgten Zweck zu weit führen.

Für den Zweck dieses Kapitels wichtiger ist die Frage, ob die Prämisse der Universalität des Ödipuskomplexes plausibel angenommen werden kann: Kommen tatsächlich alle Menschen in diese dilemmatische Konfliktkonstellation? Wie kann die Frage, ob die ödipale Konfliktkonstellation tatsächlich universell auftritt, empirisch untersucht werden? Es lohnt sich, diese Frage etwas genauer zu betrachten, denn an diesem Beispiel lassen sich eine Reihe methodischer Grundprobleme der Entwicklungspsychologie anschaulich illustrieren.

Es entspricht der klinischen (praktischen) Entstehung der Theorie, dass ein erheblicher Teil der vorliegenden empirischen Evidenz auf Fallstudien beruht. Für die hier zu untersuchende Frage, und damit für die empirische Prüfung entwicklungspsychologischer Theorien generell, ist dies jedoch aus mehreren Gründen keine ausreichende empirische Grundlage. Zunächst sind, wie wir gesehen haben, einzelne Fälle, die zu einer Theorie passen, auch wenn sie in größerer Zahl vorliegen, niemals ein zureichender Beleg für den Allgemeinheitsanspruch der zu prüfenden Theorie. Der Schluss vom Individuellen auf das Allgemeine (Induktion) ist niemals sicher: Auch Hunderte von weißen Schwänen belegen nicht, dass alle Schwäne weiß sind (Kap. 2). Hinzu kommt, dass die Evidenz, die seit Freud von Befürwortern der Theorie als Beleg angeführt wird, in mehrfacher Hinsicht strittig ist. Insbesondere sind Trauminhalte schwerlich als Beleg für die Theorie zu werten. Nicht nur sind Deutungen von Gesten oder Gegenständen (Türme, Schlangen, Verhaltensweisen etc.) als symbolisch (Turm als Phallussymbol?) nie gegen Alternativen abzusichern (z. B. Turm als Symbol für Sicherheit, für Wachsamkeit, für Überblick, für eine Schachfigur, etc.), es ist im gegebenen Zusammenhang vor allem eine ungeprüfte Voraussetzung, dass Träume überhaupt eine Bedeutung haben (die durch Deutung zu ermitteln ist). Wenn die Triftigkeit einer Theorie geprüft werden soll, die wesentlich auf dieser Methode basiert, dann darf nicht bei der Prüfung vorausgesetzt werden, dass diese Methode plausibel ist und tragfähige Befunde liefert. Dieses Problem verschärft sich, wenn (wie fast in allen Fallstudien) die Evidenz retrospektiver Art ist: Aus aktuellen Indizien (Verhaltensweisen, Trauminhalten etc.) bei erwachsenen Personen wird auf deren Ursache geschlossen (eine lange zurückliegende kindliche Entwicklungsphase, deren Verlauf die Erklärung für die aktuelle Produktion dieser Indizien ist), obwohl eben diese Indizien ja erst belegen sollen, dass es diese Entwicklungsphase überhaupt gegeben hat. Abgesehen vom Problem fehlerhafter, womöglich systematisch verzerrter Erinnerung (gerade wenn die Ödipustheorie zutrifft: Verdrängung) ist eine solche Argumentation offenkundig zirkulär (Warum träumt der Patient von Türmen? Wegen des Verlaufs seiner ödipalen Phase. Woher weiß man, dass er überhaupt eine und obendrein diese ödipale Phase erlebt hat? Weil er jetzt von Türmen träumt). Tatsächlich sind die meisten vorliegenden Studien an Erwachsenen durchgeführt worden, also anfällig für diese Probleme retrospektiver Belege und argumentativer Zirkel.

2.2 Psychosexuelle Stadien ...

Ein zweiter Zugang ist die Prüfung, ob eine ödipale Phase auch unter anderen kulturellen Bedingungen auftritt. Auch dieser Punkt ist früh diskutiert und untersucht worden; aber auch hier ist die Forschungslage kontrovers (zusammenfassend s. Greve und Roos 1996).

Der entscheidende Punkt einer empirischen Studie zur Universalität des Ödipuskomplexes ist die Frage, wie denn das Bestehen der ödipalen Konstellation überhaupt zu erfassen sein könnte. Über das schon angesprochene Problem hinaus, dass die Deutung sichtbaren Verhaltens oft nicht unabhängig geprüft werden kann (bedeutet dieses Verhalten tatsächlich ein erotisches Begehren eines Elternteils?), spricht dies eine für jede empirische Untersuchung grundlegende Frage an: Offenkundig kann ein abstraktes Konzept („ödipale Phase", selbst „ödipales Verhalten") nicht unmittelbar beobachtet werden. Es bedarf also einer Klärung, welche Verhaltensweisen als „ödipal" anzusehen sind (dieses Problem gilt natürlich für alle theoretischen Konstruktionen, auch in anderen theoretischen Zusammenhängen: Wille, Bewusstsein, Intelligenz usw.). Man nennt diese Festschreibungen „Operationalisierungen": Indem festgelegt wird, woran ein abstraktes Konstrukt erkennbar (messbar) ist, kann man damit empirisch arbeiten. Derartige Brückenannahmen („Dies ist ein Zeichen von bzw. für ...") müssen aber wiederum Annahmen (Voraussetzungen) machen, die ihrerseits kritisiert werden können (z. B.: Ist ein bestimmtes Verhalten wirklich unter allen Bedingungen durch den erotischen Konflikt zu den Eltern bedingt?).

Weil diese Voraussetzungen eben immer auf theoretischen Annahmen beruhen, wird die Frage, wie gut (valide) eine Operationalisierung (Messung) ist, immer eine theoretische Diskussion erfordern. So haben auch alle Erfassungsformen in Bezug auf die Ödipustheorie mit einem Dilemma zu kämpfen. Wenn sie auf psychoanalytischen Annahmen (z. B. die Idee, dass durch Interpretation von Träumen empirische Argumente gewinnbar sind) beruhen, dann werden empirische Befunde zwar anschlussfähig an die Theorie sein, aber Skeptikern vielleicht weniger akzeptabel erscheinen, weil sie diese (für den psychoanalytischen Ansatz zentrale) Annahme ebenfalls bezweifeln. Das ist besonders dann schwierig, wenn die impliziten Annahmen, die der Operationalisierung zugrunde liegen, durch die Studie erst geprüft werden sollen. Dies gilt etwa für Studien, die die Verteilung von bestimmten Trauminhalten auf die Geschlechter oder Deutungen anderer Verhaltensweisen nutzen (zusammenfassend s. Greve und Roos 1996, S. 76 ff.). Basieren die Operationalisierungen aber gerade nicht auf psychoanalytischen Annahmen (z. B. die Erfassung physiologischer Daten), werden sie Befürworter und Befürworterinnen der Theorie vielleicht weniger überzeugen können (vor allem dann nicht, wenn das Ergebnis kritisch ist).

Kurz gesagt: Vor Beginn einer empirischen Studie müssen methodologische Entscheidungen getroffen werden, die unter anderem davon abhängen, welche Absicht die Studie verfolgt, welche Hypothese oder Position sie prüfen soll, welche kritischen Annahmen in die Prüfung eingehen – und vielleicht auch: wen Sie überzeugen soll. Dies gilt für jede empirische Theorie (wir haben oben – „deduktiv-induktiv" – gesehen, dass der widerlegende Fall (der schwarze Schwan) von dem Vertreter der widerlegten Behauptung („Alle Schwäne sind weiß") akzeptiert werden muss (das ist nicht selbstverständlich – er könnte sich dagegen entscheiden: „Wenn er schwarz ist, dann kann er ja kein Schwan sein")).

Ödipus auf dem Prüfstand: Pluralität und Intention von Operationalisierungen

In einer Studie von Greve und Roos (1996) wurden die teilnehmenden Kinder unter anderem gebeten, spontane Reaktionen in Bezug auf verschiedene Konfigurationen von (geschlechtsneutralen) Strichfiguren (zwei genau gleichgroße und eine kleinere) zu äußern (z. B. „Du bist die kleinere Figur: Wer von den beiden großen ist Vater, wer Mutter?" – Konstellation: „I i I"). In einer zweiten Aufgabe wurden die Kinder gebeten, drei konturierte Figuren (eine männliche, eine weibliche große, eine neutrale kleinere) mit fünf Buntstiften auszumalen. Anschließend sollten die Farbstifte nach Präferenz sortiert werden („Welches ist die schönste Farbe?"). In einer dritten Aufgabe wurden die Kinder gebeten, den drei Strichfiguren (gleicher Abstand) Gesichter zuzuordnen. Daneben wurden beide Eltern gebeten, das Verhalten ihres Kindes in der zurückliegenden Woche im Hinblick auf eine Vielzahl von Verhaltensweisen einzuschätzen (z. B.: „Wie oft hat Ihr Kind in der vergangenen Woche von sich aus mit Ihnen gestritten?", „Wie oft hat Ihr Kind in der vergangenen Woche von sich aus Nähe mit Körperkontakt zu Ihnen gesucht"). Verglichen wurden Jungen und Mädchen in drei Altersgruppen: 3-Jährige („prä-ödipal"), 4- bis 6-Jährige („ödipal"), 7- bis 9-Jährige („post-ödipal"). Die von der Ödipustheorie vorhergesagte Konstellation (3-Jährige: Präferenz Mutter, 4- bis 6-Jährige: Präferenz gegengeschlechtliches Elternteil, 7- bis 9-Jährige: Präferenz gleichgeschlechtliches Elternteil) war in keiner Altersgruppe und für keines der Geschlechter dominant. Tatsächlich waren in allen (3 × 2) Bedingungen stets beide Präferenzen annähernd gleichverteilt; wo immer Kinder frei wählen konnten (z. B. Farben), tendierten sie alters- und geschlechtsunabhängig dazu, Nähe zu beiden Eltern zu formulieren.

Die Ergebnisse dieser Studie passen über alle gewählten Operationalisierungen hinweg nicht zu den Vorhersagen der Ödipustheorie. Das ist als kritische Evidenz deswegen von Gewicht, weil die Operationalisierungen (die verschiedenen Arten der Erfassung) ödipaler Konstellationen relativ viele Zugeständnisse an die Theorie gemacht hatte (z. B.: Farbstifte als projektives Testverfahren; wären die Ergebnisse zugunsten der Theorie ausgefallen, hätten dies Kritiker der Theorie tatsächlich einwenden können). Der grundsätzlich wichtige Punkt daran ist eben der, dass Messverfahren und andere methodische Entscheidungen bei einer empirischen Studie möglichst *gegen* die Intentionen (Hypothesen, Annahmen) der Studie arbeiten sollten (d. h., dass eine Studie, die kritisch prüft, möglichst viele Zugeständnisse an die Theorie machen sollte).

Dieses Kapitel sollte vor allem an einem typischen (und berühmten) Beispiel die These qualitativ klar unterscheidbarer Entwicklungsphasen illustrieren und diskutieren, die für zahlreiche (ältere) Entwicklungstheorien tragend ist. Es ging hier um die Frage, welche methodischen Schwierigkeiten bedacht werden müssen, wenn man empirisch prüfen will, ob eine behauptete Phase tatsächlich universell auftritt. Es ist wichtig, sich klarzumachen, dass eine solche Entwicklungsphase auch dann, wenn sie nicht *universell* auftritt, dennoch unter bestimmten Bedingungen auftreten könnte; das aber wäre dann eine ganz andere Theorie. Die Frage, wie zu prüfen wäre, ob eine spezifischen Phasen*sequenz* universell auftritt, werden wir im nächsten Abschnitt (Abschn. 2.3) diskutieren.

> **Längsschnitt oder Querschnitt: Gibt es den Königsweg für entwicklungspsychologische Studien?**
> Die oben beschriebene Studie von Greve und Roos (1996) zur Ödipustheorie verwendet ein sogenanntes „querschnittliches" Design: Verschiedene Personen unterschiedlichen Alters (bzw. verschiedene Altersgruppen) werden miteinander verglichen (Abb. 2.1a), um zu prüfen, ob (wie es die Theorie behauptet hat) bestimmte Phänomene in Abhängigkeit vom Alter auftreten. Ein solches Querschnitt-Design ist mehreren Einwänden ausgesetzt: Die Unterschiede (oder Gemeinsamkeiten), die man bei einem solchen Vergleich findet, könnten nicht nur auf das unterschiedliche Alter der Personen, sondern auch auf (1) andere individuelle (z. B.: stabile) Unterschiede oder (2) darauf zurückzuführen sein, dass diese Personen ihre Entwicklungserfahrungen zu unterschiedlichen Zeiten erlebt haben.
>
> Das erste Problem hat mindestens zwei Aspekte, die jeweils auf unterschiedliche Weise methodisch beantwortet werden können. Zum einen sollte jede Studie möglichst sorgfältig darauf achten, dass die untersuchten

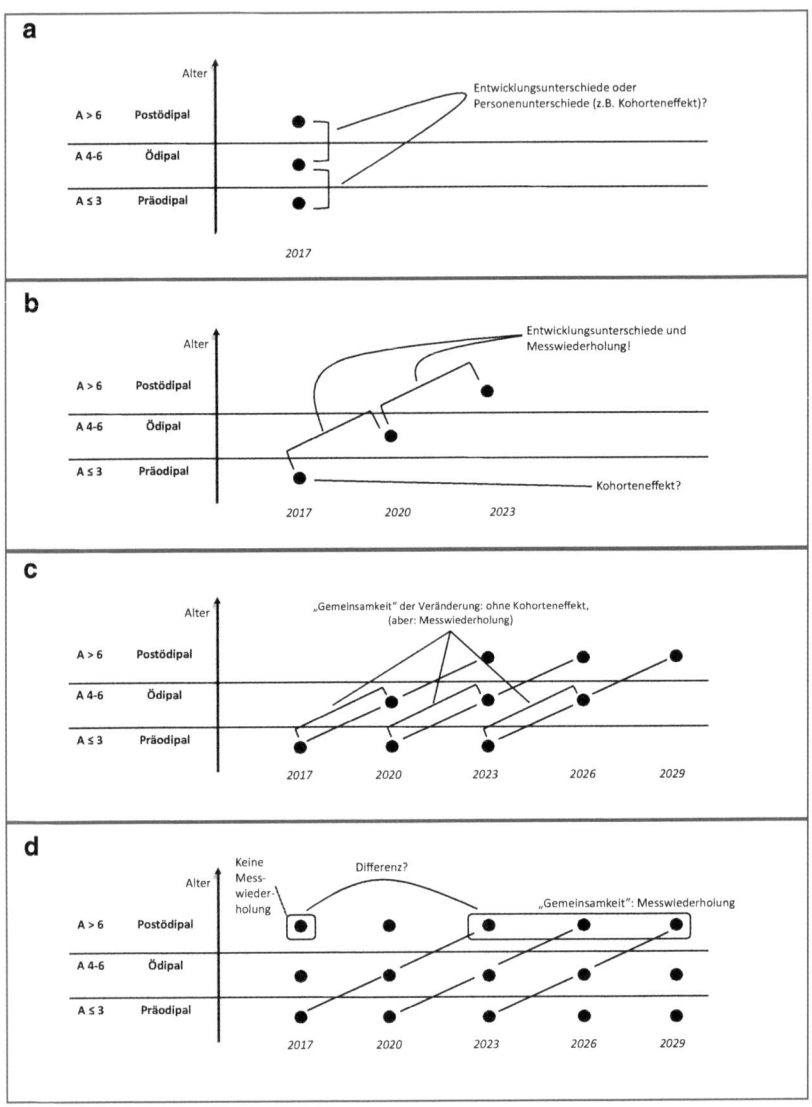

Abb. 2.1 a–d: Querschnitt und Längsschnitt – Perspektiven und Probleme

Stichproben nicht durch unerwünschte Auswahleffekte gekennzeichnet sind (im Beispiel: sich systematisch durch etwas anderes als das Alter unterscheiden, etwa in Bezug auf familiäre Erfahrungen, Persönlichkeitseigenschaften etc., die das beeinflussen könnten, was untersucht werden soll: hier die ödipale Konstellation). Der beste verfügbare Weg, dies sicherzustellen, ist es, aus der Grundgesamtheit der infrage kommenden Personen („Population") eine Zufallsauswahl zu ziehen: dann werden alle Variablen (auch die, an die man nicht gedacht hat …) in der Stichprobe (sofern sie hinreichend groß ist) so verteilt sein wie in der Population, können folglich keinen systematisch verzerrenden Effekt haben (aus demselben Grund wird auch in experimentellen Studien mit Zufallszuweisung auf die verschiedenen Experimental- und Kontrollbedingungen gearbeitet). Vergleicht man Personen verschiedenen Alters, kann das Verfahren der Zufallsziehung mögliche Effekte anderer Variablen (hinreichend sicher) ausschließen – außer dem Umstand, dass sie verschiedenen „Generationen" angehören (ihre Lebenserfahrungen zu verschiedenen Zeiten gemacht haben). Dieser Effekt ist beim querschnittlichen Vergleich von Altersgruppen natürlich nicht zu vermeiden, und es ist nicht auszuschließen, dass er einen Einfluss haben könnte, vor allem wenn es wirklich *Generationen* sind, die man vergleicht (z. B. wenn man die Intelligenzentwicklung über die Lebensspanne untersuchen wollte, indem man 20-Jährige mit 50-Jährigen und mit 80-Jährigen vergleicht). Aber auch dann, wenn nur wenige Jahre oder noch kürzere Abstände zwischen den verglichenen Altersgruppen liegen, könnte es Kontexteffekte geben (z. B. wenn man Effekte des Unterrichts in der Grundschule untersuchen wollte und dazu im Jahr 1991 eine erste und eine vierte Grundschulklassen in Magdeburg vergleichen würde – die vierte Klasse hätte ihre erste Klasse noch unter vollkommen anderen historischen und kulturellen Bedingungen erlebt). Deswegen spricht man allgemein auch von „Kohorten" und nicht von Generationen: Eine „Kohorte" bezeichnet eine Gruppe von Personen, die sich unter (hinreichend) gleichen äußeren Entwicklungsbedingungen entwickelt haben. Menschen unterschiedlicher Kohorten wachsen, z. B. abhängig vom jeweiligen soziokulturellen Kontext, oftmals unter sehr unterschiedlichen (z. B. sozialen oder politischen) Bedingungen auf und machen daher unterschiedliche Erfahrungen, die ihren weiteren Entwicklungsweg beeinflussen können (z. B. wenn die Großeltern noch den Krieg miterlebt haben, deren Kinder als Nachkriegsgeneration nur noch dessen Auswirkungen erlebten und deren Enkel ihn wiederum nur noch aus Erzählungen kennen). Ein *Kohorteneffekt* bezeichnet dementsprechend den Unterschied zwischen untersuchten Altersgruppen, der nicht durch Unterschiede im Entwicklungsstand („das Alter"), sondern durch das Aufwachsen in unterschiedlichen Entwicklungskontexten erklärbar ist.

Eine Querschnittsuntersuchung kann also nicht zwischen dem eigentlich interessierenden Alterseffekt (Entwicklungseffekt) und einem möglichen Kohorteneffekt unterscheiden. Das Problem, dass man beim Querschnitt *verschiedene* Personen vergleicht, um Entwicklungsunterschiede zu erfassen, die eigentlich Entwicklungen *innerhalb derselben Person* widerspiegeln, lässt sich methodisch einfach lösen: Man erfasst die Veränderungen einfach tatsächlich bei den Personen selbst. Das ist der Grundgedanke des Längsschnitts: wiederholte Messungen bei *denselben* Personen (Abb. 2.1b). Der Längsschnitt gilt daher oft als unerlässlich für die Entwicklungspsychologie: Es geht ja gerade darum, intraindividuelle Veränderungen zu erfassen. Allerdings kann ein solcher Längsschnitt das oben angesprochene Problem des Kohorteneffekts nicht ganz lösen. Er wird (*wenn* es ihn gibt) nur unsichtbar. Gewiss ist zutreffend: Die individuellen Veränderungen (Entwicklungen *innerhalb* der beobachteten Personen) werden nun direkt erfasst – d. h., dass Unterschiede zwischen den Messungen nun nicht mehr durch Unterschiede zwischen verschiedenen Personen zustande kommen können. Aber die betrachteten Personen stammen eben (typischerweise) *aus einer Kohorte*, und deswegen kann nicht ausgeschlossen werden, dass ihre Entwicklung zu anderen Zeiten (und unter anderen Umständen) anders verlaufen wäre (im Beispiel von eben: ein Längsschnitt der ersten Klasse des Jahrgangs 1987 hätte vermutlich ein anderes Ergebnis als der Längsschnitt des Jahrgangs 1991).

Nun gibt es auch darauf noch eine methodisch relativ klare Antwort: Man kombiniert einfach mehrere Längsschnitte (Abb. 2.1c). Wenn man verschiedene Kohorten (z. B. Jahrgänge) längsschnittlich begleitet, dann erfasst man die *beiden* Aspekte des Kohorteneffekts, also nicht nur die (möglicherweise verschiedenen) Ausgangswerte, sondern insbesondere auch die (möglicherweise verschiedenen) Veränderungen von verschiedenen Kohorten. Ein solches Design (ein „sequenzielles Kohortendesign" oder „Konvergenzmodell") bietet eine Reihe interessanter Vergleichsmöglichkeiten: Beispielsweise sollten die Unterschiede zwischen den z. B. 7-Jährigen aus verschiedenen Kohorten eben den Kohorteneffekt zeigen (wenn man sie alle nach demselben Verfahren korrekt erfasst hat). Umgekehrt ist das, was den *Veränderungen* der Personen aus *verschiedenen* Kohorten *gemeinsam* ist, dann wirklich die (intraindividuelle) Veränderung, die *nicht* vom Kontext abhängt (sofern man die für diese Veränderung relevanten Kontexte berücksichtigt hat). Die Rolle von Jahrhunderten wird man auf diese Weise allerdings kaum klären können; auf einen etwas anderen Weg, *diesem* Problem näher zu kommen, werden wir zurückkommen (Abschn. 4.3).

Abgesehen von praktischen Hürden (eine Längsschnittstudie dauert offensichtlich sehr viel länger als eine Querschnittstudie und ist organisatorisch aufwendiger) haben längsschnittliche Studien aber unglücklicherweise auch grundlegendere Probleme. Wichtig ist insbesondere das Problem, dass man im Laufe der Studie fast immer Teilnehmer „verliert", also Personen, die aus verschiedenen Gründen bei späteren Messzeitpunkten an der Studie nicht mehr teilnehmen – und die fast immer aus bestimmten Gründen (d. h.: *nicht* zufällig, sondern selektiv) ausscheiden und so die Befunde verzerren können. Nun ist das zwar ein großes praktisches Problem, aber kein prinzipielles (es wäre gelöst, wenn alle Teilnehmer dabeiblieben). Grundsätzlicher ist die Schwierigkeit, dass die Tatsache, dass man dieselben Phänomene bei denselben Personen wiederholt erfasst, selbst einen Effekt haben kann („Messwiederholungseffekt"). Wenn man beispielsweise einen Intelligenztest mehrfach mit denselben Personen durchführt, um zu prüfen, inwieweit sich ihre Intelligenz verändert, könnte man (teilweise) eine Art Übungs- oder Vertrautheitseffekt erfassen: Die Leistung wird besser, weil man die Aufgaben schon kennt oder geübt hat (und nicht, weil sich die Intelligenz verändert hat). Um dieses Problem wenigstens abschätzen zu können, wäre es hilfreich, die Kombination von mehreren Längsschnitten mit (wenigstens) einem Querschnitt zu kombinieren (Abb. 2.1d): Wenn man die Personen, die *nach* mehreren vorherigen Messungen erfasst werden, mit Personen vergleicht, die zum ersten Mal erfasst werden, sollte man so den Messwiederholungseffekt abschätzen können.

Tatsächlich sind die Zusammenhänge (etwa beim Messwiederholungseffekt) komplizierter als wir es hier dargestellt haben, aber die grundsätzlichen Probleme – sowohl des Längsschnitts als auch des Querschnitts – sollten deutlich geworden sein.

Wie soll man entscheiden, ob ein (methodisch und praktisch aufwendiger) Längsschnitt nötig ist oder ein Querschnitt ausreicht? Der Längsschnitt ist immer dann angebracht, wenn ein Kohorteneffekt erwartbar (wahrscheinlich) *und* wenn der Messwiederholungseffekt klein (bzw.

nicht zu erwarten) ist. Wenn *kein* Kohorteneffekt zu erwarten ist, dann spricht nicht nur der geringere Aufwand, sondern auch der ausgeschlossene Messwiederholungseffekt für den Querschnitt.

War ein Kohorteneffekt im Fall der oben skizzierten Studie zum Ödipuskomplex erwartbar? Aus zwei Gründen war er das eher nicht. Zunächst ist kaum zu erwarten (weder aus psychoanalytischer noch aus einer anderen Perspektive), dass es innerhalb von sechs Jahren Kohortenunterschiede geben könnte, die den (eigentlich vorhandenen) ödipalen Effekt zufällig genau überdecken. Vor allem aber stünden derartige Kohorteneffekte, *wenn* es sie gegeben hätte, ebenso im Widerspruch zur Ödipustheorie wie der Befund gänzlich fehlender Altersunterschiede, weil die Theorie ja gerade Universalität und damit Kontextunabhängigkeit postuliert. In diesem Fall wäre daher der Einwand, die Studie basiere nur auf Querschnittsdaten, nicht treffend. Das bedeutet: Auch wenn der Längsschnitt häufig einer der Königswege für entwicklungspsychologische Studien ist, ist er nicht in jedem Fall die zwingende oder bessere Wahl.

2.3 Psychosoziale Krisen: Die Vielfalt von Entwicklungsverläufen

Obwohl sie in vieler Hinsicht sehr unterschiedlich argumentieren, könnte man Havighurst und Freud beide als Vertreter des „Phasen"-Ansatzes bezeichnen, also der Idee, dass menschliche Entwicklung durch eine Sequenz qualitativ unterscheidbarer Phasen charakterisiert (zutreffend beschrieben) werden kann. Ein wichtiger Unterschied zwischen dem Ansatz von Havighurst und Freud ist bislang nicht angesprochen worden, obwohl man sagen könnte, dass er den bedeutsamsten und weitestreichenden Unterschied zwischen den Entwicklungstheorien in der ersten und der zweiten Hälfte des 20. Jahrhunderts markiert. Während Freud ein prototypischer Vertreter der Perspektive ist, Entwicklung auf die „Ent-Wicklung" der Person in der Kindheit (und Jugend) zu begrenzen, die mit dem Erwachsenenalter abgeschlossen ist (und daher spätere Veränderungen nicht als „Entwicklung", sondern z. B. als „Lernen" oder „Abbau" zu bezeichnen), ist Havighurst ein früher Vertreter der Lebensspannen-Perspektive der Entwicklungspsychologie (Abschn. 5.2). Diese Ausweitung der zeitlichen Perspektive liegt nicht daran, dass Havighurst den psychoanalytischen Thesen Freuds nicht zustimmte; man kann auch dann einen Lebensspannenansatz verfolgen, wenn man menschliche Entwicklung im Grundsatz aus einer psychoanalytischen

Perspektive betrachtet. Die Theorie von Erik H. Erikson ist dafür ein berühmt gewordenes Beispiel. Der Grundgedanke dieser Theorie ist eine Erweiterung und Modifikation der psychoanalytischen Entwicklungstheorie vor allem in drei wichtigen Aspekten.

Lebensspanne Augenfällig – und entsprechend häufig betont – ist zunächst die zeitliche Erweiterung: Eriksons Entwicklungstheorie ist eine Theorie der Lebensspannenperspektive. Entwicklung läuft nach dieser Vorstellung über das gesamte Leben (ist also *nicht* mit der Pubertät abgeschlossen) und wird dementsprechend nicht durch fünf, sondern durch acht Phasen gegliedert und charakterisiert (Tab. 2.1). Die ersten fünf dieser Phasen sind in vielem parallel zur psychoanalytischen Entwicklungstheorie konstruiert, nicht zuletzt in der zeitlichen Anordnung: Sie umfassen die ersten eineinhalb Jahrzehnte des Lebenslaufs. So verteilen sich die verbleibenden drei Entwicklungsphasen auf etwa 65 Lebensjahre (oder mehr) – der Akzent auf der Kindheit (und damit auch die Herkunft des Modells) ist unübersehbar. Gleichwohl sind die drei Phasen, die das Erwachsenenalter (grob) gliedern, qualitativ von den Phasen der Kindheit und Jugend deutlich verschieden: Dies ist fraglos eine Theorie der Lebensspanne (wie die von Havighurst – obwohl sich beide Theorien sehr unterscheiden).

Die Rolle des Kontexts Der zweite wichtige Unterschied zwischen Eriksons Ansatz und der psychoanalytischen Entwicklungstheorie greift tiefer. Die Phasen, die den Lebenslauf gliedern, werden von Erikson mehrfach nicht als „Phasen", sondern als *psychosoziale Krisen* bezeichnet. Damit werden zwei theoretisch wichtige Punkte markiert. Zwar werden alle (acht) Krisen durch jeweils eine Herausforderung charakterisiert, aber diese Herausforderung besteht darin, dass das sich entwickelnde Individuum einen Weg *zwischen* zwei Extremen finden muss (z. B. „Vertrauen versus Misstrauen" oder „Identität versus Identitätsdiffusion"). Es gibt daher aus der Sicht dieser Theorie nicht „den" richtigen (gesunden, normalen) Entwicklungspfad (wie etwa im Ödipuskomplex: die Verdrängung des erotischen Begehrens zum Aufbau des Über-Ichs oder die Identifikation mit dem Aggressor zur Entwicklung einer Geschlechtsrollenidentität), sondern einen breiten Spielraum innerhalb des von den Extremen (z. B.: Jedem misstrauen versus Jedem vertrauen) markierten Rahmens. Welcher im Einzelfall oder in einem gegebenen Kontext der tatsächlich eingeschlagene, der naheliegende und funktionale Entwicklungsweg ist, hängt damit eben auch von den individuellen und kontextuellen Entwicklungsbedingungen ab – deswegen sind es psycho-*soziale* Krisen. Es ist plausibel, dass für ein Kind, das in einer improvisierten Flüchtlingsunterkunft in Palästina aufwächst, das Grundvertrauen

Tab. 2.1 Acht Phasen der psychosozialen Entwicklung von Erikson

	Psychosoziale Krise	Inhalt	Altersbereich
1	Vertrauen vs. Misstrauen trust vs. mistrust	In dieser Phase ist es die Aufgabe des Kindes, ein grundlegendes Vertrauen in sich, andere Menschen und in die Umgebung zu entwickeln. Die Entwicklungsaufgabe gelingt, wenn das Kind die Umwelt als zuverlässig und kontrollierbar erlebt. Dadurch kann es zukünftig enge und vertrauensvolle Beziehungen zu anderen eingehen. Sollten jedoch negative Erfahrungen überwiegen, wird ihm dies nur schwer gelingen.	Erstes Lebensjahr
2	Autonomie vs. Scham und Zweifel autonomy vs. shame, doubt	Unter den wachsenden Anforderungen und Restriktionen der Umwelt hat das Kind in dieser Phase die Aufgabe, ein Autonomie- und Kontrollgefühl über seine eigenen Entscheidungen und Handlungen zu entwickeln. Gelingt ihm dies, wird es sich zukünftig als eigenständige Person wahrnehmen. Wenn das Gefühl der Fremdkontrolle überwiegt, kommt es zukünftig zu Selbstzweifeln.	Frühe Kindheit
3	Initiative vs. Schuldgefühle initiative vs. guilt	In dieser Phase haben Kinder nicht nur die Aufgabe, sich erste eigene Ziele zu setzen und diese zu verfolgen, sondern auch die – zumeist von den Eltern – vorgegebenen Regeln und Normen zu internalisieren. Zudem kommt es auf dieser Stufe zum Ausprobieren verschiedener Rollen und zu einer ersten Identifikation. Gelingt diese Entwicklungsaufgabe nicht, ist ein anhaltendes schlechtes Gewissen oder Schuldgefühl sowie mangelnde Initiative die Konsequenz.	Kindheit
4	Tätigkeit vs. Minderwertigkeitsgefühle industry vs. inferiority	Sowohl beim erfolgreichen Lösen von alltäglichen Aufgaben und beim Erlernen von neuen Handlungen als auch im Umgang mit Gleichaltrigen erfahren Kinder in dieser Phase Anerkennung und erleben ein Gefühl von Kompetenz. Bei übermäßigem Misserfolg mit diesen Aufgaben stellt sich hingegen ein Gefühl von Minderwertigkeit und Inkompetenz ein.	Schulalter

(Fortsetzung)

Tab. 2.1 (Fortsetzung)

	Psychosoziale Krise	Inhalt	Altersbereich
5	Identität vs. Identitätsverwirrung / identity vs. identity confusion	In dieser Phase ist es Aufgabe des Jugendlichen, z. B. durch ein Ausprobieren verschiedener Rollen in unterschiedlichen sozialen Kontexten, eine grundlegende und konsistente Identität zu gewinnen. Ziel ist es also, eine Antwort auf die Frage „Wer bin ich und wer möchte ich sein?" zu finden. Wird diese Entwicklungsaufgabe nicht erfolgreich gelöst, bleibt sich die Person über diese Frage im Unklaren und die eigene Identität bleibt zukünftig eher inkonsistent und richtet sich möglicherweise nach der aktuell vorherrschenden Situation.	Adoleszenz
6	Intimität vs. Isolierung / intimacy vs. isolation	Im Laufe des jungen Erwachsenenalters muss das Individuum lernen, intime, tragfeste und vertrauensvolle Partnerschaften einzugehen. Gelingt dies nicht, ist Isolation die Konsequenz. Dies kann bedeuten, dass einerseits gar keine Partnerschaften eingegangen werden, andererseits bleiben künftige Partnerschaften womöglich eher distanziert und kühl.	Junges Erwachsenenalter
7	Schöpferische Tätigkeit vs. Stagnation / generativity vs. stagnation	In dieser Phase des Erwachsenenalters geht es für das Individuum darum, etwas von sich an andere weiterzugeben. Dies kann das Großziehen eigener Kinder oder das Kümmern um die Enkelkinder sein, aber auch soziales, wissenschaftliches oder kulturelles Engagement, das der folgenden Generation dient. Gelingt eine solche Weitergabe nicht, stellt sich das Gefühl von Stagnation, Langeweile oder Sinnlosigkeit ein.	Mittleres Erwachsenenalter
8	Integrität vs. Verzweiflung / integrity vs. despair	Der letzte Schritt auf dem Entwicklungsweg eines Menschen sind Akzeptanz und Anerkennung des eigenen Lebenslaufs, was auch das Loslassen von Unerreichbarem beinhaltet. Gelingt es dem Individuum nicht, diese Integrität der eigenen Person zu erlangen, resultieren Reue, Hoffnungslosigkeit und/oder Verzweiflung.	Hohes Erwachsenenalter

Anmerkung: Die Bezeichnungen der Phasen unterscheiden sich zwischen verschiedenen Übersetzungen von Eriksons Büchern und auch zwischen verschiedenen Widergaben (etwa in Lehrbüchern) erheblich. Wir haben hier die Bezeichnungen aus der deutschen Übersetzung des Buchs „Jugend und Krise" (1970) und dazu die englische Originalbezeichnung aus dem dazugehörigen Original angefügt (Erikson, 1968). Obwohl man in Lehrbüchern konkrete Altersangaben findet, hat Erikson im Original nur die angegebenen groben Altersabschnitte benannt.

anders kalibriert wird (und dies auch funktional ist), als für ein Kind, das in einer norddeutschen Kleinstadt in geordneten familiären („bürgerlichen") Verhältnissen aufwächst; und es ist ebenso klar, dass sich dies im Einzelfall auch umdrehen kann (z. B. bei innerfamiliären Gewalterfahrungen im letzteren Fall oder einer besonderen Resilienzkonstellation (s. dazu Abschn. 5.4) im ersteren Fall). Damit rückt auch bei Erikson die Bedeutung des Entwicklungskontexts und die Fähigkeit von Menschen, sich an ihn anzupassen, in den Blick. Wir werden in Kap. 5 argumentieren, dass die ontogenetische Adaptivität zu den Besonderheiten (und Vorteilen) der menschlichen Entwicklung gehört – dies bedeutet eben, dass Entwicklung nicht nur in Abhängigkeit vom Entwicklungskontext unterschiedlich verläuft, sondern dass auch die Funktionalität dieser Verläufe vom Kontext abhängt. Das lässt die These eines universell richtigen Verlaufs einer spezifischen Entwicklungsphase (in Bezug auf den jede mögliche Abweichung als dysfunktional anzusehen ist) fraglich erscheinen, selbst wenn man die Universalität dieser Phase nicht infrage stellen würde.

Vielleicht erklärt dieser Aspekt eine wichtige Differenz des älteren (Freud) zu den jüngeren (Erikson, Havighurst) Ansätzen: Wenn kontextuelle (insbesondere soziale) Einflüsse Entwicklung mitbestimmten, dann *kann* es offenbar nicht nur *einen* „richtigen" Verlauf geben. Die Einsicht, dass die Berücksichtigung des Entwicklungskontexts für die Erklärung von Entwicklung selbst unerlässlich ist, hat seither systematischen Eingang in viele Erklärungsansätze gefunden.

Obwohl er den Kontext systematischer berücksichtigt, ist Eriksons Ansatz gleichwohl der Struktur der psychoanalytischen Theorie insofern verpflichtet, als auch er ein typischer Phasenansatz ist. Infolgedessen ist auch in Bezug auf diesen Ansatz zunächst die Frage empirisch zu klären, *ob* die in ihm postulierten Krisen tatsächlich universell und in der von der Theorie spezifizierten Form (d. h. mit dem jeweiligen zentralen „Thema") auftreten. Auch wenn sie in Bezug auf den „richtigen" Verlauf jeder Phase offener konzipiert sind als in der psychoanalytischen Entwicklungstheorie (d. h. mehr als einen „richtigen" Entwicklungsverlauf vorsehen), ist ihr Auftreten und ihr charakteristisches Thema kategorisch formuliert („vorgegeben").

Von grundsätzlicher Bedeutung für Phasentheorien generell ist die Frage (die wir bei der Diskussion der psychoanalytischen Entwicklungstheorie nicht angesprochen hatten), ob die in der Theorie von Erikson postulierte *Sequenz* der Entwicklungsphasen zwingend bzw. universell ist (diese Frage ist unabhängig von der Frage, ob es genau und nur diese acht Entwicklungsphasen gibt). Tatsächlich hat Erikson sich für die Frage interessiert, ob die Phasen und ihre Sequenz auch unter anderen kulturellen Bedingungen auftreten, und hat dies sogar durch Forschungsaufenthalte bei einer Population von „native Americans" in Nordamerika untersucht (Flammer

2017). Obwohl ihn seine Wahrnehmungen in der Überzeugung bestärkten, dass die von ihm vermutete Entwicklungssequenz tatsächlich allgemeingültig sei (er bezeichnete dies damals als „epigenetisches" Prinzip; Erikson 1959/1966; heute wird mit diesem Begriff eine ganz andere Art von Entwicklungsprozess bezeichnet; Abschn. 4.2), ist die empirische Evidenz für die Universalität der von ihm postulierten Sequenz nicht überzeugend. Insbesondere ist der Umstand, dass seine Beobachtungen zu seinen Annahmen passten, aus den Gründen, die wir bereits angesprochen haben (Induktion, Voraussetzungen), kein belastbarer Beleg für die Gültigkeit seiner Theorie. Tatsächlich wäre es wichtig, gezielt nach solchen Kontextbedingungen (insbesondere kulturellen Bedingungen) zu suchen, in denen es wahrscheinlich wäre, (partiell) *andere* Sequenzen anzutreffen. Wissenschaft bedeutet, gezielt gegen die eigenen Annahmen zu arbeiten – so wie es im Beispiel der Ödipusstudie im vorangegangenen Abschnitt wichtig war, Operationalisierungen zu verwenden, die die Befürworter für annehmbar halten, wenn man die Studie in neutraler oder gar kritischer Intention durchführt.

Wie könnte eine solche Suche nach bedeutsam anderen Kontextbedingungen aussehen? Erikson geht beispielsweise davon aus, dass die Phase der Identitätssuche („Identität versus Identitätsdiffusion" – in seiner Zählung die fünfte Krise) der Phase der Intimität („Intimität versus Isolation") vorangeht: Ich muss eine mindestens vorläufige Antwort auf die Frage nach dem „Ich" („Wer bin ich?") gefunden haben, bevor sich dieses Ich einem „Du" zuwenden kann (um vielleicht ein „Wir" daraus werden zu lassen). Diese Perspektive ist für sogenannte „individualistische" Kulturen naheliegend, vielleicht sogar typisch.

Individualismus und Kollektivismus
In individualistischen Kulturen steht das Individuum mit seinen individuellen Bedürfnissen im Vordergrund. Menschen, die in solchen Kulturen aufwachsen, fokussieren in der Wahrnehmung von sich selbst und anderen solche Aspekte, durch die Menschen (z. B. sie selbst) sich von anderen unterscheiden. Sie haben somit ein eher unabhängiges Verständnis der eigenen Person – ein sogenanntes *in*dependentes Selbstbild. In kollektivistischen Kulturen steht hingegen die Gruppe im Vordergrund. Das Individuum begreift sich selbst als Teil der sozialen Beziehungen einer Gruppe und sieht sich nicht als von ihr losgelöst. Menschen, die in kollektivistischen Kulturen aufwachsen, beachten und fokussieren solche Merkmale, die Gemeinsamkeit und Passung zur Gruppe implizieren. Auch die Bedürfnisse der anderen stehen oft über den individuellen Bedürfnissen. Sie haben insofern ein Verständnis der eigenen Person, das von der Zugehörigkeit zu

anderen abhängt – ein sogenanntes *inter*dependentes Selbstbild. Markus and Kitayama (1991) betonen, dass diese kulturabhängigen Konstruktionen des Selbstbilds weitreichende Konsequenzen für das Verständnis des Denkens, Fühlens und Handelns von Menschen hat.

In individualistischen Kulturen werden Handlungen, vor allem solche, die den weiteren Lebenslauf wesentlich bestimmen (z. B. Lebenspartnerschaften), als vom Individuum frei und überlegt gewählt angesehen. In „kollektivistischen" Kulturen liegt jedoch (unter Umständen) eine andere Strategie nahe: Lebensprägende Entscheidungen dürfen, gerade weil sie so wichtig sind und weitreichende Konsequenzen haben können, den aktuellen (womöglich unzuverlässigen und instabilen) Gefühlszuständen einer einzelnen Person nicht überlassen werden, sondern müssen auf der Grundlage kollektiven Wissens (etwa in Form traditioneller Regeln) getroffen werden. Diese Traditionen könnten es nahelegen, eine Lebenspartnerschaft schon in der Kindheit durch die Eltern zu vereinbaren (natürlich aus anderen als romantischen Gründen, beispielsweise wirtschaftlichen). Diese durch andere bestimmte Lebenspartnerschaft ermöglicht dem sich entwickelnden Menschen dann – lange *vor* dem „Ich" – die Erfahrung des „Wir"; dieses „Wir" wiederum bildet in dieser Vorstellung gerade die *Grundlage* für die Konzeption eines „Ich", eben weil das „Ich" wesentlich durch *Gemeinsamkeiten* mit anderen (dem „Wir") bestimmt wird. In einem solchen Entwicklungskontext könnte die Sequenz „Identität führt zu Intimität" anders aussehen und auch anders als „richtig" empfunden werden. Wichtig an dieser exemplarischen Überlegung ist die These, dass die in Eriksons Theorie behauptete Sequenz unter bestimmten (kulturellen) Kontextbedingungen anders als postuliert ablaufen könnte (und es deswegen gut wäre, die Theorie gerade dort gezielt zu prüfen).

Identität als Lebensthema Das Beispiel führt zum dritten Punkt, der Eriksons Theorie besonders kenn- und auszeichnet und für das Anliegen dieses Kapitels von besonderer Bedeutung ist. Ungeachtet der Tatsache, dass jede Entwicklungskrise durch ein jeweils eigenes Entwicklungsproblem charakterisiert ist, ist das Leitmotiv, das alle Phasen verbindet, die Erarbeitung einer individuellen Identität („Identität und Lebenszyklus"; Erikson 1988). Die ersten vier Krisen legen dafür die Fundamente (Vertrauen, Autonomie, Initiative, Werksinn), die fünfte stellt die Aufgabe der Identitätssuche erstmals explizit („Wer bin ich?"), und die folgenden Aufgaben (Intimität, Generativität, Integration) bauen auf ihr auf, erweitern sie und integrieren alle vorherigen. An dieser These ist nicht nur die allgemeine Idee bemerkenswert, dass es *eine* Lebensaufgabe geben könnte, die über alle Unterschiede verschiedener Lebensabschnitte hinweg das Leben als roter Faden durchzieht, sondern vor allem die Vermutung interessant, dass das Ringen um eine personale Identität dieses Leitmotiv darstellt. Wir werden in Abschn. 5.3 argumentieren, dass dieser Gedanke der Identitätsentwicklung als zentraler Konzeption – theoretisch etwas anders gewendet – viel Potenzial für ein integratives (theorie- und problemübergreifendes) Verständnis von Entwicklung hat.

Wie überzeugend ist der Gedanke, es gebe *ein* Leitmotiv für die gesamte Entwicklung? Auf den ersten Blick erscheint es, als könne ein inhaltlicher Aspekt (z. B. „Identität") nicht wirklich alle Aspekte der menschlichen Entwicklung abdecken. Vom Laufen bis zum Denken, von der Familie bis zum Beruf – die Vielfalt der Lebens- und Entwicklungsaspekte und -themen erscheint zu groß, zu breit. Aber sind nicht doch alle diese Aspekte, spätestens im Rückblick, durch ein „Ich bin ..." verbunden? Ist nicht die Frage danach, wer man ist, mindestens für das Erleben von allem, was uns ausmacht und betrifft, leitend, sogar prägend? Meine Biografie, die mich zu der Person macht, die ich bin, ist meine Entwicklung. Nicht zuletzt dies lässt Eriksons These, Identitätsentwicklung sei das alle Phasen verbindende Lebensthema bis in die Gegenwart hinein, anschlussfähig erscheinen. Unsere Entwicklung ist tatsächlich immer *unsere* Entwicklung: Bei aller Veränderung ist dies das Verbindende der Ereignisse, die unseren Lebenslauf zu unserem Lebenslauf machen.

Zugleich macht uns diese Perspektive auf eine zentrale Herausforderung jeder Entwicklungstheorie aufmerksam: das Spannungsfeld von Stabilität und Wandel. Ohne Wandel wäre es keine Entwicklung, aber ohne die Stabilität dessen, an dem sie sich vollzieht, wäre es auch nicht *eine* Entwicklung, sondern nur die Abfolge verschiedener Zustände. Bei aller Veränderung: meine Entwicklung kann nur *meine* Entwicklung sein, wenn ich durch sie hindurch in wichtiger Hinsicht dieselbe Person bleibe.

2.4 Sequenzielle Logik: Die Entwicklung des Denkens folgt den Gesetzen des Denkens

Keine der bislang berührten Ansätze hat eine befriedigende Antwort auf die Frage geliefert, warum die von ihnen postulierten Phasen notwendig in der je behaupteten Sequenz durchlaufen werden sollten, obwohl schon der Umstand, dass die behandelten Ansätze durchaus nicht dieselben Phasen und -sequenzen behaupten, diese Frage unabweislich macht. Eine mögliche Antwort darauf bietet die vierte prominente Phasentheorie an, die in diesem Kapitel angesprochen werden soll: Piagets Theorie der geistigen Entwicklung (Piaget 1947; Piaget und Inhelder 1972; zur Vertiefung: Flavell 1963; zum Einstieg in das Original: Piaget 1959/1975).

„Das Erwachen des Denkens"

Auf den ersten Blick ist auch diese Theorie eine typische Phasentheorie, allerdings inhaltlich deutlich spezifischer als die bislang betrachteten, denn sie handelt ausdrücklich nur vom „Erwachen des Denkens" (Piaget 1959/1975), der kognitiven Entwicklung, die Piaget in vier Phasen gliedert.

> **Die vier Phasen der kognitiven Entwicklung von Piaget**
> Im ersten, *sensumotorischen Stadium*, das sich über die ersten zwei Lebensjahre erstreckt, lernen Kinder vor allem durch sensorische und motorische Erfahrungen. Bereits von Geburt an mit Reflexen und ersten Wahrnehmungsfähigkeiten ausgestattet, kann der Säugling schon früh damit beginnen, die Welt zu erkunden. Je feiner und komplexer motorische und sensorische Fähigkeiten werden, desto größer wird auch der Entdeckungs- und Erfahrungsspielraum des Kindes. Zunächst ist die kognitive Entwicklung des Kindes noch stark an aktuelle Wahrnehmungen und Handlungen in der Gegenwart gebunden – die Fähigkeit zu erkennen, dass Objekte weiter existieren, obwohl sie sich nicht im aktuellen Blickfeld befinden (die sogenannte Objektpermanenz) wird erst ab etwa acht Monaten erlangt. Mit etwa zwölf Monaten werden Objekte schließlich relativ zuverlässig dort gesucht, wo sie kurz zuvor tatsächlich versteckt wurden – das Objekt scheint nun auch mental repräsentiert zu sein. Je älter die Kinder werden und je größer ihr Handlungsspielraum durch zunehmende sensorische und motorische Fertigkeiten wird, desto länger gelingt die mentale Repräsentation von Objekten, welche schließlich auch zeitlich verzögerte Nachahmung (z. B. über Stunden oder gar Tage) möglich macht. Im nächsten, *präoperationalen Stadium*, das vor allem das Vorschulalter (bis etwa sieben Jahre) charakterisiert, lernen Kinder, eine immer größere Zeitperspektive in den Blick zu nehmen und bereits bestehende motorische und insbesondere kognitive Schemata auszudifferenzieren. Das Denken des Kindes ist hier jedoch noch stark auf eine Dimension zentriert, so dass mentale Operationen nicht auf mehreren Dimensionen gleichzeitig vorgenommen werden können. Piaget zufolge haben Kinder in dieser Phase das „Invarianzkonzept" noch nicht erkannt, welches besagt, dass eine Veränderung der Anordnung oder der Erscheinung von Objekten nicht ihre grundlegenden Eigenschaften verändert (zwei gleich große Kugeln Knete enthalten weiterhin gleich viel Knete, auch wenn eine länglich ausgerollt

2.4 Sequenzielle Logik ...

wird). Das berühmteste Beispiel für dieses Phänomen ist die Unfähigkeit von Kindern, in dieser Phase zu erkennen, dass eine Flüssigkeit, die von einem hohen schmalen Gefäß in ein flaches breites umgeschüttet wird, *nicht* weniger (oder beim Zurückschütten: mehr) wird. Sie „zentrieren" auf eine Dimension (die Höhe des Wasserspiegels), ohne die gleichzeitige Veränderung der anderen (Breite und Tiefe) mit in den Blick zu nehmen. Auch das Einnehmen einer anderen Perspektive als der eigenen gelingt zu dieser Zeit noch nicht. Piaget bezeichnete diese Unfähigkeit des Perspektivwechsels, den er mit dem sogenannten Drei-Berge-Versuch überprüfte, als kindlichen „Egozentrismus". Das folgende *Stadium der konkreten Operationen*, welches bis ins Alter von etwa elf bis zwölf Jahren andauert, beinhaltet insbesondere die Auflösung der Zentrierung sowie des kindlichen Egozentrismus – den Kindern gelingt es nun, mehrere Ebenen oder Dimensionen in ihr Denken miteinzubeziehen (z. B. Höhe, Breite und Tiefe eines Gefäßes) sowie aus der eigenen Perspektive herauszutreten und die anderer Personen einzunehmen. Dennoch bleibt das kindliche Denken noch stark auf konkret beobachtbare Phänomene ausgerichtet, das Vornehmen mentaler Operationen auf abstrakter Ebene fällt hier noch schwer. Im daran anschließenden *Stadium der formalen Operationen* ist diese Fähigkeit zum abstrakten Denken schließlich möglich. Auch hypothetisches Schlussfolgern gelingt zunehmend, welches Piaget anhand eines Pendelproblems testete, das nur durch systematisches Experimentieren mit verschiedenen Parametern (wie Gewicht des Pendels, Länge der Schnur und Starthöhe) korrekt gelöst und begründet werden konnte.

Es ist bemerkenswert, dass sich die kognitive Entwicklung auch dann als kontinuierliche Entwicklung darstellen lässt, wenn man die von Piaget vorgeschlagenen Konzepte nutzt. Der Aufbau einer zunehmend differenzierten inneren Repräsentation der Welt vollzieht sich in der Wechselwirkung zwischen dem zunehmend gezielteren Handeln des sich entwickelnden Individuums und der Ordnung der dadurch gewonnenen Informationen in zunehmend differenzierteren Schemata (und Strukturen von Schemata). Ausgehend von zunächst reflexhaften Bewegungen („Greifreflex"), deren Folgen Wiederholungen nahelegen oder nicht nahelegen (diese Rückkopplung von Aktivität und Konsequenz nannte Piaget „Kreisreaktion") und so den Beginn einer inneren Repräsentation („Greifschema") ermöglichen, wird schrittweise von den unmittelbar sinnlich erfahrbaren („sensu-motorische" Phase) Gegebenheiten abstrahiert: Wir lernen nach und nach die Welt kognitiv zu erfassen und sie auch gedanklich zu

„be-greifen". Entscheidend dafür ist die wiederkehrende Erfahrung, dass Informationen (die die Folgen eigenen Handelns sein können, die aber auch ohne aktives Zutun „eintreffen") nicht zu den bislang ausgebildeten Schemata passen – und so eine An-Passung dieser Schemata erzwingen. So entsteht Schritt für Schritt eine Repräsentation der Welt im Kopf. Wenn die Einsicht etabliert ist, dass es Dinge auch dann noch gibt, wenn man sie nicht erlebt („Objektpermanenz"), wird es möglich, systematisch über Zusammenhänge (die man ja niemals *sehen* kann) zwischen Dingen nachzudenken (z. B.: „Wenn ... dann"). Viele dieser Zusammenhänge sind zunächst zu generalisierend (z. B.: „Wolken bewegen sich, wie Tiere und wir, weil sie es wollen": Animismus; „Berge sind, wie Häuser, gebaut": Artifizialismus), viele sind unzureichend, weil sie nicht mehr als eine Dimension oder Perspektive gleichzeitig beachten (Umschüttaufgabe: Zentrierung). Hat man erst verstanden, dass Dinge auch dann dieselben bleiben können, wenn sie sich verändern (Knete), dass manche dieser Veränderungen sogar reversibel sind (Umschütten), hat man erst gelernt, mehr als eine Dimension (und auch: andere Perspektiven als die je selbst eingenommene) gleichzeitig zu berücksichtigen, kann man beginnen, systematisch Operationen durchzuführen, die sogar partiell schon abstrahieren. Kinder können nun anfangen zu zählen. Zwar sind sie dabei zunächst noch darauf angewiesen, konkrete Dinge zu zählen – aber immerhin: Sie können *zählen* (das ist eine Abstraktion). Und nun gelingt es ihnen auch, Stäbchen tatsächlich nach der Größe zu ordnen (statt sie nur, unabhängig von ihrer Länge, ordentlich an einem Ende an einer Linie auszurichten), nun gelingt es ihnen zu verstehen, was an der Frage falsch und irreführend ist, ob mehr Löwen oder mehr Tiere im Zoo wohnen (Klasseninklusion). Und wenn das Anschauliche schließlich nicht mehr benötigt wird, wenn man *formale Operationen* (z. B. Multiplikationen oder komplexere Rechenoperationen) gedanklich beherrscht – dann ist die geistige Entwicklung tatsächlich abgeschlossen. Nun sind alle Fähigkeiten entwickelt, die das Denken benötigt. Gewiss kann man sie weiter üben und ausbauen, gewiss können viele Schemata (und natürlich zahllose Inhalte) hinzukommen – aber alles dies ist „Lernen", nicht mehr *Entwicklung*. Entwicklung ist eben dies: die Ent-Wicklung der – als *Möglichkeit* – angelegten Fähigkeiten (hier: des Denkens) entlang einer Sequenz qualitativ unterscheidbarer Stufen von grundlegenden Einsichten.

An dieser Theorie (auch sie haben wir hier stark vereinfacht skizziert) sind mehrere Punkte bemerkenswert. Zunächst lohnt es, darauf hinzuweisen, dass Piaget sein Augenmerk nicht primär auf das gerichtet, hat, was Kinder jeweils (in jeder Phase) können, sondern darauf, was sie noch nicht können (welche typischen Fehler sie noch begehen). Das macht nicht nur die qualitative Differenz zur nächsten Phase aus, sondern deutet auch an, worin der „Motor" der geistigen Entwicklung besteht:

in ungelösten Problemen. Wie in der Entwicklung wissenschaftlicher Erkenntnis (Theorien) wird Fortschritt ermöglicht (und auch erzwungen) dadurch, dass die vorliegenden Schemata und Strukturen Fragen nicht zureichend beantworten, die sich nicht abweisen lassen und sich somit anpassen müssen (vielleicht ist dies ein gemeinsamer Nenner vieler Entwicklungstheorien; wir kommen darauf zurück in Abschn. 5.5).

Wichtiger für den Zweck dieses Kapitels ist der Hinweis, dass die *Sequenz* der Phasen (und damit zugleich ihrer jeweiligen Themen) hier einer *logischen* Ordnung folgt. Es ist beispielsweise unmöglich, die (analoge) Uhr zu lernen, bevor man nicht gelernt hat, bis zwölf zu zählen und kürzere von größeren Zeigern zu unterscheiden (konkrete Operationen). Mit anderen Worten: Es *kann* keinen Entwicklungskontext geben, in dem diese Sequenz anders verliefe (obwohl es natürlich Entwicklungskontexte gab und gibt, in denen man gar nicht lernt, die Uhr zu lesen – das ist nicht der Punkt). In dieser Hinsicht ist die Reihenfolge der Differenzierungen (Entwicklungen) logisch zwingend und somit universell. Das ist keine banale Wahrnehmung, sondern zeigt, dass universelle Sequenzen nicht ausgeschlossen sind (umso gravierender sind die diesbezüglichen Einwände gegen die bislang behandelten Phasensequenztheorien).

Allerdings ist die qualitative Differenz zwischen den Phasen bei näherem Betrachten auch in der kognitiven Entwicklung komplexer als man es hoffen könnte. Leider ist es faktisch oft doch nicht nur *eine* Einsicht, dass Wasser nicht nur deswegen mehr wird, weil sich die Spiegelhöhe verändert, und Knete nicht mehr wird, weil die Form, in die sie geknetet wird, länger aussieht: Manchmal fällt uns der Transfer von Einsichten über Grenzen von Anwendungsfeldern hinweg schwer – oder es sieht jedenfalls so aus. Auch wenn wir das Beispiel mit den Löwen und Tieren im Zoo verstehen, übersehen wir vielleicht doch, dass die Anweisung an die Umzugshelfer, alle Möbel ins Wohnzimmer, aber die Stühle auf die Terrasse zu stellen, genau genommen inkonsistent ist. Und obwohl wir zu manchen formalen Operationen inzwischen verlässlich in der Lage sind, bitten wir unseren Computer, wenn er mitten am Tag abstürzt, flehentlich darum, die Daten für uns dennoch gerettet zu haben („Oh nein – bitte tu mir das nicht an!": Animismus). Wir verhalten uns, kurz gesagt, oft so, als ob wir nicht nur in *einer* Phase wären. Piaget ist dieses Phänomen der „horizontalen Ungleichzeitigkeit" nicht entgangen; er hat es aber für insgesamt nicht so gravierend gehalten und deswegen die Idee einer Entwicklung, die durch qualitativ unterscheidbare Phasen charakterisiert ist, verwerfen zu müssen. Aber vielleicht deutet sich hier doch eine fundamentale Schwierigkeit an, die schließlich eine etwas andere Sicht näherlegt (Kap. 6).

Das Timing der Entwicklung: Grundfragen der Entwicklungsdiagnostik

Interessanterweise hat sich die – sehr umfangreiche – Forschung zu Piagets Theorie vor allem mit einem anderen Problem beschäftigt: der Frage der genaueren Alterszuordnung der Entwicklungsphasen. Können Kinder tatsächlich erst mit sieben Jahren konkrete Operationen durchführen? Können Kinder tatsächlich erst im Schulalter kausale Schlüsse ziehen? Eine Vielzahl von Studien hat sehr überzeugend gezeigt, dass die Antwort entscheidend davon abhängt, wie man die fragliche Kompetenz des Kindes erfasst (Lohaus und Vierhaus 2015; Siegler et al. 2016d).

Das Problem der Operationalisierung dessen, was man untersuchen will, haben wir bereits im Abschn. 2.2 angesprochen. Die Regel, möglichst eine solche Operationalisierung zu wählen, die die eigene Hypothese nicht von vornherein begünstigt, können wir nun erweitern zu der Regel, nach Überprüfungsmethoden zu suchen, die die Grenzen des je Behaupteten möglichst anspruchsvoll prüft. Das bedeutet: Die Studie soll es der Hypothese, die mit ihr untersucht werden soll, möglichst schwer machen. Wenn sie dann dennoch ein die Hypothese stützendes Ergebnis erbringt, ist die Bewährung der Hypothese (und der Theorie, aus der sie folgt) belastbarer.

> **Was heißt „Erfassen"?**
> Damit verbunden ist ein Problem, das hier nur sehr knapp angesprochen werden kann (ausführlich zum Folgenden s. Eid et al. 2010; Quaiser-Pohl und Rindermann 2010). Die Qualität einer Erfassung von etwas zu beurteilen, das nicht auf den buchstäblich ersten Blick zu sehen ist, ist ein sehr grundsätzliches Problem jeder empirischen Wissenschaft. In aller Regel wollen wir etwas erfassen (messen), das vom Beobachtbaren abstrahiert. Mit anderen Worten ist das, was wir beobachten können (z. B. die Leistung im Intelligenztest), ein *Indiz* für das, worum es uns eigentlich geht (Intelligenz). Es ist hilfreich, mehrere – aufeinander aufbauende – Kriterien der Qualität einer Erfassung zu unterscheiden.
> *Objektivität.* Eine Operationalisierung (der Erfassungsweg) muss zunächst davon unabhängig sein, wer sie anwendet (in diesem Sinne wird der Begriff „Objektivität" in der Psychologie meist verwendet). Ein standardisierter Test, der nach einer eindeutigen Anwendungsvorschrift angewandt wird, ist eher objektiv in diesem Sinne als ein offenes Gespräch

(weil Letzteres sehr von der Person abhängt, die das Gespräch führt). Daneben sollen auch die Auswertung und Interpretation der Ergebnisse unabhängig von der auswertenden Person sein.

Reliabilität. Die Erfassung sollte zweitens möglichst wenig (Mess-)Fehler enthalten; dies wird als Reliabilität bezeichnet. Oft wird diese Zuverlässigkeit (Genauigkeit, Fehlerfreiheit) dadurch geschätzt, dass bei einer zweiten Messung ein sehr ähnliches, wenn nicht sogar dasselbe Ergebnis erzielt wird (Testwiederholungsreliabilität). Abgesehen davon, dass es auch Übungseffekte geben könnte, die eine Messwiederholung beeinflussen, macht die Idee der Testwiederholungsreliabilität eine – gerade angesichts des Themas dieses Buchs – anspruchsvolle Voraussetzung: die Voraussetzung nämlich, dass sich das, was man erfassen will, nicht zwischen den Erfassungen selbst verändert hat (z. B. durch Entwicklung oder Übung). In den Bereichen, von denen dieses Buch handelt, wird eben dies aber in aller Regel möglich und oft genug auch tatsächlich der Fall sein. Die Reliabilität (Zuverlässigkeit) einer Erfassung (Messung) muss also im Kontext entwicklungspsychologischer Studien oft anders geprüft werden. Wenn ein Messverfahren aus mehreren Komponenten (z. B. verschiedenen Untertests oder Fragen) besteht, kann man die „interne Konsistenz" dieser Komponenten erfassen: inwieweit kommen sie zu denselben Ergebnissen? Das setzt allerdings voraus, dass das Konstrukt, das erfasst werden soll, tatsächlich homogen ist (das muss nicht immer der Fall sein; „Weisheit" könnte sich z. B. sehr verschieden zeigen, ohne dass eine weise Person alle diese Facetten zeigen muss; s. dazu Staudinger und Glück 2011).

Validität. Aber selbst wenn ein Verfahren objektiv und reliabel ist, ist damit nicht sichergestellt, dass es inhaltlich erfasst, was es erfassen soll. Ein fiktiver Intelligenztest, der Intelligenz durch drei Fragen zu messen behauptet (Lieben Sie blau? Lieben Sie grüne Bohnen? Tragen Sie eine Brille?), ist offenkundig – obwohl sicherlich objektiv und reliabel – nicht valide. Die Antwort darauf, *ob* ein Verfahren (eine Operationalisierung) valide ist, hat zahlreiche verschiedene Aspekte, aber im Kern geht es dabei um die Frage, welches *theoretische Konzept* der zu untersuchenden Thematik zugrunde liegt (Was *bedeutet* „ödipal", was *bedeutet* „konkrete Operationen"?). Hinter allen technischen und methodischen Fragen, so wichtig und folgenreich sie sein mögen, liegt immer die Frage nach der theoretischen Klarheit dessen, wovon jeweils die Rede ist. Es gibt keine Möglichkeit, die Qualität einer Erfassung nur technisch zu beurteilen.

Ungleichzeitigkeit, Erfassungsprobleme, heterogene Phänomene – die Diskussion zur Frage der genaueren Alterszuordnung der Piaget'schen Entwicklungsphasen hat offenbar zahlreiche komplexe Aspekte; es ist im Rahmen dieser Einführung ausgeschlossen, sie auch nur in Umrissen nachzuzeichnen (Flavell 1963; Ginsburg und Opper 1998). Wichtig ist vor allem, dass Kinder wesentliche Aspekte der jeweils kritischen Aufgaben deutlich früher erfolgreich bewältigen können als Piaget es angenommen hatte. Selbst sehr kleine Kinder sind offenbar schon zu komplexen physikalischen Erwartungen (und folglich: Annahmen) in der Lage (Pauen 2016; Pauen und Roos 2017; Piaget 1959/1975); zum Beispiel reagieren Kinder, die jünger als ein Jahr sind, mit Erstaunen oder Überraschung, wenn sie in einem Film physikalisch unmögliche Ereignisse (z. B. ein bergauf rollender Ball) vorgeführt bekommen. Mit anderen Worten: Piaget hatte die Altersgrenzen jeweils deutlich zu hoch angesetzt.

Wir haben im Kap. 1 schon darauf hingewiesen, dass es nicht die Absicht dieses Buchs ist, genau darzustellen, wer was wann kann. Für die Suche nach der Erklärung von Entwicklung („warum?") ist die genaue Alterseinordnung („wann?") bedeutungslos, weil das reine Alter (der reine Ablauf von Zeit) ja niemals eine Erklärung für etwas sein kann, sondern immer nur die Prozesse, die *in* dieser Zeit abgelaufen sind. Die Universalität einer Sequenz dagegen *ist* wichtig: Es wäre jeweils etwa anderes, eine universelle oder kontextabhängige Sequenz zu erklären. Die Alterseinordnung ist aber für viele praktische Zusammenhänge höchst bedeutsam. Um beurteilen zu können, ob ein Kind in Bezug auf insbesondere biologische Entwicklungsaufgaben (die Vermutung liegt nahe, dass dies für die Entwicklung des Denkens in vielen Hinsichten zutrifft) einen Entwicklungsverlauf aufweist, der zu Besorgnis Anlass gibt und vielleicht sogar eine Intervention (Behandlung, Training) nahelegt, muss ich diesen „normalen" Verlauf so genau und verlässlich wie möglich kennen. Das gilt vor allem dann, wenn man vermutet, dass die spätere Entwicklung vom Verlauf der vorherigen wesentlich beeinflusst ist (diese Vermutung teilen alle der bislang betrachteten Theorien), oder wenn man vermutet, dass es für die Entwicklung einer bestimmten Kompetenz sogar ein zeitlich begrenztes „Entwicklungsfenster" (eine sensible Phase) gibt, also eine notwendige Entwicklungskonstellation, die später so nicht mehr hergestellt („nachgeholt") werden kann (s. dazu Siegler et al. 2016b). Auf beide Punkte werden wir ausführlicher zurückkommen (Abschn. 6.2). Aber auch eine hinreichend genaue und hinreichend allgemein zutreffende Beschreibung (relativ zu einem Entwicklungskontext oder vielleicht auch allgemein) liefert keine Erklärung.

Es ist im Fall von Piagets Theorie besonders wichtig, nochmals ausdrücklich darauf hinzuweisen, dass wichtige (vielleicht sogar: die wichtigsten) Aspekte der

Theorie in diesem Abschnitt noch nicht angesprochen worden sind, insbesondere die Prozesse der Anpassung der Schemata. Tatsächlich *hat* Piagets Theorie eine erklärende Perspektive, die über die Beschreibung einer Entwicklungssequenz deutlich hinausgeht (wir werden auf sie ausführlich zurückkommen in Abschn. 5.5). Der für die Zwecke dieses Kapitels wichtige Punkt ist zunächst, dass es – jedenfalls für spezifische Aspekte der menschlichen Entwicklung – immerhin möglich ist, nicht nur Entwicklungsphasen, sondern insbesondere Entwicklungsphasensequenzen zu begründen (insbesondere dadurch, dass eine frühere die notwendige Voraussetzung für eine spätere ist).

Fehlende Antworten, fehlende Fragen – Zwischenfazit

Die vier hier (in Teilen) betrachteten Entwicklungstheorien sind in vielen Punkten durchaus verschieden. Havighurst und Erikson sind Vertreter einer Lebensspannenperspektive auf menschliche Entwicklung. Beide sind Zeitgenossen (Havighurst: 1900–1991, Erikson: 1902–1994) und haben ihre grundlegenden Texte eine Generation nach Freud (1856–1939) veröffentlicht; es wäre denkbar, dass diese Gemeinsamkeit einfach Ausdruck eines Zeitgeists ist, der sich gegenüber Freuds Zeit – dem ersten Drittel des 20. Jahrhunderts – verändert hatte. Abgesehen davon aber, dass dies für die Triftigkeit und Plausibilität dieser Perspektive völlig irrelevant ist, ist diese Vermutung auch nicht zutreffend, denn das Entwicklungsverständnis von Piaget (1896–1980; ebenfalls Zeitgenosse von Havighurst und Erikson) bezieht sich eindeutig nicht auf die ganze Lebensspanne, obwohl auch ihm selbstverständlich klar war, dass es auch nach dem Ende der Adoleszenz noch Veränderungen gibt, auch in Bezug auf kognitive Kompetenzen. Die Frage, ob ein Verständnis von Entwicklung, das die gesamte Lebensspanne in den Blick nimmt, wissenschaftlich fruchtbar ist, ist also offenbar ein systematisches Problem und nicht nur Ausdruck historischer Präferenzen. Wir werden in Kap. 5 ausführlicher darauf zurückkommen; zunächst müssen jedoch zwei Aspekte etwas genauer untersucht werden.

Zum einen kann man sich fragen, warum Entwicklung überhaupt geschieht – und nicht Stillstand. Abgesehen von Piaget (diesen Aspekt seiner Theorie haben wir noch nicht diskutiert; s. dazu Abschn. 5.5) lassen die angesprochenen Theorien nicht nur die Frage unbeantwortet, warum genau diese Entwicklungssequenz universell durchlaufen wird, sondern sagen auch insbesondere wenig ausdrücklich dazu, warum sie *überhaupt durchlaufen* wird, d. h., warum man nicht einfach auf einer Entwicklungsstufe stehen bleibt. Das führt zu der Frage, was der „Motor" für Entwicklung ist, was Entwicklung „in Gang" hält und welche

Mechanismen den Umgang mit den jeweils angenommenen Herausforderungen bestimmen. Die Vermutung liegt nahe, dass zumindest für „biologische" Entwicklungsaufgaben biologische Prozesse diesen Mechanismen zugrunde liegen (wir werden diesen Gesichtspunkt in Kap. 4 ansprechen). Aber es wird sich zeigen, dass diese Perspektive keinesfalls ausreichend ist, um Entwicklung zu erklären. Tatsächlich hat sich schon jetzt noch eine weitere Erklärungsperspektive angedeutet. Bei allen Unterschieden gibt es eine interessante Gemeinsamkeit zwischen den bislang betrachteten Ansätzen, die für die Erklärung von Entwicklung bedeutsam und fruchtbar ist. Alle hier angesprochenen Theorien gehen davon aus, dass der Anlass für Entwicklung das Auftreten von Herausforderungen ist (Havighurst: „Aufgaben", Freud: „Konflikte", Erikson: „Krisen", Piaget: nicht ins Schema passende Informationen), die das Individuum bewältigen muss. Auch wenn jeweils sehr verschiedene Arten von Problemen betrachtet werden (innere psychische Konflikte, psychosoziale dilemmatische Entscheidungen, biologische, soziale oder selbstgestellte Aufgaben, nicht passende Informationen), liegt allen Überlegungen erkennbar die geteilte Vorstellung zugrunde, dass Veränderung einen Anlass braucht: ein Problem, das die je aktuell verfügbaren Strukturen oder Ressourcen in herkömmlicher Weise nicht bewältigen können. Allerdings ist dieser gemeinsame Aspekt dieser Ansätze oft nicht systematisch ausgearbeitet worden.

Bevor die Frage untersucht werden kann, ob die Notwendigkeit, ein Problem zu lösen, eine mögliche Erklärung für das Nicht-Stillstehen von Entwicklung sein könnte (vielleicht sogar eine Antwort, die mehreren Theorien gemeinsam sein könnte; s. Kap. 5 und Kap. 6), muss jedoch noch ein weiterer Gesichtspunkt angesprochen werden, der von den bislang betrachteten Theorien höchst unterschiedlich behandelt wird: die Bedeutung und Rolle des sozialen Entwicklungskontexts. Havighurst hatte diesen Aspekt, wie wir gesehen haben, sehr in den Mittelpunkt seiner Überlegungen gestellt, bei Erikson ist er immerhin konstitutiv mitgedacht (psycho-*soziale* Krisen). Freud berücksichtigt den Entwicklungskontext (allemal außerhalb des Elternhauses) praktisch gar nicht, obwohl sein Ansatz die Entwicklung auch sozial bedeutsamer Facetten der Person fokussiert (Über-Ich), und Piaget beachtet den Entwicklungskontext nur insofern, als er Informationen liefern kann, die nicht in die vorliegenden Schemata passen.

Entwicklung als Sozialisation 3

Menschen sind – wie viele andere Tiere, insbesondere viele Säugetiere (Wilson 1975) – soziale Organismen. Wir sind von Anfang an (und ganz besonders am Anfang unseres Lebens) auf soziale Hilfe oder Kooperation angewiesen, um die Aufgaben zu lösen, die das (Über-)Leben uns stellt. Das bedeutet, dass Entwicklung uns auf die soziale Umgebung und damit auf das soziale Anforderungsprofil vorbereiten muss, in dem wir leben werden und zu dem wir *passen* müssen. Auch aus diesem Grund kann keine Entwicklungstheorie vollständig sein, die nicht auch die Bedeutung und Rolle des sozialen Entwicklungskontexts klärt.

Die Konzepte der *psychosozialen Krisen* und insbesondere der *sozialen Entwicklungsaufgaben*, die wir im Kap. 2 skizziert haben, verbinden die Notwendigkeit, Kooperation zu lernen, mit der Notwendigkeit, in wesentlichen Hinsichten zu der sozialen Umgebung zu passen, in überzeugend einfacher und integrativer Weise: Die Herausforderungen (Aufgaben), die die soziale Umgebung (zunächst Eltern, dann Lehrer oder Freunde, zunehmend auch andere Personen und Institutionen unserer sozialen Umwelt) an die sich entwickelnde Person stellt, bewirken eben, dass sie schließlich zu der spezifischen Anforderungskonstellation passt, in der sie lebt und leben wird, eben weil diese Aufgaben von dieser spezifischen Umgebung gestellt werden (z. B. Schwertkampf im Mittelalter, Autofahren in der Neuzeit, das Leben im und mit dem Schnee am Polarkreis usw.). Durch soziale Entwicklungsaufgaben werden Menschen in vielerlei Hinsicht auf den soziokulturellen Kontext vorbereitet, in den sie hineingeboren wurden. Entwicklung ist, kurz gesagt, in vielerlei Hinsicht *Sozialisation*: die Einpassung der Einzelperson in die soziale Welt, in der sie lebt. (Natürlich beeinflusst umgekehrt auch die Person ihre soziale Umwelt – auf diesen Punkt kommen wir in Kap. 4 zurück.)

Der Einwand, dass jede *konkrete* Liste von sozialen Entwicklungsaufgaben aber eben deswegen nicht allgemeingültig und somit kein Bestandteil einer allgemeinen Entwicklungstheorie sein kann, weil sie sich gerade in Abhängigkeit vom sozialen Kontext verändert, widerspricht der These keineswegs, dass Menschen durch ihre individuelle Entwicklung auf ihre jeweilige konkrete (soziale) Umwelt vorbereitet (ihr angepasst) werden müssen. Weil Kontexte (historische oder kulturelle Bedingungen) auch personenübergreifend wirken, wird es kaum ausreichend sein, ganz allgemein darauf hinzuweisen, dass individuelle Anpassung eben in Abhängigkeit vom jeweiligen Kontext gelingen müsse.

Ganz sicher besteht Entwicklung wesentlich auch darin (und wird folglich auch dadurch erklärt), dass der (soziale) Kontext auf die sich entwickelnde Person Einfluss nimmt. Natürlich beeinflussen andere Menschen (als Einzelpersonen oder Gruppe) die Entwicklung einer Person in vielfältiger Weise: Erziehung ist ein besonders offensichtliches Beispiel dafür, aber Entwicklung ist natürlich in vielerlei Hinsicht eigentlich eine „Sozialisation", eine Formung durch die und für die soziale Umgebung, in der man lebt. Wir werden auf diesen wichtigen (und sehr komplexen) Aspekt sehr ausführlich erst zum Schluss des Buchs (Kap. 6) eingehen. In diesem Kapitel sollen zunächst zwei (wiederum klassische) Theorien behandelt werden, die zum einen an einem zentralen Aspekt illustrieren, dass Entwicklung auch die Funktion der Einpassung der Person in die soziale Gemeinschaft hat (Abschn. 3.1), und zum anderen deutlich machen, wie der Einfluss wichtiger Personen auf die (weitere) Entwicklung aussehen kann (Abschn. 3.2). Anhand beider Theorien sollen wiederum (wie im vorangegangenen Kapitel) mehrere sehr allgemeine theoretische und methodische Herausforderungen der Entwicklungspsychologie diskutiert werden.

3.1 Die Entwicklung für soziale Interaktion: Moralische Entwicklung

Gewissermaßen zwischen den beiden extremen Positionen, entweder alle möglichen (oder womöglich nur ausgewählten) konkreten Kontexte zu beschreiben (Havighurst) oder die lokale Anpassung einfach als individuelle Aufgabe aufzufassen (Erikson), lässt sich der Versuch einordnen, die Entwicklung der allgemeinen *Regeln* des sozialen Miteinanders theoretisch zu klären. Wenn soziales Miteinander und Zusammenarbeit für Menschen notwendig ist (die ersten Entwicklungsschritte können wir *nur* mit sozialer Hilfe bewältigen: Die Versorgung und Erziehung von kleinen Kindern erfordert zugleich eine enge und verlässliche Zusammenarbeit von Erwachsenen – in vieler Hinsicht nicht nur der Eltern), dann muss Entwicklung auch die Fähigkeit zur Kooperation und Verlässlichkeit sicherstellen. Dazu gehört auch, dass wir die Normen, die die Gesellschaft, in der wir leben, uns *vor*schreibt, lernen und (weitgehend) akzeptieren, zumindest befolgen. Das betrifft die Regulation unserer Wünsche und Begehrlichkeiten (die wir in Abschn. 2.2 schon kurz angesprochen haben), aber geht darüber noch hinaus: Es könnte auch bei akzeptierten Wünschen und Zielen (z. B. Geld zu verdienen) erlaubte und unerlaubte Mittel dazu geben (z. B. arbeiten versus stehlen). Die Einpassung in die soziale Welt, in der wir leben sollen oder werden, beeinflusst und formt daher wesentlich auch unsere moralische Entwicklung. Es lohnt sich, diese Entwicklungsfacette anhand eines besonders prominent gewordenen Ansatzes etwas genauer zu betrachten, weil wir hier einem grundsätzlichen Problem jeder allgemeinen Entwicklungstheorie, das wir schon mehrfach berührt haben, nun endgültig unabweislich begegnen.

Von der Fremdbestimmung zur Autonomie: Moralische Stufensequenz

Piaget (1932/1983) hatte die moralische Entwicklung der Person von einer „heteronomen" (den Regeln *anderer* folgen) zu einer „autonomen" (*eigenen* Regeln folgen) Moral beschrieben. In seiner Tradition ist insbesondere die elaborierte Theorie von Kohlberg (1969, 1974, 1984) einflussreich geworden, die nicht nur den gerade angesprochenen Gedanken Piagets (von heteronom zu autonom) aufgreift, sondern zugleich ausdrücklich auch an seine Stufentheorie der kognitiven Entwicklung (Abschn. 2.4) anknüpft und dementsprechend die Entwicklung des *moralischen Urteils* differenziert beschreibt (also eine kognitive Moraltheorie darstellt). Im Anschluss daran ist auch Kohlbergs Theorie eine Stufentheorie, in der die insgesamt sechs Stufen (jeweils zwei werden einem moralischen Niveau zugeordnet) aufeinander aufbauen und dabei, wie in Piagets Theorie der geistigen Entwicklung, einer inneren Logik folgen sollten (Tab. 3.1).

Die erste Stufe beschreibt, Piaget folgend, eine konsequent heteronome Moral: Mein Verhalten wird durch andere gesteuert, z. B. durch deren Strafen, aber vor allem durch deren Regeln. Allerdings wäre eine solche Sozialisation (wie eine Dressur) auch im Rahmen der operanten Konditionierung – also noch gänzlich *ohne* Nachdenken (reflexive Kognitionen) – beschreibbar; das so erklärbare Verhalten wäre daher auch kein moralisches Verhalten, weil Moral Verantwortung und daher Entscheidung und Wahl voraussetzt. Schon für die zweite Stufe jedoch ist die Einsicht erforderlich, dass menschliche Beziehung auch durch Wechsel- und Gegenseitigkeit gekennzeichnet ist („Wie Du mir, so ich Dir"). Auch hier aber ist der Maßstab für Verhalten seine Konsequenz für den Akteur („Gut ist, was gut für mich ist"); das ist zwar eine Verhaltensregel, aber keine *soziale* Regel in dem

Tab. 3.1 Die Stufen der moralischen Entwicklung nach der Theorie von Kohlberg

Stufe	Moralisches Niveau	Inhaltliche Beschreibung der einzelnen Stufen
1	präkonventionell	*Orientierung an Strafe und Gehorsam:* Richtiges Verhalten orientiert sich an dem, was Autoritäten vorgeben. Im Vordergrund steht das Vermeiden von Strafen und das Erleben von angenehmen Konsequenzen.
2		*Orientierung am Kosten-Nutzen-Prinzip:* Richtiges Verhalten ergibt sich aus einem reziproken Austausch. Der Mensch ist einerseits bemüht, seine eigenen Bedürfnisse zu stillen, will aber gleichzeitig auch die Konsequenzen für andere berücksichtigen.
3	konventionell	*Orientierung an wechselseitigen, zwischenmenschlichen Erwartungen und Beziehungen:* Richtiges Verhalten ergibt sich aus dem angemessenen Erfüllen von Rollen oder Erwartungen, die nahestehende Menschen an die Person haben. Moralisches Handeln ergibt sich somit aus sozial akzeptierten Verhaltensweisen (Konventionen), z. B. um ein guter Freund oder Sohn zu sein. Ausschlaggebend sind hier typischerweise konkrete Regeln (z. B. der eigenen Familie).
4		*Orientierung an sozialen Systemen, Gesetz und Ordnung:* Richtiges Verhalten ergibt sich aus dem Einhalten von Gesetzen, die für die Allgemeinheit festgelegt wurden (und deren Interessen widerspiegeln). Moralisches Handeln ergibt sich hier z. B. aus der Erfüllung von gesellschaftlichen Pflichten, welche die soziale Ordnung aufrechterhalten.
5	postkonventionell	*Orientierung an einem sozialen Vertrag und individuellen Rechten:* Richtiges Verhalten resultiert aus der Akzeptanz von allgemeinen Regeln, die dem Wohl der Allgemeinheit dienen, sowie aus der gleichzeitigen Berücksichtigung individueller Rechte. Auch eine soziale Ordnung, die dem Allgemeinwohl dient, kann unmoralisch sein und muss daher differenzierter (z. B. hinsichtlich der Gewährung der Grundrechte jedes Einzelnen) betrachtet werden. Ausschlaggebend ist die Abwägung verschiedener verfügbarer Regelsysteme und Perspektiven.
6		*Orientierung an universellen ethischen Prinzipien:* Richtiges Verhalten ergibt sich aus der selbstauferlegten Verpflichtung zu (für richtig gehaltenen) allgemeinen ethischen Prinzipien. Der Mensch nimmt auf dieser Stufe alle möglichen Standpunkte ein und wägt diese gegeneinander ab. Die Entscheidung für moralisches Handeln wird so getroffen, dass sie nicht nur für die Person, sondern für alle Menschen gilt (z. B. „kategorischer Imperativ").

Sinne, dass sie die Interessen oder Perspektiven anderer systematisch einbeziehen würde. Erst auf dem konventionellen Niveau werden soziale Erwartungen wichtig, zunächst die Erwartungen wichtiger Bezugspersonen (Familie), dann aber zunehmend auch die Regeln des weiteren sozialen Umfeldes („Gut ist, was ‚man' für gut hält"). Aber auch das Befolgen der Regeln auf diesem Niveau wäre ohne eigenständige („autonome") Einsicht noch möglich.

Die fünfte Stufe, deren Erreichen offenkundig die Fähigkeit zum abstrakten Denken („formale Operationen") voraussetzt, fordert nun auch für allgemein akzeptierte Regeln vernünftige Begründungen, beispielsweise die Idee des „Gesellschaftsvertrags": Die allgemeine Befolgung nur solcher Regeln kann vernünftigerweise gefordert werden, die dem Gemeinwohl auch tatsächlich (mindestens plausiblerweise) dient. Soziale Regeln werden in dieser Stufe also nicht nur anerkannt, sondern zugleich auch infrage gestellt. Kohlberg hat wiederholt darauf hingewiesen (und empirisch gefunden; Kohlberg 1984), dass diese fünfte Stufe nicht mehr von allen Menschen erreicht wird. Dies gilt umso mehr für die sechste Stufe, die als Maßstab für moralisches Handeln allgemeingültige *Prinzipien* fordert (unabhängig davon, ob sie aktuell allgemein anerkannt oder gar befolgt werden). Kohlberg hat hier insbesondere an die Überlegung von Kant gedacht, dass durch Einsicht ein „kategorischer" (unbedingter) Imperativ handlungsbestimmend wird (im Unterschied eben zu einem „hypothetischen" bedingten Imperativ, dessen Befolgung von Voraussetzungen abhängt: „Wenn Du dies willst, dann tue …"). Die häufig zitierte Version des Kant'schen „kategorischen Imperativ" („Handle so, dass die Maxime Deines Handelns Grundlage eines allgemeinen Gesetzes sein könnte!"; Kant 1783/1968) fordert die Verallgemeinerbarkeit des eigenen Handelns (also nicht: „Was Du nicht willst, das man Dir tu', das füg' auch keinem and'ren zu!", sondern: „Kannst Du wollen, dass *alle* so handeln würden?"). Unabhängig davon, wie die sozialen Regeln der Gemeinschaft, in der man gerade lebt, aktuell lauten: Das Individuum erarbeitet sich – und befolgt – die Regeln, die dieser eigenen Einsicht entsprechen, und wird so buchstäblich „autonom". Das kann eben auch bedeuten, sich gegen die weitestgehend befolgten allgemeinen Regeln zu stellen (Sophie Scholl, ein Mitglied der studentischen Widerstandsbewegung „Die weiße Rose" gegen die nationalsozialistische Diktatur in Deutschland, könnte ein Beispiel für eine Person sein, die sich durch Einsicht gegen die Mehrheitshaltung stellt).

> **Wie wird das moralische Urteil erfasst? Dilemmageschichten**
> Um das moralische Urteil einer Person zu erfassen, legte Kohlberg seinen Probanden moralische Dilemmageschichten vor. Anschließend sollten die

> Probanden nicht nur eine Entscheidung treffen (z. B. wie sich die Person in der jeweiligen Geschichte verhalten solle), sondern insbesondere die Entscheidung begründen (Was hat sie zu dieser Entscheidung veranlasst?). Bewertet wurde dann *nicht* die Entscheidung selbst (d. h. für oder gegen ein bestimmtes Verhalten), sondern der Inhalt und die Art der Begründung. Anhand dieser Begründung wurde die Einordnung in das jeweilige moralische Stadium vorgenommen.
>
> Die bekannteste Dilemmageschichte ist das sogenannte Heinz-Dilemma. Die Geschichte handelt von einer Frau in Europa, die im Sterben liegt. Ein Medikament, das gerade zuvor von einem Apotheker, der in derselben Stadt wohnt, entdeckt wurde, kann ihr Leben retten. Der Apotheker verlangt jedoch 2.000 Dollar – den zehnfachen Betrag, den ihn die Entwicklung des Medikaments gekostet hat. Der Ehemann der Frau, Heinz, hat bereits versucht, sich das Geld zu leihen, doch er konnte nur die Hälfte des Geldes auftreiben. Heinz geht also zum Apotheker, erzählt ihm von seiner Frau und fragt, ob er das Medikament günstiger bekommen oder ihm das übrige Geld später zahlen könne, doch dieser verneint. Daraufhin bricht der verzweifelte Heinz in die Apotheke ein und stiehlt das Medikament. Hätte Heinz dies tun dürfen oder sollen? Warum?

Das Problem der „horizontalen Ungleichzeitigkeit" (das Phänomen, dass Personen je nach der konkreten Aufgabe gleichzeitig auf verschiedenen Stufen denken und urteilen), das schon bei Piagets Theorie der kognitiven Entwicklung aufgetreten war, ist bei Kohlbergs Theorie besonders augenfällig. Verschiedene Studien weisen darauf hin, dass die früh unter anderem von Turiel (zusammenfassend s. Lerner 2002) geäußerte Position zutrifft, Personen könnten zu einem Zeitpunkt, je nach Bereich, Thema und Kontext, auf unterschiedlichen moralischen „Niveaus" urteilen. So könnte es sein, dass eine erwachsene Person nicht legal erworbene Filme oder Musikstücke auf ihrem Computer hat, weil die Entdeckungs- und Sanktionswahrscheinlichkeit extrem niedrig ist (Stufe 1), gleichzeitig aber die Möglichkeit des Ladendiebstahls niemals auch nur in Erwägung zieht, weil man das „einfach nicht macht" (Stufe 4), und den Lebenspartner unter keinen Umständen bestehlen würde („Stell Dir vor, wir alle könnten nicht einmal unseren engsten Mitmenschen trauen!" – Stufe 6). Hinzu kommt, dass das in idealen Testsituationen erreichte Niveau in praktischen Kontexten regelmäßig unterschritten wird (z. B. Krebs et al. 2002; Krebs und Laird 1998); dies könnte an den Besonderheiten der Testsituation oder der jeweiligen praktischen Konstellation liegen – kurz: vom (sozialen) Kontext abhängen.

Solche Beobachtungen könnten den Einwand nahelegen, dass Menschen dann also offenbar gerade *nicht* auf *einer* bestimmten Entwicklungsstufe seien und es daher folglich auch kaum sinnvoll sei, eine Abfolge von Entwicklungsstufen zu vermuten. Mindestens wird man das Urteil in erheblichem Maße auf den Kontext relativieren müssen (z. B.: „In manchen Situationen ist die Versuchung, das Handeln nur am eigenen Vorteil auszurichten, einfach zu groß"). Kann man aber dann, wenn es auf den Kontext ankommt, noch sinnvoll von einer linearen Entwicklung sprechen? Vielleicht wäre dieser Einwand zu weitreichend. Wir haben schon bei Piagets Theorie der geistigen Entwicklung gesehen, dass Menschen sich nicht immer und unter allen Bedingungen so verhalten, wie es zu dem von ihnen eigentlich erreichten geistigen Niveau passt, aber das muss nicht heißen, dass sie dieses Niveau dann offenbar nicht haben (Nur weil ich manchmal mein Auto bitte, doch anzuspringen („Animismus"), bin ich nicht generell noch im *präoperationalen* Stadium). Anders gesagt: Vielleicht lässt die These des prinzipiell erreichten (und verfügbaren) Niveaus Ausnahmen in Einzelfällen zu. Das könnte genauso auch für Kohlbergs Theorie gelten. Der Umstand, dass ich manchmal einer Versuchung nicht widerstehen kann (Stufe 1: die Belohnung entscheidet), widerlegt nicht, dass mein Handeln sich im Allgemeinen an den Konventionen meiner sozialen Umgebung orientiert (Stufe 4).

Auch der von Kohlberg selbst schon diskutierte Befund, dass nicht alle Menschen die 5. Stufe und relativ wenige die 6. Stufe erreichen, muss wissenschaftlich nicht unbedingt beunruhigen (es wäre ja möglich, dass eine anspruchsvolle Entwicklungsstufe nur von wenigen erreicht wird; etwa in Bezug auf Musikalität würde das auch niemanden überraschen). Vielfach wurden (auch schon von Kohlberg selbst) Überlegungen diskutiert, die Systematik um eine Stufe zwischen 4 und 5 („4a") zu erweitern, oder ihr eine 7. Stufe hinzuzufügen, für die Kohlberg selbst eine „transzendente Begründung" von moralischen Urteilen angeregt hatte. Ähnliche Überlegungen gibt es auch in Bezug auf andere Stufentheorien, die wir diskutiert haben (vgl. etwa in Bezug auf Eriksons Ansatz den Vorschlag von Vaillant (1993), die Stufen 6a und 7a hinzuzufügen). Solche Überlegungen sind natürlich nur sinnvoll, wenn die grundsätzliche Idee einer Stufen- oder Phasentheorie aussichtsreich ist und wenn die von einer konkreten Theorie behauptete Sequenz grundsätzlich zutreffend (plausibel) ist. Deswegen ändert sich durch derartige Detailkorrekturen nichts an den prinzipiellen Überlegungen in Bezug auf diese Theorien, die wir hier vor allem in den Blick genommen haben.

Universelle Moralentwicklung?

Auch in Bezug auf Kohlbergs Theorie ist die Frage entscheidend, ob die in dieser Theorie behauptete universelle Entwicklungssequenz inhaltlich plausibel ist. Wir haben diese Frage schon im Zusammenhang mit Eriksons Theorie gestellt und diskutiert, aber die Probleme, die Kohlbergs Theorie in dieser Hinsicht aufwirft, sind etwas anderer Art – und auf besondere Weise lehrreich. Zunächst ist es wichtig, nochmals daran zu erinnern, dass diese Theorie, ihrem Anspruch nach, eine spezifische Theorie der *Moral*entwicklung ist – also nicht nur ein Anwendungsbeispiel der allgemeinen kognitiven Entwicklung: Kognitive Entwicklung ist höchstens notwendige, aber nicht hinreichende Bedingung (zur Erläuterung dieser Unterscheidung s. „Notwendig und Hinreichend", Abschn. 6.1) für die Entwicklung von Moral. Es geht, mit anderen Worten, eben nicht nur darum, dass der kategorische Imperativ (Stufe 6) kognitiv komplexere Operationen voraussetzt als eine hedonistische Orientierung an positiven oder negativen Konsequenzen (Stufe 1). Die in der Theorie behauptete Sequenz moralischer Urteilsstufen und -niveaus muss vielmehr aus *moralischen* Gründen als in genau dieser spezifischen Reihung universell behauptet werden (sonst wäre sie nur eine von vielen Möglichkeiten, seine moralische Haltung im Laufe des Lebens zu verändern). In diesem Sinne inhaltlich zwingend und universell ist sie aber nur dann, wenn Stufe 6 tatsächlich *moralisch* weiter entwickelt („reifer", „besser") ist als Stufe 4 und diese „weiter" als Stufe 2. Dies aber ist nicht nur höchst strittig, sondern ist insbesondere selbst eine *moralische*, also eine normativ wertende und damit keine empirisch klärbare Frage. Es kann keinen mit psychologischen Mitteln erzielbaren Befund geben, der empirisch *zeigt*, dass die Kantische Position tatsächlich *moralischer* ist als eine hedonistische (denn es ist für diese Frage unwichtig, wie viele Menschen der einen oder anderen Position zu einem Zeitpunkt und in einem soziokulturellen Kontext zustimmen; wäre die Zahl der Menschen, die so urteilen, wichtig, würde nach Kohlbergs eigenen Befunden Stufe 6 am wenigsten moralisch sein). Eben diese moralische Hierarchie aber ist nicht nur empirisch nicht zu begründen, sie ist auch moralisch schwer zu rechtfertigen, denn es gibt moralische Argumentationen für die moralische Überlegenheit *aller* bei Kohlberg behandelten Stufen. So würden Menschen, die in einem „kollektivistischen" Kulturkontext leben (Abschn. 2.3), mit guten Gründen bezweifeln, dass es moralischer sein kann, autonom den eigenen, notwendigerweise begrenzten Überlegungen mehr zu vertrauen als der Weisheit vieler Menschen (von denen viele gewiss nicht weniger klug sind oder waren als man selbst). Aus dieser Sicht wäre es daher moralisch *besser*, einer langen Tradition (konventionell) zu folgen als das eigene Urteil über alle(s) zu stellen; die einsichtige Unterordnung unter die Weisheit, die in einer langen Tradition steckt (sonst wäre sie ja keine lange Tradition geworden), wäre aus dieser Sicht ein Zeichen moralischer Reife – es wäre „eitel" oder „frevelhaft", die eigene Pfiffigkeit über die Weisheit der Tradition zu stellen. Mit anderen Worten: Aus dieser Perspektive wäre das konventionelle Niveau moralisch *weiter* entwickelt als das von Kohlberg als postkonventionell bezeichnete Niveau.

Ein analoges Argument kann auch in Bezug auf das „präkonventionelle" Niveau geführt werden, wenn man aus Sicht einer Ethik argumentiert, die die Folgen für die Person selbst betont. Auch hier gibt es ernsthafte Argumentationen, die das kluge und weitsichtige Eigeninteresse als die letzte Rechtfertigungsgrundlage auch von Moral betrachten (z. B.: „Es kann nur in meinem Interesse sein, wenn wir uns alle bei Bedarf gegenseitig helfen – wer weiß, wann ich wessen Hilfe benötigen werde"). Eine klassische Ethik, die in dieser Richtung argumentiert, ist etwa die antike Position von Epikur (der u. a. bezweifelt, dass es einen über Eigeninteresse hinausgehenden zwingenden Grund geben *kann*, anderen zu helfen), aber wir werden in Abschn. 4.3 sehen, dass auch eine evolutionäre Position so argumentieren könnte.

Der Punkt dieses Argumentes ist nicht, ob kollektivistische, Epikureische oder evolutionäre Ethiken besser begründet sind oder sein können als eine Kantische. Entscheidend ist vielmehr, dass die Frage, welche dieser Ethiken „moralischer" und damit „weiter entwickelt" („reifer") ist, keine empirisch klärbare und gewiss keine (entwicklungs-)psychologische, sondern selbst eine moral(philosoph)ische Frage ist.

Kohlbergs Entwicklungssequenz setzt, kurz gesagt, eine bestimmte moralische Position (eben Kantischer Prägung) voraus – nur dann ist die in seiner Theorie vorgesehene Reihenfolge (also: moralische Hierarchie) eine zwingende (universell als Maßstab anzulegende) Entwicklungssequenz. Schon an der oben verwendeten Formulierung, „nur" wenige Menschen „erreichten" die 5. oder gar die 6. Stufe, wird die von Kohlberg *vorausgesetzte* moralische (Entwicklungs-)Hierarchie der Stufen deutlich. Eine Implikation etwa der Position einer kollektivistischen Ethik wäre es, dass der Befund, dass mehr Menschen auf dem konventionellen als auf dem postkonventionellen Niveau urteilen, kein Zeichen fehlender, sondern gerade *erreichter* moralischer Reife wäre („Es ist am besten, das zu tun, was die Tradition der Vielen als richtig erkannt hat"). Aus einer solchen Sicht wäre die postkonventionelle (Kantische) Stufe vielleicht höher (moralischer) als die präkonventionelle (z. B. deswegen, weil sie komplexere soziale Beziehungen möglich macht), aber jedenfalls nicht die höchste. Wenn aber die moralische Sequenz (Hierarchie) von der zugrunde liegenden Moralauffassung abhängt, die Frage nach der „richtigen" Moralauffassung aber normativ und demnach keine empirisch beantwortbare Frage ist, dann können *universelle* Entwicklungssequenzen von „weniger" zu „mehr" Moral nicht mehr begründet werden (anders eben als von einfachem zu komplexem Denken).

Dieser Einwand kann auch aus der Perspektive anderer moralischer (normativer) Positionen vorgebracht werden als den eben skizzierten (Epikureischen, evolutionären, kollektivistischen) Ansätzen. Viel diskutiert ist insbesondere die These von Gilligan (1982), Kohlberg fokussiere zu stark eine („männliche") gerechtigkeitsorientierte Moral („Beachte die Interessen anderer, vieler, aller!") und ignoriere oder unterschätze die Perspektive einer („weiblichen") fürsorgeorientierten Moral („Das Handeln zugunsten derer, die Unterstützung und Hilfe benötigen, hat Vorrang!"). Die Frage, inwieweit Fürsorge der Gerechtigkeit widersprechen muss, ist komplex, aber wir haben diese Diskussion vor allem deswegen nicht anhand Gilligans Einwand geführt, weil die Gefahr groß ist, ihn für empirisch prüfbar zu halten (z. B. zu untersuchen, ob Frauen tatsächlich häufiger fürsorge- als gerechtigkeitsorientiert sind, oder ob Frauen sich stärker in Richtung auf eine fürsorgeorientierte Moral hin entwickeln). Dies aber würde den Punkt des Argumentes verfehlen, denn es wäre ja mit jedem möglichen Befundbild derartiger Studien vereinbar, zu behaupten, dass eine fürsorgeorientierte Moral „unreifer" sei als eine gerechtigkeitsorientierte. Es kommt für die moralische Beurteilung einer Position (Forderung etc.) nicht darauf an, welche und wie viele Menschen aktuell diese moralische Position teilen, denn über Moral kann nicht abgestimmt werden (sonst wäre es in Deutschland 1940 moralisch gewesen, Menschen aufgrund ihrer ethnischen und religiösen Zugehörigkeit zu verfolgen, zu demütigen und zu ermorden).

Wiederum muss hier gar nicht diskutiert werden, ob es für oder gegen die moralische Reife einer bestimmten Position irgendwelche Argumente geben könnte. Ausschlaggebend ist das Argument, dass die Frage, ob *irgendeine* Moral (die Kantische, die Epikureische, die weibliche – welche auch immer) einer anderen überlegen ist, eben nicht empirisch klärbar ist (die Frage, ob eine bestimmte Moral allen oder vielen Menschen mehr *nützt*, etwa ihrem Wohlbefinden oder ihrer Reproduktionschance, ist eine etwas andere Frage; wir kommen darauf in Abschn. 4.3 zurück). Die These, dass ein bestimmtes moralisches Verhalten oder eine bestimmte moralische Intention und Überzeugung einer anderen moralisch überlegen („reifer") sein kann, hängt immer von der jeweils vertretenen Moraltheorie ab (anders als die These, formale Operationen seien abstrakter und komplexer als konkrete Operationen – dies ist eine Frage der Logik).

Mit anderen Worten ist der entscheidende Punkt von Kohlbergs Theorie der Moralentwicklung – die „entwicklungs"-hierarchische Ordnung der von ihm behaupteten Sequenz – eine *normative* Voraussetzung dieser Theorie und daher wertungsabhängig; er setzt bereits voraus, was sie behauptet: dass *eine bestimmte moralische Haltung oder Urteilsform die höchste – und folglich der Maßstab – sei*. Damit ist der entscheidende Punkt dieser Theorie nicht empirisch prüfbar – eben diese Prüfbarkeit aber ist eine notwendige Voraussetzung wissenschaftlicher Theorien (Kap. 1).

Tatsächlich enthält Kohlbergs Theorie noch wenigstens eine weitere normative Prämisse. Die Theorie ist, wie oben angesprochen, eine Theorie des moralischen *Urteils*, nicht des moralischen Handelns. Kritiker (z. B. Blasi 1980) haben Kohlberg dies vorgeworfen und mit Hinweis auf den vielfach replizierten Befund, das Menschen oft nicht ihren Haltungen, Einstellungen oder Urteilen entsprechend handeln, eingewandt, seine Theorie könne schon deswegen keine angemessene oder vollständige Theorie der moralischen Entwicklung sein. (Das ist übrigens auch in Bezug auf die Bedeutung „moralischer" Emotionen und Gefühle eingewendet worden; zu diesem Aspekt, der auch das Thema „Empathie" umfasst, werden wir im Kap. 4 zurückkommen.) Wiederum ist es wichtig, dies nicht für einen empirisch prüfbaren Einwand zu halten (etwa durch Untersuchungen, ob Menschen ihren moralischen Überzeugungen folgen, oder ob sich dies in Abhängigkeit von der Entwicklung verändert). Vielmehr verweist auch dieser Einwand auf eine moralphilosophische Prämisse von Kohlbergs Theorie: In der Kantischen Tradition ist in der Tat die *Intention* einer Handlung (also: das ihr zugrunde liegende moralische Urteil) ausschlaggebend für ihre Beurteilung als mehr oder weniger moralisch. Es kommt aus dieser Sicht nicht unbedingt darauf an, was man *tatsächlich* tut oder welche Folgen das hat, sondern nur darauf, was man mit seinem Handeln bezweckt (will). Aus anderer Perspektive, etwa einer bis auf die Antike (z. B. Aristoteles) zurückgehenden tugendethischen Tradition, kommt es dagegen entscheidend darauf an, ob man sein (behauptetes, vermeintliches) Urteil auch tatsächlich in die Tat umsetzt („Es gibt nichts Gutes – außer man tut es!"). Wiederum ist nicht die Frage wichtig, ob man Kant oder Aristoteles zustimmen kann; entscheidend ist, dass eben auch diese Frage selbst eine *moralphilosophische* (also normative) und daher keine empirisch klärbare Frage ist. Kohlbergs Theorie setzt also auch in dieser Hinsicht eine bestimmte moralische Positionierung voraus, die man aus Sicht einer anderen Position (die z. B. im Rahmen einer anderen Kultur oder einer anderen Philosophie vertreten wird) nicht teilen muss.

Wertfreiheit der Wissenschaft
Wir haben in der Argumentation dieses Abschnitts einen wichtigen argumentativen Schritt sehr beiläufig behauptet: die These, dass es keine empirisch (psychologisch) klärbare Frage sei, ob eine konkrete Moral einer

anderen moralisch überlegen („reifer") sei. Diese Behauptung verweist auf ein ebenso wichtiges wie fundamentales Problem wissenschaftlicher Theorien generell; es wird häufig unter dem Stichwort der „Wertfreiheit der Wissenschaft" diskutiert (ausführlich dazu etwa Kriz et al. 1990). Dies Problem ist für die Entwicklungspsychologie nicht nur wegen der hier angesprochenen Schwierigkeiten einer Theorie der moralischen Entwicklung bedeutsam, auch nicht nur, weil es stillschweigende normative Voraussetzungen auch in anderen Theorien geben könnte, sondern auch deswegen, weil normative Fragen in angewandten Kontexten (z. B. der Entwicklungsdiagnostik; Abschn. 2.4) unvermeidlich berührt werden (wir kommen auf das Problem „gelingender" Entwicklung in Abschn. 5.2 ausführlicher zurück).

Die These von der „Wertfreiheit der Wissenschaft" ist in sehr unterschiedlicher Weise verstanden und diskutiert, dabei oft missverstanden worden. Ihr inhaltlicher Kern ist eben diese These, dass die Ergebnisse empirischer Wissenschaften (z. B. der Psychologie) keine hinreichende Grundlage für die Begründung vorschreibender (normativer) Behauptungen liefern können. Der Grund für diese These ist das auf David Hume zurückgehende Argument, dass aus nur beschreibenden Sätzen keine vorschreibenden Sätze logisch abgeleitet werden können (z. B. folgt aus der *Tatsache*, dass Schüler durch positive Rückmeldung motiviert werden, nicht, dass man Schülern positives Feedback geben *soll*). Um eine normative Schlussfolgerung (z. B.: Man soll Schülern positive Rückmeldung geben) zu begründen, ist aus dieser Sicht mindestens eine normative Prämisse erforderlich (z. B.: Schüler *sollen* motiviert werden). Empirische Wissenschaften liefern aus dieser Sicht keine normativen Ergebnisse („Werte") und können *alleine* auch keine begründen. Wenn das zutreffend ist, dann können (Begründungen für) Normen und Werte (z. B. Hierarchien von moralischen Positionen) eben nicht Ergebnisse von empirischen Wissenschaften sein. Natürlich ist dann auch die Forderung, dass Wissenschaft (und Personen, die Wissenschaft betreiben), den Anspruch, Normen wissenschaftlich begründen zu können, nicht erheben *sollen*, selbst eine Forderung, die ihrerseits nicht (allein) wissenschaftlich begründet werden kann.

Viele andere Fragen, die unter dem Schlagwort der „Wertfreiheit" diskutiert wurden, haben damit wenig oder gar nichts zu tun. Zum Beispiel wäre die Behauptung, dass Wissenschaft keine normativen Positionen *voraussetze*, sicher falsch: Wissenschaft, so wie sie seit langem betrieben wird, setzt die Forderung voraus, rational zu argumentieren. Auch die *Personen*, die

3.1 Die Entwicklung für soziale Interaktion ...

Wissenschaft betreiben, werten häufig (vielleicht unvermeidlich), z. B. indem sie ein bestimmtes Thema einem anderen vorziehen.

Auch die Behauptung, Wissenschaft könne zum Thema „Werte" nichts beitragen, wäre falsch: Selbstverständlich können viele Aspekte von Normen und Werten wissenschaftlich untersucht werden (die empirischen Fragen, die wir oben in Bezug auf Kohlbergs Theorie angesprochen haben, sind Beispiele dafür). Tatsächlich haben manchmal empirische Befunde auch Folgen für Normbegründungen – immer dann nämlich, wenn in Begründungen von Normen empirische Behauptungen mitverwendet werden. Im obigen Beispiel ist die gegebene Begründung für die Forderung, Schülern positive Rückmeldung zu geben, dann falsch, wenn die These, dass Schüler durch positive Rückmeldung immer motiviert werden, empirisch falsch ist (diese These ist tatsächlich falsch: Lob kann paradoxe Effekte haben; Rheinberg und Vollmeyer 2010). Die Forderung, Schülern positives Feedback zu geben oder auch die vorausgesetzte Forderung, Schüler zu motivieren, ist damit aber nicht grundsätzlich hinfällig oder gar „widerlegt" – man könnte sie natürlich auch ganz anders begründen (z. B. Schüler freuen sich über positives Feedback und man soll Schülern Freude machen). Mit anderen Worten: Diese Forderung selbst ist empirisch *nicht* widerlegbar. Auch wenn alle Menschen lügen würden, folgt daraus nicht, dass das Gebot „Du sollst nicht lügen!" falsch (widerlegt) wäre.

Das bedeutet, dass die Anwendung von Wissenschaft und wissenschaftlichen (empirischen) Befunden nicht durch wissenschaftliche Befunde und Theorien allein legitimiert werden kann. Anders gesagt: Immer dann, wenn wir wissenschaftliche Theorien und Befunde praktisch anwenden, brauchen wir dazu eine normative (moralische, politische) Position (z. B. „Man soll Kinder in ihrer Entwicklung so fördern, dass sie in der Gesellschaft, in der sie leben, erfolgreich sein können"), die eine eigene (über die empirische Wissenschaft hinausgehende) Diskussion und Begründung erfordert.

Vielleicht ist es nützlich, nochmals ausdrücklich zu betonen, dass hier keinesfalls behauptet werden sollte, es gebe an Kohlbergs Theorie nichts empirisch zu untersuchen. Ganz im Gegenteil hat seine Theorie eine breite empirische Forschungstradition angeregt, die bis heute verfolgt wird (Lerner 2002). Insbesondere ist es natürlich eine empirische Frage, inwieweit Menschen in westlichen oder anderen Kulturkontexten der postulierten Sequenz faktisch folgen (einschließlich der Frage, wie viele Menschen Urteilsbegründungen formulieren, die der 6. Stufe zugeordnet werden können). Auch die anderen oben angesprochenen Fragen

(z. B.: Unterscheiden sich Männer und Frauen im moralischen Urteil? Verändert sich die Konsequenz, mit dem man seinem Urteil praktisch folgt, im Lauf der Entwicklung?) sind selbstverständlich empirisch untersuchbare (und interessante) Fragen. Aber empirische Befunde dieser Art können den behandelten Einwand, die Theorie *beruhe* auf einer normativen Voraussetzung, eben nicht ausräumen. Das aber ist für die Beurteilung der Theorie entscheidend, weil der Kern der Theorie die Behauptung einer universellen Entwicklungs*sequenz* ist. Nur wenn es zwingende Gründe dafür geben würde, dass genau *diese* (von Kohlberg postulierte) Sequenz *die moralische* Reifungssequenz ist, könnte man Abweichungen von ihr (andere Reihenfolgen oder das „Stehenbleiben" auf „unteren" Stufen) als Entwicklungsprobleme klassifizieren. Die empirische Feststellung, dass irgendeine Sequenz die faktische Entwicklung von irgendeinem Teil der Menschheit beschreibt, ist dagegen keine Theorie. Wie schon einführend gesagt: Es genügt für die Begründung der moralischen Sequenz in Kohlbergs Theorie *nicht*, eine zunehmende Komplexität der jeweils benötigen kognitiven Operationen zu zeigen (vermutlich ist es so, dass eine hedonistische Begründung manchmal kognitiv einfacher ist als eine Beurteilung nach dem kategorischen Imperativ). Denn dann wäre die Entwicklungstheorie des moralischen Urteils nur ein Spezialfall der kognitiven Entwicklung (und wir bräuchten sie – als eigene Theorie – gar nicht).

Die Relativität von Beschreibungen

Das Ziel des letzten Abschnitts war nicht eine umfassende oder auch nur repräsentative Darstellung von Kohlbergs Theorie oder wichtiger Befunde zu ihr, sondern die Diskussion von Problemen, Argumenten oder Einsichten, die für die Entwicklungspsychologie und insbesondere für die Erklärung von Entwicklung von grundlegender Bedeutung sind. An Kohlbergs Theorie wird das Problem besonders deutlich, wie gravierend (und wie leicht zu übersehen) stillschweigende wertende (normative, moralische) Voraussetzungen von scheinbar empirischen Theorien sein können. Kohlbergs Theorie der moralischen Entwicklung beruht auf einer normativen Voraussetzung (autonom ist moralischer als heteronom), nicht auf einer deskriptiven (formale Operationen sind komplexer als konkrete). Dieses Problem geht über die Schwierigkeit unterschätzter Kontextabhängigkeit hinaus (wie man sie etwa in Bezug auf die von Erikson behauptete Entwicklungssequenz vermuten könnte; wir kommen auf diesen Punkt im folgenden Abschn. 3.2 nochmals ausführlicher zurück). Denn die von Kohlberg behauptete Hierarchie bleibt auch dann wertungsabhängig und in diesem Sinne beliebig, wenn sie zufällig in allen möglichen kulturellen Kontexten für richtig gehalten würde.

Der entscheidende Punkt dieses Abschnittes ist: Die Sensitivität für stillschweigende wertende Prämissen einer Theorie ist unerlässlich für die Beurteilung jeder wissenschaftlichen Theorie. Es ist natürlich kein Zufall, dass die Bedeutung *wertender* Voraussetzungen gerade bei einer Theorie zur Entwicklung moralischer (wertender) Urteile besonders deutlich wird. Aber auch andere Theorien können Wertungen verschiedenster Art enthalten (z. B. die psychoanalytische Theorie, die das „Haben" eines Penis für wertvoller zu halten scheint als die Fähigkeit zu gebären, sonst hätte Freud dem „Penisneid" einen „Gebärneid" gegenübergestellt).

Vielleicht ist darüber hinaus auch der generelle Punkt nochmals beachtenswert, dass immer dann, wenn eine *inhaltliche Entwicklungssequenz* beschrieben wird, die Universalität dieser Sequenz schwer zu begründen ist, es sei denn – wie im Falle kognitiver Sequenzen –, sie sind *logisch* zwingend.

Auf der Suche nach Elementen einer allgemeinen Entwicklungstheorie: Von Inhalten zu Prozessen

Die prinzipiellen Einwände gegen Kohlbergs Theorie fügen sich gut zu den Einwänden, die das vorige Kap. 2 gegen die dort angesprochenen inhaltlich spezifizierten Phasentheorien diskutiert hat. Offenbar ist es wenig aussichtsreich, eine *allgemeine* Entwicklungstheorie auf diesem Weg zu suchen: Immer dann, wenn inhaltliche Aspekte konkret benannt werden (moralische Anforderungen, soziale Aufgaben, psychosexuelle Phasen, Sequenzen inhaltlicher Krisen), ist die Allgemeingültigkeit der jeweils behaupteten Entwicklungssequenz schwerlich zu begründen (und noch schwerer empirisch zu belegen). Nochmals schwieriger ist es offenbar, die Sequenz in einem Bereich (z. B. kognitive Entwicklung) auf einen anderen (z. B. moralische Entwicklung, soweit sie über die kognitive Entwicklung hinausgeht) zu übertragen.

Natürlich wäre schon eine zutreffende Beschreibung und Unterteilung von Entwicklung in einem Bereich (Kognition, Moral, Sexualität, etc.) wertvoll, aber offenbar ist sogar dies nicht einfach zu erreichen. Entweder (1) die Universalität (mindestens) einer Phase ist unplausibel (Freud, Havighurst), oder (2) die Universalität einer (oder gar: der gesamten) Phasensequenz ist unplausibel (Erikson, Kohlberg), oder (3) Personen können zu einem Entwicklungszeitpunkt in mehreren Phasen gleichzeitig sein, was die Sequenzialität grundsätzlich infrage stellt

(Piaget, Kohlberg). Hinzu kommt, dass die Einordnung in eine Phase (selbst wenn man das zuletzt genannte Problem der „horizontalen Ungleichzeitigkeit" nicht zu stark gewichten würde) offenbar stark vom jeweils angewandten Messverfahren (Operationalisierung) abhängt (Piaget).

Die Aussichten für eine *inhaltliche allgemeine* Entwicklungstheorie („erst dies, dann das, dann jenes ...") sind offenbar nicht gut. Vor allem aber wird es auf diesem Weg offenbar schwierig, eine allgemeine Entwicklungstheorie zu identifizieren, die Entwicklung nicht nur beschreibt, sondern wirklich erklärt: Warum entwickeln wir uns auf diese Weise, in dieser Sequenz, und nicht anders?

Die Diskussion der grundsätzlichen Bedeutung von Sozialisation (Einfluss des Kontexts, der Kultur) hat darauf aufmerksam gemacht, dass es aussichtsreicher sein könnte, eher die *Prozesse* der Entwicklung zu fokussieren (z. B.: Anpassung an die Anforderungen der konkreten sozialen Umgebung) als die konkreten Umstände beschreiben zu wollen (was *sind* denn die genauen Anforderungen *dieser* konkreten Umgebung?). Menschliche Entwicklung wäre funktional und flexibel, wenn sie mindestens auf die soziale Umgebung vorbereiten würde, in die man eben gerade hineingeboren wurde, welche Merkmale sie konkret auch immer kennzeichnen mögen. Wir werden sehen, dass das allein nicht ausreicht (weil es wichtig ist, auch auf andere oder sich ändernde Umstände vorbereitet zu sein), aber schon dies ein besonderes Merkmal der menschlichen Entwicklung ist: Sie eröffnet die Möglichkeit, dass wir in verschiedene soziale Umwelten passen (Abschn. 4.3). Dann würde aus der Einsicht, dass Sozialisation mit Sicherheit ein Bestandteil jeder Entwicklung sein muss, nicht die (aussichtslose) Suche nach der vollständigen Beschreibung aller aktuellen *und möglichen* sozialen Kontexte folgen, in die Menschen sozialisiert werden (könnten), sondern die Suche nach den Prozessen und Mechanismen, durch die Menschen sozialisiert werden.

Das heißt, dass wir nach den Prozessen und Mechanismen suchen sollten, die bewirken, dass Menschen in den jeweils realisierten Kontext passen, gleichgültig wie er eben jeweils konkret aussieht. Die Theorien von Havighurst und Erikson haben dazu wenig beigetragen (die Entwicklungsprozesse, die Piaget – sehr ausführlich – benennt, haben wir bislang nicht angesprochen; dazu kehren wir in Abschn. 5.5 zurück; *soziale* Einflüsse und Kontexte werden in seiner Theorie jedoch nicht thematisiert), und der psychoanalytische Ansatz (Abschn. 2.2) hat zwar die Bedeutung innerer Konflikte betont, deren Verringerung die Aufgabe von dazu entwickelten Regulationsprozessen („Abwehrmechanismen") sei, aber den Einfluss des (sozialen) Kontexts kaum beachtet.

3.2 Die Entwicklung durch soziale Interaktion: Wie prägend ist frühe Bindungserfahrung?

Ein naheliegender Weg, die Suche nach Prozessen mit der Einsicht in die Bedeutsamkeit des sozialen Kontexts für menschliche Entwicklung zu verbinden, ist es, nach den Mechanismen zu suchen, mit denen soziale Interaktion die (weitere) Entwicklung beeinflusst. Wir haben eingangs dieses Kapitels schon darauf hingewiesen, dass wir die umfassenderen Themen (Erziehung, Sozialisation) erst später behandeln werden (Kap. 6). In diesem Abschnitt wollen wir stattdessen eine „klassische" Theorie als Beispiel betrachten, die nicht nur den sozialen Einfluss auf Entwicklung (in einem sehr speziellen Aspekt) in den Mittelpunkt stellt, sondern dazu vor allem erstmals einen konkreten Mechanismus bzw. Prozess benennt. Diese Theorie betont dabei zugleich eine Perspektive, die wir bei Havighurst (Abschn. 2.1) kurz berührt, ansonsten bislang aber nicht ausführlicher behandelt haben: die biologische Steuerung von Entwicklung (zu den grundsätzlichen Aspekten dieser Perspektive werden wir in Kap. 4 ausführlicher zurückkehren). Es wird sich aber schon in diesem Abschnitt zeigen, dass sogar bei der biologischen Perspektive der Kontext eine steuernde Rolle spielt.

Frühe Bindung: Lernen aus sozialer Interaktion

Anknüpfend an die psychoanalytische Entwicklungstheorie, zugleich aber auch an biologische, insbesondere verhaltensbiologische Argumente und Befunde hat Bowlby (1969) eine Entwicklungstheorie vorgeschlagen, die einen Mechanismus behandelt, der nicht nur zur Erklärung sozialen Verhaltens in der Kindheit beiträgt, sondern zugleich seine Bedeutung für den weiteren sozialen Entwicklungsverlauf bis ins Erwachsenenalter thematisiert. Der mit dem Stichwort „Bindungstheorie" umrissene Forschungsbereich hat ein halbes Jahrhundert nach seiner Entstehung (Bolwby 1969/2006) ein beeindruckendes Maß an Differenziertheit und empirischer Stützung erreicht (zum Überblick etwa Cassidy und Shaver 1999; Grossmann und Grossmann 2003, 2004; Spangler und Zimmermann 1995).

Ausgangspunkt der Theorie ist der Umstand, dass Menschen bei ihrer Geburt vollständig auf Unterstützung angewiesen sind. Schon in Bezug auf ihre Ernährung sind sie ohne Hilfe buchstäblich hilflos: Sie müssen gefüttert werden (andere Säugetiere – Nestflüchter wie beispielsweise Zebras – können unmittelbar nach ihrer Geburt schon fast alles, was sie zum unmittelbaren

Überleben benötigen). Die Theorie geht davon aus, dass es eine hinreichend enge (feste, belastbare) Bindung des kleinen Kindes an die wichtigste (verfügbare) Bezugsperson (insbesondere die Mutter) geben müsse, um sicherzustellen, dass diese notwendige Unterstützung verlässlich verfügbar ist. Aus evolutionstheoretischer Sicht sei ein solcher Sicherungsmechanismus äußerst hilfreich, vielleicht sogar notwendig für den Fortbestand (insbesondere die Reproduktionsfähigkeit) der Spezies (Abschn. 4.3).

Bowlbys These, dass die ersten *Erfahrungen*, die das neugeborene Lebewesen macht, diese Bindung erst *etablieren* (die demnach *nicht* angeboren ist), wurde insbesondere von biologischen Studien inspiriert, die beispielsweise die Prägung von Entenküken an die erste Person zeigen, der sie begegnen (Lorenz' berühmt gewordene Graugänse; Lorenz, 1935; für moderne Studien zu diesem Punkt der Erfahrungsabhängigkeit: Gottlieb 1976).

Aus evolutionstheoretischer Sicht ist es sinnvoll, die Bindung zu (einer) der ersten *lebenden* Person(en) zu etablieren, der man begegnet (die Gefahr, dass eine *vor*geburtlich bereits festgelegte Bindung an die Mutter leerläuft, ist bei einer nennenswerten Muttersterblichkeit nicht gering). Zugleich aber müssen diese Erfahrungen offenbar einige Mindestbedingungen erfüllen, damit keine Zufallsbegegnung eine nutzlose Bindung etabliert. So zeigen etwa Harlows berühmte Experimente (auf die sich Bowlby ausdrücklich bezog), dass ein Drahtgestell nicht in jeder Hinsicht ein angemessener Ersatz für eine Affenmutter ist, obwohl Affenkinder sich, wenn sie keine Alternative haben, darum bemühen. Es kommt nach dieser Theorie wesentlich auch darauf an, wie *feinfühlig* die relevante Bezugsperson (in der Regel die Mutter) auf die Signale des Kindes *antwortet* (Grossmann und Grossmann 2003, 2004).

Daran sind mehrere Punkte bemerkenswert. Insbesondere betont diese Theorie erstmals, dass der (soziale) Kontext für die Entwicklung des Menschen tatsächlich nicht nur insofern Bedeutung hat, dass sich Wünsche auf ihn richten (Freud), dass allgemeine Anforderungskonstellationen entstehen, an denen sich die Person orientiert (Havighurst), oder dass sie den Möglichkeitsraum aufspannt, innerhalb dessen die Person ihren individuellen Entwicklungsweg finden muss (Erikson). Vielmehr gestalten der soziale Kontext und die sozialen Interaktionen – also die Personen, die sie mitbestimmen – tatsächlich konkret und aktiv die individuelle Entwicklung mit. Es ist klar, dass sich die Bedeutung sozialer Interaktionen und Einflüsse nicht nur auf die unmittelbaren Pflege- und Bezugspersonen (insbesondere die Eltern) beschränkt – selbstverständlich werden im Laufe des Lebens viele Menschen einflussreich: Freunde, Lehrer, Partner, Autoritäten usw. (wir kommen darauf in Kap. 6 ausführlich zurück).

Schon in Bezug auf die unmittelbaren Betreuungspersonen geht die „Bindungstheorie" in der Konkretheit der diskutierten Interaktionsprozesse weiter als die psychosoziale Theorie von Erikson: Insbesondere durch den Aspekt der Feinfühligkeit wird eben der Prozess, durch den die Bindungsqualität beeinflusst wird, genauer benannt (und damit auch: untersuchbar). Die Feinfühligkeit der Mutter (des wichtigsten Bezugspartners, der wichtigsten Betreuungsperson) ist eine Bedingung für die Passung ihres Verhaltens zu den Bedürfnissen des Kindes (ihre Kompetenz, das erforderliche Verhalten auch tatsächlich zu zeigen, ist natürlich dann eine weitere notwendige Bedingung).

Die Theorie ist mehrfach erweitert und differenziert worden, insbesondere von Ainsworth et al. (1978). Sie hatte in einem differenzierten Untersuchungsverfahren (Tab. 3.2) gefunden, dass sich verschiedene Formen der Bindung zwischen

Tab. 3.2 Die Typen der Bindung nach der Theorie von Bowlby

Bindungstyp	Inhaltliche Beschreibung der Bindungstypen
Sicher (Typ B)	Kinder mit einer sicheren Bindung explorieren bei Anwesenheit der Bezugsperson ihre Umgebung und treten in Interaktion mit ihr. Wenn sie allein gelassen werden, reagieren sie mit Beunruhigung oder Weinen und lassen sich nicht vollständig durch eine fremde Person trösten. Kehrt die Bezugsperson zurück, zeigen sie Freude über die Rückkehr, wenden sich der Bezugsperson zu und lassen sich von ihr trösten. Anschließend nehmen sie das Explorationsverhalten wieder auf.
Unsicher-vermeidend (Typ A)	Kinder mit einem unsicher-vermeidenden Bindungsstil sind ihrer Bezugsperson gegenüber eher gleichgültig und vermeiden die Interaktion mit dieser, wenn sie ihre Umwelt explorieren. Sie schenken der Bezugsperson weder große Beachtung, wenn sie sich noch im Raum befindet, noch wenn sie ihn verlässt oder wenn sie zurückkehrt. Sollte sich das Kind doch beunruhigt zeigen, wenn die Bezugsperson den Raum verlässt, lässt es sich durch eine fremde Person ebenso gut trösten, wie durch die Bezugsperson.
Unsicher-ambivalent (Typ C)	Unsicher-ambivalent gebundene Kinder zeigen wenig Explorationsverhalten, sondern suchen bereits die Nähe zur Bezugsperson, obwohl sich diese noch im Raum befindet. Verlässt die Bezugsperson den Raum, sind die Kinder ängstlich und verunsichert, weinen oft heftig und lassen sich auch durch eine fremde Person nicht beruhigen. Bei Rückkehr der Bezugsperson suchen die Kinder zwar Trost und klammern sich an sie, gleichzeitig zeigen sie sich ihr gegenüber wütend oder aggressiv, zudem lassen sie sich kaum beruhigen.
Desorganisiert-desorientiert (Typ D)	Kinder mit einem desorganisiert-desorientierter Bindungsstil entsprechen keinem der drei zuvor beschriebenen Bindungstypen. Ihr Verhalten wird als konfus und inkonsistent gegenüber der Bezugsperson beschrieben, beispielsweise durch gleichzeitiges Annähern oder Lächeln und wütend aggressives Verhalten, durch plötzliches Erstarren oder Verhaltensstereotypien.

Kindern und ihren Bezugspersonen unterscheiden lassen, die sich in Abhängigkeit von den Erfahrungen, die das Kind in diesen Interaktionen macht, entwickeln.

Ainsworth hatte dazu junge Kinder einer für sie neuen Situation ausgesetzt („Fremde-Situation-Test"), in dem das Verhalten des Kindes in verschiedenen Konstellationen mit und ohne die vertraute Bindungsperson beobachtet wurde (Ainsworth et al. 1978). Weil die Situationssequenz standardisiert ablief, konnte durch den Vergleich zwischen Kindern der jeweilige Bindungstyp ermittelt werden.

Diagnostizieren der Bindungstypen
Der Fremde-Situation-Test besteht aus insgesamt acht Episoden, von denen die erste 30 Sekunden und jede weitere für gewöhnlich drei Minuten dauert. Zunächst wird das Kind vom Versuchsleiter mit seiner Bezugsperson in ein Spielzimmer geführt. Die Bezugsperson nimmt Platz, und der Versuchsleiter macht das Kind mit den Spielsachen im Raum vertraut, anschließend verlässt er den Raum (*Episode 1*). Das Kind kann nun die Umgebung explorieren. Die Bezugsperson ist hierbei angewiesen, Explorationsverhalten erst zu initiieren, wenn das Kind dieses nach zwei Minuten nicht bereits eigenständig aufgenommen hat. An dieser Stelle wird durch Beobachtung erfasst, ob das Kind eigenständig Explorationsverhalten zeigt (*Episode 2*). Nun betritt eine fremde Person den Raum und setzt sich eine Minute lang neben die Bezugsperson, ohne mit ihr zu sprechen. Danach nimmt sie für eine Minute das Gespräch mit der Bezugsperson auf und versucht eine weitere Minute lang, mit dem Kind in Kontakt zu kommen. Erfasst wird hier die Reaktion des Kindes auf eine fremde Person. Während die fremde Person mit dem Kind interagiert, verlässt die Bezugsperson den Raum (*Episode 3*). Die fremde Person reagiert auf das Kind, z. B. indem sie das Kind weiterspielen lässt oder indem sie versucht, es zu trösten. Im Zentrum steht hier die Erfassung des Trennungsstresses sowie die Reaktion auf die fremde Person und ihre Tröstungsversuche. Sollte der Stress des Kindes dabei zu groß sein, kann die Situation verkürzt werden (*Episode 4*). Anschließend kehrt die Bezugsperson zurück, bleibt in der Tür stehen und die fremde Person verlässt den Raum. Die Bezugsperson soll nun auf das Verhalten des Kindes eingehen, z. B. indem sie das Kind tröstet und es zum Weiterspielen animiert. Beobachtet wird hier vor allem, wie das Kind auf die Rückkehr reagiert, wie sich die Wiedervereinigung gestaltet, ob und wie es sich trösten lässt und wann es wieder Explorationsverhalten zeigt. Nach mindestens

> drei Minuten, sobald das Kind das Spiel wieder aufgenommen hat, verlässt die Bezugsperson erneut den Raum (*Episode 5*) und das Kind bleibt allein zurück. Auch hier steht die Reaktion des Kindes im Zentrum des Interesses. Die Situation kann verkürzt werden, wenn der Stress zu hoch ist (*Episode 6*). Erneut betritt schließlich die fremde Person den Raum. Sie ist angehalten, auf das Kind zu reagieren, z. B. durch Dazusetzen oder Trösten. Erfasst wird hierbei die Reaktion des Kindes auf die Tröstungsversuche durch die fremde Person. Auch hier kann die Situation bei zu großem Stress abgebrochen werden (*Episode 7*). Zuletzt betritt die Bezugsperson abermals den Raum. In Abhängigkeit des Verhaltens des Kindes setzt sie sich auf ihren Platz, tröstet oder regt zum Weiterspielen an. Abermals stehen hier die Wiedervereinigung und die Reaktion des Kindes auf die Bezugsperson im Fokus (*Episode 8*).

Natürlich ist eine solche Bindungstypologie (wie alle Typologien) relativ grob: Die Unterschiedlichkeit der Ausprägungen *innerhalb* jedes Typs ist erheblich, was zu Revisionen und Erweiterungen geführt hat (Grossmann und Grossmann 2004), und man wird viele Fälle finden, deren Einordnung schwierig ist (die vielleicht in mehr als einen Typ eingeordnet werden können oder in keinen richtig passen). Wichtig an dieser Typologie für die Absicht dieses Buchs ist daher weniger die diagnostische Einordnung von Kindern in Kategorien (das wäre natürlich auch kein Beitrag zur Erklärung von Entwicklung), sondern die Annahme, dass frühe Bindungserfahrungen (die im zugeordneten Bindungstyp zusammengefasst werden) das Verhalten auch in der weiteren Entwicklung, möglicherweise bis in das Erwachsenenalter hinein, prägt (Grossmann und Grossmann 2004).

Die Nachhaltigkeit früher Bindungserfahrung: Prägung und Prägungsrisiken

Der entwicklungspsychologisch wichtigste Punkt der Bindungstheorie ist die These, dass die frühen Bindungserfahrungen und die aus ihr resultierende Bindungsqualität über die kindliche Beziehung zur Beziehungsperson (meist der Mutter) weit hinausweisen. In der Tat ist es plausibel anzunehmen, dass Interaktionserfahrungen, die (sehr) kleine Kinder mit ihren pflegenden (primären) Bezugspersonen machen, längerfristige Konsequenzen für ihre Bereitschaft und Fähigkeit haben können, als jugendliche und erwachsene Personen mit anderen Menschen ernsthafte und tiefere Beziehungen einzugehen (Grossmann und

Grossmann 2004), vielleicht auch Konsequenzen für ihre soziale Kompetenz (zum Zusammenhang zwischen Bindung und moralischem Verhalten s. etwa Hopf und Nunner-Winkler 2007). Die Mechanik und Dynamik dieses Zusammenhangs mögen im Detail streitig sein, und gewiss hängt die Qualität jeder (späteren) Beziehung von zahllosen Faktoren und Bedingungen ab, aber dass frühe Bindungserfahrungen unter diesen einer der wichtigeren und jedenfalls prädiktiv bedeutsam sind, dürfte schwer zu bestreiten sein.

Besonders interessant für die Frage nach der Erklärung von Entwicklung ist, dass die Bindungstheorie für diese nachhaltige Wirkung früher Erfahrungen einen besonderen Mechanismus annimmt. Das Kind entwickelt nach dieser Theorie auf der Grundlage seiner Erfahrungen ein „inneres Arbeitsmodell", also eine Repräsentation der aus den Einzelerfahrungen abgeleiteten Muster und Strukturen (z. B. Worauf kann ich mich verlassen? Mit welchem Verhalten kann ich welche Reaktion erzeugen? Was kann ich von wem erwarten?). Die zentrale These der Theorie ist, dass dieses innere Arbeitsmodell auch für andere Bindungen, und über die Kindheit hinaus, verhaltens- und erlebensbestimmend wird. Tatsächlich zeigen längsschnittliche Studien, dass Sozialverhalten im Jugend- und Erwachsenenalter, beispielsweise in Partnerschaften, aber auch in Bezug auf andere soziale Interaktionen, von frühen Bindungserfahrungen und -qualitäten (insbesondere für derartige Studien ist die oben angesprochene Typologie nützlich) vorhergesagt wird (Grossmann und Grossmann 2004).

Man muss diesen Einfluss nicht „Prägung" (die Festlegung von Tieren, insbesondere Vögeln, auf das erste lebende Wesen, dem sie nach dem Schlüpfen begegnen) nennen, um zu sehen, dass hier eine neue Art des Entwicklungseinflusses der Umgebung angesprochen wird, der sich von den bislang behandelten Stufentheorien deutlich unterscheidet. Der Grundgedanke aller Stufentheorien ist es, dass auf den jeweils vorangehenden Stufen die Voraussetzungen (z. B. Komponenten) für die späteren Entwicklungsschritte entstehen. Zwar sind die postulierten Sequenzen nur manchmal zwingend, manchmal nicht gut begründet, manchmal weitgehend von soziokulturellen Kontexten abhängig, aber die allen gemeinsame Annahme ist es, dass jede „Stufe" der folgenden eben nicht nur vorangeht (ihr Vorläufer ist), sondern ein Teil der Grundlage der späteren bildet (auf diesen Punkt werden wir ausführlicher zurückkommen in Abschn. 6.2). Der in der Bindungstheorie (ebenso wie in den ethologischen Ansätzen zu „Prägung") formulierte Gedanke geht einen wichtigen Schritt darüber hinaus. Auch wenn die Etablierung einer „sicheren" Bindung eine notwendige Bedingung (Entwicklungsvoraussetzung) für das Gelingen folgender Entwicklungsschritte ist, ist es etwas anderes, außerdem zu vermuten, dass die in einer frühen Entwicklungsphase etablierten Strukturen (hier: das innere Arbeitsmodell) in deutlich späteren

Phasen weiter bestehen und wirksam sind. Das ist in einem Stufenmodell keineswegs selbstverständlich: Es wäre ja beispielsweise auch möglich, die für eine gelingende Partnerschaft notwendigen Kompetenzen erst in der Adoleszenz zu entwickeln (Eriksons Theorie kann man so verstehen). Natürlich wäre es denkbar, dass der gesamte Lebenslauf einer präformierten „Architektur" folgt (diesen Punkt werden wir in Kap. 4 diskutieren), aber wie wir am Modell von Erikson gesehen haben, impliziert auch dieser Gedanke nicht unbedingt das Konzept früher Prägung. Die meisten Stufenmodelle gehen nicht davon aus, dass das, was in den früheren Stufen geschieht, *alle* späteren oder sogar die ganz weitere Entwicklung bestimmen, und in der Regel hängt das Eintreten und der Verlauf der späteren Krisen nicht einmal von den früheren unmittelbar ab. Die (frühe) Prägung dagegen, die ein zentraler Mechanismus von Bowlbys Theorie ist, legt einen Aspekt (hier: die Vorstellung von Beziehung) nachhaltig fest.

Ein solcher Mechanismus früher Festlegung, wenn er denn tatsächlich besteht, wäre allerdings aus mehreren Gründen nicht ohne (evolutionäres) Risiko (diese Frage ist wichtig, weil Bowlby ja ausdrücklich mit Bezug auf die Evolutionstheorie argumentiert hat). Ein erstes Problem haben wir oben schon angesprochen: Wenn die Bindungsperson nicht mehr zur Verfügung steht (z. B. stirbt), bedeutet eine unflexible (ersatzlose) Festlegung ein erhebliches Entwicklungsrisiko, gerade dann, wenn die Bindung für die weitere Entwicklung wichtig ist. Das gilt, zweitens, auch dann, wenn die Bindungsqualität *nicht* gut (genug) ist, um eine gelingende Entwicklung sicherzustellen (zu dem Problem, „Gelingen" näher zu bestimmen, s. Abschn. 5.2). Auch dieser Punkt ist bedeutsam, weil Bindung tatsächlich nicht immer „sicher" ist: Die Angaben schwanken zwischen verschiedenen Studien, aber auch Befürworter der Theorie gehen davon aus, dass sogar in modernen westlichen Gesellschaften (mit einer sehr geringen Muttersterblichkeit) mindestens ein Drittel der Kinder *keine* sichere Bindung aufbauen (Grossmann und Grossmann 2004). Es ist jedenfalls erklärungsbedürftig, wie sich ein Mechanismus mit so hoher Fehlerrate evolutionär bewähren konnte; der Einwand liegt nahe, dass offenbar auch unsicher gebundene Kinder nicht substanziell in ihrer Entwicklung gefährdet oder beeinträchtigt sind.

Nochmals grundlegender ist der Einwand, dass eine sich in den ersten Lebens*monaten* etablierende kognitive Repräsentation (inneres Arbeitsmodell) sich auch deswegen nicht zu sehr auf die ganz konkrete Interaktionsperson festlegen darf, weil eine spätere generative Partnerschaft sich ja keinesfalls auf diese Person beziehen darf (die Neigung, Nachkommen mit den eigenen Eltern zu erzeugen, wäre biologisch fatal). Das innere Arbeitsmodell muss also entweder von vornherein weitgehend abstrahieren und generalisieren (was für das erste Lebensjahr wegen der dazu erforderlichen kognitiven Entwicklungsvoraussetzungen nicht sehr plausibel wäre), oder die Bindung muss zugleich einen komplementären Mechanismus der *Ablösung* vorsehen, der erreicht, dass *ungeachtet der positiven Bindungserfahrungen* die erwachsene Bindung und die Reproduktion gerade *außerhalb* der Herkunftsfamilie realisiert werden. Tatsächlich ist eine zentrale These der Bindungstheorie, dass eine sichere Bindung eine wichtige Grundlage für neugieriges und angstfreies Explorationsverhalten des Kindes bildet (Bowlby 1969; Grossmann und Grossmann 2004), aber dies wirft für das angesprochene Problem eher eine Frage als eine Antwort auf: Entweder die Bindung *ist* sicher – das ermöglicht dann (vielleicht) Exploration, aber eben nur dadurch, dass die Rückkehr (eben Bindung) an die Bezugsperson gesichert ist (wie kann dann aber die wirkliche Ablösung von ihr erfolgen?). Oder die Bindung ist *nicht* sicher (unsicher-vermeidend oder unsicher-ambivalent) – dann wird schon die Exploration von alternativen Sozialpartnern und -erfahrungen nicht wahrscheinlich sein. Die Frage, auf welcher Grundlage und auf wen hin dann aber eine Ablösung erfolgen kann, ist damit weiter unbeantwortet (verschiedene Mechanismen wären denkbar, z. B. ein Mechanismus, der sexuelles Interesse bei hoher Vertrautheit verringert).

Dieses Dilemma ist grundsätzlicher Art: Flexibilität des angestrebten und insbesondere realisierbaren Bindungsmodells wird lebenslang erforderlich sein. Die Bindungstheorie bezieht ihre Pointe aber eben daraus, dass das sich aus den ersten (sehr frühen) Bindungserfahrungen entwickelnde innere Arbeitsmodell die Gestaltung aller weiteren Beziehungen wesentlich beeinflusst, womöglich bestimmt, und so – in der Dynamik einer selbsterfüllenden Prophezeiung – zu seiner eigenen Stabilisierungsmechanik wird. Je differenzierter und über die Biografie hinweg dynamischer die Bindungstheorie aber argumentiert, desto mehr geht nicht nur von ihrer Spezifität (das, was sie von anderen Theorien unterscheidet), sondern vor allem auch von ihrem empirischen Gehalt (d. h. ihrer Widerlegbarkeit) potenziell verloren. Wird etwa angesichts der zweifellos sehr heterogenen Vielfalt von Beziehungsbiografien die lebensspannenübergreifende Dynamik dieses inneren Arbeitsmodells betont, etwa mit dem Argument, es sei naturgemäß nicht nur plastisch wie alle kognitiven Strukturen, sondern müsse gerade aus evolutionärer Sicht lernfähig bleiben (Grossmann und Grossmann 2004), dann ist es nicht mehr weit zu der These, erwachsene Beziehungsgestaltung lasse sich entweder aus frühkindlichen oder kindlichen oder adoleszenten, möglicherweise auch aus noch späteren Beziehungserfahrungen erklären, was kaum eine Alternative mehr ausschließt (und damit eben die empirische Prüfbarkeit des Modells infrage stellt). Es ist sicher richtig, dass aktuelle Darstellungen der Bindungstheorie die einseitige Fixierung auf eine Person nicht mehr voraussetzen, aber es ist nicht ganz klar, welche Folgen dies für die Spezifität der Theorie hat.

Eine ausführliche Diskussion derartiger Einwände ist nicht die Absicht dieses Abschnitts, aber die Einsicht ist wichtig, dass sich Einwände nicht nur auf das richten können, was eine Theorie jeweils behauptet und wie sie dies begründet, sondern auch darauf, was sie *nicht* anspricht. Der von Bowlby vermutete Bindungsmechanismus, auch wenn er zutreffend identifiziert wäre, kann offenbar selbst in Bezug auf soziale Interaktionen nicht die vollständige Erklärung sein, weil der komplementäre Mechanismus der Lösung fehlt (Bischof 2008).

Die Relativität früher Bindung: Der soziale Kontext beeinflusst die Wirkung des sozialen Kontexts

Die eben unter dem Gesichtspunkt der Flexibilität angesprochene Frage, dass eine frühe (entschiedene) Festlegung auf einzelne Bindungspersonen ja *kontextabhängig* mehr oder weniger dysfunktional sein könnte (z. B. in Abhängigkeit davon, wie hoch die (Mutter)Sterblichkeit jeweils ist), führt zurück zu der im letzten Kapitel wiederholt berührten Problematik der Kontextrelativität der konstitutiven Thesen der Theorie selbst: Ist eine „sichere" Bindung wirklich immer „besser"?

Tatsächlich weisen kulturvergleichende Studien (Keller 2011; Otto 2008) darauf hin, dass in Kontexten, in denen eine stark auf eine konkrete Person festgelegte Bindung dysfunktional sein könnte, eine derartige Bindung nicht nur seltener ist, sondern sozial auch als „ungesund" bewertet wird. Das zeigt sich nicht nur in den Reaktionen der Kinder auf „fremde Situationen", sondern auch in den Bewertungen von Erwachsenen (Frauen) auf Bindungsangebote von Erwachsenen (Frauen) der jeweils anderen Kultur (z. B. im Video). Wenn der kulturelle Kontext weniger individualistisch („Kleinfamilie") organisiert ist, wird gerade *nicht* angestrebt, dass ein (kleines) Kind sich auf eine Person (die Mutter) fokussiert, sondern vielmehr mit wechselnden Bezugs(pflege)personen in *gleicher* Weise vertrauensvolle Beziehungen etablieren kann (z. B. in jedem Fall unbesorgtes Explorationsverhalten zeigen kann).

> **Bindung im Kulturvergleich**
> Eine ethnographische Studie (Otto 2008) beschäftigte sich eingehend mit der Frage nach der Kulturabhängigkeit von Bindungsqualität. Hierzu wurden 30 einjährige Kinder eines traditionellen, kamerunischen Bauernvolkes – der Nso – in ihrer natürlichen Umgebung untersucht. Die Nso leben in Großfamilien zusammen, in denen nahezu jedes Familienmitglied an der Fürsorge

und Erziehung der in der Gemeinschaft aufwachsenden Kinder beteiligt ist. Angelehnt an den Fremde-Situation-Test wurde per Videoaufzeichnung die Reaktion eines Kindes auf die Annäherung einer fremden Nso-Frau auf dem Hof der Familie beobachtet. Gemäß traditioneller und somit üblicher Verhaltensweisen begrüßte die fremde Frau zunächst die Mutter sowie andere Anwesende, wandte sich dann dem Kind zu und nahm es auf den Arm. Anschließend war sie angewiesen, fünf Minuten lang mit dem Kind zu interagieren. Vor allem der Umstand, dass Nso-Kinder nur sehr selten auf fremde Personen treffen, charakterisierte die ungewisse Situation. Im Fokus stand nun die Beobachtung des Emotionsausdrucks und der Verhaltensreaktion des Kindes zu zwei Zeitpunkten – zum einen bei der Annäherung an das Kind (Episode 1) und zum anderen bei der Suche von Körperkontakt (Episode 2). Zudem wurde jeweils vor und nach der gesamten Situation eine Speichelprobe durch die (zuvor geschulte) Nso-Mutter entnommen, um später anhand des gemessenen Kortisolwerts Rückschlüsse auf die Stressreaktion des Kindes ziehen zu können.

Elf Kinder reagierten in beiden Situationen ruhig und mit einem emotionslosen Gesichtsausdruck. Zudem fiel ihr Stresslevel über die Zeit ab, was sich in einem sinkenden Kortisolspiegel über die Zeit äußerte. Daneben ließen sich zwei weitere Reaktionsmuster identifizieren: Neun Kinder reagierten zunächst positiv auf das Erscheinen der fremden Nso-Frau, aber dann negativ auf den Körperkontakt mit ihr. Der Kortisolspiegel dieser Kinder stieg über die Zeit an. Sieben Kinder hingegen zeigten von Anfang an negative Emotionen sowie einen stetig hohen Kortisolspiegel. Die Befunde verdeutlichen insbesondere, dass die Qualität von Bindung stets in dem kulturellen Kontext betrachtet werden muss, in dem Kinder aufwachsen. Offensichtlich äußert sich Bindung bei Nso-Kindern anders als bei Kindern, die in westlichen Kulturen groß werden: Eine entlastende (nicht-stressige) Situation kann unter anderen als den westlichen Kulturbedingungen auch mit Verhalten einhergehen, dass aus westlicher Perspektive als „unsicher" oder sogar „desorganisiert" bezeichnet werden könnte. Das Erziehungsverhalten der Erwachsenen, vor allem aber ihre Bewertung des Verhaltens der Kinder ist deutlich anders als in den kulturellen Kontexten, die Bowlby und Ainsworth vor Augen hatten – und das Verhalten der Kinder ebenfalls.

Dieser Befund ist bemerkenswert und von grundsätzlicher Bedeutung für die Suche nach einer allgemeinen Entwicklungspsychologie, weil er zeigt, dass auch eine Theorie, die mit *biologischen* Argumenten (wir kommen im Kap. 4 darauf zurück) die Bedeutung und den (kausalen) Einfluss des *sozialen* Kontexts so ausdrücklich hervorhebt, ihrerseits vor dem Hintergrund des Kontexts gesehen und beurteilt werden muss. Auch die Funktionalität von Prozessen ist relativ zum Kontext: Der Mechanismus, den die Theorie in den Blick nimmt (die Etablierung der Bindung, der Aufbau eines inneren Arbeitsmodells und die dabei relevanten Faktoren der Umgebung (Feinfühligkeit)), darf nicht eingeschränkt in Bezug auf eine konkrete Funktion (die enge, sichere Bindung an eine Bezugsperson) gedacht werden, weil diese Funktion unter anderen Kontextbedingungen dysfunktional sein könnte.

Dieses Beispiel der kulturvergleichenden Studien liefert zugleich eine Antwort auf ein Problem, dem wir im letzten Kapitel schon einmal (im Abschnitt über Quer- und Längsschnittstudien) begegnet sind: Wie gehen wir mit der Bedeutung (dem Einfluss) von längerdauernden (z. B. historischen) Kontexten um und wie untersuchen wir ihn (wir können ja kaum eine jahrhundertelange Längsschnittstudie planen)? Die Antwort ist, dass „historisch" nur ein *Beispiel* für „kontextuell" ist, denn das, was eine historische Epoche von anderen unterscheidet, ist sicher nicht die chronologische Einordnung (16. Jahrhundert, 1. Jahrhundert vor unserer Zeitrechnung etc.), sondern der jeweils realisierte *spezifisch wirksame* Kontext. Es kommt für die theoretische Klärung eben darauf an, *was* an diesem Kontext den Unterschied erklärt, den wir in Bezug auf die Entwicklung beobachten können. Wenn wir dazu eine theoretisch begründete Vermutung (eine Hypothese) haben, dann lohnt die Suche danach, ob eine (hinreichend) vergleichbare Konstellation auch aktuell irgendwo auf der Welt realisiert sein könnte. Dann ist kulturvergleichende Forschung *entwicklungspsychologisch* (und nicht nur soziologisch oder historisch) informativ.

Aber eben weil sich zeigt, dass andere Kontexte andere Aufgaben implizieren, werden sich Entwicklungsaufgaben permanent verändern und somit zwischen Kontexten (Zeiten, Kulturen) variieren. Deswegen kann es, wie wir gesehen haben, nicht der inhaltliche Kern einer erklärenden Entwicklungstheorie sein, diese Aufgaben konkret inhaltlich aufzulisten (weil es dann so viele Varianten der Theorie wie potenzielle soziale Kontexte gäbe: also unendlich viele).

Kulturelle Einbettung von Theorien
Es ist lohnend, bei dieser Gelegenheit auch einen besonderen Aspekt von Kontextspezifität zu diskutieren, der bislang nicht explizit angesprochen worden ist: Auch wissenschaftliche Theorien könnten vom Kontext, in dem

sie gedacht, behauptet und geprüft werden, beeinflusst werden. Um diesen Einfluss (wenn er bestehen sollte) richtig einzuordnen, ist es wichtig, dabei Perspektiven auf eine Theorie zu unterscheiden, die man den Entstehungs- und den Begründungszusammenhang nennen könnte (Popper 2002).

Der *Entstehungszusammenhang* betrifft die konkreten Umstände, unter denen eine Theorie formuliert worden ist. Hierbei könnte (und wird häufig) der soziale und kulturelle Kontext eine Rolle spielen. Der im vorigen Kapitel betrachtete Aspekt der Entwicklungstheorie von Freud ist dafür ein Beispiel: Masson (1984) hatte in einer wissenschaftshistorischen Untersuchung die These formuliert, dass die Formulierung der psychoanalytischen Ödipustheorie durch Freud ganz wesentlich durch die historischen Umstände seiner Zeit beeinflusst worden sei. Masson zufolge hatte Freud zunächst vermutet, dass Patientinnen mit „hysterischen" Symptomen Opfer sexueller Übergriffe oder Misshandlungen durch Erwachsene (möglicherweise aus dem familiären Nahraum) geworden seien, hat dann aber (auch unter dem Einfluss des sozialen Zeitgeists, vielleicht auch mit Blick auf erwartete Reaktionen) diese Annahme verworfen und stattdessen die unerfüllten Wünsche und Fantasien *des Kindes* als den zentralen Auslöser der Probleme – und später als den Kern der universellen ödipalen Phase – angesehen. Im Ödipuskomplex, so wie er dann in seinen Veröffentlichungen dargestellt wurde, spielen die Eltern keine aktive Rolle (insbesondere keine negative), sondern sind lediglich Objekte der Wünsche und Fantasien des Kindes. Masson kritisiert, dass diese Wendung wesentlich dazu beigetragen habe, das soziale Tabu, das über dem sexuellen Missbrauch insbesondere im familiären Nahraum lag, für lange Zeit aufrecht zu erhalten.

Es ist wichtig zu sehen, dass diese These, auch wenn sie historisch (biografisch) zutreffen sollte, für den *Begründungszusammenhang* der Theorie – d. h., für ihre Plausibilität – folgenlos ist. Für die Wahrheit (Plausibilität) einer allgemeinen Theorie (also auch der Ödipustheorie) ist ganz unerheblich, unter welchen Umständen oder aus welchen individuellen Motiven heraus sie formuliert wurde. Denn selbst wenn Freud sie nur formuliert hätte, um den für ihn selbst oder für seine Zeitgenossen unannehmbar erscheinenden Gedanken der sexuellen Misshandlung im familiären Nahraum zu vermeiden, könnte die These einer universellen Entwicklungsphase, in der sich das erotische Begehren des Kindes auf den gegengeschlechtlichen Elternteil richtet, dennoch wahr sein. Eine Theorie verdient und benötigt daher auch dann eine unabhängige empirische Prüfung, wenn sie nur aufgrund spezifischer individueller Motive oder kultureller (Kontext-)Bedingungen entstanden ist. Wir haben auch aus diesem Grund die historische Reihenfolge und den historischen Kontext des Entstehens der angesprochenen Theorien unbeachtet gelassen. Die Prozesse, durch die der Kontext Einfluss auf die Entwicklung nimmt, sind selbst nicht kontextabhängig – sonst gäbe es keine allgemeine (Entwicklungs-) Theorie. (Es gibt natürlich keine Gewähr dafür, *dass* es eine allgemeine Entwicklungstheorie gibt, aber die Suche danach ist eine zentrale Aufgabe einer wissenschaftlichen Entwicklungspsychologie.)

Die Begrenzung inhaltlicher Festlegungen: Entwicklungsprozesse als Erklärungsmodell

Sowohl Kohlbergs als auch Bowlbys Theorie sind also erheblich auf den Kontext zu relativieren, wenn auch in sehr unterschiedlicher Weise. Im Kap. 2 ist dies besonders im Hinblick auf Erikson und Havighurst schon deutlich geworden, und es zeigt nochmals, dass eine konkrete inhaltliche Festlegung einer Theorie (auf *diese* Phasen in *dieser* Reihenfolge, auf *diesen* Verlauf einer spezifischen Aufgabe) die Bedeutung des Kontexts unterschätzt und als Erklärungsansatz für Entwicklungsverläufe immer auf lokale Konstellationen begrenzt bleiben muss. Selbst eine (evolutions-)biologisch orientierte und auf Prozesse fokussierte Theorie wie die Bindungstheorie ist davor offenbar nicht geschützt. Immerhin: Der in ihr beschriebene Mechanismus des „inneren Arbeitsmodells" ist nicht nur theoretisch plausibel, sondern auch empirisch relativ gut belegt (Grossmann und Grossmann 2004) – das gilt auch dann, wenn er nicht der einzige oder wichtigste Prozess der Entwicklung sozialer Kompetenzen sein sollte, und auch dann, wenn er weniger festlegend wirkt als zunächst angenommen.

Das legt wiederum (wie schon am Ende des letzten Kapitels gesehen) nahe, nach (weiteren) *Prozessen* der Entwicklungsregulation zu suchen und dabei womöglich die Versuchung von vornherein zu vermeiden, eine „Liste" von möglichen Prozessen zu erstellen, die ziemlich sicher unvollständig bleiben wird. Im Kap. 4 werden wir dazu zunächst die biologische Perspektive aufgreifen, die Bowlbys Ansatz erstmals ausdrücklich thematisiert hat. So wichtig der soziale Einfluss ist – das kann nicht die ganze Geschichte sein: Wir sind immer auch biologische Lebewesen.

Natürliche Entwicklung: Die biologische Perspektive 4

Es scheint so, als sei eine allgemeine Beschreibung menschlicher Entwicklung nicht aussichtsreich – je genauer man hinsieht, desto spezifischer verläuft sie. Leider hilft es auch nicht, auf die Details zu verzichten: Wir haben schon im Kap. 2 gesehen, dass auch stark verallgemeinerte Beschreibungen (Abfolgen von „Phasen" oder „Krisen" oder „Aufgaben") schwerlich Allgemeingültigkeit beanspruchen können. Offenbar beeinflusst der Kontext den konkreten Verlauf unserer Entwicklung in erheblichem Maße – das gilt anscheinend für die allgemeine Richtung der Entwicklung (Welche sozialen Regeln gelten als moralisch und erstrebenswert? Welche Art und Enge von Bindung ist funktional und angestrebt?) ebenso wie für den individuellen Entwicklungsverlauf (Welches innere Arbeitsmodell habe ich davon, wie Bindung aussieht? Welche Entwicklungsaufgaben wurden mir von meiner Familie gestellt?).

Gewiss – der Entwicklungskontext beeinflusst die Entwicklung, kanalisiert sie, gibt Richtungen vor, schließt andere aus, eröffnet und verschließt Möglichkeiten. Und es gibt buchstäblich zahllose Entwicklungskontexte (zumal: *mögliche* Entwicklungskontexte). Bedeutet das, dass die Suche nach *allgemeinen* Entwicklungsmustern aussichtslos ist?

Das ist kaum plausibel. Zunächst sind innerhalb eines sehr weiten kulturellen Kontexts (die westlichen Kulturen des 20. Jahrhunderts) Entwicklungsverläufe offenbar so homogen, dass die angesprochenen Phasentheorien empirisch hinreichend bestätigt werden konnten. Auch wenn das, wie wir gesehen haben, über den Kontext hinaus wenig besagt und insbesondere nicht viel erklärt, verweist es immerhin auf eine relativ hohe Entwicklungsstabilität. Es liegt nahe, zu vermuten, dass das systematische Gründe hat: Würde Entwicklung nicht alles in allem höchst zuverlässig zur Reproduktion führen, dann würden Menschen nicht regelmäßig Nachkommen hervorbringen können (wie und wo auch immer

© Springer Fachmedien Wiesbaden GmbH, ein Teil von Springer Nature 2019
W. Greve und T. Thomsen, *Entwicklungspsychologie*, Basiswissen Psychologie,
https://doi.org/10.1007/978-3-531-93432-7_4

sie aufwachsen), dann wäre die Spezies Mensch längst ausgestorben. Alle hierfür notwendigen physischen und psychischen Fähigkeiten werden also (fast) immer entwickelt und die hierfür hilfreichen Fähigkeiten anscheinend auch, denn Menschen pflanzen sich ja offenbar sehr erfolgreich fort. Die ausgeprägte Kontextsensibilität und die Individualität menschlicher Entwicklung müssen sicher erklärt werden (darauf werden wir in Kap. 5 und Kap. 6 ausführlicher zurückkommen), aber wie immer diese Erklärung aussehen mag: Mindestens die Grundmuster von Entwicklung müssen doch offenbar universell sein.

Wir werden in diesem Kapitel deswegen die bereits mehrfach (v. a. Abschn. 2.1 und Abschn. 3.2) berührte biologische Perspektive auf menschliche Entwicklung etwas näher betrachten. Im ersten Schritt soll der Gesichtspunkt der biologischen Reifung untersucht werden, der nahe zu legen scheint, dass Entwicklung in sehr vielen Hinsichten eben doch universell und verlässlich verläuft, und auch verlaufen muss. Die psychische Entwicklung des Menschen dürfte dabei ganz besonders mit der Entwicklung seines Gehirns zusammenhängen (Abschn. 4.1). Seit mehr als einem halben Jahrhundert gibt es eine Vielzahl von empirischen Hinweisen darauf, dass diese (biologische) Entwicklung (nicht nur) des Menschen vor allem durch einen zentralen Mechanismus reguliert wird: das System seiner Gene. Die Frage, wie man ihre Bedeutung für die Erklärung von Entwicklung verstehen kann, behandelt Abschn. 4.2. Beide Aspekte werden bei näherem Besehen allerdings auch wieder deutlich machen, wie stark es auch bei der biologischen Regulation von Entwicklung auf den Kontext ankommt (dies hatten wir ja bereits bei Bowlby gesehen; Abschn. 3.2). Das stärkste Argument dafür, dass die Entwicklung des Menschen insgesamt sehr verlässlich (und vorhersehbar, also regelmäßig) verlaufen sollte, scheint aus der bedeutendsten Theorie zu folgen, die wir dafür haben, warum es überhaupt Menschen gibt: die Evolutionstheorie. Sie sollte uns zugleich auch erklären, warum es Entwicklung (in dieser Form) gibt (Abschn. 4.3).

4.1 Biologisches Wachstum: Reifung

Das betrifft ganz gewiss die wesentlichen Aspekte der körperlichen Entwicklung (das Beispiel der motorischen Entwicklung haben wir in Kap. 1 bereits kurz angesprochen): Schon der Umstand, dass Lehrbücher, die die Anatomie des Menschen beschreiben, weltweit (und seit Jahrhunderten) zutreffen, weist darauf hin, dass wir uns in wichtigen Aspekten *alle gleich entwickeln* (das berühmte Lehrbuch der menschlichen Anatomie „Gray's Anatomy" ist 2015 in der 41. Auflage erschienen – die erste wurde 1858 veröffentlicht, ein Jahr vor Darwins

4.1 Biologisches Wachstum: Reifung

„The Origin of Species"; Standring 2015). Tatsächlich haben wir dem Umstand, dass Menschen nicht nur soziale oder kulturelle, sondern eben auch biologische Organismen sind, bislang zu wenig Aufmerksamkeit gewidmet. In Kohlbergs Ansatz kommt dieser Aspekt überhaupt nicht vor, und auch Havighurst hatte die biologischen Entwicklungsaufgaben zwar ausdrücklich, aber nicht ausführlich angesprochen. Freud und Erikson hatten den Umstand der sexuellen Reifung in ihrer Argumentation zwar vorausgesetzt, aber weder genauer beschrieben noch erklärt, und auf andere biologische Mechanismen gar keinen Bezug genommen. Piaget bezieht eine biologische Perspektive nicht ausdrücklich in seine Argumentation ein (wir werden sehen, dass er dennoch in gewisser Weise die vielleicht am stärksten biologisch gedachte (oder anschlussfähige) Theorie formuliert hat; wir kommen in Abschn. 5.5 ausführlicher darauf zurück). Bowlby dagegen hatte in seiner Theorie ausdrücklich auf biologische Argumente Bezug genommen, vor allem in zwei Punkten: Zum einen beruft er sich in Bezug auf die Notwendigkeit früher Bindung auf evolutionstheoretische Überlegungen, zum anderen greift er zur Erklärung dieser Bindung auf einen biologisch inspirierten Mechanismus („Prägung") zurück, der eben eine Erklärung für eine Form der Kontextsensibilität enthält: Bindung entsteht – nach der Geburt – an die Fürsorgeinstanz, die die Umwelt einem „präsentiert" (sofern es mehrere Optionen gibt, wird selektiert, aber zunächst nicht bewusst gewählt).

Überraschenderweise greift keine der bislang angesprochenen Theorien den nächstliegenden Begriff auf, den wir im Alltag oft benutzen, um Entwicklung zu beschreiben: *Reifung*. Die Früchte an Bäumen reifen, alle Tiere werden erwachsen, anscheinend ohne kulturelle Einflüsse, aber auch Menschen werden (z. B. geschlechts-)reif. Ist *dies* nicht das offensichtlichste Phänomen menschlicher Entwicklung, und ein grundlegendes obendrein? Keine Theorie, die Entwicklung erklären will, kann diesen Aspekt ignorieren: die Entwicklung quasi „von selbst". Sie ist vor allem bei der Entwicklung des Organismus unübersehbar (die Grundbestandteile unseres Körpers wachsen in der mütterlichen Gebärmutter „von allein", wir wachsen auch nach unserer Geburt „von allein" weiter), aber diese Art von „natürlicher Entwicklung" gilt auch für körperliche Fähigkeiten (wir lernen „von allein" laufen, essen und unsere Körperfunktionen zu kontrollieren) und sogar für mentale und psychische Fähigkeiten (wir lernen „von alleine" denken – und sogar fast von alleine, jedenfalls mühelos, sprechen). Dabei scheint es sogar eine innere Uhr auch für lange Zeiträume zu geben: Die sexuelle Reife (Pubertät) setzt nach mehr als einem Jahrzehnt das Ende der Kindheit (und variiert dabei zwischen Menschen oder Kulturen nur sehr wenig). Alle diese Reifungsvorgänge treten nicht nur (fast) universell auf, sondern lassen sich auch kaum verhindern – ein Minimum an notwendigen Bedingungen (z. B. die, dass wir überhaupt ernährt werden, dass überhaupt jemand mit uns spricht) reicht aus, damit diese Reifungsprozesse ablaufen (sofern nicht besondere Umstände – eine Erkrankung z. B. – dem entgegenstehen). Wenn man es so betrachtet: Könnte man nicht vielleicht sogar vermuten, dass alle Vielfalt, alle Einflüsse des Kontexts, die wir bislang angesprochen haben, also nur unwesentliche Aspekte der menschlichen Entwicklung betreffen?

Nun kann „von allein" nicht ganz wahr sein – es müssen notwendige „äußere" Bedingungen wie Ernährung oder ein Minimum an Fürsorge erfüllt sein (sie sind es eben fast immer und fast überall), und die Reifung wird natürlich auch durch notwendige „innere" Bedingungen gesteuert (darauf kommen wir sofort zurück in Abschn. 4.2). Aber der Blick auf diese Entwicklungsprozesse, die anscheinend weitgehend unbeeinflusst von den Kontextbedingungen, die wir im vorigen Kapitel betrachtet haben, ablaufen, deutet darauf hin, dass vielleicht nicht alle Entwicklungsabläufe so kontextrelativ zu sein scheinen, wie das letzte Kapitel es nahezulegen schien. Überdies ist an diesen Entwicklungsprozessen nicht nur ihre Universalität bemerkenswert, sondern auch ihre Gerichtetheit: Mehr noch als der Begriff „Wachstum" impliziert „Reifung" so etwas wie ein Ziel. Fast alle der gerade angesprochenen Beispiele haben, wie es scheint, eine Funktion zum Zweck. Wenn wir eine bestimmte Körpergröße erreicht haben sind wir „er-wachsen", wenn wir uns in der für unsere Lebenswelt nötigen Differenziertheit verständigen können, können wir sprechen, und vor allem bei der Geschlechtsreife liegt es sehr nahe, anzunehmen, die Funktionsfähigkeit der Reproduktionsorgane und -prozesse sei eben das „Ziel", der „Zweck" dieser Entwicklung. (Es ist gewiss kein Zufall, dass prominente Phasentheorien – Freud, Erikson – sich in ihrer Segmentierung des Entwicklungsverlaufs an der Sexualentwicklung orientiert haben.)

Und eben weil jedenfalls die grundlegenden physiologischen Entwicklungsprozesse offenbar universell (überall und jederzeit im Wesentlichen gleich) verlaufen, lohnt es sich hier durchaus, sie sehr differenziert zu beschreiben. Neben einigen sehr offensichtlichen körperlichen und funktionellen Veränderungen (wie dem Größenwachstum oder der schon angesprochenen motorischen Entwicklung) betrifft dies vor allem die Reifung des Organs, das für alle psychischen Fähigkeiten und Funktionen wesentlich, für viele vielleicht ausschließlich zuständig ist: das Gehirn. Inzwischen wissen wir relativ viel darüber, wie sich das Gehirn innerhalb und außerhalb des Mutterleibs entwickelt (Purves et al. 2008). Wir werden hier (wie angekündigt) den schrittweisen Auf- und Ausbau des Gehirns nicht ausführlich darstellen (Johnson und de Haan 2015), aber es lohnt sich, ein paar Aspekte anzusprechen, die prinzipiell lehrreich sind.

4.1 Biologisches Wachstum: Reifung

Zunächst: Auch hier geschieht Entwicklung nicht „von selbst", und auch hier spielt der Kontext eine wichtige Rolle. Auch wenn eine „innere" Steuerung offenkundig eine zentrale Rolle spielt (sonst würde sich die universelle Anatomie des Gehirns nicht zuverlässig entwickeln können), sind die Wachstums- und Veränderungsprozesse des Gehirns doch von äußeren Einflüssen abhängig. Das betrifft nicht nur mögliche Einflüsse durch chemische Wirkstoffe (Alkohol, Medikamente, aber vielleicht auch Nahrungsbestandteile – auf ein eindrucksvolles Beispiel kommen wir gleich zurück: PKU), sondern auch die *Anregungen* durch die Umwelt.

Neuronale Entwicklung am Lebensbeginn
Wenn ein Baby zur Welt kommt, ist sein Gehirn schon erstaunlich weit entwickelt. Bereits ab der dritten Schwangerschaftswoche kommt es zur sogenannten *Proliferation*, der Vermehrung von Nervenzellen (Neuronen) durch Zellteilung. Die *Neurogenese* ist bei der Geburt vollständig abgeschlossen und so verfügt der Säugling hier bereits über die vollständige Anzahl an Neuronen, die für das Senden und Empfangen von Signalen innerhalb und außerhalb des Gehirns zuständig sind. Im Laufe des Lebens kommen nur noch wenige Neurone in einzelnen Hirnregionen, beispielsweise im Hippocampus, hinzu. Vor der Geburt müssen die Neurone jedoch noch an ihren Bestimmungsort wandern. Sobald sie dort angelangt sind, beginnen sie sich auszudifferenzieren: Aus dem Neuron wächst nicht nur ein Axon (eine Faser, die elektrische Signale zu anderen Neuronen leitet), sondern auch Dendriten (Fasern, die Signale von anderen Nervenzellen erhalten und zum Zellkörper weiterleiten können). An ihnen bilden sich wiederum sogenannte Dornen, die es möglich machen, Verbindungen zu anderen Neuronen zu knüpfen. Die im letzten Schwangerschaftsdrittel beginnende Myelinisierung, bei der sich eine isolierende Schicht (eben aus Myelin, so etwas wie eine Fettschicht) um einzelne Axone legt, ist für eine Beschleunigung der Signalübertragung verantwortlich und – in Abhängigkeit des jeweiligen kortikalen Bereiches – erst im frühen Erwachsenenalter vollständig abgeschlossen.

Während Axone und Dendriten wachsen, nehmen auch die Verbindungsstellen zwischen dem Ende eines Axons (eines sendenden Neurons) und den Dendriten eines anderen (empfangenden) Neurons, die sogenannten Synapsen, explosionsartig zu. Bei der sogenannten *Synaptogenese* bildet jedes Neuron zunächst wahllos Verbindungen zu zahlreichen anderen Neuronen, was eine enorme (Über-)Produktion von synaptischen

> Verbindungen zufolge hat. Dieser Überschuss an Nervenverbindungen wird jedoch durch die sogenannte *Synapsenreduktion* wieder abgebaut („Pruning") – insgesamt sterben nahezu 40 % der überzähligen Synapsen im Laufe der Entwicklung wieder ab. Besonders betroffen sind dabei Verbindungen, die nur wenig aktiviert und genutzt werden. Ähnlich wie bei der Myelinisierung von Axonen beginnt die Produktion von Synapsen bereits pränatal, ihr rasanter Zuwachs und ihre Reduktion geschehen jedoch in Abhängigkeit vom jeweiligen kortikalen Bereich zu unterschiedlichen Zeitpunkten in der prä- sowie postnatalen Entwicklung – so sind synaptische Produktion und Reduktion im visuellen oder motorischen Cortex beispielsweise viel früher abgeschlossen als im Präfrontalcortex, dessen Entwicklung erst im frühen Erwachsenenalter abgeschlossen ist. Im Laufe der Gehirnentwicklung sterben jedoch nicht nur Synapsen, sondern auch Neuronen ab – dieser Vorgang wird als *neuronale Apoptose* bezeichnet.

Tatsächlich impliziert die Verarbeitung von eintreffenden Signalen (Informationen) im Gehirn eben die Stimulation von Nervenverbindungen, die wiederum zur Strukturierung des Gehirns führt: Während stimulierte Verbindungen „gefestigt" werden, gehen nicht stimulierte Verbindungen nach und nach verloren. Das zunächst ungerichtete, unsystematisch „wuchernde" Wachstum neuronaler Verbindungen zwischen den Nervenzellen des Gehirns in den ersten Lebensmonaten (im Mutterleib, aber auch nach der Geburt) wird nach und nach, wenn die Umwelt beginnt, systematisch zu „wirken", durch überzufällige Reizung („Nutzung") mancher Verbindungen (und Nicht-Nutzung anderer) und durch den „Rückbau" der nicht „genutzten" Bahnen zu einer systematischen („selektiven") Struktur. Interessanterweise umfasst die zunehmende Differenzierung der Struktur und Funktionen des Gehirns schon am Beginn des Lebens eben nicht nur Wachstumsprozesse, sondern auch (komplementäre) Reduktionen. Dies führt zu der wichtigen Einsicht, dass „Entwicklung" eben nicht unbedingt Zuwachs, sondern, wie dieses Beispiel anschaulich zeigt, von Anfang an sowohl „Gewinn" als auch „Verlust" bedeuten kann (wir kommen auf diesen wichtigen Aspekt in Kap. 5 zurück).

Auch wenn die anatomische Struktur des Gehirns (seine funktionalen Bestandteile wie Frontalhirn, Stammhirn etc.) sich bei allen (gesunden) Menschen in grundsätzlich gleicher Weise ausdifferenziert, werden dabei zugleich im Detail schon individuelle Strukturvariationen erzeugt, die den Kontext widerspiegeln (repräsentieren): Es werden bei jedem Menschen andere neuronale Verbindungen genutzt (oder nicht). Dieser Gedanke ist durchaus nicht selbstverständlich: Natürlich müssen individuelle Lernerfahrungen irgendwie physisch gespeichert werden (daher kann es keine zwei genau gleichen Gehirne geben), aber es wäre ja gut möglich, dass sich das strukturell kaum bemerkbar macht. Umgekehrt wäre es auch möglich, dass Gehirnentwicklungsunterschiede (die ja vielleicht durch ganz andere Faktoren zu erklären sein könnten) die Verhaltensweisen der Person und folglich ihre Lernerfahrungen beeinflussen. In einem lehrreichen Experiment (mit Mäusen) haben Freund et al. (2013) gezeigt, dass die Variabilität von Umwelterfahrungen tatsächlich das Gehirn strukturell beeinflussen, sogar dann, wenn experimentell sichergestellt ist, dass die Mäuse die identischen körperlichen (genetischen) Voraussetzungen hatten.

Entwicklung hängt (auch) von unsystematischen Entwicklungsbedingungen ab
In einer experimentellen Studie untersuchten Freund und Kollegen (2013) das Auftreten von individuellen Unterschieden an 60 genetisch identischen Mäusen. Die 60 Mäuse wurden im Alter von vier Wochen zufällig in drei Gruppen aufgeteilt: Acht Mäuse bildeten dabei die Baselinegruppe, zwölf die Kontrollgruppe und 40 die „Enrichment"-Gruppe. Die Mäuse der Baseline- und der Kontrollgruppe wurden jeweils in Vierergruppen aufgeteilt und in 800 cm^2 große, standardisierte Plastikkäfige gesetzt, in denen sie mit Nistmaterial, Essen und Trinken versorgt wurden. Die Mäuse der Baselinegruppe wurden nur in den ersten vier Wochen für einige Anfangsmessungen untersucht, die Mäuse der Kontrollgruppe lebten für die kommenden drei Monate in ihrem Gehege. Auch die Mäuse der „Enrichment"-Gruppe wurden drei Monate beobachtet, sie wurden jedoch in ein etwa fünf Quadratmeter großes Gehege gesetzt, das aus fünf Ebenen bestand und mit mehreren Nistboxen, Futterstellen und Verbindungsröhren ausgestattet war. Zudem wurde die Umwelt durch verschiedene Gegenstände (z. B. Plastiktöpfe oder hölzerne Gerüste) angereichert, welche die Mäuse erkunden konnten.

Die Forscher waren dabei zunächst am Auftreten individueller Unterschiede auf neuronaler Ebene interessiert. Hierzu untersuchten sie die neuronale Entwicklung der Mäuse, indem sie den Zuwachs an Neuronen im Hippocampus vom Anfang bis zum Ende des Experiments feststellten. Daneben nahmen die Forscher auch individuelle Verhaltensunterschiede in den Blick. Dazu installierten sie Antennen in den Gehegen der Mäuse und implantierten jeder Maus einen Transponder in den Nacken, der die jeweiligen Aufenthaltsorte festhielt und somit das individuelle Explorationsverhalten über die Zeit erfassen sollte.

Im Hinblick auf die neuronale Entwicklung der Mäuse zeigte die „Enrichment"-Gruppe eine signifikant größere Neurogenese im Hippocampus als die Kontrollgruppe sowie eine größere Variabilität im Zuwachs an Neuronen. Die Vermutung der Forscher, dass ein größerer Erfahrungs- und Bewegungsradius in der „Enrichment"-Gruppe mit der Neurogenese im Hippocampus verbunden sei, konnte unter Berücksichtigung der reinen Anzahl an Antennenkontakten jedoch nicht gezeigt werden. Um das Explorationsverhalten der Mäuse genauer abzubilden, entwarfen die Forscher ein Maß, das nicht nur die reinen Antennenkontakte, sondern vielmehr die Exploration der gesamten territorialen Reichweite des Geheges abbildete – die sogenannte „roaming entropy" (RE). Wenn eine Maus das gesamte Gehege während der drei Monate umfassend erkundete, konnte sie einen hohen RE-Wert erreichen. Bewegte sich die Maus hingegen in einem stabilen Bewegungsradius (egal ob auf kurzer oder langer Distanz sowie unabhängig von der Anzahl der Antennenkontakte), resultierte ein kleiner RE-Wert. Tatsächlich konnten die Forscher zeigen, dass Mäuse, die ihr Gehege während der drei Monate umfassend exploriert hatten, am Ende des Experiments einen signifikant größeren Zuwachs an Neuronen im Hippocampus aufwiesen, als Mäuse, die ihr Gehege weniger breit exploriert hatten.

Wichtig an dieser Studie ist hier der Befund, dass das unterschiedliche Explorationsverhalten („roaming entropy") anfangs nicht von genetischen oder neurologischen Unterschieden zwischen den Mäusen der „Enrichment"-Gruppe ausgelöst worden sein kann (weil alle Mäuse gleich waren), und auch nicht von unterschiedlichen Umweltbedingungen (alle lebten ja im selben Gehege). Irgendeine ungerichtete („zufällige") Bewegung hat manche Mäuse in bislang weniger erkundete Regionen des Geheges geleitet, was dann eine Anregung zur Folge gehabt hat. Dies wiederum beeinflusste das weitere Verhalten dieser Mäuse (führte zu wachsenden Verhaltensunterschieden zwischen den Mäusen), was dann die neuronale Struktur (in unterschiedlicher Weise) veränderte.

Allerdings sind die Dinge komplizierter. Der Gesichtspunkt, dass die Struktur des Gehirns das *Ergebnis* einer Entwicklung ist, die wesentlich auch von Umweltkonstellationen beeinflusst und vorangetrieben wird (Baltes et al. 2006), ist wichtig. Aber auch wenn man ihn ernst nimmt, darf natürlich nicht übersehen werden, dass das Gehirn gleichzeitig eine zentrale Rolle bei der Verursachung

4.1 Biologisches Wachstum: Reifung

und Steuerung (und somit Erklärung) menschlichen Verhaltens spielt. Um das nicht als Widerspruch – oder als extreme Komplikation – zu missverstehen, ist es wichtig, den Unterschied zwischen der „Aktualgenese", also der Verursachung eines aktuellen Geschehens oder Zustands, und der „Ontogenese", also der längerfristigen Veränderung des Organismus, *in dem* diese aktualgenetischen Prozesse ablaufen, zu beachten.

Aktualgenese, Ontogenese, Phylogenese
Die Aktualgenese bezieht sich auf kurzfristige (Veränderungs-)Prozesse innerhalb einer Person (oder eines Organismus), beispielsweise die unmittelbare Reaktion auf ein Erlebnis oder die Entstehung einer Entscheidung und das dadurch erklärte Verhalten. Demgegenüber umfasst die Ontogenese die gesamte Entwicklung eines Lebewesens von der befruchteten Eizelle bis zum Tod. Die Ontogenese umfasst daher alle Veränderungen – also auch alle aktualgenetischen Prozesse. Mit anderen Worten: Die Ontogenese ist die individuelle Entwicklung.

Mit Phylogenese wird die Entwicklung einer Spezies (z. B. „homo sapiens") bezeichnet, also nicht die Entwicklung einzelner Organismen, sondern die Konstellation und Zusammensetzung der zu dieser Spezies gehörenden Individuen über viele Generationen hinweg. Man könnte sagen, dass damit die Entwicklung des „prinzipiellen" Individuums einer Spezies – möglicherweise auch mit Varianten – bezeichnet wird (im Laufe der Phylogenese entwickelte sich das Pferd zu seiner heutigen Größe).

Ein emotionales Erlebnis (z. B. das Miterleben einer Geburt) wäre demnach der Aktualgenese zuzuordnen, das Durchlaufen einer Berufsausbildung eines Menschen ist ein Teil der Ontogenese, und die Evolution des Menschen von den ersten Formen der Gattung „homo" („homo rudolfensis", „homo habilis") bis zum „homo sapiens" umschreibt eine weite Strecke der Phylogenese. Diese drei Begriffe bilden daher nicht nur unterschiedliche Zeiträume ab, sondern beziehen sich auch auf unterschiedliche „Größenordnungen" (Veränderungen innerhalb eines Organismus, Veränderungen eines gesamten Organismus, Veränderungen der Konstellation vieler Organismen – oder des „prinzipiellen" Organismus).

Auf den ersten Blick hilft diese Unterscheidung sehr, die Rolle des Gehirns in der Entwicklung zu verstehen: Aktualgenetisch steuert es Verhaltensweisen oder kognitive Prozesse, ontogenetisch entsteht es und verändert sich durch Entwicklung.

Der Zustand des Gehirns ist eine *Folge* der bisherigen Entwicklung, aber da er Verhalten steuert, ist er zugleich eine Ursache (unter vielen) der weiteren Entwicklung. Tatsächlich ist das Verhalten des Menschen ein wichtiger Teil der Erklärung seiner Entwicklung (wir sind diesem Gedanken bei Havighurst schon kurz begegnet – wir werden im Kap. 5 ausführlich darauf zurückkommen); wenn das Gehirn Verhalten beeinflusst (was ganz gewiss der Fall ist), dann ist das Gehirn – vermittelt über das von ihm mitgesteuerte Verhalten – auch Teil der (ontogenetischen) *Erklärung* von Entwicklung. Auch deswegen sind Veränderungen des Gehirns während der Pubertät, die dazu führen, dass die zuvor bereits etablierten Prozesse der Verhaltens- und Impulssteuerung nochmals neu adjustiert werden müssen, ihrerseits Bedingung für Entwicklung (das impulsivere, weniger langfristig planende Verhalten von Jugendlichen (z. B. Delinquenz, fehlendes Engagement in der Schule) könnte ihre Entwicklung beeinflussen). Zugleich aber ist das, was an der Pubertät so besonders auffällt (die aus Sicht der Erwachsenen „unvernünftigen", impulsiven Verhaltensweisen Jugendlicher), auch *die Folge* von strukturellen Veränderungen im Gehirn.

Hirnveränderungen in der Pubertät
Sobald die Pubertät einsetzt, lässt sich nicht nur eine weitere Myelinisierung von Axonen, sondern auch eine verstärkte Synapsenproduktion und -reduktion beobachten (Johnson und de Haan 2015). Der Aufbau lässt sich vor allem in der weißen Substanz, der Abbau in der grauen Substanz verzeichnen. Dieser Abbau geht jedoch nicht mit einem Verlust, sondern vielmehr mit einer besseren Organisation neuronaler Strukturen und somit mit einer Verbesserung kognitiver Leistungsfähigkeit (z. B. Informationsaustausch) einher (Konrad und König 2018). Während sich Veränderungen zunächst vor allem im limbischen und Belohnungssystem vollziehen, entwickeln sich kortikale Strukturen erst etwas später, etwa im mittleren Jugendalter. Diese Entwicklungen betreffen insbesondere den Präfrontalcortex, der unter anderem für exekutive Funktionen wie Aufmerksamkeitssteuerung und Impulskontrolle oder auch antizipatorische und planerische Kognitionen sowie komplexes Problemlösen zuständig ist. Typisch jugendliche Verhaltensweisen, wie zum Beispiel die Tendenz, sich in riskante Situationen zu begeben, oder die mangelnde Fähigkeit, Impulse angemessen zu kontrollieren, werden mit der früheren Entwicklung des limbischen und Belohnungssystems und der etwas späteren voranschreitenden Entwicklung des Präfrontalcortex in Verbindung gebracht. Seine Reifung ist erst im frühen Erwachsenenalter abgeschlossen.

4.1 Biologisches Wachstum: Reifung

Weil Pubertät (u. a.) durch das für sie typische Verhalten definiert ist, wird hier also ein psychologisches *Entwicklungsphänomen* (eben die Pubertät) durch strukturelle und letztlich biochemische Vorgänge im Gehirn erklärt. Andererseits sind diese Vorgänge im Gehirn ja ihrerseits Entwicklungsprozesse. Offenbar ist es hier wichtig, verschiedene Ebenen oder Reichweiten von Erklärungen zu unterscheiden: Es lohnt sich, unmittelbare („proximale") von mittelbaren („distalen") Bedingungen zu unterscheiden.

Proximale und distale Ursache – Ebenen der Erklärung
Wir haben oben das Phänomen der Anpassung der neuronalen Struktur in den ersten Lebensmonaten als Illustration der Gleichzeitigkeit (und Komplementarität) von Gewinn und Verlust schon zu Beginn der menschlichen Entwicklung beschrieben. Es ist aber zugleich auch eine gute Illustration für die grundlegende Unterscheidung zwischen proximaler und distaler Ursache bzw. Erklärung. Gemeint ist damit eine Differenz der Perspektive oder Reichweite einer Erklärung, die für die Absicht dieses Buchs, Entwicklung zu erklären, wichtig und folgenreich ist.

Um diese Differenzierung zu klären, ist dieses Beispiel ein anschaulicher Ausgangspunkt. Die Frage nach der Erklärung der strukturellen Differenzierung des Gehirns (in den ersten Lebensmonaten, aber natürlich auch über die gesamte Lebensspanne) kann zum einen auf physiologischer Ebene beantwortet werden. Die Reiz(weiter)leitung von Nerven ist ein komplexer chemischer Prozess, und die Bildung und „Festigung" von synaptischen Verbindungen zu anderen Nervenzellen kann auf dieser Ebene chemischer (physikalischer) Vorgänge beschrieben und mit Verweis auf allgemeine Naturgesetze erklärt werden. Die „unmittelbare" (proximale) Ursache (und folglich Erklärung) für jede Veränderung im Gehirn sind diese konkreten chemisch-physikalischen Vorgänge in den Nervenzellen und ihren Verbindungen. Wenn man „Gehirnentwicklung" so beschreiben und erklären würde, wäre das gewiss nicht falsch oder unzutreffend – und man hätte jedoch eine entscheidende Dimension vernachlässigt. Denn die Veränderungen im Gehirn implizieren („bedeuten") eine *Anpassung* des Gehirns an die „Anforderungen" der Umgebung: Es werden ja eben genau diejenigen neuronalen Verbindungen „genutzt", die von der Umwelt angesprochen („gefordert") werden – und damit „passt" die Gehirnstruktur dann eben zu den Anforderungen. (Wir haben damit übrigens einen wichtigen Baustein zur Erklärung des Umstands, dass unsere Entwicklung uns spezifisch an den Kontext anpasst.) Und diese *Anpassung* an die Umwelt ist die entwicklungstheoretische Pointe dieses Vorgangs. Das nicht zu sehen und in die Erklärung einzubeziehen, würde es unmöglich machen, eine Entwicklungstheorie zu formulieren (es wäre einfach nur eine Beschreibung der chemischen Reaktionen in Nervenzellen und -verbindungen).

Andererseits: Diese Veränderungen als *Anpassung* zu beschreiben ist zwar richtig und wichtig, bis hierhin aber nur eine Vermutung, denn die *Funktion* dieser strukturellen Veränderungen im Gehirn lässt sich nicht beobachten – es ist ein theoretisches Argument nötig, um sie zu begründen. Das Argument könnte hier darin bestehen, dass die genutzten Nervenverbindungen, eben weil sie durch die „Reizungen" durch die Umwelt gefestigt werden, diese Umwelt (ihre Reizkonstellation) widerspiegeln, also: repräsentieren. Das genau bedeutet Anpassung. (Wir werden auf den prinzipiellen Punkt dieses Arguments der Anpassung in Abschn. 4.3 und dann insbesondere im Kap. 5 ausführlicher zurückkommen.)

Aber die Erklärung der Gehirnanpassung könnte und sollte noch weiterreichen. Zum Beispiel wäre zu fragen, wie sich denn aus der befruchteten Eizelle, als die wir alle beginnen, eine so komplexe und differenzierte Struktur entwickelt, wie unser Organismus es ist und darin insbesondere das unglaublich komplexe menschliche Gehirn. Die naheliegende Antwort auf diese Frage – die Entwicklungssteuerung durch Gene (die wir im Abschn. 4.2 behandeln werden) – wäre dann wiederum distal im Verhältnis zu der oben angesprochenen proximalen Entwicklung des Gehirns durch Stimulation. Man könnte noch weitergehend fragen, wie es zu erklären ist, dass wir überhaupt ein so differenzierter Organismus sind (und nicht ein sehr viel einfacherer wie eine Fliege oder eine Bakterie). Diese Frage spricht die Evolution des Menschen an (wir kommen darauf in Abschn. 4.3 zurück) – eine nochmals distalere Perspektive der Erklärung. Es ist deutlich, dass die letztgenannten Erklärungen gewissermaßen zunehmend „weiter weg" (distal) von unserem ursprünglichen Gegenstand (Gehirnentwicklung) liegen – obwohl sie natürlich zu einer Erklärung hinzugehören. Es lohnt sich, darauf zu achten, auf welchem Abstraktionsniveau (wie „weit entfernt" vom Erklärungsgegenstand) die jeweils betrachtete Erklärung ist.

Diese Kennzeichnung kann natürlich auf jede Erklärung angewendet werden: Wir haben zum Beispiel bei Bowlbys Theorie zwei verschiedene Ebenen diskutiert. Die von ihm vorgeschlagene Erklärung für die nachhaltige Wirkung früher Bindungserfahrungen ist ein psychologischer Mechanismus (das „innere Arbeitsmodell"). Aber die von Bowlby vorgeschlagene Erklärung dafür, warum es diesen Mechanismus gibt, ist die evolutionär begründete Notwendigkeit einer frühen und festen Bindung an eine Bezugsperson, die die Versorgung in der hilflosen ersten Entwicklungsphase sicherstellt. Auch dies ist wieder ein gutes Beispiel für die Unterscheidung, um die es hier geht: Die evolutionäre Erklärung ist distal im Verhältnis zur proximalen Erklärung „inneres Arbeitsmodell". Das ist hier schon daran erkennbar, dass die evolutionäre Erklärungsebene nicht das Individuum und seine individuelle Entwicklung (*Ontogenese*) betrifft, sondern die Spezies Mensch und seine evolutionäre Entwicklung (*Phylogenese*); aber nicht immer ist der „Abstand" zwischen proximaler und distaler Erklärung so groß.

Manchmal kann man sagen, dass die distale Erklärung so etwas wie eine „grobere" („weiter entfernte") Beschreibung eines Vorgangs ist, der – näher betrachtet – aus Vorgängen besteht, die proximal erklärt werden muss (das ist übrigens der Grund, warum „Gehirn" und „Gene" eben nicht gleichrangig oder gar konkurrierend mit anderen, z. B. sozialen Entwicklungsbedingungen, diskutiert werden können – es geht um verschiedene Erklärungs*ebenen*). Der von Bowlby beschriebene Mechanismus, der eine gewisse Ähnlichkeit zur „Prägung" bei Tieren aufweist (Lorenz 1935), muss im Detail (proximal) unter anderem auf einer nachhaltigen Speicherung der prägenden Erfahrungen beruhen. Bei Menschen wird diese Speicherung dann wiederum im Gehirn, also durch neuronale Verbindungen realisiert. Aber diese konkrete (proximale) Perspektive ist *nicht dasselbe* wie „Prägung" (sondern beschreibt die Art und Weise, wie Prägung bei Menschen realisiert wird; auch wenn sie, etwa bei Robotern, ganz anders realisiert würde, wäre es funktional betrachtet immer noch Prägung). Angewendet auf das Ausgangsproblem: Die Entwicklung des Gehirns über die Lebensspanne ist gewiss ein zentraler Aspekt menschlicher Entwicklung, aber menschliche Entwicklung über die Lebensspanne ist nicht *dasselbe* wie Gehirnentwicklung.

Damit verbunden ist noch ein anderes Problem, das wir hier zunächst nur ganz kurz andeuten können (wir werden im Abschn. 6.1 ausführlicher darauf zurückkommen). Die Differenz zwischen proximalen und distalen Erklärungen ist manchmal nicht nur eine Differenz der „Größenordnung" (z. B. Gehirnentwicklung vs. Evolution). Manchmal ist damit auch ein Wechsel der verwendeten Erklärungsprinzipien, sozusagen des gedanklichen Ansatzes, verbunden. Das Problem, dass die distale Erklärung nicht auf die in ihr enthaltenen proximalen Erklärungen reduziert werden kann, liegt oft nicht daran, dass das prinzipiell nicht geht (manchmal geht das sehr einfach: Das Geräusch, das eine Rumbarassel beim Schütteln macht, kann reduziert werden auf das Aneinanderstoßen der Körner, die sich in ihr beim Schütteln bewegen). Manchmal aber ist der Wechsel der Erklärungsebene nicht nur der Wechsel der Größenordnung, sondern zugleich auch ein Wechsel des theoretischen Zugangs: Physiologische und psychologische Erklärungen sind dafür ein gutes Beispiel. Die *psychischen* Funktionen, die wir als Menschen bei uns und anderen erleben, werden zwar physiologisch realisiert (bei uns eben zu wichtigen Teilen im Gehirn, nicht durch Drähte wie im Computer), aber sie sind durch die physiologische Beschreibung begrifflich nicht darstellbar. „Ziel" oder „Wert" oder „Hoffnung" sind eben keine physiologisch, sondern nur psychologisch beschreibbare Zustände. Das hier berührte Thema ist komplizierter, aber für den hier behandelten Punkt ist es vielleicht schon ausreichend, nicht aus den Augen zu verlieren, dass nicht nur Größenordnungen, sondern auch Erklärungsebenen verschieden sein können. „Proximal" und „distal" beschreiben nur eine – allerdings wichtige – Dimension dieser Unterscheidung: die „Auflösung" („Nähe") der Erklärung.

Der zuletzt besprochene prinzipielle Punkt (den wir in den folgenden beiden Kapiteln wieder brauchen werden) hat uns etwas vom inhaltlichen Thema entfernt. Die Wechselbeziehung zwischen der (ontogenetischen) Entwicklung des Menschen und der (ontogenetischen) Entwicklung seines Gehirns ist komplex, denn einerseits ist die Struktur des Gehirns zu einem bestimmten Zeitpunkt des Lebens das *Ergebnis* der bisherigen Entwicklung (z. B. der Stimulation), andererseits ist die bisherige Entwicklung auch durch Prozesse im Gehirn mitgestaltet worden, denn das (vom Gehirn wesentlich gesteuerte) Verhalten des Organismus hat Konsequenzen für seine Entwicklung. Man könnte sagen: Die künftige Entwicklung wird von der bisherigen (mit-)bestimmt (dies hat ja auch die Studie von Freund et al. gezeigt).

4.2 Natur und Kultur: Das „Anlage/Umwelt-Problem"

Unabhängig davon, ob man Entwicklung aus einer allgemeineren Perspektive betrachtet (das „Heranreifen" des Organismus bis zur Pubertät, Veränderung der sensorischen Kapazitäten im höheren Erwachsenenalter) oder ob man konkrete Wachstumsprozesse im Detail beschreibt (funktionale Differenzierung der Organe im Mutterleib, Gehirnwachstum nach der Geburt, hormonelle Veränderungen in

4.2 Natur und Kultur: Das „Anlage/Umwelt-Problem"

der Pubertät), die Einordnung und Benennung dieser Veränderungen als „Reifung" ist jedenfalls keine Erklärung, sondern impliziert allenfalls die allgemeine Unterstellung, es handele sich um einen „natürlichen" (biologisch gesteuerten, „automatisch" ablaufenden) Entwicklungsvorgang. Erklärt sind diese Veränderungen durch eine noch so differenzierte Beschreibung überhaupt nicht.

Es kommt uns heutzutage ganz naheliegend vor, solche „natürlichen" Wachstums- und Reifungsprozesse durch die Wirkung von Genen zu erklären: Seit gut einem Jahrhundert geht man davon aus, dass „die Gene" (das Genom oder der Genotyp: die Konfiguration aller unserer Gene) nicht nur unsere Entwicklung auslösen, sondern in vielerlei Hinsicht auch steuern, vielleicht bis in Details hinein. Gerade dann, wenn auf den ersten Blick kein „äußerer" Einfluss, „Motor" oder „Regler" für Entwicklungen oder Veränderungen erkennbar ist (warum entwickelt sich aus der befruchteten Eizelle, als die wir beginnen, überhaupt ein Gehirn, Arme, Augen?), sind wir geneigt zu denken, diese Entwicklung sei also „genetisch bedingt".

Genetische Entwicklungsbedingungen: Welche Rolle spielen Gene?

Der Umstand, dass Kinder ihren Eltern (oder genereller: Nachfahren ihren Vorfahren) überzufällig ähneln, die Beobachtung, dass man deswegen Eigenschaften und Merkmale von Nachfahren nicht nur vorhersagen, sondern auch beeinflussen kann (durch systematische Zuchtauswahl), ist natürlich sehr alt: Seit der Antike benutzen Züchter von Tieren diese Beobachtung systematisch (z. B. in Bezug auf das Temperament von Hunden oder Pferden). Die systematische Untersuchung der Frage, *wie* die „Vererbung" von Eigenschaften vor sich geht, hat dagegen eine sehr viel kürzere Geschichte: Der Begriff „Gen" wurde erst zu Beginn des 20. Jahrhunderts geprägt. Allerdings ist der Gedanke, dass es zwischen Generationen einen Transfer von informationstragenden „Einheiten" gibt, deren Information unter bestimmten Bedingungen die Entwicklung des Individuums (d. h. die Ausprägung seiner konkret feststellbaren Eigenschaften, des „Phänotyp") beeinflussen, bereits ein halbes Jahrhundert früher von Gregor Mendel publiziert worden (zum Überblick s. Mayr 1984/2002). Der entscheidende Fortschritt an dieser Idee war es, dass durch eine solche „informationstragende Einheit" auch Informationen über Merkmale vererbt werden können, die sich beim Erben (oder dem Vererbenden) nicht notwendig zeigen – mit anderen Worten: dass nicht das Merkmal selbst, sondern Information über das Merkmal (die *Möglichkeit* des Merkmals) vererbt werden. Das macht die Beobachtung, dass Kinder sich nicht nur von ihren

Eltern, sondern auch voneinander unterscheiden, und manchmal Merkmale oder Eigenschaften haben, die weder Eltern noch Geschwister zeigen, mit der Idee der Vererbung leichter verträglich.

Wir gehen heute davon aus, dass die wesentlichen Träger dieser Informationen komplexe Moleküle im Zellkern jeder Zelle sind: die Chromosomen. Diese Chromosomen (die bei Menschen (fast) immer doppelt – paarweise – auftreten) haben eine komplexe Struktur; sie bestehen im Kern aus einer komplizierten Substanz: der Desoxyribonucleinsäure (nach dem englischen Begriff in der Regel als DNA abgekürzt), die in einem chemisch komplexen, aber in der Logik einfachen Verfahren kopiert werden kann (Carey 2003). Dieses Kopierverfahren wird sowohl beim Wachstum (Zellvermehrung) als auch bei der intergenerationalen Vererbung benötigt. Es war eine der besonderen (auch unerwarteten) Entdeckungen des 20. Jahrhunderts, dass dieser Mechanismus allen Organismen der Erde gemeinsam ist (dies ist zugleich eine starke Unterstützung einer Annahme der Evolutionstheorie, dass alle Lebewesen einen gemeinsamen Vorfahren haben; Abschn. 4.3).

Wenn es zutrifft, dass Informationen über das Merkmal und somit die Möglichkeit des Auftretens vererbt werden, dann liegt die Annahme nahe, dass diese Information tatsächlich so etwas ist (enthält) wie ein Bauplan oder ein Programm zur Entwicklung dieses Merkmals. Denn natürlich muss sich das Merkmal *entwickeln*: Wir beginnen als einzelliger Organismus (die befruchtete Eizelle in der Gebärmutter), der *keines* der Merkmale hat, die der entwickelte Organismus haben wird (kein Gehirn, keine Zähne, keine Muskelkraft oder Sehschärfe und natürlich erst recht keine psychischen Eigenschaften). *Angeboren* im engeren Sinne sind insbesondere die psychischen Merkmale und Eigenschaften so gut wie niemals – sie alle *entwickeln* sich in Kindheit und Jugend, vielleicht auch über die gesamte Lebensspanne. Dennoch aber könnten sie genetisch „angelegt", vielleicht sogar „festgelegt" sein. Offenbar liegt die Vermutung nahe, dass die Gene (die Gesamtheit dieser informationstragenden Einheiten: das Genom, früher sagte man: der Genotyp) ein *Entwicklungsprogramm* sind. Und wenn sich (Informationen über) äußerliche Merkmale (die Farbe der Blüten, die Form der Früchte, die Tönung des Fells) vererben, dann liegt die Vermutung nahe, dass auch andere Eigenschaften durch erblich vermittelte Informationen bedingt sein könnten, nicht nur Schnelligkeit oder physische Kraft, sondern auch psychische Eigenschaften wie beispielsweise Temperament, Charakter oder Klugheit.

Diese Vermutung hat eine der längsten und komplexesten Diskussionen der Entwicklungspsychologie ausgelöst: das sogenannte „Anlage/Umwelt"-Problem. Es betrifft die Frage, ob und in welchem Maße die *individuelle Ausprägung* der psychischen Eigenschaften (Fähigkeiten, Neigungen etc.) des Menschen bereits bei der Geburt feststehen bzw. in welchem Maße sie durch die Erfahrungen und

Einflüsse im Laufe des Lebens beeinflusst, gestaltet und geprägt werden. Ist beispielsweise unsere Intelligenz „angelegt" oder „erworben"? Inwieweit kann sie (z. B. durch Erziehung oder Förderung) verändert werden? Gibt es eine genetisch festgelegte „Obergrenze" für Beeinflussbarkeit? Kann man vielleicht „Anteile" feststellen, die die Gene oder die Umwelt an der Entwicklung der Intelligenz haben?

Zwillinge – ein experimentelles Design der Natur

Die naheliegende Methode, diese (insbesondere die letztgenannte) Frage empirisch zu untersuchen, nutzt unterschiedliche Grade von familiärer Verwandtschaft, um zu prüfen, ob sich enger und weniger eng verwandte Personen in Bezug auf bestimmte Merkmale oder Eigenschaften mehr oder weniger ähneln. Solche Ähnlichkeiten sind natürlich nur dann ein Hinweis auf genetische Einflüsse, wenn die Umweltbedingungen bei diesen Personen jeweils vergleichbar oder sogar gleich wären. Da es schwierig ist, das sicherzustellen (oder auch nur zu erfassen bzw. kontrollieren), ist vor allem eine besondere Familienkonstellation früh (erstmals bereits 1876 von Galton, einem Verwandten Darwins; Asendorpf 2012) besonders betrachtet worden, bei der viele vermutlich wichtige Umweltbedingungen besonders ähnlich zu sein scheinen: Zwillinge. Zwillinge entstehen gleichzeitig in derselben Gebärmutter, werden gleichzeitig geboren, wachsen (typischerweise) gleichzeitig in demselben Elternhaus (also unter gleichen Bedingungen) auf und werden oft auch sehr ähnlich behandelt (besonders dann, wenn sie sich ähnlich sind). Der interessanteste und wichtigste Punkt an *Zwillingsstudien* ist, dass es zwei Varianten von Zwillingen gibt, die sich in genau dem für die untersuchte Frage wichtigen Aspekt unterscheiden: dem Grad ihrer Verwandtschaft (genetischen Ähnlichkeit). „Eineiige" (monozygote, MZ) Zwillinge entstehen dadurch, dass sich *eine* befruchtete Eizelle (Zygote) nach einigen wenigen Teilungs-(Vermehrungs-)Vorgängen in zwei Individuen teilt. Sie gehen also aus *einer* befruchteten Eizelle hervor (daher die Bezeichnung) und haben daher das identische genetische Profil (denselben Genotyp, dasselbe Genom). „Zweieiige" (dizygote, DZ) Zwillinge entstehen dadurch, dass gleichzeitig *zwei verschiedene* Eizellen durch *zwei verschiedene* Samenzellen befruchtet werden und sich beide in der Gebärmutter einnisten. Sie sind also genetisch nur so ähnlich wie Geschwister es auch sonst sind: Geschwister teilen im Durchschnitt 50 % der Gene, denn jedes Gen, das die Eltern vererben können (genauer: das zwischen den Eltern variiert), wird mit 50 %iger Wahrscheinlichkeit in jedem der Kinder auftreten. Beiden Formen von Zwillingen gemeinsam ist aber ein hohes Maß an gemeinsamer („geteilter") Umwelt – vom Mutterleib über das Elternhaus bis (oft) zur Schule, vielleicht darüber hinaus. Und das ist die Idee: Wenn eineiige Zwillinge genetisch ähnlicher sind als zweieiige, obwohl ja jeweils *beide* in sehr ähnlichen („gleichen" oder „geteilten") Umwelten (gemeinsam) aufgewachsen sind, dann sollte dieser *Unterschied der Ähnlichkeit* erklärbar sein durch den *Unterschied der Ähnlichkeit der Gene* (die eben bei den eineiigen Zwillingen gleich, bei den zweieiigen aber teilweise unterschiedlich sind). Man kann diese Idee selbstverständlich auch mit anderen Verwandtschaftskonfigurationen untersuchen: Beispielsweise kann man prüfen, ob adoptierte Kinder ihren leiblichen Eltern (mit denen sie 50 % der zwischen Menschen variierenden Gene teilen) oder ihren Adoptiveltern ähnlicher sind (mit denen sie wahrscheinlich keine der zwischen Menschen variierenden Gene gemeinsam haben, aber die sie seit ihrer Geburt beeinflusst und mit denen sie jahrelang die Umwelt geteilt haben). Manchmal werden diese Ideen auch kombiniert (z. B. Zwillinge, die getrennt adoptiert wurden und getrennt aufgewachsen sind). Inzwischen sind die statistischen Methoden, mit denen diese Konstellationen analysiert werden, sehr differenziert (Purcell 2013); so werden heute „geteilte" und „individuelle" Umwelteinflüsse unterschieden (z. B. könnte sich dieselbe („geteilte") Mutter auch bei gemeinsam aufwachsenden Kindern beiden gegenüber systematisch unterschiedlich („individuell") verhalten), aber der Grundgedanke solcher Forschungsdesigns bleibt derselbe.

Inzwischen gibt es eine Vielzahl solcher Studien zu einer ganzen Reihe von psychischen Merkmalen (vor allem – seit Galton – Intelligenz, aber auch Persönlichkeitseigenschaften wie Extraversion oder spezifischere Verhaltensneigungen wie Aggressivität). Die Ergebnisse einzelner Studien unterscheiden sich auch dann, wenn die Erblichkeit desselben Phänomens (z. B. Intelligenz) untersucht wird, manchmal deutlich voneinander (das kann von der untersuchten Stichprobe oder den verwendeten Messinstrumenten abhängen, aber auch von anderen Faktoren, wie wir sehen werden). In der Grundaussage stimmt die Forschung in dieser Tradition aber vollkommen überein: Die Unterschiede zwischen Personen in Bezug auf die bislang untersuchten psychischen Eigenschaften lassen sich zu einem nennenswerten Anteil aus den genetischen Unterschieden statistisch vorhersagen. Inzwischen gibt es eine Reihe von sogenannten Metastudien (das sind Studien, die die Ergebnisse möglichst vieler einzelner Studien unter Berücksichtigung von Qualität und Umfang dieser Studien zu einem Gesamtbild integrieren); sie kommen übereinstimmend zu dem Ergebnis, dass der sogenannte Heritabilitätswert (der Erblichkeitskoeffizient, der eben den statistischen Vorhersagebeitrag der genetischen Varianz für die Varianz des jeweils betrachteten Phänomens numerisch ausdrückt – wir erläutern sofort, was das genau bedeutet) für Intelligenz bei etwas unter 50 % liegt (Asendorpf 2007), für andere Persönlichkeitseigenschaften

4.2 Natur und Kultur: Das „Anlage/Umwelt-Problem"

liegt dieser Wert etwas niedriger – aber für alle untersuchten psychischen Merkmale im nennenswerten Bereich. Das bedeutet: Gene spielen bei der Entwicklung auch psychischer Merkmale eine Rolle.

Die Literatur schon im Hinblick auf nur diesen Untersuchungsansatz ist sehr umfangreich, die Diskussion zur „Verhaltensgenetik" insgesamt ist sehr komplex; es ist ausgeschlossen, hier einen auch nur halbwegs repräsentativen Überblick geben zu wollen (s. dazu etwa Asendorpf 2012; Plomin et al. 1999). Aber es ist für die Absicht dieses Buchs nützlich, einige besonders lehrreiche Probleme und Einsichten näher zu betrachten.

Methodische und andere Forschungsprobleme bei „natürlichen Experimenten"

Vielleicht ist es hilfreich, zunächst die methodischen Probleme anzudeuten, die mit der Untersuchung von Zwillingen verbunden sind. Die generelle Annahme war, dass die Umweltbedingungen bei gemeinsam aufwachsenden (MZ *oder* DZ) Zwillingen (im Großen und Ganzen) gleich oder jedenfalls sehr ähnlich seien. Diese Annahme ist näher besehen aber durchaus fraglich; zum Beispiel ist die äußerliche Ähnlichkeit bei MZ in aller Regel deutlich größer, was die Ähnlichkeit bzw. Unterschiedlichkeit der Reaktionen der Umwelt sicher beeinflusst. Umgekehrt könnten Umwelten auch im Fall der Adoption (also bei auf den ersten Blick verschiedenen Umwelten) weniger unterschiedlich sein als auf den ersten Blick vermutet (z. B. weil Adoptionsbüros auf zahlreiche Bedingungen seitens der Adoptionseltern Wert legen, was die Ähnlichkeit der familiären Bedingungen zwischen Adoptiv- und Herkunftsfamilie vergrößern könnte). Das ist der Grund, warum in jüngeren Studien versucht wird, zwischen „geteilter" und „nicht geteilter" Umwelt zu unterscheiden (welche Aspekte der Umwelt sind tatsächlich gleich, welche nicht oder weniger?); allerdings wird das praktisch niemals direkt *gemessen* (das ernsthaft zu versuchen wäre unmöglich, weil es unzählige mögliche Umweltaspekte gibt, die sich unterscheiden könnten oder nicht), sondern die Varianzanteile werden rechnerisch geschätzt.

Das ist eine wichtige Einschränkung, denn mitunter entgehen Umweltunterschiede oder -gemeinsamkeiten leicht der Aufmerksamkeit; die Frage, ob Schizophrenie „erblich" ist, ist dafür ein lehrreiches Beispiel. Der generelle Befund, dass die gemeinsame Erkrankungswahrscheinlichkeit bei MZ höher als bei DZ ist (Kendler 2001), wird in der Regel als Hinweis auf ein genetisch bedingtes Erkrankungsrisiko interpretiert. Jedoch werden seit über hundert Jahren immer wieder Überlegungen diskutiert, dass Schizophrenie auch durch Infektionen ausgelöst werden könnte, die *während* der Schwangerschaft (also im Uterus) auftreten. Auch dies könnte erklären, warum die Wahrscheinlichkeit, dass *beide* Geschwister erkranken, bei MZ höher ist: Das gegenseitige *Ansteckungs*risiko ist im Uterus bei MZ höher, weil sie in der Regel eine *gemeinsame* Placenta (und einen Blutkreislauf) teilen, während DZ in der Regel jeweils eine eigene Placenta und separate Blutkreisläufe und somit ein geringeres gegenseitiges Ansteckungsrisiko haben. Es kommt für dieses Argument gar nicht darauf an, ob die These der Virusinfektion im Fall der Schizophrenie zutrifft, sondern auf den generellen Punkt, dass es unbeachtete *Umwelt*unterschiede zwischen MZ und DZ geben könnte (hier: gemeinsame oder individuelle Placenta), die unter Umständen einen für die Entwicklung eines Phänotyps (hier: Schizophrenie) wichtigen Unterschied machen, aber allzu leicht als genetische Bedingung fehlinterpretiert werden könnte (weil sich MZ und DZ eben in *beidem* systematisch unterscheiden).

Nochmals grundsätzlicher ist das Problem der Interpretation von Varianzanalysen – das statistische Vorgehen, auf dem die Befunde (dieser Form) der Zwillingsforschung basieren (und übrigens auch sehr viele andere Befunde in der Psychologie). Es ist besonders wichtig, sich genau klar zu machen, was die varianzanalytische Perspektive tatsächlich leistet – und was nicht. Tatsächlich wird die interindividuelle Varianz (also die Unterschiede zwischen den Individuen der betrachteten Stichprobe) im Hinblick auf die „abhängige Variable" (d. h. den Aspekt des Phänotyps, der erklärt werden soll, z. B. die gemessene Intelligenz) statistisch vorhergesagt („erklärt") durch die interindividuelle Varianz im Hinblick auf die unabhängige Variablen, also die Aspekte, die als Entwicklungsbedingungen vermutet werden (hier also einerseits die genetische Ähnlichkeit oder Unähnlichkeit und andererseits die Umweltähnlichkeit oder -unähnlichkeit).

Errechnet wird (im Detail auf verschiedene Weisen, aber letztlich nach demselben Prinzip) ein sogenannter „Erblichkeitsindex" (Heritabilitätsindex; h^2), der den Anteil der durch die genetische Varianz „erklärten" Varianz des Phänomens (z. B. der Intelligenz) ausdrückt (z. B. bedeutet $h^2 = .45$, dass 45 % der Varianz der Intelligenz durch genetische Varianz vorhergesagt wird). Das bedeutet zunächst: Dieser Wert ist immer ein Wert für eine *Stichprobe*, niemals ein Wert für eine *Person* (denn für eine Person kann es für einen Zeitpunkt natürlich keine Varianz zwischen gemessenen Werten geben). Daraus folgt, dass h^2 also nichts über den Anteil aussagt, den die individuellen Gene an der individuellen Intelligenz haben (was sollte das auch bedeuten: 45 % meiner Gedanken sind genetisch bedingt?). Schon dieser Punkt wird häufig missverstanden: Es geht um Gruppen von Personen, nicht um Einzelpersonen.

4.2 Natur und Kultur: Das „Anlage/Umwelt-Problem"   111

Das ernstere Problem ist das folgende: Da in diesem Verfahren natürlich nur die gemessene (also bestenfalls die in der Stichprobe realisierte) Varianz aufgeteilt werden kann (aufgeteilt auf die verschiedenen in die Analyse einfließenden unabhängigen Variablen), hängt (sofern die damit erfassten Faktoren *überhaupt* kausal relevant für die abhängige Variable sind) das genaue Ergebnis vollständig davon ab, *inwieweit* eine oder mehrere der unabhängigen Variablen tatsächlich variieren (natürlich auch davon, ob die abhängige Variable variiert – aber dieser Punkt ist hier nebensächlich).

Man kann sich das Prinzip anhand eines Beispiels verdeutlichen (das übrigens so ähnlich in einem Einführungsbuch zur Verhaltensgenetik verwendet wird; s. Plomin et al. 1999). Die Fläche eines Rechtecks (Abb. 4.1a) ergibt sich aus der Multiplikation der Seiten a und b (*nicht* aus der Addition). Jede Frage danach, welchen „Anteil" die Seiten a oder b an der Fläche haben, wäre also vollständig sinnlos, weil das Produkt immer „0" ergibt, wenn eine Seite „0" ist

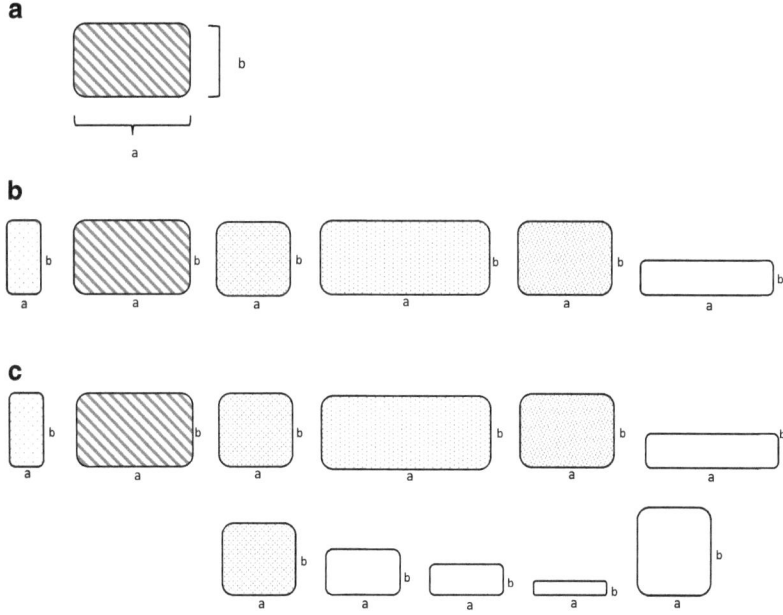

Abb. 4.1 a–c: Intraindividuelle Bedingungen und interindividuelle Varianz (modifiziert nach Plomin et al. 1999).

– egal, wie lang die andere Seite ist (das eben ist bei einer Addition anders: Der Anteil des Münzgeldes an der Gesamtsumme des Geldes in meinem Portemonnaie ist nicht nur 100 %, wenn ich keine Geldscheine darin habe, sondern das Münzgeld ist dann immer noch eine bestimmte Summe – nicht „0"). Wollte man dagegen den Anteil der *Varianz* der Seite a (oder b) einer *Stichprobe* von Rechtecken (Abb. 4.1b) an der *Varianz* der Flächen dieser Rechtecke ermitteln (das ist keine sinnlose Frage), würde in dieser speziellen Stichprobe die *Varianz* der Flächen fast vollständig durch die Varianz von a bestimmt werden (eben weil *hier* b kaum variiert – nur einmal von den anderen b's abweicht). Wenn diese Stichprobe (von Rechtecken) aber nun durch eine Reihe zusätzlicher („neu entdeckter" oder „anders rekrutierter") Rechtecke erweitert werden würde (Abb. 4.1c), dann würde die Varianz der Flächen in der Gesamtstichprobe nun deutlich mehr durch die Varianz von b bestimmt werden (weil in den neuen Rechtecken nur b, nicht aber a variiert). Der entscheidende Punkt ist: Unabhängig von den Befunden aus Abb. 4.1b und Abb. 4.1c ist der „Mechanismus" der „Flächenentstehung" (a *mal* b) in *allen* Fällen (also auch in beiden Stichproben) identisch – trotz der unterschiedlichen Ergebnisse der Varianzanalyse. Die Varianzanalyse sagt uns also *nichts* über diesen Mechanismus (abgesehen davon, dass a und b *überhaupt* eine Rolle spielen).

Was bedeutet das Übertragen auf die Erklärung eines Merkmals (Phänotyps) des Menschen und auf den Versuch, hier den „Anteil" von Genen („Anlage") und Umwelt zu klären? Wenn wir beispielsweise versuchen würden, die Varianz der „Beinigkeit" (Zahl der Beine) des Menschen zu untersuchen, so würden wir finden, dass fast die gesamte Varianz in annähernd jeder Stichprobe von Menschen durch Varianz der Umweltbedingungen statistisch erklärt würde: Wenn Menschen *keine* zwei Beine (mehr) haben, liegt das praktisch immer an Umweltbedingungen (Arbeits- oder Verkehrsunfälle, Kriegsverletzungen, Erkrankungen („Raucherbein"), Einflüsse in der Schwangerschaft etc.), die zwischen den Personen variieren. Der Heritabilitätsindex der Beinigkeit wäre also beinahe null – obwohl der Umstand, dass Menschen zwei Beine haben, gewiss auch von Genen abhängt (und gewiss nicht „weniger" als von der Umwelt), denn Kühe, Bienen oder Spinnen haben (regelmäßig) eine andere Anzahl von Beinen als wir. Mit anderen Worten: Die Frage nach dem „Anteil" ist in Bezug auf die Frage nach der *Erklärung* des Phänotyps einfach falsch gestellt. Wenn man sich fragen würde, welchen „Anteil" an der Erklärung eines Kuchens der Teig und der Ofen jeweils haben, ist diese Sinnlosigkeit der Frage offenkundig (das Beispiel stammt von Richard Dawkins (1976): Hat der Ofen („Umwelt") die falsche Temperatur, wird

4.2 Natur und Kultur: Das „Anlage/Umwelt-Problem" 113

Kohle oder schimmelige Masse daraus (*kein* Kuchen), und wenn es ein anderer Teig („Anlage") wäre, dann wird bei gleicher Ofentemperatur Brot daraus (*auch kein* Kuchen)).

Die allgemeine Schlussfolgerung daraus lautet: Auch wenn ein empirischer (varianzanalytischer) Befund („45% der Varianz der Intelligenz wird von der genetischen Varianz erklärt") tatsächlich die (betrachteten) empirischen Tatsachen der Welt, wie sie in diesem Moment insbesondere im Hinblick auf die realisierten Verteilungen der analysierten Variablen ist (man nennt das: den „kontingenten" Zustand der Welt), zutreffend beschreibt, ist für die *Erklärung* des zugrunde liegenden Entwicklungsprozesses durch diese Beschreibung (durch diese Analyseform) nichts gewonnen.

Bei ungünstigen Konstellationen kann diese Betrachtung tatsächlich dazu führen, dass ein kausal wirksamer Faktor vollkommen unsichtbar bleibt – eben dann nämlich, wenn er zwischen allen beobachteten Bedingungen nicht variiert (z. B. wird die Rolle von Schwerkraft bei der Entwicklung menschlicher Organe varianzanalytisch kaum untersuchbar sein, weil sie unter allen realisierbaren Bedingungen so gut wie gar nicht variiert; vielleicht ändert sich das, wenn Kinder im Weltall gezeugt werden).

Das heißt natürlich nicht, dass Varianzanalysen sinnlos sind. Mindestens zwei Punkte können wir aus ihnen lernen. Erstens klären sie (unter bestimmten Voraussetzungen) die Frage, ob ein Faktor *überhaupt* eine Rolle spielt (das war in Bezug auf die Bedeutung von Genen für psychische Eigenschaften nicht immer allgemein akzeptiert). Und zweitens beschreiben sie die tatsächlichen Verhältnisse in Stichproben und (bei repräsentativen Stichproben) Populationen: Es kann ja sein, dass in dieser Welt ein bestimmter Faktor tatsächlich wenig oder konstant variiert (wir werden gleich Beispiele dafür sehen). So ist es vielleicht eine zutreffende Beschreibung, dass bei den in den untersuchten Ländern realisierten Bedingungen eine menschliche Eigenschaft (z. B. Intelligenz) besser durch genetische Varianz vorhergesagt werden kann als eine andere (z. B. Extraversion). Diese Beschreibung wäre aber kein Befund über einen prinzipiellen Unterschied zwischen Extraversion und Intelligenz, denn bei anderen Verteilungen wären jeweils andere Werte entdeckt worden. Die Frage danach, bei welchen Eigenschaften, der genetische Einfluss „stärker" oder „wichtiger" („einflussreicher") ist, ist in dieser allgemeinen Form irreführend. Kurz gesagt: Die Größenordnung eines aufgeklärten Varianzanteils trägt zur Erklärung (des zugrunde liegenden Mechanismus) nichts bei.

Wechselwirkung: Unbedingte kausale Effekte gibt es nicht

Das bedeutet: Der kausale Prozess, in dem Gene (Genkonfigurationen) die Entwicklung beeinflussen, wird durch diese Form varianzanalytischer Auswertungsverfahren überhaupt nicht abgebildet, eben weil sich *derselbe* Mechanismus in den unterschiedlichsten Ergebniskonstellationen zeigen kann, in Abhängigkeit von der jeweils zufällig realisierten Verteilung. Tatsächlich wird (heutzutage) niemand mehr bezweifeln, dass Gene in dem komplexen kausalen Geschehen der Entwicklung des Phänotyps (z. B. der Intelligenz oder irgendeines anderen psychischen Merkmals) eine Rolle spielen – genauso wie niemand bezweifeln wird, dass die Umwelt eine Rolle spielt. Gleichgültig, welche genetische Konfiguration ein Individuum hat – wenn es in den ersten Lebenstagen nicht gefüttert wird, wird es keine Intelligenz entwickeln (sondern sterben), und wenn ihm ein Stein auf den Kopf fällt, wird seine kognitive Leistungsfähigkeit dadurch wahrscheinlich drastisch verändert. Andererseits: Mit einem ganz anderen genetischen Profil würde – bei gleicher Umwelt – ein Frosch, eine Kuh oder eine Bakterie (mit ganz anderer Intelligenz) aus diesem Individuum. Kurz gesagt: Sowohl genetische als auch Umweltbedingungen sind *notwendige* Bedingungen bei der Entwicklung (z. B. der Intelligenz), und weder genetische noch Umweltbedingungen allein sind jemals *hinreichende* Bedingungen (zu dieser Unterscheidung s. Kap. 6).

Das führt zu einem wichtigen grundsätzlichen Punkt: Eine Konstellation, in der die Wirkung eines Faktors (*ob* er wirkt und *wie* er wirkt) von der Wirkung anderer Faktoren abhängt, nennt man Wechselwirkung oder Interaktion. Häufig wird angenommen, dass es eine empirische Frage sei, ob es Interaktionen zwischen Anlage und Umwelt gebe. Daran ist richtig, dass man nicht wissen kann (und empirisch untersuchen muss), *welche* Interaktionen es gibt (welche Faktoren die Wirkung welcher Faktoren wie beeinflussen). Aber die Welt, in der wir leben, besteht immer aus bedingten Wirkungen (a wirkt auf b unter der Bedingung c), und das bedeutet: *Alle* kausalen Effekte basieren auf Wechselwirkungen (die man nur häufig nicht bemerkt, weil der einflussnehmende zusätzliche Faktor nicht variiert; z. B. entwickeln sich Menschen nur, wenn sie genügend Sauerstoff haben – aber praktisch überall auf der Erde haben Menschen genügend Sauerstoff, deswegen fällt uns der Umstand, dass Sauerstoff eine Bedingung für die Wirkung anderer Faktoren ist, nicht auf). Das gilt in gleicher Weise auch für die kausalen Wirkungen von Genen: Sie wirken immer nur unter der Voraussetzung, dass auch andere Bedingungen erfüllt sind. Neben zahlreichen „äußeren" Bedingungen (Sauerstoff) tritt in aller Regel der jeweils beobachtete Effekt (z. B. die Augenfarbe oder die

Intelligenz der Person) durch das Zusammenwirken zahlreicher Gene auf. Weil das so ist, ist nicht nur jedes „Entweder-oder" bei der Frage nach Anlage/Umwelt ganz sinnlos, sondern eben auch die Frage nach „Anteilen" (jedenfalls dann, wenn man eine Erklärung der Entwicklung des Phänotyps sucht). Zugleich ist klar, dass auch die Rede von „genetisch bedingten" Phänomenen irreführend ist.

Phenylketonurie (PKU)

Phenylketonurie (PKU) ist eine „angeborene" Stoffwechselerkrankung (zusammenfassend s. Plomin et al. 2013). Durch eine rezessive Anomalie (auf dem Chromosom 12) wird das Enzym Phenylalaninhydroxylase (PAH) nicht richtig gebildet. Dadurch kann Phenylalanin, eine Aminosäure, die im Protein in vielen Nahrungsmitteln (z. B. roten Fleischsorten) vorkommt, nicht abgebaut werden. Es sammelt sich dadurch in zu hoher Konzentration im Blut und schädigt insbesondere das sich entwickelnde Gehirn.

Die naheliegende und sehr unkomplizierte Konsequenz ist aber nicht ein genetischer Eingriff (geschweige denn drastischere soziale Maßnahmen wie Sterilisation oder gar Tötung), sondern eine Anpassung der *Umwelt*: Betroffene Personen befolgen einfach eine phenylalaninarme Diät (passen ihre „Ernährungsumwelt" in einem Punkt an). Dadurch steigt die Konzentration des Phenylalanins im Körper nicht über den kritischen Wert, und eine Schädigung der Gehirnentwicklung unterbleibt. Das Beispiel macht deutlich, dass die Wechselwirkung – oder einfacher gesagt: die *Passung* – von Genen und Umwelt entscheidend für die Entwicklung des Phänotyps ist. Für die „PKU-Variante" (genetische Varianten nennt man „Allele") auf Chromosom 12 passt eine andere Umwelt als für das sehr viel häufigere „normale" Allel.

Man kann zwar sagen, dass PKU „genetisch bedingt" ist, aber man kann *genauso* sagen, PKU sei „*umweltbedingt*". Wir *nennen* PKU eine genetisch bedingte Krankheit, weil sie selten ist (auch vor der Entdeckung des chemischen Mechanismus war nur 1 % aller geistigen Behinderungen PKU-bedingt). Wäre es durch einen evolutionären Zufall so, dass wir alle das PKU-Allel auf Chromosom 12 hätten, dann würden wir die PKU-bedingte geistige Behinderung eine *Vergiftung* nennen, denn dann würde sie *nur* von der Variation des Phenylalaningehalts in der Ernährung abhängen. (Selbstverständlich *gibt* es so etwas: Beispielsweise reagieren alle Menschen auf geringe Mengen des Grünen Knollenblätterpilzes mit tödlichem Leberversagen – das *nennen* wir daher Pilz*vergiftung*, obwohl es natürlich auch an unseren Genen liegt, denn verschiedene Nagetiere (z. B. Kaninchen) vertragen den Pilz gut.)

Eine Angabe in Prozent wäre also *vollkommen irreführend*, denn sie sagt nur etwas über die in der untersuchten Stichprobe (oder Population) aufgetretene relative Verteilung des PKU-Allels auf Chromosom 12 und des Anteils an Phenylalanin in der Nahrung. Das Beispiel PKU illustriert nicht nur den für die Zwecke dieses Buchs zentralen Punkt, dass es immer Wechselwirkungen (oder anders gesagt: niemals unbedingte Ursachen) gibt, sondern macht auch den oben angesprochenen Punkt nochmals auf andere Weise deutlich. Denn durch Zwillings-, Adoptions- oder andere Verwandtschaftsdesigns wäre der Wechselwirkungsmechanismus (Hirnschädigung durch Nahrungsaufnahme bei gegebener Vulnerabilität) nicht zu entdecken gewesen, weil die Aufnahme von Phenylalanin (vor der Entdeckung des Mechanismus in den 1960er Jahren) zwischen verschiedenen Kontexten (z. B. Familien) entweder gar nicht oder nicht systematisch variierte und dieser Faktor folglich in einem varianzanalytischen Design unsichtbar bleiben musste. Auch moderne Varianzzerlegungsmodelle (geteilte/nicht geteilte Umwelt) hätten diesen Faktor nicht identifizieren können, nicht einmal explizite Umweltmessungen, eben weil ja nicht klar war, dass es genau dieser Umweltaspekt (Phenylalaningehalt der Nahrung) ist, den man hätte erfassen müssen.

Das heißt, im Hinblick auf die Erklärung eines Entwicklungsprozesses sind additive Modelle der Varianzzerlegung („Anteil") aus zwei Gründen irreführend: Zum einen bleiben Faktoren unter ungünstigen (aber nicht unwahrscheinlichen) Konstellationen unsichtbar; das kann zu falschen Interpretationen verleiten. Zum anderen werden Wechselwirkungen in varianzanalytischen Betrachtungen als zusätzlicher Varianzanteil modelliert (der über die „Haupteffekte" der an der Wechselwirkung beteiligten Faktoren hinaus Varianz des zu erklärenden Phänomens erklärt), was leicht den entscheidenden Punkt der *bedingten* Verursachung verschleiert: die Komplexität des zugrunde liegenden Mechanismus.

Diese Punkte gelten allgemein, sind aber gerade für den hier betrachteten Aspekt der genetischen Bedingungen von Entwicklung von Bedeutung. Sehr allgemein gesagt: Gene determinieren nicht, wer wir werden. Gene „machen" keine Zellen, geschweige denn Organe, erst recht keine Organismen, und gewiss nicht deren Verhalten. Tatsächlich treten Wechselwirkungen bei jedem einzelnen Schritt der Entwicklung auf. Die Reproduktion eines so komplexen vielzelligen Organismus beginnt zwar mit einer einzigen Zelle (der befruchteten mütterlichen

4.2 Natur und Kultur: Das „Anlage/Umwelt-Problem" 117

Eizelle), aber aus ihr entwickeln sich dann eben nicht einfach Milliarden Mal *dieselbe*, sondern stark spezialisierte und in ihrer Komposition höchst komplex strukturierte *verschiedene* Zellen. Das ist überraschend, denn in praktisch allen Zellen, wie verschieden sie auch sind, enthält der Zellkern die *gesamte* genetische Information, die wir von unseren Vorfahren geerbt haben. Und das bedeutet: Ohne unterschiedliche Signale aus der Umwelt (z. B. der Zellumwelt) – und das heißt: ohne Wechselwirkungsprozesse – könnten Zellen sich nicht *verschieden entwickeln*. Ohne diese Interaktionsprozesse würde sich aus der befruchteten Eizelle eben nur eine milliardenfache Replikation *dieser* Zelle, aber kein komplex strukturierter Organismus entwickeln können.

Der Mechanismus, mit dem diese Zellvervielfältigung gesteuert wird (und er *muss* reliabel gesteuert werden, s. „Gray's Anatomy"), ist natürlich höchst komplex und noch nicht vollständig verstanden. Schon das „Auslesen" der Information, die in der DNA kodiert ist, ist ein höchst komplexer und mehrstufiger Prozess, der von vielen chemischen Randbedingungen abhängt. Dabei werden unter anderem „Lesefehler" korrigiert („editiert"), unter Umständen bestimmte Leseabschnitte übersprungen oder sogar modifiziert. Wie bei gedruckten Informationen hängt die „Bedeutung" einer Zeichenfolge („B-A-N-K") vom *Kontext* ab (wir werden ein Beispiel dafür sofort ansprechen). Schon auf molekularer Ebene, aber auch im Zellkern und in der Zelle gibt es zahlreiche Interaktionen, und nicht zuletzt interagieren Gene mit anderen Genen. Das bekannte Phänomen, dass es „dominante" und „rezessive" Gene gibt („dominant" bedeutet, dass sich das Merkmal auch dann zeigt, wenn vom anderen Elternteil eine andere Variante („Allel") vererbt wurde; „rezessiv" bedeutet, dass sich das Merkmal nur zeigt, wenn auch der entsprechende Genort auf dem paarigen anderen Chromosom, der vom anderen Elternteil geerbt wurde, dasselbe Allel aufweist), ist nichts anderes als eine Wechselwirkung: Der kausale Effekt eines Gens hängt von Bedingungen ab (hier: u. a. von einem anderen Gen).

Wir teilen überraschend viele Gene mit anderen Arten (mit unseren engsten Verwandten, den Schimpansen, haben wir etwa 98 % unserer Gene gemeinsam, aber selbst mit Tomaten noch mehr als 30 %). Das ist nur möglich, weil physikalisch identische Gene (Basensequenzen in der DNA) in verschiedenen Regulationssystemen und -hierarchien *verschiedene* Funktionen übernehmen – oder einfacher gesagt: je nach Kontext etwas anderes bewirken. Regulative Gene (also Gene, die in Regulationshierarchien die Wirkung anderer Gene steuern) sind dafür ein eindrucksvolles Beispiel: Ein Gen, das in einer Fliege bei der Entwicklung eines Flügels eine wichtige Rolle spielt, trägt in einer Maus zur Entwicklung der Beine bei (Arthur 2011).

Tatsächlich sind die Wechselwirkungen zwischen Genen und „der" Umwelt äußerst vielfältig (aus der Sicht eines einzelnen Gens sind natürlich auch die anderen Gene „Umwelt", für das Genom ist ganz gewiss die Zelle „Umwelt", aber auch andere Umweltfaktoren wirken in die Zellen hinein, z. B. die Schwerkraft). Nicht nur beeinflussen Genkonfigurationen (über den Organismus, den sie beeinflussen) ihrerseits auch die Umwelt (aktive Kovariation; Scarr und McCartney 1983; wir kommen darauf im nächsten Abschnitt, aber auch in Kap. 6 zurück), sondern die Umwelt beeinflusst auch die Gene.

Seit der Entdeckung der Mechanismen der Vererbung und ihrer Verbindung mit der Evolutionstheorie in den 1930er Jahren (Mayr 1984/2002) hatte als das „zentrale Dogma" dieser Theorie gegolten, dass Merkmale oder Eigenschaften, die während der Ontogenese erworben werden, für die Evolution nicht bedeutsam sind, weil sich das Genom nicht mehr ändert und daher diese Merkmale auch nicht vererbt werden können. Inzwischen ist klar, dass diese Annahme erheblich differenziert werden muss. Denn vielfach wirken Gene nicht generell, sondern erst dann, wenn sie in einem Regulationssystem aktiviert worden sind (manche dieser Regulationen sind ihrerseits von einer Aktivierung abhängig – das Regulationssystem ist also hierarchisch aufgebaut). Der Wissenschaftszweig, der dies untersucht, wird „Epigenetik" genannt (Carey 2011; dies hat nichts mit dem von Erikson benutzten Begriff zu tun; Abschn. 2.3). Hier geht es genau um die Frage, welche Mechanismen Gene aktivieren (oder „deaktivieren") können. Einige solcher Aktivierungen können erworben *und* vererbt werden. Zu den Umständen, die hierfür bedeutsam sein können, gehören auch verhaltensnahe Aspekte der Person. Es zeigt sich beispielsweise, dass der Nachwuchs von Nagetieren, der während der Schwangerschaft besonders sparsam ernährt worden war, Nahrung anders verarbeitet (also bei normaler Ernährung zu Übergewicht neigt), und dass sich diese Tendenz auch in der Folgegeneration noch zeigt, allerdings aber wohl nicht unbegrenzt stabil bleibt – diese Aktivierung reagiert also auch wieder auf Umweltbedingungen bzw. das daraus resultierende Verhalten (Jablonka und Lamb 2005).

Auch hier sind die Details komplex (und noch nicht ausreichend erforscht), aber der prinzipielle Punkt ist wichtig: Ob und wie Gene wirken, hängt vom Kontext ab. (Der Vollständigkeit halber lohnt es auch, daran zu erinnern, dass der aktuelle Genotyp einer Spezies durch den Selektionsdruck der (vergangenen) Umwelt geformt wurde; wir kommen sofort darauf zurück in Abschn. 4.3). Wie wir gesehen haben, ist die Idee, von Verursachungs„anteilen" zu sprechen, irreführend; selbst in Bezug auf Stichproben wird häufig der „relative" Einfluss von Genen überschätzt, weil Umwelten sich teils nie, teils sehr schnell und unsystematisch ändern. Aber es ist wichtig, die Argumentation dieses Abschnitts nicht falsch zu verstehen: Es ist nicht ihr Ziel, zu zeigen, dass Gene keine Rolle spielen. Hätten wir andere Gene als die, die wir geerbt haben, wären wir unter den Bedingungen der Welt, in die wir geboren wurden, ein Frosch, ein Pferd oder ein Virus geworden.

Die Argumentation soll vielmehr zeigen, dass die *Frage* „Anlage oder Umwelt?" falsch gestellt ist; selbst die Idee „Phänotyp = Anlage + Umwelt" ist falsch. Das entscheidende Konzept heißt „Wechselwirkung" (Interaktion).

Nicht nur Gene: Vererbung auf vielen Wegen

Es ist wichtig, daran zu erinnern, dass wir nicht nur Gene erben. Zunächst: Auch die erste Zelle (einschließlich spezifischer „Zusatz"-DNA in den sogenannten Mitochondrien, kleinen „Organen" in der Zelle) ist vererbt – von der Mutter. Aber wir erben sehr viel mehr: die physikalische und biologische Umwelt (Schwerkraft, chemische Bestandteile der Luft, selektive Faktoren wie Klima, Fressfeinde oder Viren; Bjorklund et al. 2016); Bischof (2008) hat dafür die treffende Formulierung der „angeborenen Umwelt" geprägt. Aber wir erben natürlich auch konkrete weltliche Dinge und materielle Güter (das Elternhaus bzw. den Biberdamm, Bienenstock oder Termitenbau). Wir werden im Abschn. 4.3 sehen, dass die „Nische", in der wir leben, ein wesentlicher Teil dessen ist, was uns nicht nur beeinflusst, sondern tatsächlich ausmacht.

Nicht zuletzt erben wir auch Nicht-Materielles, z. B. Regeln, soziale Bräuche, Traditionen (auch dies gibt es im Tierreich häufig, z. B. besondere Ernährungsvorlieben; Avital und Jablonka 2000) und viele andere Aspekte dessen, was unter dem Sammelbegriff „Kultur" zusammengefasst wird. Das betrifft insbesondere Möglichkeiten der Kommunikation: Auch wenn die Möglichkeit, eine Sprache zu erlernen, in vielerlei Hinsicht von unserem genetischen Erbe abhängt – unsere „Muttersprache" selbst haben wir von unseren Vorfahren natürlich *nicht* auf genetischem Wege geerbt. Auch dies gibt es bei Tieren, beispielsweise Gesangsdialekte bei Vögeln: Einige Vögel erlernen spezifische Formen des Gesangs nach der Geburt von der sozialen Umwelt (Arthur 2011). Auch diese Strukturen (Sprachen, Regeln etc.) werden relativ reliabel vererbt (sonst würden wir unsere Eltern und unsere Vorfahren nicht verstehen können), aber der Mechanismus ist ein ganz anderer: Replikation durch Imitation und andere Lernprozesse.

Das weist auf einen prinzipiellen Punkt hin (den wir im Abschn. 4.3 nochmals ausführlicher ansprechen werden): „Erben" ist *nicht* durch einen spezifischen Mechanismus definiert, sondern durch eine spezifische Ähnlichkeit zwischen Generationen. Das kann eine bestimmte Merkmalsausprägung (Haarfarbe, Felldichte, aber auch Laufschnelligkeit oder Problemlösefähigkeit) sein (oder das Potenzial zu diesem Merkmal), es kann aber auch die Ähnlichkeit der Nische sein (z. B. das Haus oder Nest), die das Verhalten steuern, oder eben auch ein soziokultureller Rahmen (Tradition, kulturelle Regeln), die das Verhalten regulieren. Das Verhalten aber gehört wesentlich zum Phänotyp – es ist ein entscheidender Faktor bei der evolutionären Selektion (wie sich sofort zeigen wird).

Halten wir zunächst fest: Offenbar ist Entwicklung auch aus biologischer Perspektive ein höchst komplexer, eben interaktiver Prozess. Die Gene haben darauf Einfluss, aber der Kontext offenbar ebenso – auch auf die Wirkung der Gene. Wenn Entwicklung aber nicht einfach durch ein genetisches („automatisch" ablaufendes) „Programm" gesteuert wird, sondern von Wechselwirkungen und Kontexten abhängt – wie kann dann die Reliabilität (Verlässlichkeit) von Entwicklung sichergestellt sein?

Dass Entwicklung verlässlich abläuft, ist nicht nur eine Beobachtung (s. „Gray's Anatomy"), sondern auch eine der Voraussetzungen der erfolgreichsten wissenschaftlichen Theorie darüber, warum es uns Menschen überhaupt gibt: der Evolutionstheorie. Sie setzt, wie sich zeigen wird, verlässliche Vererbung (im gerade angesprochenen weiteren Sinne) und Entwicklung voraus. Es lohnt sich, das genauer zu diskutieren.

4.3 Evolutionäre Prinzipien: Entwicklung ist selbst ein Evolutionsprodukt

Um die Frage zu untersuchen, warum Vererbung und Entwicklung hinreichend (aber nicht vollkommen) reliabel sein muss, ist es vielleicht hilfreich, zunächst nochmals an die verschiedenen Erklärungsperspektiven zu erinnern, die wir oben angesprochen haben. Offenbar kann die Frage, warum wir uns so entwickeln, wie wir uns entwickeln, in Abhängigkeit davon, ob wir sie proximal oder distal verstehen, sehr verschieden beantwortet werden; das gilt auch dann, wenn wir uns (wie in diesem Kapitel) auf eine biologische Perspektive konzentrieren. Obwohl die distalen Erklärungen, die wir im letzten Abschnitt behandelt haben (genetische Entwicklungsbedingungen), in der Tat schon relativ weit „entfernt" sind, weil das konkrete Verhalten einer Person in einer konkreten Situation durch Gene allein gewiss nicht erklärt werden kann, ist es lehrreich, noch einen Schritt weiter zu gehen und sich aus nochmals „entfernterer" Perspektive zu fragen, warum wir uns so entwickeln, wie wir es tun. Die letzte Antwort darauf, warum wir uns so entwickeln, wird eine evolutionstheoretische Antwort sein müssen: Wie alle typischen (d. h. normalerweise auftretenden) Merkmale des Menschen ist auch seine

Entwicklung selbst – soweit sie eben reliabel ist – ein Produkt (oder vorsichtiger: eine Folge) der Evolution (z. B. Bjorklund und Pellegrini 2002; Greve und Bjorklund 2018). Tatsächlich gilt das nicht nur für den Verlauf der Entwicklung (soweit er eben tatsächlich festliegt), sondern schon für die Tatsache, dass wir uns *überhaupt* entwickeln (Bakterien entwickeln sich nicht, das tun nur vielzellige Organismen).

Es kann wenig Zweifel daran geben, dass Menschen, wie alle lebenden Organismen der Erde, das vorläufige Endprodukt eines langen evolutionären Prozesses sind. Die Evolutionstheorie, deren zentrale Annahmen von Charles Darwin (1859) formuliert wurden, ist eine der wenigen Theorien der Wissenschaftsgeschichte, die in anderthalb Jahrhunderten trotz zahlreicher Skeptiker und Gegner an Plausibilität, Überzeugungskraft und empirischer Unterstützung gewonnen hat. Schwieriger sind die Details: Was genau sind evolutionäre Prozesse und wie funktionieren sie? Sicher ist nicht buchstäblich alles an uns Menschen ein Ergebnis evolutionärer Prozesse: Die Narbe an meiner Hand stammt von einer Verletzung beim Kochen vor ein paar Jahren – die Evolution war da nicht beteiligt. Auch meine persönlichen Erinnerungen (an besondere Erlebnisse) und viele meiner Fähigkeiten (Autofahren) sind Produkt meiner individuellen Entwicklung, nicht der Evolution. Was aber *hat* die Evolution zu meinem Werden und Sein beigetragen, welche Rolle spielt sie für die menschliche Entwicklung?

Was ist Evolution?

Die Evolutionstheorie ist eine außerordentlich komplexe, in vielen Aspekten weiterhin kontrovers diskutierte und in stetigem Wandel befindliche Struktur von Annahmen (zum Folgenden s. auch Arthur 2011; Futuyama 1998; Greve und Bjorklund 2018; Mayr 2001). Die beiden zentralen Konzepte der Evolutionstheorie sind „Adaptation" und „Historie". Obwohl der Adaptationsbegriff, weil er die tragenden evolutionären *Prozesse* umfasst, ungleich komplexer ist als der Geschichtsbegriff, können wir, wie sich zeigen wird, erst mit der Berücksichtigung des faktischen Verlaufs der bisherigen Evolution, mithin ihrer Geschichte, erklären, wieso zu einem bestimmten Zeitpunkt bestimmte Variationen auftreten und sich gegenüber anderen durchsetzen.

Adaptation bezeichnet die selektive Erhaltung solcher Varianten einer Art, deren Fitness höher ist als die anderer Varianten (z. B. Campbell 1960). Es geht also um Unterschiede *innerhalb* einer Art, die Folgen für die Wahrscheinlichkeit haben, sich zu reproduzieren. Zum Beispiel hat unter Umständen der schnelle Jäger gegenüber dem langsameren Jäger (nicht: gegenüber der langsameren

Beute) die besseren Aussichten, sich zu reproduzieren – dieser Umstand ist das, was mit „selektiver Erhaltung" gemeint ist. Man könnte sagen: Das Problem (in diesem Beispiel: die Beute, die jedenfalls so schnell ist, dass nicht alle Jäger sie einholen können) selektiert zwischen unterschiedlichen Individuen. Dabei muss nicht unbedingt der auf den ersten Blick wichtige Unterschied entscheidend sein (schneller als die anderen Jäger sein) – vielleicht ist es das klügere Jagen (Anschleichen, Auflauern etc.), das den entscheidenden Unterschied macht (unter Umständen ist vielleicht dann doch der klügere Jäger, obwohl er langsamer ist, dem schnelleren Jäger überlegen). Wichtig ist, dass es nicht nur einen Sieger geben muss – es können auch mehrere Varianten erfolgreich sein (ein sehr schneller oder ein sehr kluger Jäger – oder eine kooperative Gruppe von Jägern). Aber solange die Ressourcen begrenzt sind, wird es erfolglose Varianten geben (das Motto der Evolution ist also eher: „non-survival of the non-fit"). Wenn das Merkmal, das tatsächlich einen Wettbewerbsvorteil verschafft, in der nächsten Reproduktionsgeneration häufiger auftritt (d. h. im eben formulierten Sinn, „vererbt" wird), dann wird sich (weil manche Varianten wegfallen, mindestens aber seltener werden) die Zusammensetzung der Art verändern – und damit langfristig die Art selbst (weil sie dann nur noch aus den erfolgreichen Varianten besteht).

Das führt zu dem Punkt, den wir im vorigen Abschnitt diskutiert haben: Nur wenn ein Merkmal, das die Reproduktionschancen verbessert, *erblich* ist, kann eine Adaptation einer Art in Bezug auf dieses Merkmal stattfinden. Die Merkmale der Variante einer Spezies, die günstig für ihre Fitness waren (z. B. die Fähigkeit, schneller zu laufen, oder die Fähigkeit, Probleme durch Antizipation zu lösen), werden nur dann in der Evolution der Art eine Rolle spielen, wenn sie über Generationen hinweg weitergegeben werden, dabei wieder variiert werden und wieder selektiv erhalten bleiben – und sich so allmählich verändern: *adaptieren*.

Es ist, wie oben schon angesprochen, sehr wichtig zu verstehen, dass „Erblichkeit" in der Evolutionstheorie rein *formal* definiert ist als hinreichende und differentielle Ähnlichkeit von Vorfahren und Nachkommen (Nachfahren müssen die wichtigen Merkmale ihrer Vorfahren ebenfalls aufweisen). Es kommt nicht darauf an, *wie* diese Ähnlichkeit physiologisch produziert wird, und es spielt auch keine Rolle, ob Gene der wichtigste Mechanismus der Vererbung sind (der einzige ist er sicher nicht, wie wir gesehen haben), solange sichergestellt ist, dass nachfolgende Generationen die entscheidenden und unterscheidenden Merkmale der Vorfahren wieder aufweisen (zu diesen Merkmalen gehört eben insbesondere das spezifische Verhalten). Eben deswegen hatten wir oben gesagt, dass auch Biberburgen, Fressfeinde oder klimatische Bedingungen vererbt werden.

Entscheidend für die Adaptation (und die Evolution) ist, dass die Mechanismen, die die Erblichkeit realisieren, einerseits sehr reliabel sein müssen, denn

4.3 Evolutionäre Prinzipien: Entwicklung ist selbst ein Evolutionsprodukt

nur dann treten alle Merkmale, die die Vorfahren haben erfolgreich sein lassen, auch bei den Nachfahren wieder auf. Gleichzeitig aber darf Erblichkeit *nicht vollkommen* reliabel sein, denn dann könnten keine *neuen Varianten* entstehen. Neue Varianten können nur dadurch entstehen, dass die Erblichkeit (auf welchen Prozessen auch immer sie beruht) eben nicht ganz perfekt funktioniert – nur so können *neue* Varianten entstehen (z. B. durch Genmutation, aber auch durch nicht vollständig traditionsgetreues Verhalten). Das Entstehen neuer (selbst wieder erblicher) Varianten ist unerlässlich für Evolution, denn nur so kann sich die Art verändern. Gewiss sind Gene ein wichtiger Erblichkeitsmechanismus – aber zugleich wird deutlich, dass die Gene, die zu dem, was eine Art ausmacht, wesentlich gehören, ihrerseits das Produkt der Evolution sind. Anders gesagt: Die Gene sind durch die Umwelt „geformt", an sie angepasst worden – auch in dieser Hinsicht kommt es also auf die Wechselwirkung zwischen „Anlage" und „Umwelt" an.

Fitness in dieser Definition bedeutet also, dass die Individuen einer bestimmten Variante einer Art besser zu der für sie relevanten Umwelt *passen* (englisch: „to fit"), d. h. die Probleme und Herausforderungen ihrer Umwelt effektiv und effizient lösen. „Fitness" ist hier also nicht mit „Stärke" oder „Kondition" oder ähnlich zu übersetzen, sondern mit Passung. Die notwendige Passung zum Problem *kann* physische Stärke sein, wenn das in dieser Umweltkonstellation eine gute Lösung ist (etwa um schwere Beutetiere zu bewegen), es kann Laufgeschwindigkeit sein (um Räubern zu entkommen), es kann Immunität gegenüber einem in dieser Umwelt häufigen Krankheitserreger sein, es kann aber auch eine für potenzielle Sexualpartner attraktive Eigenschaft (z. B. Federschmuck) oder eine wirkungsvollere Art, die Nachkommen zu pflegen, sein (z. B. eine enge Mutter-Kind-Bindung – das ist der Punkt, auf den Bowlby hingewiesen hat).

Von besonderer Bedeutung ist, dass Fitness (Passung) notwendig ein *relativer* Begriff ist, relativ eben zu der *aktuellen* und für diese Spezies *relevanten* Umwelt. Wenn sich die Umwelt ändert (z. B. durch einen Klimawandel, durch das Auftreten eines neuen Raubtiers oder Krankheitserregers), dann kann ein bisheriger Fitnessvorteil verschwinden oder sogar zum Nachteil werden (z. B. der dichte Pelz, der in einem kalten Klima überlebenswichtig war, wird in einem wärmeren Klima nutzlos oder hinderlich). Umgekehrt kann sich durch eine Veränderung der Eigenschaften einer Art auch die Umwelt ändern, zum Beispiel dadurch, dass ein neues Verhalten die Umwelt direkt beeinflusst (z. B. durch Ausrotten eines effizient gejagten Beutetiers geht eine wichtige Nahrungsquelle verloren), oder dadurch, dass mit einer neuen Eigenschaft eine neue Umwelt relevant wird (z. B. durch die Fähigkeit, zu schwimmen, können neue Nahrungsquellen erschlossen und müssen andere Jäger vermieden werden). Die „relevante" Umwelt einer Art wird als die „Nische" bezeichnet, in der sie lebt – auch dies ist also immer ein *relatives* Konzept (Odling-Smee et al. 2003). Ameisen leben in derselben (Um-) Welt wie wir, aber in einer anderen Nische. Daher sind manche Veränderungen, die für sie relevant sind (z. B. ein Rinnsal durch ihren Bau), für uns gleichgültig.

Dafür, dass Selektion, also Adaptation und Evolution stattfinden kann, gibt es zwei entscheidende Voraussetzungen. Die erste ist immer erfüllt: Anforderungen und Begrenzungen der Umwelt (z. B. raues Klima, Räuber), vor allem aber Knappheit der Ressourcen (z. B. Nahrungsangebote, passende Partner) „selektieren" zwischen den verschiedenen Varianten einer Art. Je schwieriger und anspruchsvoller diese Bedingungen und Restriktionen sind, desto höher ist der „Selektionsdruck". Das macht zugleich deutlich, dass Selektion nicht etwa zielgerichtet oder gar geplant vor sich geht – die spezifischen Bedingungen führen einfach dazu, dass ein Teil der Population systematisch bessere Reproduktionschancen hat. Die Voraussetzung der Knappheit ist praktisch immer gegeben, denn selbst dann, wenn zu einem bestimmten Zeitraum einmal keine Mangelkonstellation vorherrscht, werden durch die dann schnell(er) wachsende Population die Ressourcen bald wieder knapp(er). Außerdem kann sich Umwelt ändern, zum Beispiel dadurch, dass sich andere Arten verändern. Deswegen kommt Evolution nie dauerhaft zum Erliegen: Nichts ist „für immer".

Variation ist die zweite Voraussetzung für Adaptation. Nur wenn sich die verschiedenen Individuen einer Art in relevanter Hinsicht systematisch unterscheiden, wird der Selektionsdruck *systematische* Reproduktionsdifferenzen zur Folge haben, d.h. eine Selektion eben derjenigen Versionen, die diesem Selektionsdruck besser widerstehen können (für die eine Umweltbedingung weniger „Druck" bedeutet). Diese Selektion führt aber, wie wir oben gesehen haben, eben nur dann zu einer evolutionären Adaptation, wenn die Versionen einer Art *erbliche* Eigenschaften haben. Natürlich findet Selektion auch aufgrund der Variation nicht-erblicher Merkmale statt (z. B. aufgrund einer *erworbenen* spezifischen Kompetenz: Durch die Fähigkeit, Klavier zu spielen, könnte man einen attraktiven Partner gewinnen), aber sie führt nicht zu Adaptation, eben weil die nächste Generation dieses Merkmal nicht mehr hat (es sei denn, diese Fähigkeit wird auf andere Weise vererbt, z. B. durch Unterricht; die Fähigkeit, zu schreiben, wird seit längerem systematisch vererbt, in früheren Jahrhunderten war das nicht der Fall). Das ist, wie schon angesprochen, der Grund, warum „Erblichkeit" einerseits sehr zuverlässig sein muss (sonst werden die Nachkommen die vorteilhaften Merkmale oder Eigenschaften nicht aufweisen), andererseits aber eben nicht vollkommen reliabel sein darf, sonst entstehen niemals Variationen. Varianten entstehen durch Fehler in der Reproduktion; man könnte auch sagen: Reliabilitätsgrenzen oder -schwankungen bei der Reproduktion.

Variationen sind in dem Sinne „zufällig", dass sie *nicht systematisch* mit den zu lösenden Umweltproblemen (Selektionsdruck) zusammenhängen: Sie entstehen nicht, *weil* ein bestimmtes Problem (noch) nicht optimal gelöst ist, und insbesondere nicht, *um* es auf bestimmte Weise zu lösen, sondern unabhängig von diesen Problemen, und sogar dann, wenn ein bestimmtes Problem aktuell sehr gut gelöst sein sollte. Variationen entstehen einfach durch die zahlreichen kausalen Einflüsse, die die Reliabilität der Reproduktion verringern (insbesondere umwelt- oder zufallsbedingte Mutationen). Wenn die (relevante) Umwelt stabil bleibt, werden nach einer hinreichend langen Zeit der Adaptation der Spezies die dann noch auftretenden Variationen zunehmend häufig schlechtere (weniger passende) Versionen sein, weil die für diese Umwelt erreichte Adaptation kaum mehr Verbesserungsspielraum bietet (die „beste" aller Lösungen wird es vermutlich nicht geben, schon deswegen nicht, weil es oft mehr als eine funktionale Lösung gibt). Da aber Umwelten niemals dauerhaft stabil sind, ist es hilfreich, dass immer wieder Varianten auftreten. Oftmals werden Varianten auch keine nennenswerten Vor- oder Nachteile bieten („neutral" sein), oder ihre Vorteile werden durch andere Nachteile ausgeglichen. Sie werden dann in der Population so häufig wie andere (gleichwertige) Varianten erhalten bleiben – bis die Umwelt (-nische, d. h., die zu „lösenden" Probleme) sich verändert und damit Qualität und Quantität des Selektionsdrucks.

Das zweite wichtige Konzept der Evolution, „Geschichte", bezeichnet keinen komplexen Prozess mit vielen Komponenten (wie „Adaptation"), sondern einfach die Einsicht, dass die Evolution immer nur von Veränderungen (Variation) *des Vorhandenen* ausgeht, von dem also, was sich bisher entwickelt hat. Die Evolution ist, nach einer Metapher von Francois (Jacob 1977), kein Ingenieur, der Arten am Reißbrett entwirft, sondern eher ein „Bastler", der aus den Dingen, die er in seiner Garage findet, etwas Neues zusammenbastelt (wobei die meisten Versuche nicht funktionieren). Das bedeutet, dass radikale Veränderungen sehr unwahrscheinlich sind. Menschen werden deswegen nicht plötzlich aus eigener Kraft fliegen können, weil sich fast alles in unserem biologischen und psychischen System gleichzeitig und auf die richtige Weise ändern müsste (außer Flügeln auch Muskeln, aber auch ein neuer Gleichgewichtssinn etc.). Mutationen mit gravierenden Folgen werden deswegen in aller Regel einfach nicht lebensfähig sein.

Vielleicht ist es hilfreich, die zentralen Konzepte nochmals kurz zusammenzufassen. Adaptation ist der Prozess, der Evolution im Kern ausmacht: die selektive Erhaltung der Varianten, die besser zur aktuellen Umweltsituation (und damit: zum Selektionsdruck) passen und deswegen die Reproduktionswahrscheinlichkeit erhöhen. Wenn die relevanten Merkmale erblich sind (durch welchen Mechanismus auch immer), dann werden diese Varianten in der nächsten Generation häufiger auftreten – und so schrittweise die Art verändern (anpassen). Varianten entstehen unsystematisch (zufällig) und immer wieder – die wenigsten werden Vorteile mit sich bringen, manche werden keinen großen Unterschied bedeuten, viele eher schaden. Evolution braucht daher Zeit und verläuft zwar systematisch, aber nicht zielgerichtet (obwohl die Passung der erhaltenen Varianten es im Rückblick so erscheinen lassen, als seien sie gezielt „ausgewählt" worden) – es bleiben einfach nicht alle Varianten übrig. Aber da Varianten immer nur Varianten des Bestehenden sind, ist die (bisherige) Geschichte des Evolutionsprozesses eine entscheidende Randbedingung für den weiteren Verlauf.

Schwierigkeiten und Erweiterungen der Evolutionstheorie

Der Evolutionstheorie ist häufig vorgeworfen worden, sie habe keinen empirischen Gehalt, sondern sei einfach nur eine komplizierte Formulierung der trivialen (logisch wahren) Behauptung, dass die Überlebenden überlebt haben. Auf den ersten Blick klingt die Behauptung der Theorie zirkulär: „Warum haben die Arten, die es aktuell gibt, die bisherige Selektion überlebt?" „Nun, weil sie Merkmale aufweisen, die ihrem Überleben dienlich waren!" „Woher weiß man, *dass* diese Merkmale dem Überleben dienlich waren?" „Nun, sonst *hätten* sie nicht überlebt!" In der Tat: Diese These ist empirisch nicht zu widerlegen (hat also keinen empirischen Gehalt). Die These, jedes beliebige Merkmal habe sich ja *offensichtlich* als nicht überlebenshinderlich erwiesen, ist gehaltsleer (Gould und Lewontin 1978), solange man sie nicht konkreter formuliert. Empirisch gehaltvoll – und interessant – wird es erst, wenn man diese allgemeine Aussage konkret anwendet; dann kann man auch empirisch prüfbare Hypothesen ableiten, etwa darüber, warum ein konkretes Merkmal hilfreich für die Reproduktion ist. Ein besonders eindrucksvolles Beispiel haben wir im vorangegangenen Abschnitt bereits angesprochen: Eine der allgemeinen Annahmen der Evolutionstheorie behauptet, dass alle komplexen Organismen auf der Erde von einem gemeinsamen Vorfahren abstammen („common descent") – wenn das so ist, sollten sie alle zentrale Prinzipien gemeinsam haben. In der Tat transferieren *alle* Vielzeller (auch Pflanzen) wesentliche Informationen mittels der oben angesprochenen DNA-Kodierung in die nächste Generation; das ist keineswegs trivial (es hätte auch anders sein können) und war bis zur Entdeckung dieses Mechanismus bezweifelt worden.

Es gibt noch eine Reihe weiterer Probleme (z. B.: Was ist die „Einheit" der Selektion? Werden Gene selektiert oder Genkonfigurationen oder Organismen oder Gruppen von Organismen oder Arten?), die zu der Einsicht geführt haben, dass Evolution gleichzeitig auf verschiedenen Ebenen stattfindet (Jablonka und Lamb 2005). Damit ist gemeint, dass nicht nur zwischen den Organismen einer Spezies selektiert wird (der klügere Löwe), sondern zwischen Gruppen (welches Rudel organisiert die Jagd effektiver?) und vielleicht auch größeren Gruppen (welche Kultur organisiert wechselseitige Unterstützung effizienter?). Das bedeutet, dass nicht nur Spezies, sondern auch (deren) Kultur einer Evolution unterliegt (z. B. Boyd und Richerson 2005). Da kulturelle Strukturen und Prozesse aber ihrerseits ein evolutionärer Faktor sein können (auch die soziale Umwelt ist Teil unserer Nische – und auch sie entfaltet Selektionsdruck, z. B. bei der sexuellen Selektion), findet nicht nur zwischen verschiedenen genetischen Strukturen (und der Umwelt), sondern auch zwischen genetischen und kulturellen Adaptationsprozessen eine permanente Wechselwirkung statt. So betrachtet sind „Natur" und „Kultur" keine Gegensätze, sondern Facetten eines komplexen Interaktionsprozesses (wie bei Anlage und Umwelt generell): Kultur ist nicht komplementär zur Natur des Menschen, sondern ein (konstitutiver) Teil von ihr. Wir werden auf diesen Gesichtspunkt im Kap. 6 zurückkommen.

Evolutionäre Entwicklungspsychologie: Entwicklung als Evolutionsprodukt

Auf den ersten Blick hat die Ontogenese, also die Entwicklung der *Individuen* einer Art im Laufe ihres individuellen Lebens, mit der Phylogenese (der Evolution einer Art) nichts zu tun, sofern sie reliabel abläuft. Natürlich muss sich die befruchtete Eizelle zu einem reproduktionsfähigen Organismus entwickeln, aber diese Entwicklung muss auf den ersten Blick einfach nur zuverlässig die vererbten „Anlagen" entwickeln (sonst wäre die Reproduktionskette genauso unterbrochen wie bei einer unreliablen Erblichkeit). Immerhin: Ohne Entwicklung geht es nicht (befruchtete Eizellen können sich nicht reproduzieren). Allerdings ist bei allen vielzelligen Organismen (insbesondere den Säugetieren) die Ontogenese ein komplexer und oft langer Prozess; bei Menschen dauert die Entwicklung der Geschlechtsreife und damit der Reproduktionsfähigkeit länger als bei jedem anderen Tier. Das wiederum wirft die Frage auf, warum es diesen so komplizierten und langen (und daher auch riskanten: je länger die Zeit, in der man lebt, bevor man sich reproduziert hat, desto größer die Gefahr, dass vorher etwas die Reproduktion verhindert) Prozess überhaupt und in dieser Form gibt. Nicht alles Leben auf der Erde weist dieses Phänomen auf; Bakterien beispielsweise vermehren sich durch Teilung („Cloning") ohne Entwicklung. Welchen

Vorteil hat es also, eine so lange Ontogenese zu riskieren, bei der so vieles schiefgehen und damit die Reproduktion gefährden kann? Eine wichtige Antwort darauf ist die Einsicht, dass Entwicklung zwei neue Formen von Variation erzeugt, die (über die Variation des Genotyps durch „Kopierfehler" hinaus) die Möglichkeiten für Adaptation erhöhen.

Zum einen entwickeln sich – wegen der Wechselwirkungen, die wir im vorigen Abschnitt diskutiert haben – aus *einem* Genotyp in Abhängigkeit von spezifischen Umweltbedingungen *unterschiedliche* Phänotypen (z. B. hoher und niedriger Wuchs bei bestimmten Pflanzen in Abhängigkeit von den klimatischen Bedingungen; Arthur 2011). Dieses Phänomen ermöglicht über die genetische Variation innerhalb einer Art hinaus eine *zusätzliche* Variation auch bei *gleichem* Genotyp – und damit so etwas wie eine „Plastizität" der Art (nicht der Individuen). Diese Variabilität hat ein gewisses Maß an Unabhängigkeit von Umweltbedingungen zur Folge: Eine Art mit einer relativ breiten Reaktionsnorm (vor allem wir Menschen) kann nicht nur viele unterschiedliche Nischen besetzen, sondern wird auch von Veränderungen der Umwelt nicht sofort existenziell bedroht. Allerdings hat diese Plastizität der Art ihre Grenzen, denn nicht unter allen Umweltbedingungen können sich lebensfähige Phänotypvarianten einer Art entwickeln. Durch physikalische bzw. chemische Gesetze und genetische Vorbedingungen wird sozusagen ein Möglichkeitskorridor begrenzt (die sogenannten „Reaktionsnorm"; ausführlich s. Schlichting und Pigglucci 1998), innerhalb dessen die Ontogenese zu *individueller* Umweltanpassung beiträgt.

Aber eine komplexe und langandauernde Entwicklung eröffnet noch eine weitere Variationsoption: die *reversible* intraindividuelle Veränderung (insbesondere des Verhaltens) in *kürzeren* Zeiteinheiten – eben die Plastizität der Individuen. Wenn sich Umweltbedingungen in kürzeren Takten verändern als die individuelle Ontogenese einer Art dauert, dann wird auch die durch Reaktionsnormen erzeugte Plastizität (der Art) nutzlos sein (die Pflanze, die wegen des anfänglich warmen Klimas hoch gewachsen ist, kann dies, wenn es plötzlich kälter wird, nicht mehr zurücknehmen). Insbesondere im Hinblick auf den *Verhaltensphänotyp* aber können dies komplexe Organismen im Laufe ihrer Entwicklung durchaus: Viele Lebewesen, vor allem Menschen, können während ihrer Ontogenese mehrfach neue Verhaltensweisen erlernen (auch das ist ein Teil der individuellen Entwicklung – wir kommen auf die Frage, wie (weit) der Begriff „Entwicklung" zu fassen ist, im Kap. 5 zurück). Ein besonderer Vorteil ist es, wenn diese ontogenetischen Anpassungen auch wieder revidiert werden können (wenn man z. B. das neue Verhalten auch wieder verlernen und zum alten zurückkehren kann). Natürlich ist nicht alles, was wir im Laufe unserer Ontogenese erwerben (z. B. Kompetenzen, Verhaltensbereitschaften und -neigungen), in diesem Sinne reversibel. Tatsächlich zeigt sich empirisch, dass Menschen in hohem Maße stabil sind und dass diese Stabilität im Laufe ihres Lebens stetig zunimmt (auch dazu kehren wir im Kap. 5 zurück). Aber es können Merkmale (insbesondere das sichtbare Verhalten) innerhalb des Lebenslaufs eines Individuums auftreten und wieder verschwinden. Beispielsweise erlernen wir im Laufe unseres Lebens mehrfach unterschiedliche soziale Regeln, vielleicht in Abhängigkeit von unserem (sich ändernden) sozialen Status, unserem Alter oder sich ändernder Umstände. Selbst generelle Verhaltensbereitschaften („Persönlichkeitseigenschaften") können sich im Laufe des Lebens verändern, wie wir sehen werden (Kap. 5), unter Umständen sogar deutlich. Offenkundig ist diese ontogenetische Adaptivität ein evolutionärer Vorteil insofern, als sie die Individuen einer derartig flexiblen („plastischen") Art nochmals unabhängiger von bestimmten Umweltvariationen macht. Im Effekt erhöht diese Adaptivität die interindividuelle Variation innerhalb einer Art nochmals, weil es nun Verschiedenheit auch bei gleichem Genotyp und auch bei anfänglich gleichen Umweltbedingungen gibt.

Befunde der Evolutionären Entwicklungsbiologie (Carroll 2005) haben sogar Hinweise auf eine dritte Variationschance durch eine lange Entwicklungsphase gefunden: Eine lange und komplexe Ontogenese eröffnet auch der „genetischen" Variation einen breiteren Möglichkeitsspielraum, weil durch kleine genetische Variationen (z. B. solcher Gene, die andere Gene regulieren) andere Entwicklungspfade eröffnet werden können. Dabei können zum Beispiel die einzelnen Entwicklungsmodule neu genutzt werden. Wir haben oben das Beispiel angesprochen, dass dieselben Gene (Basensequenzen) in verschiedenen Organismen unterschiedliche Funktionen übernehmen können (das gilt, wie wir oben gesehen haben, sogar für genetische Module: Beine statt Flügel). Diese Multifunktionalität ermöglicht größere evolutionäre Veränderungen im Ergebnis (Phänotyp) bei kleineren Veränderungen im Genotyp (weil sich nicht alle Gene einer Regulationssequenz verändern müssen, sondern unter Umständen nur einige wenige). Dies ist deswegen wichtig, weil in einem evolutionären Veränderungsprozess sich auch alle Zwischenstufen hinreichend bewähren müssen – also jedenfalls insgesamt kein Nachteil für die Merkmalsträger werden dürfen. Einerseits ist die fragile Reliabilität einer komplexen Ontogenese damit *individuell* riskant: Wenn Entwicklung nicht ganz zuverlässig verläuft, können auch Varianten auftreten, die in einer bestimmten Umwelt als Entwicklungsstörungen erlebt werden, die für das betroffene Individuum gefährlich sein können und sein Überleben und jedenfalls seine Reproduktionsfähigkeit gefährden können. Andererseits ist sie aber für die Art solange ein Vorteil, wie Entwicklungsstörungen insgesamt selten genug auftreten (ganz analog zu der weitgehenden, aber nicht vollständigen Reliabilität der Genkopien).

Die Evolution spezifischer Entwicklungsmuster: Warum entwickeln wir uns auf diese Weise?

Wenn Entwicklung selbst als Evolutionsprodukt betrachtet wird, dann wird ihre spezifische Form erklärungsbedürftig: Warum ist insbesondere die menschliche Entwicklung dadurch gekennzeichnet, dass es jeweils sehr lange Zeiträume vor und nach der Phase der eigentlichen Reproduktion gibt? Beides ist aus evolutionärer Sicht erklärungsbedürftig. Zunächst ist eine lange Kindheit gefährlich: (Kleine) Kinder sind durch Krankheiten, Räuber oder Unfälle gefährdet und könnten sterben, bevor sie das reproduktionsfähige Alter überhaupt erreichen. Das ist im Hinblick auf die Fitness einer Art vor allem dann riskant, wenn diese Art nur wenige Kinder hat; im Vergleich zu den Millionen befruchteter Eizellen, die etwa Fische laichen, haben Menschen nur sehr wenige Reproduktionschancen – selten mehr als ein Dutzend, oft deutlich weniger. Zwar haben Männer im Prinzip mehr Reproduktionschancen als Frauen (wenn sie polygam leben), aber da die Zahl der Kinder insgesamt durch die Menge der möglichen Schwangerschaften begrenzt ist, werden Männer mit mehr Kindern immer durch Männer mit weniger Kindern kompensiert. Lange prä- und postreproduktive Lebensabschnitte erscheinen verschwenderisch, weil Individuen in diesen Phasen Ressourcen auch von Erwachsenen im reproduktionsfähigen Alter binden (etwa im Hinblick auf Ernährung, Schutz oder Pflege), die anderswo fehlen. Gerade für das höhere Alter – *nach* der Reproduktion – erscheint das auf den ersten Blick kaum ökonomisch, und tatsächlich gibt es nur sehr wenige Arten, die eine nennenswerte postreproduktive Lebensphase haben. Wenn es beide Entwicklungsabschnitte dennoch gibt, müssen ihren offenkundigen Nachteilen (Risiken und „Kosten") Fitnessvorteile in wenigstens gleicher Größenordnung entgegenstehen.

Warum gibt es die lange menschliche Kindheit, und warum ist sie mit ihren vielen Reifungs-„Schritten" feiner unterteilt als die Entwicklung anderer Säugetiere (Bjorklund 1997; Bogin 1997)? Wir haben oben argumentiert, dass eine relativ lange Entwicklung den Vorteil *individueller* Anpassung mit sich bringt. So könnte das Risiko einer „frühreifen" Geburt (Menschenkinder kommen sehr „unfertig" auf die Welt) durch den Vorteil der individuellen Anpassung an die aktuell vorgefundene Anforderungsstruktur der Umwelt (-Nische) kompensiert werden. Dies betrifft insbesondere die komplexe soziale Umwelt, in der Menschen sich als Erwachsene bewegen müssen. Ein interessantes Beispiel für diese Form einer „verschobenen" Adaptation (Bjorklund und Pellegrini 2002) könnte kindliches Spielen sein. Ohne ernste Konsequenzen befürchten zu müssen, lernen Kinder hier soziale (kooperative wie kompetitive) Regeln kennen und beachten (und entwickeln dabei auch die Fähigkeit, die Absichten und Gedanken anderer Personen in das eigene Denken und Handeln einzubeziehen). Es gibt auch Hinweise, dass Spielen mit genereller Flexibilität assoziiert ist (Greve und Thomsen 2016).

Kinder und Jugendliche sind anders als Erwachsene, lernen anders und verhalten sich anders. Wenigstens einige Verhaltensweisen (Charakteristika kindlicher Entwicklungsphasen) könnten danach selektiert worden sein, dass sie eben in *diesem* Alter funktional sind – und nicht nur auf spätere Entwicklungsabschnitte vorbereiten; man kann sie „ontogenetische Adaptationen" nennen (Bjorklund 1997). Der „adaptive Wert von Unreife" (Bjorklund 1997) zeigt sich möglicherweise schon in der körperlichen Entwicklung. Beispielsweise hat die „Unreife" des kindlichen Skeletts (fehlende Stabilität, geringere Belastbarkeit) neben einigen Nachteilen (geringere Tragekapazität) den Vorteil einer höheren Elastizität, die drastische Folgen von (in der Kindheit wahrscheinlicheren) Unfällen und Stürzen verhindert. Dies wiederum erlaubt riskanteres (Lern-)Verhalten (Bjorklund 2007). Das im letzten Kapitel behandelte Bindungsverhalten kann man sogar in beiden Hinsichten interpretieren: Es sagt nicht nur spätere Verhaltensbereitschaften (etwa in Partnerschaften) vorher (verschobene Adaptation), sondern ist insbesondere in den ersten Lebensmonaten und -jahren überlebenswichtig (ontogenetische Adaptation).

Auch wenn solche Überlegungen vielleicht eine lange und strukturierte Kindheit erklären, erscheint dies ein Überleben *jenseits* der Reproduktion so nicht zu rechtfertigen. Altern erfordert Ressourcen (Baltes 1997) und ist dadurch auf den ersten Blick für die Spezies „teurer" als *nicht* zu altern (es zwingt die jüngeren Erwachsenen zur Verteilung von knappen Ressourcen auf mehr Individuen, darunter auch welche aus der vorangegangenen Generation). Warum also können wir (und einige andere Tiere) alt werden? Es geht dabei nicht um die Frage, ob wir (im Durchschnitt) *tatsächlich* alt werden (das wird von vielen konkreten Lebensumständen abhängen, auch von kulturellen Ressourcen), sondern darum, warum wir grundsätzlich über hundert Jahre alt werden können, obwohl wir uns in den zweiten fünfzig Jahren nicht mehr reproduzieren (Greve und Bjorklund 2009). Diese Frage stellt sich vor allem für Frauen, denn hier wird (anders als bei Männern) sogar die *Möglichkeit* der Reproduktion ungefähr im fünften Lebensjahrzehnt durch einen biologischen Mechanismus (Menopause) endgültig beendet. Welchen evolutionären Nutzen kann es haben, jahrzehntelang in einer sozialen Gemeinschaft zu leben (und knappe Ressourcen zu beanspruchen), obwohl man sich definitiv nicht mehr reproduzieren kann?

Eine mögliche Antwort ist die These, dass ältere Frauen für die Reproduktion dadurch von erheblicher Bedeutung sein können, dass sie zum Überleben der *übernächsten* Generation beitragen (Hawkes 2004; Voland et al. 2005). Wenn Kindersterblichkeit das höchste biografische Risiko darstellt, dann wäre eine Ressource, die dieses Risiko verringert, ein erheblicher Selektionsvorteil, vor allem bei einer Spezies, die relativ wenige Kinder bekommt. In der Phylogenese des Menschen gab es fast niemals eine bessere Hilfe bei der Geburt und bei der Pflege von Kleinkindern als die Großmutter, z. B. dadurch, dass sie das Vorgehen bei einer Entbindung oder ein Rezept gegen Durchfall kennt (auch heute noch weltweit eine der häufigsten Todesursachen bei kleinen Kindern).

Aber auch Männer können alt werden, obwohl auch sie (von seltenen Ausnahmen abgesehen) zwar keine physische, aber eine „behaviorale Menopause" erleben, also eine Altersschwelle, jenseits derer die Reproduktion praktisch ausgeschlossen ist, weil jüngere Konkurrenten in der Regel überlegen sein werden. Eine mögliche Erklärung, warum auch Männer alt werden können, verweist darauf, dass die älteren Mitglieder einer sozialen Gemeinschaft über Erfahrungen verfügen, die für die anderen (jüngeren) Mitglieder nützlich oder sogar nötig sind. Fast in der gesamten Geschichte von „homo sapiens" war die einzige Möglichkeit, wichtige Erfahrungen zu bewahren, das individuelle Gedächtnis langlebiger Individuen, denn sie sind der Wissensspeicher der Familie und der sozialen Gemeinschaft. Das ist vor allem bei Erfahrungen wichtig, die nur relativ selten gemacht werden können, aber von überlebenswichtiger Bedeutung sind (z. B. Kenntnisse über besondere Ressourcen in Zeiten besonderer Dürre oder Nahrungsmittelknappheit, Anzeichen und Maßnahmen bei seltenen Naturkatastrophen; Greve und Bjorklund 2009). Dazu passt der Befund, dass die Erinnerung an die Kindheit im höheren Alter langsamer verblasst als die Fähigkeit, sich aktuelle Informationen zu merken; gerade diese frühen Erfahrungen hat ja kein anderes Mitglied der Gruppe gemacht. Vielleicht ist auch dies nochmals ein Hinweis auf die Interaktion von Natur und Kultur: Kultur ist gespeichertes Wissen und mindestens teilweise davon abhängig, dass erfahrene Menschen genügend Zeit haben, sie zu pflegen, weiter zu entwickeln und weiter zu geben. Viel von dem, was menschliche Kultur besonders macht, wird möglicherweise erst durch menschliche Langlebigkeit ermöglicht. Dazu ist es übrigens nicht erforderlich, dass *alle* Mitglieder einer Gruppe sehr alt werden, solange nur hinreichend viele hinreichend alt werden.

Dieser Punkt berührt zugleich einen Aspekt von Entwicklung, den wir bislang fast vollständig ausgespart haben: die Frage, ob Entwicklung auf Kindheit und Jugend beschränkt ist oder über die gesamte Lebensspanne stattfindet (wir haben Theorien aus beiden Perspektiven kennengelernt: Freud, Piaget, Bowlby und Kohlberg für Kindheit, Erikson und Havighurst für Lebensspanne). Auf die mit dieser Frage verbundenen Überlegungen und Befunde kommen wir in Kap. 5 zurück.

Aus der Evolution lernen – Nutzen einer distalen Erklärungsperspektive

Die Evolutionstheorie ist eine *Entwicklungstheorie*. Abgesehen davon, dass sie eine (distale) Erklärung dafür liefert, warum wir uns so entwickeln, wie wir uns entwickeln, könnten wir aus den für sie relevanten Prinzipien und Konzepten möglicherweise auch etwas für die Erklärung der Ontogenese lernen.

Beispielsweise haben wir dieses Kapitel mit der Überlegung begonnen, dass „Reifung" als biologisches Konzept von jeder Entwicklungstheorie beachtet werden müsse. Auf den ersten Blick sieht es so aus, als ob Reifung einen Zweck, ein Ziel hat – also Entwicklungstheorien eine funktionale Erklärung liefern muss. Die Evolutionstheorie führt uns vor, dass Funktionalität (Passung zum Problem) erklärt werden kann, *ohne* dass das jeweilige Merkmal entwickelt wurde, *um* das jeweilige Problem zu lösen (es ist eben nur die am besten passende Variante übrig geblieben). Vielleicht lässt sich dies Prinzip (in dem Absichtlichkeit und *Zweckgerichtetheit* keine Rolle spielen) auch auf menschliche Entwicklung übertragen.

Möglicherweise hat das Missverständnis, eine evolutionäre Perspektive impliziere eine Form des genetischen Determinismus, dazu geführt, dass Entwicklung lange Zeit nicht aus evolutionärer Perspektive betrachtet worden ist; die evolutionäre Entwicklungspsychologie ist eine junge Perspektive (Bjorklund und Pellegrini 2002). Inzwischen ist klar, dass Gene den Phänotyp keinesfalls determinieren, sondern in vielfältiger Weise mit Umweltbedingungen interagieren. Demzufolge ist die Erklärung von Entwicklung nicht so einfach – gewiss ist sie nicht einfach eine genetisch determinierte Sequenz von Veränderungen. Auch wenn der Weg, nach Entwicklungsprozessen zu suchen, aussichtsreicher ist als Entwicklungsphasen zu beschreiben – ein mechanisches Entwicklungsprogramm ist offenbar nicht die Lösung. Wir werden in den letzten beiden Kapiteln alternative Suchrichtungen wenigstens in Ansätzen diskutieren.

Entwicklung über die Lebensspanne: Entwicklungsprozesse

5

Die vorangegangenen Kapitel haben eine Vielzahl von einzelnen Aspekten angesprochen (manche kürzer, einige etwas ausführlicher), aber vor allem eine Argumentationslinie verfolgt: Die Beschreibung von Entwicklungsverläufen, auch wenn sie stark abstrahiert werden, muss immer unabgeschlossen (kontextrelativ) bleiben und wird jedenfalls nicht zu einer Erklärung von Entwicklung führen können. Vielleicht ist es nützlich, diese Argumentationslinie zunächst nochmals zusammenzufassen (Leser, denen sie völlig klar ist, mögen den Abschn. 5.1 überfliegen oder überschlagen). Die weiteren Abschnitte des Kapitels behandeln dann verschiedene Ansätze, Entwicklungs*prozesse* zu ordnen und zu verstehen: die intentionale Steuerung von Entwicklung (Abschn. 5.2) und die Selbststeuerung von Entwicklung (Abschn. 5.3). Dabei werden wir auch die mehrfach schon berührte Frage behandeln, ob Entwicklung sinnvollerweise als über die gesamte Lebensspanne erstreckt angesehen werden soll (Abschn. 5.4), und schließlich versuchen, eine mögliche integrative Perspektive zu umreißen (Abschn. 5.5).

5.1 Von der Beschreibung zur Erklärung von Entwicklung: Ein zusammenfassendes Zwischenfazit

Ein Fazit aus den Überlegungen der vorangegangenen Kapitel könnte die Einsicht sein, dass Phasentheorien keine fruchtbare Idee sind, um Entwicklung zu erklären, schon deswegen, weil niemals zu beweisen sein wird, dass die konkreten Themen einer Phase universell gültig sind. Tatsächlich haben wir bei Erikson wie auch bei Kohlberg und besonders bei Havighurst gesehen, dass es vielmehr auf den weiteren historisch-kulturellen, aber auch auf den konkreten sozialen Entwicklungskontext ankommt, ob die (thematische Bedeutung einer) Phase überhaupt oder ihr Zeitpunkt oder ihre Einordnung in eine Sequenz plausibel ist. Das aber bedeutet: Eine *allgemeine* Entwicklungstheorie kann so wohl nicht formuliert werden.

Die mögliche Antwort, Entwicklung nicht als eine universelle Sequenz inhaltlich spezifizierter Themen zu denken, schließt praktisch alle Phasentheorien aus, die bislang angesprochen wurden – mit der bedeutsamen Ausnahme von Piagets Theorie. Die Entwicklungssequenz, die seine Theorie beschreibt, ist keine inhaltliche, thematische Abfolge, sondern eine Sequenz von zunehmend komplexer werdenden (typische Fehler der vorangegangenen Stufe vermeidenden) Operationen (man kann auch sagen: Kompetenzen). Und weil diese Sequenz die Komplexität der kognitiven Operationen abbildet, ist sie logisch zwingend – weist also auf eine strukturelle (nicht inhaltliche) Zwangsläufigkeit von Entwicklung hin: In *allen* möglichen Kontexten kann man die Uhr nicht lesen lernen (sofern es dort überhaupt Uhren gibt), bevor man nicht zu zählen gelernt hat, Relationen (früher – später) verstanden hat und einiges mehr. Diese Feststellung ist wichtig, denn sie zeigt, dass universelle Sequenzen nicht *prinzipiell* ausgeschlossen sind.

Aber Phasentheorien (auch die von Piaget) haben, wie wir insbesondere im Kap. 2 gesehen haben, noch ein weiteres Problem. Hinreichend scharfe Grenzen *zwischen* den einzelnen Phasen sind empirisch nicht plausibel, denn Menschen befinden sich häufig in mehr als einer Phase gleichzeitig. Das Phänomen der „horizontalen Ungleichzeitigkeit" ist uns sogar bei Piaget und Kohlberg begegnet, deren kognitive Entwicklungssequenz aufgrund einer zunehmenden Komplexität der jeweils fokussierten Operationen (Piaget) oder Urteile (Kohlberg) schwerlich veränderbar zu sein schien. Vor allem Kohlbergs Theorie hat (abgesehen von der Relativität seiner moralischen Hierarchie; Abschn. 3.1) das Problem, dass unser Verhalten je nach Kontext von verschiedenen moralischen Regelsystemen gleichzeitig bestimmt sein kann (konventionell am Arbeitsplatz, postkonventionell unter Freunden, hedonistisch beim Kaufverhalten). Die Probleme einer möglichen Gleichzeitigkeit von Phasen oder alternativer Sequenzen betrifft die anderen Phasentheorien aber nicht weniger: Warum sollte man nicht erst anale und dann orale Entwicklungsaufgaben lösen (oder beide gleichzeitig)? Warum sollte man nicht erst heiraten, um dadurch herauszufinden, wer man ist, oder gleichzeitig Intimität und Identität erarbeiten und dadurch (d. h. danach) Autonomie erwerben? Wenn aber die kategoriale Abgrenzung zwischen Entwicklungsphasen infrage steht, dann steht das infrage, was Phasen konzeptuell auszeichnet: die qualitative *Entwicklungs*-Differenz zwischen ihnen. Wenn ich gleichzeitig ein bestimmtes kognitives Problem (sagen wir: Mengeninvarianz) lösen *und* nicht

5.1 Von der Beschreibung zur Erklärung von Entwicklung ...

lösen kann, was soll die Behauptung dann noch bedeuten, ich befände mich in der Entwicklungsphase, die dadurch gekennzeichnet (von der nächsten verschieden) sei, dass ich es eben *nicht* könnte? Nun könnte man einwenden, dass die Existenz scharfer Grenzen ein unerfüllbarer und auch unnötiger Anspruch sei: Die Existenz der Dämmerung macht die Unterscheidung von ‚Tag' und ‚Nacht' ja nicht bedeutungslos. Insbesondere in Bezug auf Piagets Theorie der geistigen Entwicklung könnten sich die Ungleichzeitigkeiten auf „zeitliche Grauzonen" beschränken, also eine relativ kurze Übergangsperiode der noch unsicheren Beherrschung der nächsthöheren kognitiven Operation beschreiben. Aber schon bei Kohlberg löst dieses Zugeständnis das Problem nicht, weil man gleichzeitig auch in *nicht* benachbarten Stufen urteilen kann; das gilt ebenso für die anderen Phasentheorien.

Selbst im besten Fall kann eine Phasentheorie daher immer nur eine *Beschreibung* von Entwicklung sein, keine Erklärung. Das ist nicht wenig, wohlgemerkt. Es ist wichtig zu wissen, dass Menschen bestimmte Dinge zu bestimmten Zeiten tun oder nicht tun, können oder nicht können, leichter lernen oder schwerer (oder gar nicht mehr). Es ist ja nicht zu bezweifeln, dass wir uns (bei aller Verschiedenheit) im Laufe unseres Lebens systematisch und regelmäßig verändern. Insbesondere das im vorigen Kapitel angesprochene Phänomen der „Reifung", also des Umstands, dass wichtige physische Entwicklungen (z. B. hormonelle und neuronale Veränderungen in der Pubertät) weitgehend kulturunabhängig in bestimmten Lebensabschnitten auftreten, beschreibt ja tatsächlich Entwicklungsabschnitte, die sich von den davor oder dahinter liegenden Abschnitten qualitativ hinreichend unterscheiden lassen. Es spricht viel dafür, dass die Reihenfolge der physischen Entwicklungsschritte in vieler Hinsicht universell ist, vermutlich deswegen, weil diese Sequenzen vielfach physiologisch zwingend sind (anders einfach nicht „funktionieren" könnten).

Aber gibt es nicht doch auch für psychologische Sequenzen gute Gründe? Ein Beispiel dafür könnten etwa „sensible Perioden" sein. Es ist zum Beispiel unendlich viel schwieriger, eine zweite Sprache (im Erwachsenenalter) zu erlernen als es war, die erste (Mutter-) Sprache zu erlernen, und es ist sehr schwer, diese zweite so gut zu sprechen wie die erste. Dass dies nicht an einer kapazitären Grenze für Sprachen liegt („es passt eben nur eine komplett in den Kopf") kann man daran erkennen, dass Menschen, die zweisprachig aufwachsen (also als kleine Kinder beim Sprechenlernen zwei Sprachen gleichzeitig erwerben), in *beiden* Sprachen die gleiche Sicherheit erreichen können. Befunde der Säuglingsforschung zeigen, dass Kleinkinder in ihrem ersten Lebensjahr mehr Lautunterscheidungen treffen als Erwachsene, weil sie noch nicht auf eine Sprache festgelegt sind. Diese Fähigkeit, ein größeres Lautspektrum unterscheiden zu können als für die eigene Muttersprache notwendig wäre, geht ab einem Alter von etwa zwölf Monaten wieder verloren (Siegler et al. 2016c; Weinert und Grimm 2012). Solche Befunde (auch der Befund, dass die in Abschn. 4.1 angesprochene Myelinisierung von Nervenzellen in für das Sprechen wichtigen Arealen nach dem frühen Kindesalter abgeschlossen ist (Berk 2011)) legen die Schlussfolgerung nahe, dass es für das Lernen von Sprachen besonders „sensible" Entwicklungsabschnitte gibt (Weinert und Grimm 2012). Wenn es sie für das Lernen von Sprache(n) gibt, könnte es sie auch für anderes geben, zum Beispiel für sozialkognitive Fähigkeiten wie die Einsicht, dass die Welt in den Augen eines Anderen anders aussieht. Solche Fragen zu untersuchen ist nicht nur in praktischer Hinsicht wichtig (wann sollte man Fremdsprachen lernen?), sondern kann auch Hinweise auf die Steuerung von Entwicklung liefern. Mindestens werden an solchen Punkten notwendige Voraussetzungen für Entwicklungsveränderungen deutlich: Eine hinreichende Sensitivität und „Offenheit" für bestimmte Kontextbedingungen (z. B. sprachliche Stimulationen) könnte eine solche Bedingung sein. Wenn sich der Organismus weiterentwickelt, ohne dass dieses Stadium „genutzt" wurde, könnte es schwieriger werden.

Wolfskinder

Geschichten von Wolfskindern oder depriviert aufgewachsenen Kindern werden oftmals als ein Beispiel für die Existenz von sensiblen oder kritischen Phasen für den Spracherwerb genutzt, da sich diese Kinder in ihrer Entwicklung stark von Kindern unterscheiden, die sich unter normalen Umständen entwickeln. Als Wolfskinder werden Kinder bezeichnet, die ihre Kindheit teilweise oder vollständig isoliert von anderen Menschen verbrachten, weil sie beispielsweise von ihren Eltern stark vernachlässigt oder gar ausgesetzt wurden. Manche von ihnen sollen ihre Kindheit bei Wölfen, Bären oder Schafen verbracht haben und von ihnen aufgezogen worden sein, andere lebten über lange Zeit völlig sozial und emotional depriviert in einer isolierten Umgebung. Zu den bekanntesten, gut dokumentierten und intensiv untersuchten Fällen zählt das Mädchen Genie, das bis zu einem Alter von 13 Jahren in Los Angeles in dem Haus ihrer Eltern in Isolation und Gefangenschaft lebte und dort 1970 entdeckt wurde. Genie konnte kaum sprechen und war auch in weiteren Entwicklungsbereichen, wie z. B. der Motorik oder Sensorik, stark unterentwickelt. Diese Entwicklungsverzögerungen konnte sie nie vollständig aufholen. Auch ihre Sprachfähigkeit blieb weit hinter der ihrer Altersgenossen zurück und Genie lernte nie eine vollständige Sprache.

5.1 Von der Beschreibung zur Erklärung von Entwicklung ...

Aber die Antwort auf die Frage, *warum* man Sprachen zu bestimmten Zeiten leichter und besser lernt als zu anderen, also auf die Frage, *wie* man Sprechen und Sprachen lernt, kann die noch so genaue Feststellung der Tatsache, dass es (womöglich universell) so ist, nicht liefern. Selbst notwendige Bedingungen sind noch keine Erklärung.

Immerhin: Eine Kapitulation vor der Individualität und Vielfalt menschlicher Entwicklung („Wir sind alle Individuen, wir leben alle in verschiedenen und sich ständig verändernden Kontexten – eine allgemeine Theorie der Entwicklung kann es also nicht geben ...") ist nicht erforderlich, denn offenbar gibt es Allgemeinheit (und sei es: bedingte Allgemeinheit). Und gewiss kann es uns nicht genügen, abstrakte Beschreibungen von biologisch „getakteten" Entwicklungsabschnitten zu finden. Die eben angesprochene kognitive Entwicklungssequenz (Piaget) deutet darauf hin, dass es qualitative Veränderungen geben könnte, denen graduelle Prozesse zugrunde liegen. Das legt nahe, die Perspektive zu verändern: Gewiss ist es ausgeschlossen, alle möglichen Varianten menschlicher Entwicklung zu beschreiben, weil es unmöglich ist, alle *möglichen* Kontexte zu kennen (weil jede Biografie individuell verläuft) – und offenbar beeinflussen Kontexte sogar auf biologischer Ebene, wie wir uns entwickeln (Abschn. 4.2). Aber das schließt ja nicht aus, die *Mechanismen und Prozesse* zu identifizieren, die unsere Entwicklung steuern, und dabei insbesondere auch die Prozesse zu finden, durch die Individuen an ihre Kontexte angepasst und Individuen werden.

Über die *Prozesse* der Entwicklungssteuerung aber, die wir verstehen müssen, um Entwicklung zu erklären, haben die bislang behandelten Theorien nur wenig gesagt (wiederum ist Piagets Theorie die bemerkenswerte Ausnahme; die von ihm postulierten Mechanismen haben wir bislang nicht angesprochen – auf sie werden wir am Ende dieses Kapitels ausführlicher zurückkommen). Der Ansatz, den Blick von den konkreten Entwicklungsabläufen auf die Prozesse, die Entwicklungsabläufe steuern, zu verlagern, ist aussichtsreich, denn keines der bislang diskutierten Probleme spricht dagegen, dass es möglich sein könnte, die Prozesse zu klären, die Entwicklung steuern. Und obendrein ist es durchaus plausibel, zu vermuten, dass diese Prozesse universell sind (für alle Menschen gelten) – sofern sie auch erklären, wie die passgenaue und vielfältige Anpassung an den jeweils konkreten Kontext gelingt.

Tatsächlich sind drei grundsätzliche Erklärungsansätze, wie der Verlauf von Entwicklung reguliert wird, schon angesprochen worden. Im vorangegangenen Kapitel haben wir die Vermutung ausführlicher diskutiert, dass Entwicklung durch Gene (genetische Prozesse) gesteuert oder jedenfalls beeinflusst wird. Es liegt besonders nahe, zu vermuten, dass durch genetische Prozesse die physischen (körperlichen, neuronalen) Veränderungen im Laufe der Entwicklung reguliert werden. Wir haben aber gesehen, dass es nicht ganz so einfach sein kann, denn der Kontext spielt offenbar auch für die Effekte, die Gene oder Genkonfigurationen haben, eine wesentliche Rolle. Da aber nicht *alle möglichen* Kontexte (und die Reaktion auf sie) genetisch vorprogrammiert sein können, kann Entwicklung nicht genetisch determiniert verlaufen – was nicht bedeutet, dass Gene bedeutungslos sind (das sind sie gewiss nicht). Auch die Vermutung, dass Gene den Verlauf der Entwicklung „kanalisieren" (also eine „Reaktionsnorm" festlegen, innerhalb dessen die Entwicklung variiert), ist selbst nur innerhalb bestimmter Kontexte plausibel: Wir wissen nicht und können nicht wissen, wie die Reaktionsnorm in anderen Kontexten aussehen kann. Insbesondere ist bei der Diskussion zum Thema „Varianzanteile" (Abschn. 4.2) deutlich geworden, dass die These, es hänge vom Entwicklungsbereich ab, „wie stark" der Einfluss der Gene sei (z. B. bei der Blutgruppe „sehr" stark, bei der Intelligenz immerhin „ziemlich" stark, bei dem Dialekt, in dem man spricht, „sehr gering"), deutlich zu kurz gegriffen und in dieser einfachen Form nicht zutreffend ist. Jedenfalls bei einer varianzanalytischen Betrachtung ist der relative Einfluss eines Faktors immer von der aktuell realisierten Verteilung dieses und aller anderen (betrachteten) Faktoren abhängig – und eben *nicht* von den jeweils unterschiedlichen Mechanismen. Tatsächlich spiegeln die jeweils empirisch gefundenen Varianzanteile nur die Tatsache wider, dass die Randbedingungen in den angesprochenen Bereichen jeweils unterschiedlich variieren. Der Mechanismus ist aber immer gleich (PKU führt in einem Kontext zur Schädigung des Gehirns, in einem anderen nicht – aber jeweils aufgrund desselben Mechanismus). Die Kontextbedingungen, die im Hinblick auf die Blutgruppe relevant sind, variieren auf der Erde (aktuell) eben nicht, deswegen sieht es so aus, als ob es hier nur auf die Gene ankommt, aber natürlich werden nicht unter *allen* Bedingungen aus diesen Genen diese Blutgruppen entstehen (unter manchen Bedingungen wie z. B. Sauerstoffarmut werden *keine* Blutgruppen entstehen, weil kein Blut entstehen kann, und vielleicht entstehen bei auf dem Mars geborenen Kindern ganz andere Blutgruppen). Mit anderen Worten: Gene können höchstens ein Teil der Geschichte sein, wie Entwicklungsprozesse reguliert werden (wir kommen darauf im nächsten Kapitel nochmals zurück).

Der zweite Ansatz hat die Diskussion aller bisher angesprochenen Ansätze beinahe durchgehend begleitet (wir haben auch dieses Kapitel mit diesem Gedanken begonnen): die Idee, dass der Kontext entwicklungsbestimmend ist. Nicht nur für die Theorien, in denen der Kontext offenbar die Entwicklung beeinflusst (z. B. soziale Entwicklungsaufgaben; Abschn. 2.1), sondern sogar in den Ansätzen, in denen das auf den ersten Blick keine Rolle zu spielen scheint, zeigt sich bei näherem Besehen, dass der Kontext entscheidend ist. Die

Evolutionstheorie geht, wie wir gesehen haben (Abschn. 4.3), davon aus, dass der Kontext („die Umwelt", die Nische) nicht nur die Ontogenese, sondern auch die Phylogenese bestimmt. Nicht nur wirken die Gene in Abhängigkeit vom Kontext, sie sind selbst durch Selektion (und den Kontext, der „selektiert hat") zu diesen Genen geworden. Allerdings ist mit der Einsicht, dass der Kontext die Entwicklung beeinflusst, noch nicht geklärt, *wie* er das tut. Offenbar wirkt der Kontext uneinheitlich (auf Hirsche anders als auf Ameisen und nochmals anders auf Menschen). Das wiederum bedeutet, dass es offenbar eine komplexere *Wechselwirkung* zwischen dem sich entwickelnden Organismus und dem jeweiligen Kontext (Nische) gibt. Das trifft einen Punkt von grundsätzlicher Bedeutung: Es gibt *immer* nur bedingte Kausalität (INUS, s. „Notwendig und hinreichend" in Abschn. 6.1) und daher immer Wechselwirkungen (auch wenn sie unter Umständen – wenn ein Faktor nicht variiert – unsichtbar bleiben). Die Mechanismen und Prozesse, die die Wechselwirkung zwischen dem Zustand (der Struktur) des sich entwickelnden Organismus und seiner Umgebung (auf verschiedenen Ebenen) regulieren, sind bislang nicht angesprochen worden. Wir werden auf einige der damit verbundenen Fragen in Kap. 6 zurückkommen.

Zuvor aber soll ein dritter Aspekt der Entwicklungssteuerung etwas genauer betrachtet werden, der bislang nur sehr beiläufig angeklungen ist (Abschn. 2.1), obwohl er früh (insbesondere von Havighurst) formuliert worden ist und einen wichtigen Teil der Erklärung dafür liefern könnte, warum wir uns so eindrucksvoll verschieden voneinander – individuell eben – entwickeln: Wir steuern in mancher Hinsicht unsere Entwicklung selbst.

5.2 Selbstregulation: Die aktionale Entwicklungsperspektive

Der Gedanke der Selbstregulation klingt auf den ersten Blick wie die Gegenthese zu den eben angesprochenen beiden Mechanismen (genetische Regulation, Kontexteinflüsse): Anstelle eines ererbten Mechanismus, der ganz ohne unser Zutun bestimmt, wer wir werden und wie das geschieht, und anstelle der Umwelt, die uns „prägt", uns „beschriftet" wie eine leere Wachstafel („tabula rasa"), steuern nach dieser Idee wir selbst in wichtigen Aspekten, wer wir werden. Träfe das zu, wären wir Mitgestalter unserer Entwicklung.

Es ist wichtig, den besonderen Akzent dieser Idee deutlich herauszuheben. Es geht nicht nur darum, dass unser Verhalten Konsequenzen für unsere Entwicklung hat. Viele unserer Handlungen werden Rückwirkungen auf unsere (weitere) Entwicklung haben: Die Reise, bei der wir einem Menschen begegnen, der uns verändert, die betrunkene Fahrradfahrt, bei der wir uns verletzen und deswegen die Ballettaufnahmeprüfung versäumen – unsere Entwicklung läuft oft anders, weil wir dies oder jenes getan haben. In gewisser Hinsicht trägt bereits ein Säugling durch seine Aktivität in vielfältiger Hinsicht wesentlich zu seiner eigenen Entwicklung bei. In der Interaktion des Kindes mit seiner materiellen und sozialen Umwelt entfalten sich kognitive und kommunikative Fertigkeiten, die für die weitere Entwicklung bedeutsam sind (Lerner 2002). In diesem weiteren Sinne sind alle Lebewesen Mitgestalter ihrer Entwicklung, alle Organismen, die sich irgendwie verhalten können (auch Bakterien oder Ameisen), denn ihr Verhalten wird Konsequenzen haben (z. B. kann ein Fehlverhalten tödlich sein) und so die Entwicklung beeinflussen.

Aber es ist völlig klar, dass damit keine Form der Absichtlichkeit oder gar Kontrollierbarkeit und somit keine Steuerung gemeint sein kann. Denn ein wenige Monate alter Säugling bewegt seine Hand mit der Rassel nicht, *um* im sensumotorischen Stadium Greif- und Bewegungsschemata zu etablieren (obwohl sie *durch* seine Bewegungen etabliert werden), wir sind nicht betrunken Fahrrad gefahren, *um* die Ballettprüfung zu versäumen (obwohl das unserer Entwicklung eine neue Richtung gegeben hat). Entwicklungsveränderungen sind hier Nebenfolge, nicht intendiertes Handlungsresultat (Brandtstädter und Greve 2006b).

Der entscheidende Punkt der „aktionalen Perspektive" auf Entwicklung, der These der „Selbstgestaltung" ist vielmehr, dass wir durch selbstgesetzte („autonome") Entwicklungsaufgaben (Abschn. 2.1) und -ziele unsere Entwicklung *intentional* selbst gestalten (Brandtstädter 2001; Brandtstäter und Lerner 1999). Wenn ich mich entscheide, Psychologie zu studieren anstatt als Erzieherin zu arbeiten oder Leistungssportlerin zu werden, weil ich jemand werden will, der auf eine bestimmte (eben: psychologische) Weise Denken und Handeln gelernt hat, dann nehme ich absichtlich Einfluss auf meine Entwicklung: „Psychologie" ist durch meine Entscheidung eine Entwicklungsaufgabe, ein Entwicklungsziel geworden. Von Selbst*gestaltung* kann also erst die Rede sein, wenn die jeweilige Handlung absichtsvoll gewählt und ausgeführt wurde, um der eigenen Entwicklung eine bestimmte Richtung zu geben.

Prototypische Fälle von Selbstgestaltung sind entwicklungsbezogene Entscheidungen und Aktivitäten, in denen uns sehr bewusst ist, dass wir dies wollen und tun, um uns in bestimmter Weise zu entwickeln. Neben dem eben angesprochenen Beispiel der Entscheidung für einen Ausbildungsweg (z. B. Studienwahl) könnte das etwa der Beginn einer Psychotherapie sein, die uns verändern soll, oder eine Lebensentscheidung, von der wir annehmen, dass sie unsere Biografie grundlegend beeinflusst (z. B. eine Heirat). Häufig sind auch Vorsätze

5.2 Selbstregulation: Die aktionale Entwicklungsperspektive

Entwicklungsentscheidungen (z. B. der Vorsatz, künftig mutiger zu werden oder regelmäßig zur Vorsorgeuntersuchung zu gehen, um länger gesünder leben zu können), obwohl sie uns manchmal nicht so vorkommen mögen.

Die Entscheidung für ein Entwicklungsziel und die Ausführung der dafür als nötig oder hilfreich angesehenen Handlungen bedeuten natürlich nicht, dass die Entwicklung tatsächlich so verläuft, wie ich das plane oder wünsche – es kann jederzeit (und wird wahrscheinlich) Unerwartetes oder Unkontrollierbares geschehen, das meine Entwicklung ebenfalls beeinflusst, und vieles kann ich überhaupt nicht willentlich verändern (z. B. den Eintritt der Pubertät). Gewiss sind dem Spielraum der Selbstgestaltung Grenzen gesetzt, die durch natürliche (z. B. Zeit), biologische (z. B. körperliche) und kulturelle (z. B. technologische) Randbedingungen bestimmt werden: Wir sind nur Co-Produzenten unserer Entwicklung. Wären wir in einer anderen Kultur oder einer anderen Zeit geboren, hätten wir vielleicht gelernt, Schwertkämpfe zu bestehen oder eine Postkutsche zu lenken statt Psychologie zu studieren. Erkrankungen oder Unfälle beeinflussen die Entwicklung, ohne dass es die Betroffenen wählen, individuelle Ereignisse prägen uns. Hätten wir nicht den Zug verpasst und dann auf dem Bahnsteig unsere große Liebe kennen gelernt oder hätten wir nicht aufgrund einer Reifenpanne das Vorstellungsgespräch verpasst … all das prägt unser Leben, ohne dass wir die Entscheidung bewusst beeinflusst haben. In jedem einzelnen Beispiel wären wir jemand anderer geworden.

Innerhalb dieses durch naturgesetzliche (insbesondere biologische) und soziale Rahmenbedingungen gezogenen Optionskorridors aber bleiben erhebliche individuelle Gestaltungsspielräume für unsere Entwicklung. Diese Spielräume werden von „Sozialisationsagenten" genutzt, die uns beeinflussen und formen (z. B. erziehen: Eltern oder Lehrer), aber nicht selten ist es eben das Ziel unseres eigenen Handelns, die eigene Entwicklung zu beeinflussen. Die Reichweite absichtsvollen Handelns ist möglicherweise sogar größer als nur die Spielräume von durch Randbedingungen kanalisierten Entwicklungsbahnen auszunutzen. Menschen haben (durch Forschung – auch das ist zielgerichtetes Handeln) immer mehr Wege gefunden, auch sehr tiefgreifend in menschliche Entwicklung einzugreifen. Beispielsweise ist es heute möglich, durch eine Reihe zwar aufwendiger, aber realistischer medizinischer Eingriffe (Operationen, Hormontherapie etc.) das Geschlecht zu verändern. Das bedeutet: Auch wenn nicht jedem Menschen zu jedem Zeitpunkt (unter allen Umständen) alle denkbaren Entwicklungsoptionen verfügbar sind, sind uns Menschen viele, und zunehmend mehr, Möglichkeiten zugänglich – und wir bemühen uns einzeln oder gemeinsam darum, diese Möglichkeiten zu erweitern.

Entwicklungsregulatives Handeln Wenn Entwicklung mindestens teilweise durch Handlungen reguliert wird, dann muss die Erklärung von *diesen* Entwicklungsprozessen auf die Erklärung von Handlungen zurückgeführt werden.

Handlungserklärung

Die Beantwortung der Frage, warum wir tun, was wir tun, ist natürlich höchst komplex – man kann sicher sagen, dass sie eines der Kernprobleme der Psychologie ist. Es ist ausgeschlossen, die vielfältigen Ansätze, die die Motivationspsychologie anzubieten hat, hier zusammenzufassen (s. dazu Heckhausen und Heckhausen 2018). Selbst wenn wir uns auf *Handlungen* konzentrieren (was manche Verhaltensweisen ausschließt, z. B. Reflexe), ist die Debatte verzweigt und kompliziert; eine kurze Kennzeichnung zentraler Aspekte muss ausreichen (s. auch Greve 2002).

Handlungen sind etwas, was wir *tun* (im Unterschied zu etwas, das uns widerfährt), und zugleich etwas, was *wir* tun (im Unterschied zu etwas, das z. B. unser Gehirn tut, oder eine Institution, z. B. eine Firma). Handlungen bilden also eine Teilmenge menschlichen Verhaltens. Sie sind gekennzeichnet dadurch, (a) dass Handelnde die sichtbaren Bewegungen beabsichtigen, (b) dass sie begründen können (wissen), warum sie dies tun, (c) dass sie es hätten lassen können (gewählt haben), dies zu tun, (d) dass sie eine gewisse Kontrolle darüber haben, ob, wann und wie sie es tun, und (e) dass sie dabei Regeln folgen, die diese Handlungen nicht nur gestalten, sondern oft auch überhaupt erst zu dieser Handlung machen (ein regelrechter „Elfmeter" muss auf dem Platz vom Elfmeterpunkt geschossen werden, und er muss während eines Spiels geschossen werden, nachdem der Schiedsrichter es entschieden hat; nur wenn alle diese Regeln erfüllt sind, *ist* es ein Elfmeter).

Die Details dieser Kennzeichen und viele mit der Erklärung von Handlungen verbundenen Schwierigkeiten (z. B. die Frage, wie weit der Anspruch reicht, die Handlung tatsächlich selbst gewählt zu haben – das Problem der Willensfreiheit) zu diskutieren würde hier zu weit führen (s. dazu Greve 1994), aber einige zentrale Aspekte sind für den Zweck dieses Kapitels hilfreich. Handlungen werden ausgeführt, weil die handelnde Person damit etwas erreichen will. Dies bedeutet, dass sie (1) erwartet (glaubt), dass diese Handlung ein bestimmtes Ergebnis nach sich zieht (hervorbringt), und dass sie (2) den Eintritt dieses Ergebnisses positiv bewertet (mag). Seit Aristoteles werden diese beiden Komponenten – eine kognitive („Erwartung") und

5.2 Selbstregulation: Die aktionale Entwicklungsperspektive

eine evaluative („Wert") – als bestimmend (konstitutiv) für Handlungen angesehen. In dieser Tradition stehen zahlreiche Ansätze der sogenannten „Erwartungs-Wert"-Theorien, die sich in vielen Details, zum Beispiel im Grad der Differenzierung verschiedener Erwartungen und Werte, unterscheiden, aber den Aristotelischen Grundgedanken teilen.

Beispielsweise legen viele Theorien dieser Tradition besonderen Wert auf die Voraussetzung, dass die aktive Verfolgung von Zielen davon abhängt, dass die Person hinreichend überzeugt davon ist, dieses Ziel auch erreichen und die dafür nötigen Handlungen erfolgreich ausführen zu können („Selbstwirksamkeit", s. Bandura 1986). Das kann als eigene Komponente einer Handlungserklärung betrachtet werden (sozusagen „neben" den Erwartungen und Werten), aber es ist eigentlich nur eine spezifische Erwartung (die Erwartung, die Handlung ausführen zu können). Ähnliches gilt für die Wahrnehmung sozialer Normen in Bezug auf das eigene Handeln (die Erwartung, wie andere reagieren werden, und die Bewertung dieser Reaktionen).

Wichtiger als die Frage, wie derartige Differenzierungen begrifflich gefasst werden könnten, ist das Problem, dass Menschen oft auch dann, wenn alle in den Erwartungs-Wert-Theorien genannten Voraussetzungen erfüllt sind, dennoch nicht dementsprechend handeln. Ich erwarte, dass ich abnehmen werde, wenn ich weniger ungesund esse und mich mehr bewege, ich bewerte Abnehmen positiv, ich erwarte, dass die Menschen meiner Umgebung, die mir wichtig sind, es begrüßen würden, wenn ich abnehme und mich mehr bewege, und ich weiß, wie man es macht, Salat statt Currywurst zu essen. Und dennoch misslingt der Vorsatz immer wieder: Immer wieder nehme ich nicht ab, esse zu viel Currywurst und bewege mich zu wenig. Das könnte ein Hinweis darauf sein, dass die Absicht (deren Bedingungen Erwartungen und Bewertungen sind) nicht unter allen Umständen hinreichend dafür ist, dass wir tatsächlich handeln. Die sogenannten „Volitionstheorien" gehen davon aus, dass hierzu noch spezifische zusätzliche Prozesse (z. B. spezifische kognitive Zustände der Informationsverarbeitung) realisiert sein müssen, die beispielsweise sicherstellen, dass die Absicht gegen Ablenkungen oder Versuchungen (d. h. gegen anderen Absichten) „abgeschirmt" wird (zum Überblick s. Greve 2002).

Natürlich sind damit noch nicht alle Probleme der Erklärung von Handlungen gelöst (z. B. sind die Kontrollmechanismen, die die konkrete

> Detailsteuerung von Bewegungen regulieren, noch nicht angesprochen, und ebenso ist die Frage noch ungeklärt, warum wir überhaupt etwas wollen und nicht nichts). Aber für die Frage, welche Aspekte eine Handlungsperspektive in der Entwicklungspsychologie berücksichtigen muss, ist schon jetzt deutlich, dass verschiedene Bedingungen von Handlungen (insbesondere Absicht und Kontrolle) erfüllt sein müssen, damit Handlungen Entwicklung regulieren können.

Wenn entwicklungsregulatives Handeln einfach ein Spezialfall von menschlichem (absichtlichen, kontrollierten) Handeln ist, dann muss es genauso zu erklären sein wie jedes andere Handeln auch: Auf der Grundlage entwicklungsbezogener Erwartungen und Bewertungen (einschließlich der entsprechenden Kontrollerwartungen) werden entwicklungsbezogene Handlungen geplant und (wenn die kognitiven Voraussetzungen dafür gegeben sind) auch ausgeführt (Brandtstädter 2001).

Eine interessante Besonderheit dieser Handlungen ist es, dass sie den Handelnden selbst (z. B. seine Handlungskompetenz) zum Gegenstand haben (Brandtstädter 2001). Viele entwicklungsregulative Handlungen zielen darauf ab, die persönliche Entwicklungsumwelt und durch sie die Entwicklung des Handelnden zu gestalten; zu dieser Entwicklungsumwelt gehört sehr wesentlich auch die „innere Umwelt", die inneren Handlungsrandbedingungen (z. B. die eigenen Neigungen oder Fähigkeiten, die man nicht aktuell, aber auf die Dauer verändern kann, etwa durch eine Therapie oder eine Ausbildung). Mit zunehmendem Lebensalter wird es allerdings auch darum gehen, fehlende Handlungs- und Kontrollmöglichkeiten zu kompensieren. Wenn sich zum Beispiel unsere Sinnesorgane verändern (Schwerhörigkeit) oder unsere motorische Beweglichkeit abnimmt, können wir aktiv versuchen, dies zu kompensieren (z. B. durch Hörgerät oder eine Hüftoperation).

Jenseits derartiger Details sind für die Erklärung von Entwicklung insbesondere zwei Aspekte wichtig. Zum einen ist deutlich, dass die aktionale Perspektive auf menschliche Entwicklung schon deswegen nicht ausreichend sein kann, Entwicklungsverläufe zu erklären, weil die Entwicklung der Handlungskomponenten und -bedingungen (also der Aspekte, die die Handlung selbst erklären: Absichten, Überzeugungen, Bewertungen, Ziele etc.) nicht ihrerseits in einem Handlungsformat erklärt werden kann, wenn man logische Zirkel oder „infinite Regresse" (beides sind Erklärungsformen, die nicht zu einem Ende kommen) vermeiden will („Warum wolltest Du dies?" – „Weil ich *das* wollte!" – „Und warum wolltest Du *das*?" – „Weil ich jenes wollte!" ... usw.).

5.2 Selbstregulation: Die aktionale Entwicklungsperspektive

Tatsächlich verändern sich persönliche Zielorientierungen und die mit ihnen verbundenen kognitiven und motivationalen Strukturen im Lebenslauf (Baltes und Baltes 1990; Brandtstädter 2006). Die angesprochenen biologischen Sequenzen, aber auch altersgebundene oder durch kritische Ereignisse bedingte Änderungen der persönlichen Handlungsressourcen beeinflussen den Spielraum erreichbarer Ziele. Spezifische Entwicklungsübergänge wie etwa die Übernahme der Elternrolle, Änderungen der beruflichen Laufbahn, Partnerverlust, Ausscheiden aus dem Berufsleben oder schwere Erkrankungen erfordern oft die Revision persönlicher Ziele und Prioritäten, vielfach auch die Koordinierung mit den Zielen und Entwicklungsinteressen anderer Personen. Mit anderen Worten: Die Konstituenten von (entwicklungsregulativen) Handlungen (insbesondere: Ziele) unterliegen ihrerseits einer Entwicklung. Das bedeutet: Die Regulation von Handlungs*bedingungen* (z. B. Zielen) muss selbst anders erklärt werden (wir kommen auf diesen zentralen Punkt in Abschn. 5.3 zurück).

Zum anderen setzt entwicklungsregulatives Handeln offenbar die Fähigkeit(en) dazu voraus: Die Kompetenz, Ziele und die zu ihnen führenden Handlungen auszuwählen, zu initiieren und im Verlauf zu kontrollieren, haben Menschen gewiss nicht von Anfang an. Denken lernen, Sprechen lernen, Laufen lernen – all dies entwickeln wir ja nicht, weil es unser Ziel wäre. Tatsächlich ist es in vieler Hinsicht eher umgekehrt: *Bevor* wir überhaupt Entwicklungsziele für uns selbst formulieren und uns für sie entscheiden können, müssen wir vieles (insbesondere kognitiv, aber auch motivational) schon entwickelt *haben*. Am Anfang unserer Entwicklung regulieren oft andere unsere Entwicklung. Und es zeigt in diesem Sinne eben kein ernsthaftes Entwicklungsziel an, wenn etwa Kinder im Vorschulalter Zukunftsvorstellungen zu formulieren beginnen („Wenn ich groß bin, werde ich Prinzessin, oder Feuerwehrfrau!"). Selbstgestaltung und intentionale Steuerung von Entwicklung haben vielmehr zahlreiche Entwicklungsvoraussetzungen, die erst im Laufe der ersten beiden Lebensjahrzehnte vollständig entfaltet werden (Brandtstädter 2001). Hierzu gehören Prozesse der Selbstbeobachtung und -bewertung, Abwägungs- und Planungsprozesse, in denen Handlungsziele gefunden, ausgewählt und detaillierter geplant werden, kognitive Kompetenzen, um zu erwägen, welche Handlungen in Bezug auf solche Ziele wie wirksam sein könnten (und welche Nebenwirkungen sie haben könnten), und nicht zuletzt die Fähigkeiten, die Umsetzung und Ausführung, ggf. auch eine Anpassung der Einzelschritte einzuleiten und zu überwachen (einschließlich der rückblickenden Bewertung: „Alles gut gelaufen?"). Alle diese Voraussetzungen selbst aber können nicht systematisch verfolgte Entwicklungsziele sein, eben *weil* dafür, sich systematisch an Entwicklungszielen zu orientieren, die Voraussetzungen ja noch nicht vorliegen.

Erst wenn wir hinreichend „erwachsen" sind, wird die weitere Richtung, die unsere Entwicklung nimmt, zunehmend durch unsere Entscheidungen beeinflusst und mitbestimmt: eben „co-produziert" (Brandtstädter und Lerner 1999). Es ist deswegen auch kein Zufall, dass die Möglichkeit, dass Menschen ihre eigene Entwicklung mitgestalten, erst mit der Ausweitung der Reichweite entwicklungspsychologischer Theorien auf die gesamte Lebensspanne in den Blick getreten ist (gerade auch diese Perspektiverweiterung ist einer der besonderen Aspekte von Havighursts Ansatz). Spätestens dann aber, wenn wir ernsthafte Entwicklungsziele für uns selbst gefunden und gelernt haben, was man tun muss, um sie zu verfolgen, beginnen wir, *absichtlich* Einfluss auf unsere Entwicklung zu nehmen. Im Laufe des höheren Erwachsenenalters werden allerdings die individuellen Möglichkeiten, steuernden Einfluss auf die eigene Entwicklung auszuüben (oder gar: sie zu kontrollieren) wieder abnehmen. Baltes, Lindenberger und Staudinger (2006) haben argumentiert, dass Kindheit und Jugend dem Auf- und Ausbau von Handlungsfähigkeiten und -ressourcen dienen, während das mittlere und insbesondere höhere Erwachsenenalter eher auf die Aufrechterhaltung von Kontrolle und Einfluss gerichtet sind – oder ggf. auf die Kompensation unvermeidbarer Verluste (wir kommen auf diese wichtige Facette von Entwicklung in Abschn. 5.3 ausführlich zurück).

Manche Entwicklungsziele sind durch instrumentelle Handlungen abschließend erreichbar (z. B. der Studienabschluss), andere beinhalten überdauernde Regulationsanforderungen für unser Handeln (z. B. Lebensideale oder Identitätsziele: „ein mutiger Mensch sein", „ein treuer Partner sein"). Da wir im Allgemeinen nicht nur ein Ziel, sondern mehrere Ziele gleichzeitig verfolgen (z. B. berufliche Karriere und familiäre Gemeinsamkeit), kann es Kompatibilitätsprobleme geben, weil manchmal Ziele einander widersprechen oder weil die Ressourcen (z. B. Lebenszeit, Energie) nicht für die Erreichung aller Ziele ausreichen (ich kann in der modernen Berufswelt nicht gleichzeitig viel Freizeit haben und eine schnelle Berufskarriere verfolgen). Häufig werden unerwünschte Nebeneffekte eines Ziels erst in der Ausführungsphase sichtbar oder sie treten erst infolge veränderter Rahmenbedingungen auf. Auf Zielkonflikte oder auf Nebenwirkungen müssen wir jeweils wieder reagieren und infolge wiederum individuelle Entscheidungen treffen, die wiederum von Präferenzen und Ressourcen abhängen.

Gelungene Entwicklung

Das führt zu einer Frage, die wir schon mehrfach berührt haben: Wie können Entwicklungsziele bewertet werden? Kann man erkennen, welche

5.2 Selbstregulation: Die aktionale Entwicklungsperspektive

„besser" oder „schlechter" sind? Das auch in der Frage nach den Kriterien für „erfolgreiche" oder „gelingende" (oder sogar „gesunde") Entwicklung angesprochene grundsätzliche Problem der Wertfreiheit der Wissenschaft (Kann zu diesen Fragen Wissenschaft allgemein und Psychologie im Besonderen etwas beitragen?) haben wir in Kap. 3 bereits angesprochen. Wenn die dort diskutierte These, dass normative Behauptungen (z. B. Wertungen oder Normen) nicht das Ergebnis empirischer Wissenschaften sein können, richtig ist, dann *kann* die (Entwicklungs-)Psychologie die Kriterien für eine „gesunde" oder „gelingende" Entwicklung nicht liefern oder begründen.

Das muss nicht bedeuten, dass empirische Feststellungen bedeutungslos für normative Fragen sind. Beispielsweise müssen (empirisch) für alle Menschen eine Reihe von Bedingungen erfüllt sein, damit sie sich überhaupt entwickeln können: Wir brauchen Nahrung, Sauerstoff, hinreichend Hygiene und Versorgung und offenbar auch Zuwendung. Andererseits unterscheiden sich Menschen voneinander in ihren Bedürfnissen: Manche Erkrankungen erfordern besondere Fürsorge, manche Lebensumstände besondere Reaktionen. Allgemein gesagt: Entwicklung setzt eine hinreichende *Passung* zwischen dem Organismus und seiner Umwelt voraus (Abschn. 4.3). Innerhalb dieses Rahmens bleibt allerdings sehr viel Spielraum für individuelle und kulturelle Variation: Personen wie Kulturen unterscheiden sich sehr darin, was sie als Ziel von Entwicklung ansehen; und weil sie dementsprechend unterschiedlich Ressourcen in sie investieren, verläuft Entwicklung in vielerlei Hinsicht divers und individuell (zumal dann, wenn unser Handeln unsere Entwicklung mitgestaltet). Wenn es aber von der jeweiligen Kultur oder sogar von der einzelnen Person abhängt, was als „gesunde" oder „erfolgreiche" Entwicklung angesehen wird, wie könnte man da allgemeingültige Kriterien identifizieren? Offenbar ist das doch eine von der jeweiligen sozialen Gemeinschaft oder vom einzelnen Individuum abhängige Entscheidung.

Vielleicht könnte man einwenden, es sei vielleicht doch etwas künstlich, zu behaupten, die Bewertung von Entwicklungsverläufen sei vollkommen beliebig – in der Regel sei doch hinreichend deutlich, was mehr und was weniger gute Entwicklungswege seien. Oder kann man den Lebensweg einer Person, die wiederholt dadurch aufgefallen ist, dass sie gewaltsam gegen andere Menschen handelt, wirklich als „erfolgreich" bezeichnen? Kann man die Entwicklung einer Person, die schwer mehrfach behindert ist und in einer geschlossenen Betreuungseinrichtung lebt, wirklich als „gelungen", als „gesund" ansehen? Aber die Antwort lautet: Selbstverständlich kann man das. Die erwachsene Frau, die mit einer erheblichen Entwicklungsverzögerung in einer geschlossenen Betreuungseinrichtung lebt, als 30-Jährige noch Windeln trägt, kaum sprechen und nur kurze Strecken laufen kann, ist ein glücklicher Mensch, ein sozial zugewandtes Mitglied ihrer Familie und ihrer Wohngruppe und ansteckend fröhlich. Ihre Entwicklung kann, nach Überwindung einer langen Reihe gravierender medizinischer Probleme, ernstlich als „gelungen" bezeichnet werden. Aber auch der junge Mann, der wiederholt durch Gewalthandlungen aufgefallen ist, hat deren Häufigkeit und Schwere zuletzt deutlich verringert, Hilfeangebote angenommen, im Jugendstrafvollzug einen Schulabschluss geschafft und seine Bewährungsauflagen seit mehreren Monaten zuverlässig eingehalten. Seine Delinquenz und seine Impulsivität sind angesichts einer Kindheit und Jugend, die durch frühe Gewalterfahrung und vielerlei andere belastende Umstände gekennzeichnet waren und wenig Modelle für prosoziales und empathisches Verhalten geboten hatten, insgesamt vergleichsweise gering gewesen und sind als Versuch, seine von ihm als aussichtslos empfundene Lage zu ändern, nicht nur nachvollziehbar, sondern in mancher Hinsicht funktional gewesen. Tatsächlich kann seine Entwicklung – ohne Zynismus – „erfolgreich" genannt werden (noch deutlicher wäre der Punkt, wenn man über einen jungen Mann spricht, der sich in vielen inneren, aber auch äußeren und gewaltsamen Kämpfen zum regelrechten Ritter entwickelt und schließlich einen Platz an König Arturs Tafelrunde erwirbt). Es kommt nicht nur auf den Kontext, sondern tatsächlich auf den Blickwinkel, den Maßstab an. Das schließt aus, inhaltliche Kriterien für eine „gelungene" Entwicklung identifizieren zu können.

Eine Alternative könnte es sein, Metakriterien zu suchen, die das sich entwickelnde Individuum (im Kontext seiner Entwicklungsbedingungen, z. B. der umgebenden Kultur) befähigen, die jeweils (individuell oder sozial) für erstrebenswert gehaltenen Ziele zu erreichen. Dies könnten insbesondere Handlungskompetenzen (z. B. Hartnäckigkeit bei der Zielverfolgung) oder soziale Kompetenzen (z. B. Empathie) sein, die unabhängig vom je verfolgten Ziel hilfreich oder notwendig wären. Zugleich wären Bewältigungsressourcen für den Umgang mit Zielblockaden und unkorrigierbaren Verlusten erforderlich, und wohl auch

5.2 Selbstregulation: Die aktionale Entwicklungsperspektive

die Fähigkeit, diese Reaktionsmodi balanciert zu regulieren (wir kommen darauf in Abschn. 5.3 zurück). Da aber in jedem konkreten Fall mehr als eine Bewältigungsreaktion oder mehr als eine Zielverfolgungsstrategie möglich und funktional sein könnten, und da in vielen Situation nicht von vornherein klar ist, ob es „gelungener" zu nennen ist, ein Ziel wirklich hartnäckig zu verfolgen oder es doch frühzeitig aufzugeben und durch ein anderes, leichter erreichbares zu ersetzen, wird auch durch den Wechsel auf diese Meta-Ebene das Kriterienproblem nicht gelöst. Das legt den Schluss nahe, dass „erfolgreich" oder „gelungen" jeder Entwicklungsverlauf genannt werden kann, der die Möglichkeit zukünftiger Entwicklung (in welche Richtung und mit welchen Mitteln auch immer) nicht verschließt. Das ist keine triviale These – sie impliziert vielmehr, dass der Schlüssel für „gelungene" Entwicklung die Aufrechterhaltung, womöglich Förderung der (individuellen) Adaptivität ist, die eben Entwicklung überhaupt erst ermöglicht (Greve 2015).

Lebenslange Entwicklung Der Perspektivwechsel, der mit der „aktionalen Perspektive" auf menschliche Entwicklung einhergeht und die „Entweder-oder"-Zuspitzung der anderen beiden Arten von Entwicklungsaufgaben (biologische und soziale: Anlage und Umwelt) erweitert und damit überwindet, impliziert noch eine andere Erweiterung der Perspektive auf Entwicklung: die Annahme, dass sich Entwicklung nicht auf Kindheit und Jugend beschränkt, sondern über die gesamte Lebensspanne erstreckt. Eine aktionale Perspektive ist, wie wir gesehen haben, erst und nur plausibel, wenn man ein handlungsfähiges – also erwachsenes – Individuum voraussetzt. Wenn unser Handeln unsere Entwicklung beeinflussen kann, dann impliziert das, dass wir mit „Entwicklung" mehr meinen als den Aufbau der zum Handeln notwendigen Fähigkeiten und Voraussetzungen.

Wir sind der Lebensspannenperspektive in den ersten Kapiteln mehrfach begegnet (Havighurst und Erikson waren hier die prominenten Beispiele), haben sie aber bislang nicht systematisch angesprochen. Tatsächlich war diese Sicht durchaus nicht immer selbstverständlich: Die Vorstellung, dass Entwicklung das Erwachsenenalter als „Zweck" hat (und daher gerade nicht durch zielgerichtetes Handeln gesteuert wird), war lange der vorherrschende Ansatz (Abschn. 1.4). Je stärker der Einfluss von Erziehung wurde, je mehr die Notwendigkeit, aber auch die Möglichkeiten von Sozialisationseinflüssen gesehen wurden, desto klarer wurde auch, dass Kinder nicht von alleine werden (können), was sie werden sollen, und dass es auch von der Erziehung abhängt, *wie* sie sich entwickeln. Erziehung ist nach dieser Vorstellung mehr als nur die Bereitstellung der notwendigen Bedingungen, ohne die die „Ent-wicklung" nicht ablaufen kann (wie Nahrung und Schutz), sie bestimmt vielmehr die Qualität und auch die Richtung der Entwicklung wesentlich mit. Aber auch wenn die Notwendigkeit der Zuwendung nun über die hilflosen Anfänge des Lebensbeginns hinausreicht (und damit eine *Phase* der Kindheit etabliert ist) – die finalistische Sicht von Entwicklung (d. h. die Annahme, Entwicklung habe ein Ziel, einen Zweck und somit auch einen Abschluss) blieb dabei zunächst unverändert: Wenn das Ziel von Entwicklung die erwachsene Person ist, dann ist Entwicklung auf Kindheit begrenzt. Diese Perspektive hat viele Entwicklungstheorien in der ersten Hälfte des 20. Jahrhunderts geprägt (als Beispiele haben wir Freud, Piaget, Kohlberg und Bowlby angesprochen), unterstützt durch die Evolutionstheorie, die der Reproduktion und somit der Fähigkeit dazu eine zentrale Rolle im Lebensspiel zuweist (die auf den ersten Blick die Schlussfolgerung nahelegt, der „Zweck" von Entwicklung sei die Hervorbringung des reproduktionsfähigen Organismus, denn Kleinkinder können sich noch nicht reproduzieren).

Es hatte tatsächlich schon früh Ansätze gegeben, Entwicklung als lebensspannenübergreifend zu beschreiben. Insbesondere Charlotte Bühler (1933) hatte die Vorstellung infrage gestellt, das Erwachsenenalter sei das Ende von Entwicklung. Aber ihre Konzeption, die insbesondere die Individualität und die von individuellen Erfahrungen und Krisen geprägte Vielfalt von Lebensläufen betonte, blieb lange wenig beachtet. Die einflussreichere Theorie von Erikson, die sehr explizit die gesamte Lebensspanne in den Blick genommen hat, lässt freilich kaum Spielraum für Prozesse der Selbst*gestaltung* (auch wenn er von der psychoanalytischen Vorstellung einer vorgeformten, „normalen" Entwicklung in seiner Konzeption der Krise und der Kontextabhängigkeit ihrer Bewältigung deutlich abgerückt war). Auch in seiner Theorie blieb das sich entwickelnde Individuum in der Rolle eines Entwicklungsobjektes: Entwicklung macht aus dem Individuum etwas – nicht umgekehrt. Dazu passt, dass Erikson für die sechs oder mehr Jahrzehnte des Erwachsenenalters insgesamt nur drei Entwicklungskrisen vorgesehen hatte, im Gegensatz zu fünf Krisen, die die ersten fünfzehn Jahre des Lebens „takten". Vielleicht erklärt diese Tradition, dass selbst Havighurst, der dem Erwachsenenalter immerhin etwas mehr Aufgaben zugetraut hatte, das innovative Potenzial des Gedankens der autonomen Entwicklungsaufgaben offenbar nicht hoch eingeschätzt hat – er spricht diesen Gedanken nur sehr kurz zu Anfang seines Buchs an. Tatsächlich kam die den Ansätzen von Bühler, Erikson und Havighurst gemeinsame Vorstellung von Entwicklung über die Lebensspanne weitgehend ohne den Aspekt der Selbstgestaltung aus. Auch die englischsprachige, insbesondere US-amerikanische Diskussion der Lebensspannenperspektive speiste sich zunächst vor allem aus längsschnittlichen Studien, die

5.2 Selbstregulation: Die aktionale Entwicklungsperspektive

darauf hinwiesen, dass auch jenseits des mittleren Erwachsenenalters systematische Veränderungsmuster (insbesondere in der kognitiven Entwicklung) identifizierbar waren, die die Vermutung einer regelhaften Entwicklungsdynamik auch des Erwachsenen- und höheren Alters sehr nahelegten (Baltes et al. 1977).

Kognitive Entwicklung im Erwachsenenalter
Die Seattle Longitudinal Study (Schaie 1996, 2005a, b) untersucht seit 1956 die kognitive Entwicklung Erwachsener ab 20 Jahren im Quer- und Längsschnitt. Im querschnittlichen Vergleich zeigen sich bereits ab dem 25. Lebensjahr deutliche Unterschiede in der kognitiven Leistungsfähigkeit zwischen den Altersgruppen – je älter die Erwachsenen, desto geringer die Wahrnehmungsgeschwindigkeit, Gedächtnisfähigkeit oder Fähigkeit zum logischen Denken. Im Längsschnitt offenbart sich jedoch ein anderes Bild: Hier bleibt die kognitive Leistungsfähigkeit bis ins hohe Erwachsenenalter stabil und beginnt erst ab etwa 60 bis 70 Jahren abzunehmen. Der Unterschied ist neben möglichen Testwiederholungseffekten insbesondere auf Kohorteneffekte (Kap. 2) zurückzuführen, die beispielsweise durch Bildungsunterschiede zwischen den jeweiligen Kohorten zustande kommen. In der Berliner Altersstudie (Lindenberger et al. 2010), welche die kognitiven Fähigkeiten von Menschen über 70 Jahren untersuchte, zeigten sich ähnliche Effekte: Je älter die Menschen, desto geringer waren fluide (z. B. Gedächtnisfähigkeit oder Wahrnehmungsgeschwindigkeit), aber auch kristalline (z. B. Wortflüssigkeit oder Wissen) kognitive Fähigkeiten ausgeprägt. Die Abnahme der kognitiven Leistungsfähigkeit (wie die Verlangsamung der Informationsverarbeitung oder die Verkleinerung der Arbeitsgedächtniskapazität) im hohen Erwachsenenalter wird vor allem auf neurologische Abbauprozesse, wie zum Beispiel neuronale Apoptose oder altersbedingte hirnanatomische Veränderungen, zurückgeführt.

Die Lebensspannenperspektive hatte zur Folge, dass die Plastizität von Entwicklung zunehmend in den Blick geriet (Baltes 1987, 1997). Entwicklung hat offenbar gerade jenseits des Jugendalters viele Richtungen und Einflussfaktoren. Diese „Multidirektionalität" von Entwicklung, ihre wachsende individuelle Diversität und die Beeinflussbarkeit bis ins sehr hohe Erwachsenenalter hinein legten es dann wiederum nahe, die Bedeutung des Individuums für seine eigene Entwicklung genauer zu betrachten. Die aktionale Perspektive, die diesen Gedanken systematisch aufgreift, ändert wiederum die Vorstellung davon, wie Entwicklung überhaupt reguliert (gesteuert) wird. Die einfache „Entweder-oder"-Vorstellung (Entwicklung wird entweder durch biologische, insbesondere genetische Prozesse oder durch äußere, insbesondere soziale Einflüsse gesteuert) muss offenbar zugunsten komplexerer Dynamiken aufgegeben werden. Mehr noch: Menschliche Entwicklung verläuft gewissermaßen „rekursiv", denn (frühere) Entwicklungsverläufe haben Folgen für (spätere) Entwicklungsverläufe (Brandtstädter 2001 2006; Brandtstädter und Greve 2006). Die aktionale Perspektive auf die (lebenslange) Entwicklung fokussiert, wie oben betont, insbesondere die Teilmenge dieser rekursiven und selbstbezüglichen Prozesse, die vom Individuum intentional initiiert werden.

So folgenreich diese Einsicht ist, es ist wichtig, nicht aus den Augen zu verlieren, dass die aktionale Perspektive mindestens zwei Grenzen hat. Die erste besteht, wie oben schon angesprochen, darin, dass viele Schritte der (insbesondere physischen oder motorischen) Entwicklung, vor allem am Anfang und am Ende des Lebens, nicht intentional gesteuert verlaufen. Wir nehmen uns nicht vor, Laufen zu lernen oder die Auge-Hand-Koordination zu verbessern, und wir nehmen uns auch nicht vor, dass unser Gedächtnis nachlässt oder unsere Kraft schwindet. Das bedeutet, dass wir auch andere Regulationsprozesse benötigen, um Entwicklung zu erklären. Es ist klar, dass auch basale biologische (etwa Interaktionen zwischen Genen oder zwischen Genen und Umwelt) Prozesse für sie bedeutsam sind. Das bedeutet, dass die aktionale Perspektive sowohl in Bezug auf viele Entwicklungsfacetten in der Kindheit (und einige Aspekte der physischen Entwicklung auch danach) als auch im Erwachsenenalter (in Bezug auf die Konstituenten von Handlungen, insbesondere Absichten und Ziele) nicht die ganze Geschichte sein kann. Anders gesagt: Zwar impliziert die aktionale Perspektive die Lebensspannenperspektive, aber die Lebensspannenperspektive muss mehr umfassen als die Selbstregulation von Entwicklung.

Das zweite, theoretisch tiefer greifende Problem der aktionalen Perspektive ist der ebenfalls schon angesprochene Punkt, dass die Entwicklung der intraindividuellen Entwicklungsbedingungen für Handlungen (und somit auch für entwicklungsregulative Handlungen) nicht selbst im Handlungsformat erklärt werden kann, eben weil die Handlungsbedingungen noch nicht (zureichend) entwickelt sind – das Wählen und Verfolgen von Zielen müssen erst entwickelt werden, das „Haben" von Absichten und das Kontrollieren der eigenen Handlungen müssen sich erst entwickeln. Die Entwicklung dieser Handlungs*voraussetzungen* aber kann nicht selbst ein intentional verfolgtes Entwicklungsziel sein, weil man das Wählen und Verfolgen von Zielen dafür ja bereits *können* müsste. Nochmals anders gesagt: Absichtliches (entwicklungsbezogenes) Handeln kann die eigene (weitere) Entwicklung beeinflussen, aber die Voraussetzungen für absichtliches Handeln können nicht absichtlich handelnd herbeigeführt werden.

Tatsächlich hat dieses Argument zwei Seiten. Zum einen betrifft es, wie eben schon gesagt, die Entwicklung der für individuelles Handeln notwendigen Bedingungen (insbesondere kognitive Fähigkeiten und ihre physiologischen Voraussetzungen): Sie müssen psychologisch und zeitlich *vor* der Möglichkeit liegen, die eigene Entwicklung handelnd zu beeinflussen. Aber das Argument gilt nicht nur ontogenetisch, also mit Blick insbesondere auf die ersten Abschnitte im Lebenslauf, sondern auch aktualgenetisch, also mit Blick auf die aktuelle Regulation und Entstehung von Wünschen, Zielen, Absichten, Erwartungen und Überzeugungen. Die Regulation von Absichten und ihren Komponenten kann selbst nicht aktional gedacht werden, wenn man einen logischen Zirkel oder infiniten Regress vermeiden will (Wie entsteht die Absicht, eine Absicht zu ändern? Und diese Absicht? ... etc. – das wäre eine unendliche Kette immer wieder derselben Frage: ein „infiniter Regress").

Zugleich ist das aber auch ein theoretisch fruchtbarer Punkt der aktionalen Perspektive, denn er lenkt den Blick auf die Frage, wie Handlungen gesteuert werden und wie sich diese steuernden Instanzen (Funktionen) ihrerseits entwickeln. Tatsächlich beantwortet also die These, dass wir selbst (teilweise) unsere Entwicklung steuern („Co-Produzenten" sind), nicht die Frage danach, wie unsere Entwicklung reguliert wird, sondern verschiebt sie nur – auf die Frage nämlich, *wie* (durch welche Prozesse) denn unsere (entwicklungsregulativen) Handlungen gesteuert werden. Eine erste Antwort auf diese Frage sucht nach dem Akteur der Aktion: Handeln impliziert Handelnde, Selbstgestaltung setzt ein Selbst voraus.

5.3 Selbst-Regulation: Die Entwicklung des Selbst

Aktivitäten intentionaler Selbstentwicklung setzen voraus, dass Handelnde sich selbst beschreibend, aber auch bewertend selbst zum Thema machen können: So *bin ich*, so *möchte ich sein, so mag ich mich*. Die aktionale Perspektive der Entwicklungspsychologie, insbesondere die These der intentionalen Selbstgestaltung bezieht sich insofern notwendig auf die Entwicklung des Selbst im Lebenslauf (Greve 2007).

> „Selbst" – Mehrdeutigkeit eines zentralen Begriffs
> „Das Selbst" hat eine sehr lange Begriffsgeschichte, in der Psychologie, aber natürlich vor allem in der Philosophie, in der die Frage nach dem „Ich" von Anbeginn an Thema war. Diese lange und verzweigte, auch

unabgeschlossene Diskussion kann hier nicht nachgezeichnet werden (zu einem ersten Überblick s. Greve 2000), aber es ist wichtig, auf eine begriffliche Schwierigkeit hinzuweisen, die schon die Kapitelüberschrift enthält. Man kann das Wort „selbst" als Hinweis auf eine Selbstbezüglichkeit benutzen (wie bei *selbst*verständlich oder bei der *Selbst*wartung einer Maschine), aber auch als Bezeichnung für eine Struktur (wie eben bei der Entwicklung „des Selbst" im Erwachsenenalter). Es ist wichtig, das auseinanderzuhalten: Man kann sich selbst die Zähne putzen, aber nicht seinem Selbst. Manchmal ist nicht von vornherein klar, wie das Wort benutzt wird: Bei „Selbstbewusstsein" oder „Selbstregulation" ist es oft doppeldeutig verwendet. Manchmal ist sogar beides gemeint: Das Selbst wird reguliert, und es reguliert sich selbst. Wir haben uns bemüht, das Gemeinte entweder durch den Satzzusammenhang oder durch besondere Betonung („Selbst-Regulation") jeweils deutlich zu machen.

Besonders wichtig ist es, bei „dem Selbst" nicht an eine „Person in der Person" zu denken, an ein „Ich", das etwas tut oder will. Gemeint ist auch dann, wenn von „dem Selbst" die Rede ist, eine sehr komplexe Struktur aus miteinander vernetzten Inhalten und Prozessen (wie gleich deutlicher werden wird; vgl. Greve 2000). Diese Struktur kann Wirkungen haben (in diesem Sinne reguliert das Selbst etwas, z. B. sich selbst), aber das bedeutet nicht, dass „das Selbst" selbst ein Selbst „hat" (das wäre wieder ein infiniter Regress). Eher kann man es sich so vorstellen, wie man bei der Evolution sagen könnte, dass die Evolution das Aussehen und die Veränderung einer Art reguliert. Es gibt hier keinen heimlichen Agenten, der etwas (im Sinne einer Handlung) „tut", sondern es ist ein Prozess, der einer erkennbaren Systematik folgt (zu der Frage, wie man sich ein solches System denken kann, kehren wir im Kap. 6 zurück).

Nur in dem Maße, in dem sich die Person selbst differenziert beschreiben und bewerten kann, kann sie auf sich selbst und ihre eigene Entwicklung bezogene Handlungen planen, initiieren, kontrollieren und evaluieren. Das bedeutet nicht nur, dass eine genauere Kenntnis der eigenen Möglichkeiten und Grenzen die Planungen des eigenen Handelns erfolgreicher werden lässt, sondern schon dies: Dass Kinder, die sich nicht differenziert beschreiben können (Fuhrer et al. 2000; Harter 1999; Arnold et al. 2015), schon deswegen nur grobe, nicht handlungssteuernde Ziele für sich selbst entwickeln können („Prinzessin"). Zukunftsgerichtete Selbstentwürfe konsolidieren sich im Jugend- und frühen

5.3 Selbst-Regulation: Die Entwicklung des Selbst

Erwachsenenalter, die – verbunden mit entwicklungsbezogenen Erwartungen und Kontrollüberzeugungen – nun zu wesentlichen Regulatoren intentionaler Selbstentwicklung werden. Damit kommt es zu einem Umschwung in der Ontogenese: Das Selbst – als ontogenetisch geformte Struktur – gewinnt mit dem heraufdämmernden Erwachsenenalter (Arnett 2000) zunehmend formativen Einfluss auf die persönliche Entwicklung. Es lohnt sich, der Frage nach der handelnden Person bei der Handlungsperspektive auf menschliche Entwicklung etwas genauer nachzugehen, denn das gibt zugleich die Gelegenheit, ein Thema zu diskutieren, das als eine zentrale Frage der Entwicklungspsychologie beschrieben werden könnte: Wie werde ich der, der ich bin, wie werde ich „ich"?

In welchem Sinne ist aber die Entwicklung des Selbst ein integratives Thema? Ist es nicht einfach nur *ein* „Gegenstand" einer entwicklungspsychologischen Betrachtung? Kann denn dieser spezifische Entwicklungsfokus produktiver sein als die in den vorangegangenen Kapiteln angesprochenen Themen (Denken, Moral, Bindung etc.)? Wird nicht auch hier wieder eine Beschreibung (selbst wenn sie sehr genau wäre) zwangsläufig kontextrelativ bleiben müssen – und obendrein immer nur eine Beschreibung sein, keine Erklärung? Das wäre tatsächlich so, wenn man auch hier den Entwicklungsverlauf nur beschreiben wollte (insbesondere das Selbst jeder Person *ist* natürlich individuell). Aber an der Entwicklung des Selbst lassen sich die Prozesse, die Stabilität und Veränderung regulieren, die *Prozesse der Entwicklungsregulation* besonders gut erläutern.

Die Antwort auf die Frage „Wer hat dies getan?" benennt eine Person, vielleicht mich selbst. Normalerweise meinen wir damit nicht die Arme und Beine (oder die Muskeln), die die Handlung ausgeführt haben, sondern vor allem *das* an der Person, was die Handlung initiiert und gesteuert hat. Im Alltag wie in der Wissenschaft sprechen wir dann oft vom „Ich" oder „Selbst", das der Urheber und Kontrolleur der Handlungen war und demnach auch „Kontrolleur" des Körpers, der der „Sitz" dieses „Selbst" ist. „Von innen" erleben wir „uns" als Einheit, als Ganzes, als „Etwas", das der Ausgangspunkt unserer Handlungen, der Mittelpunkt unserer Erfahrungen und Erlebnisse, der Ort all unserer Wahrnehmungen (das Zentrum ihrer Perspektive) ist. Es sind *meine* Muskeln, Arme oder Augen, es sind *meine* Erlebnisse oder Erinnerungen, es sind *meine* Absichten, Träume, Schmerzen und Hoffnungen. Zugleich aber ist klar, dass diese metaphorische Ausdrucksweise keine treffende Beschreibung, geschweige denn eine Erklärung sein kann. Die Annahme einer singulären, buchstäblich „agierenden" Instanz, eines personalen Kerns, der dieses und jenes tut, vermeidet oder wünscht, ist für die individuelle wie für die wissenschaftliche Reflexion zwar naheliegend, aber irreführend. Abgesehen von unserem Empfinden spricht sehr wenig für die Annahme eines personalen Kerns der Individualität (das „wahre Ich"), der durch zeitliche und inhaltliche Kontinuität ausgezeichnet ist und in diesem Sinne die Grundlage der eigenen Identität liefert. Das, was sich der Person als „Ich" präsentiert, verändert sich im Laufe des Lebens vielfach. Wie sich zeigen soll, ist der permanente Wandel geradezu das bestimmende Merkmal der dynamischen Struktur, die wir als unser Selbst erleben (es wird sich dann allerdings auch zeigen, dass dabei in mancher Hinsicht auch Stabilität das Ergebnis von Regulation sein kann – es kommt auf die Betrachtungsebene an). Tatsächlich dürfte die Einsicht, dass „das Selbst" ein dynamisches System ist, das einerseits auf die jeweilige Person bezogene Überzeugungs- und Erinnerungsinhalte und andererseits die mit diesen Inhalten operierenden Prozesse und Mechanismen umfasst, so etwas wie der kleinste gemeinsame Nenner der Psychologie des Selbst sein (Greve 2000).

Die alltägliche Erfahrung der Einheit und Kontinuität des Ich – unserer Identität – ist damit nicht der Ausgangspunkt (die Voraussetzung) der entwicklungspsychologischen Perspektive auf das Selbst, sondern ein wichtiger Erklärungsgegenstand (ausführlich zum Folgenden s. Greve 2000, 2007). Wie können wir erklären, wie wir uns selbst sehen, beschreiben, bewerten und verstehen, wie wir uns im sozialen Kontext einordnen, wie wir uns retrospektiv rekonstruieren, und was wir in Bezug auf uns erwarten und erhoffen oder befürchten? Welche Mechanismen und Prozesse halten (überwiegend ohne unser Zutun, meist ohne unser Wissen) unser Selbstverständnis und unser Selbstwertempfinden aufrecht – und entwickeln es weiter?

Das Selbst als Entwicklungsergebnis Sicher sind die Strukturen und Mechanismen des Selbst im Erwachsenenalter, die den Ausgangspunkt nicht nur für die intuitive Selbstreflexion, sondern in aller Regel auch für die Forschungstradition der Psychologie des Selbst bilden, das Ergebnis von Entwicklungsprozessen (Greve 2007). Identität, Selbstbild und Selbstwertempfinden sind ebenso wie die sie gestaltenden Prozesse nicht von Anfang an vorhanden. Die differenzierten Strukturen, die das Selbstbild einer erwachsenen Person ausmachen, entfalten sich vielmehr erst allmählich, und mit ihnen die Fähigkeit zur reflexiven Selbst-Betrachtung.

Die Untersuchung der frühesten Stadien der Entwicklung der Grundlagen eines Selbst (Harter 1999) ist allerdings schwierig, vor allem weil vor einer hinreichenden Entfaltung sprachlicher Ausdrucks- und Differenzierungsfähigkeiten die individuelle Selbstrepräsentation nicht direkt erfragt werden kann. Die Implikationen dieses Umstands sind nicht leicht abzuschätzen. Einerseits erscheint die Annahme plausibel, dass aus demselben Grund auch eine differenzierte Selbstrepräsentation und -reflexion bei kleinen Kindern kaum vorliegen kann:

5.3 Selbst-Regulation: Die Entwicklung des Selbst

Ein hinreichend entwickeltes begriffliches Vermögen ist nicht nur die Voraussetzung für die kommunikative Vermittlung derartiger Repräsentationen (ohne Sprache kann ich auch über mich selbst nicht sprechen), sondern ist zugleich die Bedingung dafür, ein komplexes Selbstkonzept zu haben, denn Denken (auch das Denken über sich selbst) ist wesentlich durch die Begriffe strukturiert, mit und in denen wir denken). Andererseits gibt es Hinweise auf eine vorsprachliche Auseinandersetzung mit der eigenen Person etwa durch den Umstand, dass Kinder sich schon im Alter von etwa einem Jahr in besonderer Weise für das eigene Spiegelbild interessieren; eine grundsätzliche Diskriminierung zwischen „Ich" und „Umwelt" muss schon zuvor erfolgt sein (Haußer 1995). Ab dem zweiten Lebensjahr erkennen sich Kinder sicher im Spiegel, was sich etwa daran zeigt, dass sie eine unbemerkt in ihrem Gesicht angebrachte Rougemarkierung nach einem Blick in den Spiegel von *ihrem* Gesicht zu entfernen beginnen. Auch wenn nicht ganz klar ist, ob sich darin wirklich ein erwachendes Bewusstsein der eigenen Person zeigt (oder nicht doch nur ein Verständnis dessen, was ein *Spiegel* ist) – irgendwann in dieser Zeit beginnt die Auseinandersetzung der Person mit sich selbst. In dem Maße, in dem sich mit fortschreitender kognitiver Entwicklung das begriffliche Netz (etwa durch konzeptuelle Hierarchien) ausdifferenziert, kann nun auch die eigene Person (z. B. ihre Eigenschaften und Attribute, aber auch ihre Historie, die Biografie) zunehmend komplexer repräsentiert – und präsentiert – werden. Da sich gleichzeitig das, was im Selbstbild repräsentiert wird, zunehmend differenziert (die kognitiven und motorischen Fähigkeiten sowie die sozialen Bezüge werden differenziert und komplexer), entsteht nun „das Selbst" in einer komplexen interaktiven und reflexiven Dynamik eines sich entwickelnden und diese Entwicklung repräsentierenden kognitiven Systems (Thomsen et al. 2018). Nicht zuletzt erwächst aus der Erfahrung mit dem eigenen Handeln und seinen Konsequenzen auch ein zunehmend reichhaltiges Bild von der eigenen Wirksamkeit, den eigenen (Handlungs-)Möglichkeiten – ein für die Gestaltung der eigenen Entwicklung in mehrfacher Hinsicht zentraler Bestandteil des Selbstbilds.

Viele grundsätzliche, auch theoretische Fragen des „Erwachens" des Selbst sind weiterhin ungelöst, aber immerhin ist nicht zu bezweifeln, dass jenseits eines bestimmten Stadiums der kognitiven und emotionalen Entwicklung am Ende der Kindheit von einem individuellen Selbst-Bewusstsein in einem hinreichend qualifizierten Sinne auszugehen ist. In der Jugend wird dann die Frage nach der eigenen Identität („Wer bin ich?") zunehmend auch für die sich entwickelnde Person selbst ein eigenes, bedeutungsvolles Thema. Erikson hatte, wie schon angesprochen (Abschn. 2.3), dies als Schlüsselproblem (Krise) nicht nur der Jugend, sondern auch als biografieübergreifende Problematik angesehen

(„Identität und Lebenszyklus"; Erikson 1970). Eriksons Ansatz ist in vielem bis heute richtungsweisend für die entwicklungspsychologische Konzeption „der Jugend" als Entwicklungsabschnitt geblieben (Lohaus 2018).

Identitätsentwicklung im Jugendalter
Im Anschluss an Erikson hat Marcia (1966; Marcia et al. 1993) die Identitätskrise in der Adoleszenz durch die Unterscheidung von vier Identitätszuständen weiter differenziert. Diese Zustände werden durch die Dimensionen Identitätsbindung und -erkundung (*Commitment* und *Exploration*) beschrieben: Mit „Exploration" ist gemeint, dass man bereit ist, alternative Optionen für sich in Erwägung zu ziehen („Ich *könnte* auch einen anderen Beruf als mein Vater erlernen, obwohl wir seit Generationen diese Firma betreiben"). Mit „Commitment" ist gemeint, dass ich (bis auf Weiteres) entscheide, einen Weg zu verfolgen (Ich entscheide mich, Psychologie zu studieren). Dieser Idee zufolge sind vier mögliche Zustände (oder Stadien) der Identität denkbar. Während der Zustand einer „diffusen" Identität durch das Fehlen sowohl einer Bindung als auch einer gerichteten Erkundung gekennzeichnet ist, wird der Zustand einer „erarbeiteten" Identität („Achievement") durch eine gefestigte Bindung bei gleichzeitiger Offenheit für weitere Erkundungen charakterisiert. Eriksons Begriff des „Moratorium" (bei ihm kennzeichnend für die Identitätskrise allgemein) wird in Marcias Modell als eine zielgerichtete, aktive Erkundung bei einer (noch) nicht vorhandenen Bindung beschrieben, und der Zustand einer ohne jede Exploration eingegangenen Selbstverpflichtung auf einen Selbstentwurf wird als „übernommene Identität" („Foreclosure") bezeichnet. Obwohl in diesem Modell nur wenige Entwicklungsübergänge zwischen verschiedenen Stadien ausgeschlossen werden (so muss z. B. bei einem Wechsel von übernommener zu erarbeiteter Identität notwendigerweise ein Moratorium durchschritten werden) und auch komplexere oder rekursive Abfolgen verschiedener Stadien möglich sind, suggeriert Marcias Argumentation (Marcia et al. 1993) eine reguläre, geradezu hierarchische Entwicklungssequenz (übernommene I. – diffuse I. – Moratorium – erarbeitete I.). Auf den ersten Blick könnte dies ein weiteres Beispiel dafür sein, dass die Perspektive einer individualistischen Kultur mit einer wertenden Voreinstellung, der zufolge eine selbst erarbeitete, individuelle Identität „besser", „reifer" ist als eine an den Normen der Vorfahren orientierte „übernommene" Identität, die Theorie unangemessen prägt (analog zu dem

5.3 Selbst-Regulation: Die Entwicklung des Selbst

in Kap. 3 in Bezug auf Kohlbergs Ansatz diskutierten Einwand). Vielleicht aber wäre dieser Schluss etwas voreilig.

Möglicherweise erwirbt man mit einer durch Erkunden von Alternativen „erarbeiteten" Identität nicht nur diese Identität, sondern auch Fähigkeiten, mehrere Alternativen abzuwägen, Ambivalenzen auszuhalten, Entscheidungen offenzuhalten, sich von Erfahrungen beeinflussen zu lassen und manches mehr. Vielleicht ist daher nicht die erarbeitete Identität selbst „wertvoller" als eine ohne Suchprozess und Krise übernommene Identität, sondern der Suchprozess, der zur erarbeiteten Identität führt, erhöht die Flexibilität und Anpassungsfähigkeit (vielleicht auch weitere Kompetenzen) der sich entwickelnden Person. Dann wäre nicht unbedingt die *erarbeitete* Identität, sondern vor allem das *Erarbeiten* der Identität funktional, und zwar eben nicht nur in Bezug auf einen *spezifischen* Kontext (auf den eine übernommene Identität auch passen könnte), sondern in Bezug auf sich in der Zukunft verändernde Kontextbedingungen, an die man sich anzupassen hätte – und *dies* eben schon gelernt hat. Mit anderen Worten könnte das „erarbeitete" Selbst – genauer: die Erarbeitung des Selbst – zukünftige Entwicklungsmöglichkeiten erhalten und womöglich erweitern (durch Übernahme einer Identität habe ich die Strategien und Mechanismen der Exploration eben nicht erworben). Zugleich liefert dieses Argument einen ersten Hinweis auf die entwicklungsregulative Bedeutung des Selbst für den Umgang mit Widrigkeiten und Herausforderungen (wir kommen im Abschn. 5.3 ausführlicher auf diesen Punkt zurück). Hier ist aber zunächst der Hinweis wichtig, dass Funktionalitätshierarchien (erarbeitet ist funktionaler als übernommen), wenn sie nicht auf einen spezifischen Kontext hin formuliert sind, vielleicht entwicklungspsychologisch besser begründbar sein könnten.

Mit der Entwicklung einer kognitiv, affektiv und motivational differenzierten, dabei auch sozial relativierten Identität (mutig – auf dem Fußballplatz, schüchtern – in der Tanzstunde) geht die Unterscheidung von verschiedenen Graden der Authentizität einher: Man ist aus der Innensicht nicht immer der, als der man sich nach außen gibt oder anderen erscheint. Im Anschluss an die in den vorangegangenen Kapiteln angesprochenen Überlegungen ist der Hinweis wichtig, dass sich makrosoziale Kontexte (Kulturen) offenbar erheblich darin unterscheiden, ob die Tendenz von Selbstkategorisierungsprozessen eher in einer individualistischen Abgrenzung von anderen Einzelpersonen oder in einer kollektivistischen Integration und Zugehörigkeit zu anderen Mensch besteht (Markus und Kitayama 1991). Wollte man hier eine Perspektive (z. B. die individualistische, wie bei Kohlberg) zum Thema entwicklungspsychologischer Forschung machen, würde man unvermeidlich den bereits beschriebenen Problemen der Kontextabhängigkeit und Unabgeschlossenheit (wie kann ich sicher sein, nicht wesentliche Aspekte – andere Kontextkonstellationen – übersehen zu haben?) gegenüberstehen. Interessanter für die Suche nach Entwicklungs*erklärungen* ist daher die Frage, ob die Prozesse, die *sowohl* einem kollektivistischen *als auch* einem individualistischen Selbst zugrunde liegen (d. h.: die die Anpassung an den jeweiligen Kontext sicherstellen), ihrerseits kulturübergreifend wirksam sind. Es spricht einiges dafür, dass dies zutrifft (z. B. Hannover et al. 2005; auf diesen Punkt kommen wir sofort zurück).

Das Selbst als Entwicklungsbedingung: Informationsverarbeitung Vielleicht kann man kontextunabhängig sagen, dass „erwachsen sein" unter anderem bedeutet, eine zwar vorläufige, aber doch hinreichend klare und differenzierte Vorstellung davon entwickelt zu haben, wer man ist, sein könnte, sein möchte, sein sollte. Eben dies ist ja, wie wir oben gesehen haben, auch eine der Voraussetzungen dafür, seine eigene Entwicklung „aktional" mitzugestalten. Das Selbstkonzept hat dann eine elaborierte Struktur erreicht, die sich nun eher inhaltlich differenziert als dimensional erweitert (Greve 2007) und unter anderem auch von uns selbst gezielt erweitert wird („Ich will dies lernen, jenes an mir ändern").

Der wichtigste Konsens unter den zahlreichen Ansätzen der Psychologie des (erwachsenen) Selbst (zum Überblick s. Leary und Tangney 2012) besteht in der Einsicht, dass Informationen, die die Person selbst betreffen, nicht einfach zum Nennwert genommen (geglaubt, übernommen, etc.), sondern systematisch verarbeitet werden. Dabei muss das Bild, das wir uns von uns machen, einerseits wenigstens ausreichend realistisch sein, denn wir planen auf dieser Grundlage unser Handeln (wenn wir es planen). Gleichzeitig aber sind Menschen erkennbar bestrebt, ihr Bild von sich möglichst positiv zu gestalten; diesem Motiv dienen offenbar viele der Verarbeitungsprozesse des Selbst.

Für eine entwicklungspsychologische Betrachtung sind diese Prozesse des erwachsenen Selbst, die Informationen systematisch entweder zugunsten der positiven oder konsistenten Selbstdarstellung oder im Interesse zukünftigen Handelns verarbeiten, aus zwei Gründen interessant. Zum einen sind sie die Mikroprozessoren der Entwicklung des Selbst, insbesondere im Erwachsenen- und höheren Alter: Selbst-Entwicklung vollzieht sich im Detail eben durch diese Prozesse der Anpassung an Informationen (Herausforderungen), die nicht übergangen werden können. Dabei zeigt sich unter anderem, dass

Selbst-bezogene Informationen umso stärker im Interesse der Sicherung von Stabilität und Kontinuität der Vorstellung von sich selbst verarbeitet werden, je älter wir werden.

Die Stabilität der erwachsenen Person Dabei unterliegen diese Prozesse der Selbst-Regulation und Selbst-Stabilisierung auch selbst einer Entwicklung: Die Stabilisierung und Aufrechterhaltung selbstbezogener Überzeugungssysteme gewinnt mit zunehmendem Alter nicht nur an Wichtigkeit, sondern auch an Wirksamkeit. Der Befund, dass sich das Selbst im Erwachsenenalter zunehmend stabil präsentiert, ist nur deswegen möglich, weil Stabilisierungsprozesse das effizient(er) sicherstellen. Der Befund einer hohen Stabilität der Person im Erwachsenenalter ist jedenfalls einer der am besten abgesicherten Befunde der Psychologie und die Grundlage einer eigenen (Teil-)Disziplin der Psychologie: der Persönlichkeitspsychologie. Sie basiert nicht nur darauf, dass Personen sich in hohem Maße stabil zeigen (verhalten, aber auch erleben und selbst beschreiben), sondern es hat sich wiederholt gezeigt, dass die Stabilität der Persönlichkeit im Laufe des Erwachsenenalters zunimmt („kumulative Stabilität" s. Roberts und Caspi 2003).

Die Interpretation dieses Befundbilds ist nicht ganz einfach. Auf den ersten Blick könnte man vermuten, dass die Stabilität der Persönlichkeit die Stabilität des (erwachsenen) Selbst erklären könnte: Im Erwachsenenalter könnten sich die wesentlichen Eigenschaftsstrukturen der Person weitgehend gefestigt haben, und das Selbstbild der erwachsenen Person wäre dann einfach das insgesamt hinreichend realistische (subjektive) Abbild dieser (objektiven) Stabilität der Person. Abgesehen davon, dass es unbefriedigend wäre, die Stabilität des Selbst durch Stabilität der Persönlichkeit zu erklären (weil nicht klar ist, worin überhaupt der Unterschied besteht), zeigt sich bei näherem Besehen aber, dass auch im Erwachsenenalter zahlreiche Veränderungen zu beobachten sind, die die Person mindestens teilweise auch zur Kenntnis nehmen muss. Vielleicht fordern berufliche Veränderungen (z. B. ein Aufstieg in der Hierarchie erfordert eine Anpassung meines Verhaltensrepertoires etwa bei der Durchsetzung eigener Vorstellung) oder familiäre Herausforderungen (z. B. meine Geduld wird durch eigene Kinder in völlig anderer Weise gefordert und gebraucht also jemals zuvor in sozialen Auseinandersetzungen) Anpassungen und Veränderungen, vielleicht fordern auch Verlusterfahrungen (z. B. das Nachlassen der Körperkraft), dass das Selbstbild darauf reagiert. Demnach muss die Perspektive eines auch im Erwachsenen- und höheren Alter dynamischen Selbst, das einer lebenslangen und beachtlichen Entwicklung unterliegt, mit dem Befund einer stabilen Präsentation (Innen- und Außenwahrnehmung) der erwachsenen Person vereinbar sein.

Wie sich zeigen soll, liefert die Integration beider Perspektiven einen Erklärungsansatz nicht nur für die Stabilität der erwachsenen Person, sondern vielleicht auch für Entwicklung allgemein.

Die Erklärung der intraindividuellen Stabilität von Eigenschaften und die Kontinuität ihrer (Verhaltens-)Relevanz ist mit ihrer (zuverlässigen) Feststellung (Asendorpf 2007) nicht geleistet. Diese Stabilität darf nicht ausschließlich an sichtbare Konstanz des Verhaltens gebunden sein (obwohl sich Persönlichkeit *per definitionem* in konsistentem Verhalten von Individuen zeigt), weil das ganz konkrete Verhalten natürlich zwischen Situationen variiert. Aber auch Verhaltensklassen (die mit Persönlichkeitseigenschaften beschrieben oder benannt sind) sind nicht notwendigerweise konstant zu beobachten. So mag es beispielsweise systematisch vom Kontext abhängen, ob sich eine Eigenschaft zeigt (Spontaneität z. B. nur in als hinreichend sicher eingeschätzter Umgebung). Persönlichkeit kann aus dieser Sicht ohne Berücksichtigung des Situationstyps gerade nicht erfasst werden. Wenn sich ein Kind beispielsweise unter einer bestimmten Randbedingung (z. B. Gegenwart von Erwachsenen) konsistent friedlicher verhält als seine Altersgenossen, unter einer anderen (z. B. Abwesenheit von Autoritätspersonen) aber konsistent aggressiver agiert, dann würde die über alle Situationen gemittelte „Aggressivität" die Disposition erstens unterschätzen (weil öfter Erwachsene dabei sind, nicht zuletzt bei der Erfassung selbst) und zudem den moderierenden Einfluss von weiteren Eigenschaften (Vorsicht, Opportunismus, Klugheit o. ä.) ganz übersehen.

Die Stabilität (des Verhaltens, vor allem des Handelns) der erwachsenen Person kann zudem das Resultat der Kontinuität von selbstbezogenen Zielen und Motiven einerseits und der Flexibilität der sie realisierenden Prozesse andererseits sein. Das bedeutet: Verhaltenskonsistenz wird nicht zuletzt auch dadurch erzeugt, dass wir Ziele aktiv und konsequent verfolgen, und wenn wir diese Ziele einerseits kontinuierlich verfolgen („Ich möchte ein verlässlicher Partner *bleiben*"), andererseits aber die Mittel, mit denen wir das tun, anpassen, dann entsteht Stabilität („Peter ist ein verlässlicher Mensch"), ohne dass dies bedeutet, dass eine unveränderliche Eigenschaft das erklärt. Dies gilt vor allem dann, wenn sich Persönlichkeit in solchen Handlungen der Person zeigt, die wesentlich nicht nur von Fähigkeiten und Neigungen, sondern auch von normativen Orientierungen und selbstbezogenen Kognitionen der Person (wie im gerade genannten Beispiel: „Ich möchte ein verlässlicher Partner bleiben") selektiert und kontrolliert werden.

Auch dürften Charakteristika und Verhaltensneigungen einer Person über das Erwachsenenalter hinweg stabil erscheinen, weil sich *die Umwelt* im Allgemeinen wenig und nur ausnahmsweise radikal verändert. Je konstanter und homogener die physische und soziale Lebensumwelt sind, desto konstanter und konsistenter („stabiler") ist das individuelle Verhalten; dies gilt unabhängig davon, ob ihm stabile Eigenschaften oder eine intentionale Selbst-Steuerung zugrunde liegen. Die Interaktion zwischen der Person und ihrer Umgebung ist keineswegs nur reaktiv, sondern auch Ausdruck evokativer („Mein Verhalten löst Verhalten bei anderen Menschen aus") und proaktiver Prozesse („Mein Verhalten gestaltet die Bedingungen für mein zukünftiges Handeln absichtsvoll mit"; wir haben diese Überlegung auch im Zusammenhang der Interaktion zwischen Genen und Umwelt berührt; Abschn. 4.2). Wir suchen uns als Erwachsene Umwelten, die zu unseren Fähigkeiten, Neigungen und Grenzen möglichst passen, und beeinflussen die soziale und physische Umgebung nicht nur durch, sondern auch im Dienste unserer Neigungen und Wünsche. Dies gilt vor allem dann, wenn sich die Selbst- und Handlungskontrollstrategien und -kompetenzen hinreichend entwickelt und ausdifferenziert haben, also im Erwachsenen- und höheren Alter. Wir haben oben schon angesprochen, dass sich die Allokation persönlicher Ressourcen und Anstrengungen über die Lebensspanne aus vielen, auch biologischen Gründen von einer eher wachstumsorientierten zu einer zunehmend stabilisierungs- und verteidigungsorientierten Investitionstendenz wandelt (Baltes et al. 2006). Das könnte darauf hindeuten, dass sich auch das individuelle Motiv nach Stabilität (des eigenen Handelns, aber auch der Lebenswelt) mit zunehmendem Alter verstärkt. Aus diesen Überlegungen wiederum folgt, dass die „kumulative Stabilität" der erwachsenen Person zu erheblichen Teilen auch vom sich entwickelnden Individuum intendiert und gezielt herbeigeführt bzw. unterstützt wird.

Die Flexibilität der erwachsenen Person Auf den zweiten Blick ist diese Stabilität (des Selbst, der Persönlichkeit, des Verhaltens) aber doch überraschend. Wir haben oben festgestellt, dass das Selbst als eine der Planungsgrundlagen mindestens unseres (entwicklungsbezogenen) Handelns vielleicht nicht so realistisch wie möglich, aber doch so realistisch wie nötig sein muss, wenn wir mit unseren Plänen und Handlungen nicht scheitern wollen. Offensichtlich verändern sich unsere Fähigkeiten und Möglichkeiten über die Spanne unseres Lebens permanent und teilweise erheblich (Baltes et al. 2006). Wenn aber die sich entwickelnde Person dies jeweils registriert, impliziert dies eine wenigstens partielle Veränderung des Selbstbilds, womöglich auch Veränderungen der registrierenden Prozesse, zum Beispiel dadurch, dass Menschen in Abhängigkeit von den jeweils dominierenden Entwicklungsaufgaben für unterschiedliche Aspekte von sich sensibel sind. Dies sollte eine auch im Erwachsenenalter merkliche intrapersonale Variabilität des Selbst erwarten lassen. Die empirisch ebenfalls gut belegte situative Flexibilität des Selbst, also die Fähigkeit des Selbstbilds, sehr variabel die in der jeweiligen Situation passenden Aspekte zu fokussieren (Hannover 1997), ebenso wie die Notwendigkeit, gravierendere alterskorrelierte Veränderungen im Laufe des Erwachsenenalters wenigstens in zureichender Weise abzubilden, scheint zu der Stabilität der erwachsenen Persönlichkeit wenig zu passen.

Flexibilität und Stabilität? Der Umstand, dass beide Befundlinien – Flexibilität und Stabilität der Person – empirisch gut belegt sind, suggeriert geradezu ein Paradox der Persönlichkeit. Wie kann ein dynamisches, situativ adaptives und sich permanent entwickelndes Selbst so konsistente Verhaltenstendenzen produzieren, dass der empirische Eindruck einer stabilen Persönlichkeit im Erwachsenenalter so stark (und reliabel) ist?

Wenn die Überlegung zutreffend ist, dass die Stabilität des Selbst mit Hinweis auf eine stabile „Persönlichkeit" nicht erklärt, sondern nur benannt worden ist, liegt der Umkehrschluss nahe, dass die Prozesse und Strukturen des Selbst die Grundlage für das sein könnten, was uns aus der Innensicht als Identität und aus der Außensicht als Persönlichkeit erscheint, die sich in hinreichend konsistentem Handeln zeigt. Der Stabilitätsbefund, der auf den ersten Blick einer Entwicklung des Selbst im Erwachsenenalter zu widersprechen scheint, kann aus dieser Sicht als Ausdruck einer komplexen Entwicklungsdynamik des Selbst verstanden werden (Greve 2005). Dabei muss Stabilität nicht immer unmittelbar intendiert sein; wichtig ist für den hier zu führenden Argumentationsschritt jedoch die Überlegung, dass die Stabilität, die man auf einer bestimmten Ebene beobachten kann (z. B. die Stabilität einer Verhaltensneigung) das Ergebnis dynamischer (Veränderungs-)Prozesse auf einer anderen Ebene sein kann. Stabilität kann durch Wandel gesichert werden („Allostasis"; Sterling und Eyer 1988). Die Überlegung, die wahrgenommene Stabilität der Person als Ausdruck und Ergebnis eines permanenten und dynamischen (Entwicklungs-)Prozesses (innerhalb der Person) aufzufassen, setzt aber auch die Revision des in traditionellen Phasentheorien vertretenen Entwicklungsverständnisses voraus, demzufolge Entwicklung in sichtbarer Veränderung besteht. Stabilität ist, so gesehen, nicht der Gegensatz von Entwicklung, sondern ein Spezialfall (sozusagen: der Grenzfall) von Entwicklung. Zudem kann Stabilität gleichzeitig mit Wandel auftreten, wenn wir mehrere Betrachtungsebenen in den Blick nehmen (die Integration verschiedener Systemebenen werden wir im nächsten Kapitel nochmals ansprechen).

Die Überlegungen des letzten Abschnitts legen nahe, dass das Selbst nicht nur Entwicklungsprodukt, sondern im individuellen Lebenslauf zunehmend auch Entwicklungsbedingung ist (Brandtstädter 2001). Neben die Prozesse, die die Entstehung des Selbst während der frühen Abschnitte der Ontogenese ermöglichen und steuern, tritt zunehmend eine aktionale Entwicklungsdynamik, die

5.3 Selbst-Regulation: Die Entwicklung des Selbst

voraussetzt, dass das Individuum konzeptuelle Repräsentationen von sich selbst und seinem Leben gebildet hat, Vorstellungen davon also, wie es sein sollte und werden könnte bzw. wie seine weitere Entwicklung verlaufen könnte und sollte. Damit ist allerdings die Frage, wie die Stabilität des Selbst erklärt werden kann, noch nicht beantwortet. Im Gegenteil: Der Umstand, dass sich Personen über die Spanne ihres Lebens in hohem Maße konstant erleben und verhalten, erscheint vor dem skizzierten aktionalen Hintergrund in besonderem Maße erklärungsbedürftig.

Stabilisierungsprozesse Die erste – und älteste – Argumentationslinie zur Klärung dieser Frage verweist auf psychodynamische Stabilisierungsprozesse des Selbst (Freud 1936). Personen haben, wie oben angesprochen, offenbar eine Tendenz, Selbstentwürfe und Selbstbildhypothesen gegen allzu heftige Schwankungen oder dramatische Revisionen zu schützen und dabei evaluativ möglichst positiv zu halten. Eine durch individuelle Motive und Interessen, aber auch durch allgemeine Selbststabilisierungstendenzen gesteuerte Verarbeitung selbstbezogener Informationen stellt nach dieser Vorstellung eine Konsistenz und Kontinuität selbstbezogener Überzeugungen bei einer möglichst positiven Tönung weitgehend sicher. Wir sehen und glauben in Bezug auf uns selbst vor allem das, was wir glauben wollen. Die zahlreichen möglichen Reaktionen auf einen potenziell selbstbild-bedrohlichen Sachverhalt lassen sich grob zwei „Verteidigungslinien" zuordnen.

Die erste Verteidigungslinie ist durch die *Zurückweisung der bedrohlichen Information* gekennzeichnet. Die Person nimmt im weitesten Sinne nicht zur Kenntnis, was Konsistenz oder Kontinuität ihres Selbstbilds bedrohen könnte. Dies umfasst Mechanismen der Wahrnehmungsabwehr, der Leugnung oder der Verdrängung neben vielen weiteren (s. z. B. Greve 2000). Manchmal ist das durchaus funktional: Beispielsweise kann eine selbstwertdienliche Attribution eines Prüfungsversagens („Der Prüfer war schuld, nicht ich!") zu Anfang einer Serie von Prüfungen die emotionale Entlastung bringen, die das Bestehen der folgenden erleichtert (weil man nicht durch Selbstzweifel behindert ist). Auch für längerfristige Belastungsreaktionen lassen sich Beispiele denken, in denen defensive Bewältigungsformen funktional oder jedenfalls der bestverfügbare Weg sind. So mag bei belastenden (traumatischen) Lebenserfahrungen das Versinken in der Vergessenheit dann stabilisierend wirken, wenn eine aktive Lösung nicht verfügbar ist (die Täter sind längst verstorben) und eine sinnhafte Einbettung in die eigene Biografie schwerfällt.

Offensichtlich können diese Stabilisierungsprozesse vom Handelnden selbst nicht intentional gesteuert oder kontrolliert werden: Es ist unmöglich, absichtlich Erinnerungen zu „verdrängen", weil ich, um das zu tun, genau diese Erinnerung in den Blick nehmen müsste (also eben nicht verdrängen würde), und weil überdies auch der Prozess des Verdrängens selbst nicht erinnert werden darf (weil er den verdrängten Inhalt ja umfasst: *was* wurde *wie* verdrängt?). Allerdings kann diese Zurückweisung unerwünschter oder bedrohlicher Evidenz nicht immer und insbesondere auf die Dauer nicht gelingen, weil Menschen handlungsfähig (es ist zwecklos, z. B. Kompetenzgrenzen zu leugnen, deren Nichtbeachtung mich im Handeln scheitern lassen würde) und insbesondere in ihren sozialen Interaktionen anschlussfähig bleiben müssen (es ist aussichtslos, z. B. Dinge zu bestreiten, die alle anderen Menschen gesehen haben und erinnern).

Die zweite Verteidigungslinie besteht in der *Neutralisierung der Bedrohlichkeit* einer als inkonsistent mit dem aktuellen Selbstbild erlebten, aber zunächst dennoch akzeptierten Tatsache (z. B. durch „Ausreden", die ein Misslingen auf besondere Umstände, nicht auf prinzipielles Versagen zurückführen). Jedoch dürfen, wie eben angesprochen, Selbstrepräsentationen nicht allzu realitätsfern werden, wenn sie funktionale Handlungsgrundlage bleiben sollen – auch Ausreden stehen erfolgreicher Handlungsplanung im Weg. Defensive Stabilisierungsprozesse können also die Selbstkonzeptstabilität im Erwachsenenalter nur zu einem geringen Teil erklären.

Eben weil die Prozesse des Selbst sowohl die hinreichende Abbildung der sich lebenslang verändernden Attribute und Eigenschaften der Person im Selbstbild als auch seine Kontinuität und möglichst positive Tönung gewährleisten sollen, entsteht ein Problem immer dann, wenn das „Realitätsprinzip" die Integration von Veränderungen – insbesondere von Defiziten und Verlusten – in das Selbstbild nahelegt, das „Lustprinzip" aber die Vermeidung dieser Adaptation fordert. Daraus folgt, dass Selbstkonzeptentwicklung und insbesondere die Stabilisierung des erwachsenen Selbst nicht ausschließlich in Prozessen bestehen kann, die bedrohliche Daten zum Schutz des bedrohten Konzepts ignorieren oder modifizieren. Es muss daneben eine Art geschmeidige, realitätsakzeptierende Entwicklungsdynamik des Selbst geben, die eine Stabilität des Selbst und damit die personale Identität über die Lebensspanne hinweg sichert, ohne dabei reale Veränderungen völlig zu missachten.

Dies kann etwa dadurch erreicht werden, dass bedrohte Selbstkonzeptbereiche neu definiert werden („Mein gutes Gedächtnis erkennt man nicht am (schlechten) Namensgedächtnis, sondern am (guten) Gedächtnis für Gedichte!"), oder auch durch systematische Abwärtsvergleiche („Ich kenne einen Mann, der ist *wirklich* dick!"). Jedoch haben auch Stabilisierungsmechanismen dieser Art Grenzen. Auch sie können dysfunktional werden, etwa wenn die hartnäckige Verteidigung der Überzeugung, gesund zu sein, auch im Fall von Krankheit die Einsicht in die Notwendigkeit einer Intervention verhindert. Beispielsweise immunisieren

Alkoholiker ihr Selbstbild, kein Alkoholiker zu sein, auch gegen hartnäckige Evidenz; die Überwindung dieser Verteidigungslinie ist eine zentrale Voraussetzung für erfolgreiche Intervention. Deswegen ist es unvermeidlich und auch wichtig, Probleme nicht endlos zu vermeiden: Wenn zum Beispiel kognitive Funktionsverluste mit zunehmendem Alter einschneidend werden und sich in vielen Lebensbereichen manifestieren, lassen sie sich weder negieren noch durch Anpassungen auf begrifflicher Ebene neutralisieren. Es wäre nach der oben umrissenen Argumentation zu erwarten, dass diese altersgebundenen Veränderungen spätestens dann erkennbare, zunehmend einschneidende Folgen für die Selbstwahrnehmung und Selbstwerteinschätzung des älteren Menschen haben, wenn sie über Funktionsschwächen in einzelnen, eng umgrenzten Bereichen hinausgehen. Überraschenderweise weisen zahlreiche Befunde jedoch darauf hin, dass die positive Färbung des Selbst auch im höheren Erwachsenenalter generell wenig beeinträchtigt ist. Ungeachtet zunehmender und eingestandener Entwicklungsverluste werden ältere Menschen in ihrer subjektiven Lebensqualität offenbar nicht generell beeinträchtigt („Wohlbefindensparadox"; Staudinger 2000).

5.4 Lebenslauf als psychologisches Problem: Entwicklungsregulationstheorien

Die Feststellung, dass der lange Zeitabschnitt des Erwachsenenalters durch Stabilität gekennzeichnet ist, ist vielleicht der überraschendste Ausgangspunkt der Lebensspannenperspektive der Entwicklungspsychologie. Nicht nur die Psychologie des Selbst, sondern auch die Persönlichkeitspsychologie und die Allgemeine Psychologie – tatsächlich alle Bemühungen der Psychologie, *allgemeine* Gesetzmäßigkeiten psychischer Funktionen zu identifizieren – setzen voraus, dass sich die jeweils betrachteten Phänomene im Wesentlichen *nicht* verändern (wenn sie sich erst einmal vollständig entwickelt haben). Stabile Eigenschaften der Person zu untersuchen macht nur unter dieser Voraussetzung Sinn. Ebenso lassen sich auch intrapsychische oder soziale Prozesse, die Personen *im Allgemeinen* kennzeichnen (z. B. komplexe kognitive Funktionen oder Reaktionen auf andere Personen), erst im Erwachsenenalter – aber dann über lange Zeitstrecken – verlässlich untersuchen. Vermutlich hat nicht zuletzt diese Beobachtung es lange nahegelegt, das Erwachsenenalter *nicht* als Entwicklungsphase anzusehen.

Die entscheidende Frage ist, ob man diese Veränderungen des Erwachsenenalters als *Entwicklung* bezeichnen soll; man könnte viele davon auch als „Lernen" bezeichnen, oder – vor allem im höheren Alter – als „Verluste" oder „Abbau". Das bedeutet, dass die Entscheidung, diese Verläufe und Prozesse als

„Entwicklung" zu bezeichnen und damit das Lebensspannenkonzept der Entwicklungspsychologie zu vertreten, eine konzeptuelle *Entscheidung* und keine prüfbare Schlussfolgerung aus empirischen Daten ist.

Entwicklung, Lernen, Verändern – Probleme und Grenzen von Definitionen
Schon ganz zu Beginn des Buchs (Abschn. 1.1 und Abschn. 1.5) haben wir darauf hingewiesen, dass wir keine endgültige Definition von „Entwicklung" präsentieren, aber darauf hoffen, dass im Laufe des Buchs immer deutlicher wird, was Entwicklung „ist", jedenfalls wie man den Begriff sinnvoll und nützlich verstehen bzw. gebrauchen kann. Wir haben dieses Vorgehen auch in Bezug auf andere Begriffe wie „Lernen" oder „Veränderung" verfolgt – auch hier haben wir keine Definitionen formuliert oder zitiert. Das hat einen systematischen Grund: Eine Definition kann selten helfen, etwas zu klären, was nicht auch ohne sie schon klar ist. Mindestens müssen die Begriffe, mit deren Hilfe man definiert (das, was sozusagen „rechts" in der Definition steht: „X ist der Fall, wenn ..."), allesamt klar sein, sonst nützt die Definition nichts. Manchmal stehen rechts nur Synonyme („Angst ist, wenn man sich fürchtet ...") – dann ist natürlich gar nichts gewonnen. Manchmal sind die Begriffe rechts nicht klarer als der zu definierende Begriff („Entwicklung bezeichnet eine bestimmte Teilmenge von Veränderungen des Menschen, die ..."), und oft sind es mehrere unklare Begriffe. So klärt man einen ungeklärten Sachverhalt sicher nicht.

Eine Definition ist oft nützlich, um Missverständnisse zu vermeiden („Wir werden im Weiteren mit dem Begriff ‚Handlung' solche Verhaltensweisen eines Menschen bezeichnen, die er absichtlich, kontrolliert, zielgerichtet, frei gewählt und regelrecht ausführt" – damit ist deutlich, dass Handlungen eine Teilmenge von menschlichem Verhalten sind). Aber eine solche Definition wird nur akzeptabel (sozial anschlussfähig) sein, wenn sie im Wesentlichen das trifft, was die Beteiligten schon vorher mit dem Begriff gemeint haben; dieser Konsens ist daher eher Voraussetzung als Ertrag einer Definition. Meistens wird aus dem Diskussionszusammenhang ohnedies hinreichend deutlich, was man wie meint und welche Begriffe man wie verwendet. Zum Beispiel würden wir „Lernen" (die Veränderung von Verhaltensbereitschaften oder -wahrscheinlichkeiten auf der Grundlage vorheriger Erfahrungen) nicht als Gegensatz, sondern als eine Form (als einen Spezialfall) von Entwicklung verstehen. Denn Entwicklung besteht aus Veränderungen auf der Grundlage der bis dahin

5.4 Lebenslauf als psychologisches Problem: Entwicklungsregulationstheorien

aufgetretenen Veränderungen (d. h. auf der Grundlage der aus ihnen resultierenden Struktur oder Konfiguration des Organismus, der sich entwickelt) in der Auseinandersetzung mit der jeweils relevanten Umwelt („Nische", Anforderung).

Konzeptuelle Bestimmungen (der Prototyp dafür sind Definitionen) sind keine Tatsachen, keine Entdeckungen, keine empirischen Befunde, sondern Festlegungen, also Normen (sozusagen Vorschriften über den Wortgebrauch). Das gilt besonders auch für die Entscheidung, „Entwicklung" als lebensspannenübergreifend zu verstehen. Es ist Piaget, Freud oder Kohlberg ja nicht entgangen, dass sich Erwachsene (z. B. sie selbst) auch jenseits der Jugend äußerlich und innerlich verändern, sie haben diese Veränderungen nur eben nicht als „Entwicklung" charakterisieren wollen. Die Position, „Entwicklung" auf die Ent-Wicklung der befruchteten Eizelle auf dem Weg zum erwachsenen Individuum einzugrenzen, bleibt aber natürlich weiterhin eine konzeptuelle Möglichkeit (Bischof 2009), und natürlich gibt es Argumente für ein auf Kindheit und Jugend zentriertes Entwicklungsverständnis, z. B. der Befund, dass im Erwachsenenalter der Eindruck der Stabilität dominiert, oder die These, dass die evolutionäre Funktion von Entwicklung die reliable Produktion des reproduktionsfähigen (erwachsenen) Organismus ist (Abschn. 4.3). Umgekehrt könnte man zugunsten der Lebensspannenperspektive beispielsweise antworten, dass es auch jenseits der Jugend *systematische* Veränderungsmuster gibt (also nicht nur individuelle Lernprozesse), oder dass auch ältere und alte Menschen eine funktionale Rolle für die Reproduktion haben (Abschn. 4.3). Alle diese (beispielhaft) genannten Argumente sind zwar empirische Argumente, aber aus derartigen empirischen Befunden allein folgt keine normative Schlussfolgerung (wie wir in Abschn. 3.1 gesehen haben). Letztlich wird die Entscheidung für oder gegen eine Lebensspannenperspektive (d. h. für oder gegen eine bestimmte Definition von „Entwicklung") von der empirischen Fruchtbarkeit dieser Perspektive abhängen.

Die Lebensspannenperspektive der Entwicklungspsychologie steht vor zwei Herausforderungen. Zum einen muss die Ausweitung der unter dieser Perspektive betrachteten Phänomene (die nun auch Veränderungen einschließt, die in der Kindheit keine Bedeutung haben, z. B. Veränderungen von Lebenszielen) theoretisch ertragreich sein, d. h. im besten Fall auch zum Verständnis von Veränderungsprozessen in Kindheit und Jugend etwas beitragen (die umgekehrte Perspektive – die Bedeutung kindlicher Entwicklungsprozesse für das mittlere und hohe Erwachsenenalter – ist ja auch aus der klassischen Perspektive plausibel und empirisch relativ gut belegt, etwa in der Bindungstheorie; Abschn. 3.2). Es ging ja nicht nur darum, die Gerontopsychologie mit der Entwicklungspsychologie von Kindheit und Jugend zu verbinden (obwohl die Lebensspannenperspektive häufig vor allem das höhere und hohe Alter in den Blick genommen hat), sondern vor allem darum, eine unnötige (vielleicht hinderliche) Einengung der Forschung (z. B. auf bestimmte Lebensabschnitte, auf bestimmte Veränderungsrichtungen oder -formen etc.) zu vermeiden (Baltes 1989) und übergreifende Zusammenhänge, d. h. eben: universelle Entwicklungsprozesse zu identifizieren. Die Lebensspannenperspektive der Entwicklungspsychologie enthält ja nicht zuletzt den Vorschlag, nach Kontinuitäten (wie setzt sich eine Entwicklung in der Kindheit über das Erwachsenenalter fort, wie schließen beide aneinander an?), aber auch nach *Gemeinsamkeiten* von Veränderungen in der Kindheit, im Erwachsenenalter und im hohen Alter zu suchen (könnte eine bestimmte *Form* der Anpassung – Akkommodation – für alle Altersabschnitte kennzeichnend sein? s. Abschn. 5.5). Dies eben war der Ausgangspunkt des Kapitels: Die Suche nach den möglichst *universellen Prozessen* der Entwicklung(sregulation).

Dabei müssen, dies ist die zweite Herausforderung, die Entwicklungsprozesse, die wir im Erwachsenenalter identifizieren, auch erklären, warum sich in manchen Bereichen über lange Zeitstrecken (insbesondere des Erwachsenenalters) nichts sichtbar verändert. Tatsächlich hat die moderne Entwicklungspsychologie der Lebensspanne (zum Überblick s. Brandtstädter und Lindenberger 2007) die Erklärung von Stabilität (im Erwachsenenalter) seit längerem als wichtige Fragestellung ernst genommen. So hat die Beobachtung, dass sich das Wohlbefinden und die Lebensqualität bei den meisten Menschen im höheren Alter nicht verschlechtern, obwohl Verluste zunehmen und auch wahrgenommen werden, erhebliche Aufmerksamkeit auf sich gezogen (Staudinger 2000). Dieses Phänomen der Stabilität des Wohlbefindens, aber auch der Stabilität von Selbst und Persönlichkeit insgesamt, ist als „Resilienz" des Alters bezeichnet worden (Greve und Staudinger 2006; Leipold 2015; Staudinger et al. 1995).

Resilienz: Allgemeine Probleme eines spezifischen Konzepts
Ursprünglich war dieses Konzept in Bezug auf die Entwicklung von Kindern und Jugendlichen angewendet worden, die trotz belastender und ungünstiger Entwicklungsbedingungen (z. B. psychisch kranke Eltern,

5.4 Lebenslauf als psychologisches Problem: Entwicklungsregulationstheorien 173

extrem schlechte Fürsorgebedingungen etc.) keine Störungen zeigten und sich stattdessen unauffällig oder sogar „erfolgreich" (s. Exkurs „Gelungene Entwicklung" in Abschn. 5.2) entwickelten (zum Überblick s. z. B. Luthar 2006). Der Begriff „Resilienz" bezeichnet dementsprechend Entwicklungsverläufe unter Risikobedingungen, die entweder durch Stabilität oder durch schnelle Wiederherstellung des Zustands vor Eintritt des Risikos gekennzeichnet sind. Häufig wird das persönliche „Wachstum" nach einer Krise von Resilienz konzeptuell unterschieden (ausführlich dazu etwa Greve und Staudinger 2006)

Die Untersuchung des Phänomens der Resilienz ist nicht nur in Bezug auf die inhaltlichen Forschungsfragen interessant (z. B.: welche individuellen Kompetenzen tragen dazu bei, das Fehlen elterlicher Fürsorge ohne besondere Veränderungen oder Beeinträchtigungen des Lebenslaufs zu erleben?), sondern auch aus grundsätzlicheren Gründen.

Zunächst hat gerade das Phänomen der Resilienz die Aufmerksamkeit darauf gelenkt, dass auch das *Ausbleiben* von Veränderungen ein Thema, ein Erklärungsgegenstand der *Entwicklungs*psychologie sein kann. Im Kindesalter war eher das Fehlen von Abweichung erstaunlich (keine abweichende, keine „pathologische" Entwicklung trotz zahlreicher Risikofaktoren), aber damit beschrieb „Resilienz" nur eine *Variante* von Entwicklung (nämlich „stabile" oder „normale" Entwicklung) und nicht das Fehlen von Veränderung (Stabilität). Erst mit der Anwendung des Konzepts auf das höhere Alter (Staudinger et al. 1995) wurde die Frage, wann (unter welchen Umständen) auch Stabilität ein Entwicklungsphänomen sein könnte, ernstlich relevant. Die inhaltliche Antwort auf diese Frage ist ein wichtiges Thema dieses Abschnitts, aber es ist allemal bemerkenswert, dass ein zunächst relativ spezifisches Konzept den Blick auf Entwicklung und vielleicht das Verständnis von Entwicklung grundlegend verändert hat.

Der zweite Grund, aus dem Resilienz ein besonders lehrreiches Konzept für das Verständnis von Entwicklung ist, ist der Umstand, dass an diesem Beispiel mehrere grundlegende theoretische Schwierigkeiten besonders deutlich werden. Zunächst ist das Problem (stillschweigender, impliziter) normativer Voraussetzungen, das uns etwa in der Theorie von Kohlberg begegnet war, auch hier besonders deutlich: Wie soll „erfolgreiche" oder „gesunde" Entwicklung näher bestimmt werden, die durch Resilienz ermöglicht wird? Offenbar geht diese Idee von Resilienz davon aus, dass es einen „normalen" Entwicklungsverlauf gibt, der manchmal durch Risiko- oder

Störbedingungen beeinträchtigt wird. Das wiederum bedeutet, dass diese Risikobedingungen „normalerweise" (also beinahe immer dann, wenn sie auftreten) „negative" Entwicklungsverläufe nach sich ziehen (eine Störung stört normalerweise) – es sei denn, es liegt außerdem „Resilienz" vor, die dann eben den „normalen" (ungestörten) Entwicklungsverlauf trotz der Risikobedingung ermöglicht. Damit wird das *statistisch* Normale stillschweigend zur *Norm* (also zum Gebotenen, Wünschenswerten, Richtigen) erklärt – eben genau der Fehlschluss, den wir (in Abschn. 3.1) schon kennengelernt hatten.

Über diesen Fehlschluss von „Ist" zum „Soll" („‚normal' ist ‚gut'") hinaus ist aber das (statistisch) „Normale" stets nur eine aktuelle (zufällige) Konstellation: Es wäre ja möglich, dass viele Menschen „Resilienz" zeigen (z. B. sind in Deutschland die meisten Menschen „resilient" in Bezug auf die Zufuhr von Milch(zucker), in anderen Ländern dagegen hat die Mehrheit der Menschen eine Laktoseintoleranz; Lammert und Terjung 2007). Ein Konzept, dass nur so lange sinnvoll ist, wie es auf wenige Fälle anwendbar bleibt bzw. das schon deswegen seinen Sinn verliert, weil es auf relativ viele zutrifft, kann schwerlich eine sinnvolle theoretische Größe sein (schon deswegen nicht, weil es ja von vornherein kontextrelativ wäre).

Ein weiteres theoretisches Problem ist die Vorstellung, „Resilienz" sei eine „Eigenschaft" (oder ein Eigenschaftsmuster), die die Menschen, deren Entwicklung unbeeinträchtigt bleibt, von den anderen unterscheidet (die im Fall einer Störung die für Störungen „normale" negativen Folgen zeigen). Dies ist deswegen schwierig, weil Resilienz ja, wie eben gesehen, über ihre *Wirkung* definiert ist – sie kann dann diese Wirkung aber nicht gleichzeitig erklären. „Ein Bumerang ist, wenn man ihn wegwirft und er nicht zurückkommt, dann war es keiner" – dieser alte Scherz macht das Problem deutlich. Ein Bumerang ist darüber *definiert*, dass er bei sachgerechter Anwendung eine bestimmte Flugbahn zeigt, aber man kann diese Flugbahn („kommt zurück") nicht dadurch *erklären*, dass das Wurfgerät ein Bumerang ist. „Bumerang" benennt Wurfgeräte, die diese Flugbahn zeigen (wenn man sie richtig benutzt und nichts den Flug stört). Resilienz „als Eigenschaft" wäre dann einfach nur ein Zirkel (das Problem hatten wir oben bereits an einem anderen Beispiel kennengelernt).

Früh wurde deswegen vorgeschlagen, Resilienz über die Wirkung von „Schutzfaktoren" zu erklären, beispielsweise soziale Unterstützung durch andere („eine liebevolle Großmutter") oder persönliche Ressourcen

(Bewältigungskompetenzen). Auch wenn dieser Vorschlag auf den ersten Blick die Schwierigkeiten des Eigenschaftskonzepts von Resilienz vermeidet, sind bei näherem Besehen die Details doch kompliziert. Beispielsweise findet sich häufig der Vorschlag (und auch: der Befund), dass das persönliche Selbstwertempfinden eine solche Ressource (und ein Schutzfaktor) sein könnte („Wer zuversichtlicher und mit Selbstvertrauen an Schwierigkeiten herangeht, wird sie eher oder besser lösen können"). Zugleich aber ist natürlich ein positives Selbstwertempfinden ein naheliegendes und vielleicht ein kaum zu umgehendes *Kriterium* für Resilienz: „Erfolgreiche" oder „gesunde" Entwicklung wird häufig auch an einem hinreichend positiven Selbstwertempfinden erkannt (d. h. dadurch definiert). Leider wird die Erklärung sinnlos, wenn man beides gleichzeitig annimmt: „Warum hat er ein positives Selbstwertempfinden?" – „Weil er ein positives Selbstwertempfinden hat(te)!" Auch das wäre wieder ein logischer Zirkel.

Der Vorschlag, „Resilienz" als *Bezeichnung* für Konstellationen von Personen, Ressourcen und Herausforderungen aufzufassen, deren stabilisierende Effekte empirisch zu erklären sind (Greve und Staudinger 2006), trägt diesen Einwänden Rechnung. Resilienz wäre dann die *Bezeichnung* eines Phänomens, nicht seine Erklärung. So verstanden wäre das Phänomen der Resilienz, wenn man die empirischen Zusammenhänge der jeweiligen Konstellation geklärt hat, konzeptuell nicht mehr von statistischen Häufigkeiten abhängig („selten"). Es könnte sich beispielsweise zeigen, dass das Selbstwertempfinden einer Person auch unter sehr starken Belastungen (z. B. nach einer ungewollten Trennung) stabil bleibt, wenn sie mehrere Perspektiven auf diese Situation einnehmen kann (z. B. „Ich habe daraus auch etwas gelernt!"), ein paar gute Freunde hat, die zu ihr halten, und früher die Erfahrung schon gemacht hat, dass sie auch schwerere Krisen bewältigen kann. Zugleich wird deutlich, dass verschiedene Konstellationen *dieselben* Effekte haben können (z. B. wenn das Selbstwertempfinden durch eine erfolgreiche Therapie stabilisiert wird). Wenn man solche Zusammenhänge untersucht (welche Konstellationen haben wann welche Effekte bei wem), dann setzt dies keine normativen Positionen („Was ist erfolgreiche Entwicklung?") voraus.

Um es ausdrücklich zu betonen: Wir haben diese theoretischen Schwierigkeiten des Resilienzkonzepts nicht deswegen so ausführlich diskutiert, weil Resilienz ein unfruchtbares oder sogar inkonsistentes Konzept wäre (es ist im Gegenteil höchst nützlich, aus den genannten Gründen),

> sondern weil es wichtig ist, die konzeptuellen Probleme von „Resilienz"
> möglichst klar zu identifizieren, um sie vermeiden zu können. Denn selbstverständlich können derartige Probleme (zirkuläre Erklärungen, normative Prämissen, etc.) nicht nur beim Konzept der Resilienz auftreten, sondern sind bei entwicklungspsychologischen Erklärungen generell zu beachten (zu vermeiden).

Der Gedanke, dass Stabilität Ausdruck einer Entwicklungsdynamik sein kann (d. h. eben eine *Variante* von Entwicklung, nicht ihr Gegenstück), ist empirisch und theoretisch tatsächlich fruchtbar. Wir haben im Abschn. 5.2 bereits gesehen, dass die Stabilität des (erwachsenen) Selbst vielleicht nicht weniger erklärungsbedürftig ist als seine Veränderung, und dass eine Vielzahl von Prozessen (Greve 2000) diese Stabilität her- oder sicherstellen können. Dieser Blick auf ein zentrales Thema der Entwicklungspsychologie des Erwachsenenalters ist nicht nur für die Persönlichkeitspsychologie bedeutsam (die vielfach auf Selbstauskünfte, also Selbstkonzepte, rekurriert; Greve 2005), sondern zeigt zugleich, dass die Suche nach entwicklungsregulativen Prozessen, die Stabilität *oder* Veränderung erklären können, fruchtbar sein können. Überdies wird mit Blick auf die Psychologie des Selbst deutlich, dass Stabilität auf einer Betrachtungsebene (z. B. Stabilität des globalen Selbstwertempfindens) durch Anpassung (d. h. Veränderung) auf einer anderen Ebene (z. B. Definition einer konstitutiven Komponente des Selbstkonzepts) hervorgebracht (gesichert) werden kann. Stabilität und Veränderung sind daher auch keine Gegensätze, sondern können auf verschiedenen Ebenen entstehen – und so kann die Veränderung auf einer Ebene die Erklärung für Stabilität auf einer anderen sein. Das Beispiel des Seiltänzers macht das deutlich: Damit die *Person* oben gleichmäßig vorwärtsgehen kann, müssen *in der Person* zahlreiche schnelle muskuläre Anpassungen höchst koordiniert ablaufen – von außen aber (aus Sicht der Zuschauer) sieht sein Vorwärtsschreiten kontinuierlich und stabil aus (besonders dann, wenn der Seiltänzer dies gut kann).

Strategische Stabilisierung: Selektive Optimierung mit Kompensation Tatsächlich ist der prototypische Fall von Selbststabilisierung die oben (Abschn. 5.1) diskutierte intentionale Selbstgestaltung: In Bezug auf unsere Entwicklung streben wir häufig Stabilität an (z. B. deswegen, weil Verlässlichkeit für soziale Interaktionen häufig unerlässlich ist) – und das umso mehr, je älter wir werden (z. B.: wir ziehen seltener um, wir investieren in bestehende Freundschaften statt neue zu suchen, wir halten vertraute Gewohnheiten aufrecht etc.). Dabei hilft es uns,

5.4 Lebenslauf als psychologisches Problem: Entwicklungsregulationstheorien

dass die Selbstregulation des Selbst (die, wie gesehen, im Wesentlichen *nicht* intentional gesteuert oder kontrolliert sein kann) auch unser Bild von uns selbst stabilisiert (entweder verteidigt oder jedenfalls uns selbst als kontinuierlich – *identisch* – erleben lässt).

Allerdings verändern sich ab dem mittleren und im höheren Erwachsenenalter zunehmend unsere Möglichkeiten und Ressourcen. Nicht nur geläufige Stereotype, sondern auch eine Reihe von Befunden weisen darauf hin, dass sich Entwicklungsverluste (d. h. Veränderungen, die wir als Einschränkungen, Verluste oder in anderer Weise als belastend und bedrohlich erleben) im späteren Erwachsenenalter zu häufen beginnen (Staudinger 2000). Strategische Antworten auf drohende und eingetretene Verluste werden insbesondere im Modell „selektiver Optimierung mit Kompensation" (SOK; Baltes und Baltes 1990; Freund et al. 1999) untersucht. Eine mögliche Reaktion auf knapper werdende Ressourcen (Zeit, Energie, soziale Unterstützung, finanzielle Mittel) ist eine restriktivere Auswahl von Zielbereichen (*Selektion*), die wiederum einen gezielten Ressourceneinsatz ermöglicht. Für die Zielerreichung (und die ihr folgende individuelle Befindlichkeit) im Verhältnis zu den eingesetzten (verfügbaren) Mitteln ist dabei allerdings deren *optimale* Nutzung entscheidend: Man kann knappe Ressourcen effizienter einsetzen und so vergleichbare Resultate erzielen (z. B. werden nachlassende Gedächtnisfunktionen durch deren effizientere Nutzung offenbar vielfach ausgeglichen; Baltes et al. 2006). Erfolgreiche Optimierung ist im hohen Alter daher häufig durch den fokussierten Einsatz bewährter Mittel zur Zielerreichung gewährleistet. Wenn diese nicht mehr im erforderlichen Maße verfügbar sind, kann dies durch den Erwerb neuer oder die übertragene Anwendung anderer interner oder externer Ressourcen kompensiert werden und so zur Aufrechterhaltung eines von Verlust bedrohten Funktionsniveaus beitragen. Ein wichtiger Aspekt der Selbstregulation im hohen Alter besteht eben im kompensatorischen Umgang mit Verlusten; dies können sehr konkrete Hilfsmittel sein (z. B. ein Hörgerät) oder soziale Unterstützungen (z. B. ambulante Pflege, externe Verpflegung), aber auch weniger gut erkennbare Strategien, um Entwicklungsverluste auszugleichen oder unsichtbar zu machen.

Margret und Paul Baltes (Baltes und Montada 1996) haben das vielzitierte Beispiel eines alternden Pianisten geschildert, der, um seinen Beruf auch im hohen Alter erfolgreich nachgehen zu können, mit nachlassender manueller Geschwindigkeit sein Repertoire umgestellt hat (Selektion), die darin schwierigen (z. B. schnellen) Passagen mehr geübt hat (Optimierung) und bei Aufführungen *vor* den schnelle Passagen das Tempo verlangsamte (Kompensation), um den für die Interpretation wesentlichen Aspekt der relativen Differenz zu bewahren und für das Publikum den Eindruck der Tempo*steigerung* unverändert bestehen zu lassen. Solche Beispiele deuten darauf hin, dass SOK-Regulationen typischerweise intentional ablaufen (SOK wäre insofern ein Beispiel für eine Entwicklungstheorie im Rahmen des aktionalen Ansatzes; Abschn. 5.1). Das im folgenden geschilderte Experiment (Lindenberger et al. 2000) zeigt aber, dass mindestens kompensatorische Regulationen auch nichtintentional ablaufen können (für Selektion und Optimierung ist das nicht so klar).

Kompensation in verschiedenen Funktionsbereichen: Aussichten für entwicklungspsychologische Experimente
Lindenberger, Marsiske und Baltes (2000) haben diese Kompensationsannahme der SOK-Theorie auf experimentellem Weg überprüft. Die zentrale Idee der Untersuchung war es, dass wegen der im Alter zunehmend knapper werdenden Ressourcen diese selektiver eingesetzt werden (also von anderen Aufgaben, die als weniger wichtig eingeschätzt werden, abgezogen werden), weil nur so die jeweils zu lösende Aufgabe möglichst gut gelöst werden kann. Die kritische Ressource der Studie war Aufmerksamkeit – die Probanden hatten die Aufgabe, gleichzeitig eine Erinnerungsaufgabe zu bearbeiten und einen komplizierten Parcours zu durchlaufen (u. a. innerhalb eines relativ schmalen Wegs zu bleiben). Es gab zahlreiche Kontrollbedingungen, etwa einen leichteren Parcours, aber natürlich auch die Gedächtnisaufgabe ohne zweite (ressourcenbindende) Aufgabe. Die Vorhersage war, dass eine Zielselektion stattfindet, nämlich dass das „unfallfreie" Gehen im schwierigen Parcours als das zunächst unmittelbar wichtigere Ziel angesehen und ausgewählt wird und dass daraufhin die Aufmerksamkeit auf diese Aufgabe (zu ihrer Optimierung) konzentriert wird mit der Folge, dass sie für die (korrekte) Bearbeitung der kognitiven Aufgabe dann fehlt (wenn sie knapp ist – im höheren Alter). Tatsächlich zeigte sich, dass die Zahl der Fehler bei der kognitiven Aufgabe mit steigender Aufmerksamkeitsbindung durch die motorische Aufgabe zunahm, und dies vor allem bei Älteren (deren Aufmerksamkeitsressourcen insgesamt begrenzter waren).

Lehrreich an dieser Studie ist (abgesehen vom inhaltlichen Ertrag), dass entwicklungspsychologische Fragen und Theorien nicht nur korrelativ, sondern auch experimentell geprüft werden können. Wir haben in Abschn. 2.2 die für die Entwicklungspsychologie zentralen Designs (Querschnitt, Längsschnitt, Kombinationen wie das Kohorten-Sequenzdesign) angesprochen und dort schon gesehen, dass ein längsschnittlicher Ansatz

5.4 Lebenslauf als psychologisches Problem: Entwicklungsregulationstheorien

nicht unter allen Umständen der „Königsweg" der Entwicklungspsychologie sein muss. Viele der allgemeinen Annahmen, die die SOK-Theorie macht (z. B. über den Umgang mit Ressourcenknappheit, zu alterskorrelierten Veränderungen der Verfügbarkeit von Ressourcen), ermöglichen es, sie auch ohne längsschnittliche Daten zu prüfen. Das Alter (also die vermutete Bedingung für die zunehmende Verknappung der Ressource Aufmerksamkeit) wird dabei selbstverständlich nicht als experimentelle (also systematisch zugewiesene), sondern als quasiexperimentelle (also natürlich variierende) Variable verwandt. Das bedeutet: In dieser Hinsicht ist das Experiment „querschnittlich"; da aber die Aufgabenkombinationen systematisch zugewiesen werden, ist diese Studie (quasi-)experimentell (und nicht nur die korrelative Betrachtung von Daten, die gesammelt wurden, wie sie vorfindlich waren).

Der aktive Umgang mit Problemen und Herausforderungen erscheint so naheliegend und funktional, dass verschiedene Theorien ihm ein Primat einräumen. Im Anschluss an Rothbaum, Weisz und Synder (1982) haben Heckhausen und Schulz (Heckhausen et al. 2010) eine Lebenslauf-Theorie der primären und sekundären Kontrolle vorgeschlagen, die diese These besonders deutlich aufgreift. „Primäre Kontrolle" ist in diesem Ansatz auf die aktive Veränderung der Situation gerichtet, d. h. auf die Verteidigung oder Wiedererlangung der Kontrolle über die Umwelt. „Sekundäre Kontrolle" soll, falls dies aktuell nicht erreichbar scheint, eine Veränderung der Person oder ihrer Situationsrepräsentation und -bewertung bewirken (z. B. die Selektion neuer Ziele), deren Zweck die Wiedergewinnung *primärer* Kontrolle, mindestens des Gefühls der Kontrollierbarkeit für diese angepassten Ziele ist. Indem ich ein Ziel verfolge, dessen Erreichung im Rahmen meiner Möglichkeiten liegt, bewahre ich auch das Gefühl der (primären) Kontrolle über mein Handeln und Leben. Die „Motivationale Theorie der Lebensspannen-Entwicklung" (Heckhausen et al. 2010) integriert in diesen Rahmen nicht nur wichtige Überlegungen der SOK-Theorie, sondern auch eine Reihe zusätzlicher Überlegungen. Von besonderer Wichtigkeit in diesem Ansatz sind die Funktionalität der primären Kontrolle (die aus dieser Sicht geradezu ein Kriterium „erfolgreicher" Entwicklung ist) und der Entwicklungsverlauf der primären und sekundären Kontrolle über die Lebensspanne (dazu kehren wir sofort zurück). Eine Vielzahl von Aspekten ist gut untersucht, beispielsweise die Strategien der Zielselektion in Abhängigkeit von verfügbaren Optionen: Manche Entwicklungsziele können jenseits eines bestimmten Punkts nicht mehr erreicht werden (Schwangerschaft nach der Menopause).

Entwicklungsregulation als Adaptation: Das Zwei-Prozess-Modell Beide zuletzt dargestellten Ansätze argumentieren erkennbar im Rahmen der aktionalen Perspektive, erweitert um insbesondere kompensatorische Prozesse (die nicht immer intentional ablaufen können). Tatsächlich kann man bezweifeln, ob Anpassungsprozesse („sekundäre Kontrolle") generell in der gleichen Weise kontrolliert und intentional ablaufen wie aktiv-strategische Reaktionen auf ein Problem (Brandtstädter 2007). So fruchtbar die aktionale Perspektive auf Entwicklung ist, so wichtig ist es, die Grenzen dieser Sicht im Blick zu behalten. Wie oben schon betont (Abschn. 5.1), verweist insbesondere die Schwierigkeit, dass die Prozesse, die Handeln ermöglichen, selbst nicht handlungsartig sein können (z. B. die Auswahl von Zielen), auf die Notwendigkeit, auch Prozesse zu berücksichtigen, die nicht (intentional) kontrolliert werden. Diese Überlegung weist zugleich darauf hin, dass die Idee eines *Vorrangs* „primärer" Kontrolle jedenfalls nicht immer und unbedingt zutrifft: Wenn Ziele gefunden und angepasst – reguliert – werden müssen, damit wir handeln können, diese Zielregulation aber selbst keine Handlung sein kann (weil dann ja *für sie* wieder Ziele reguliert werden müssten), dann ist vielleicht manchmal „sekundäre" Kontrolle die *Voraussetzung* für primäre Kontrolle (durch Handeln). Mindestens in diesen Fällen wäre dann aber die „sekundäre" Kontrolle *vor* der „primären" einzuordnen.

Vielleicht hilft es, die Frage der Regulation von Herausforderungen (Aufgaben, Problemen, Krisen) etwas grundsätzlicher (abstrakter) zu diskutieren. Sehr allgemein kann man Belastungen und Bedrohungen von Wohlbefinden und Handlungsfähigkeit als Diskrepanzen zwischen einem aktuellen tatsächlichen (wahrgenommenen) Zustand (IST) und einem angestrebten, erwünschten oder erforderlichen Zustand (SOLL) beschreiben. Dies vorausgesetzt kann man Reaktionen auf eine solche Diskrepanz zwei Kategorien zuordnen: Entweder versucht die Person, aktiv das Problem zu lösen (das IST zu verändern), oder sie muss reaktiv die empfundene Belastung durch Modifikation des Umgangs mit dem Problem (seiner Wahrnehmung oder Bewertung) reduzieren (das SOLL anpassen). Da in beiden Fällen die Diskrepanz, die das Problem konstituiert, verschwindet (oder sich reduziert), ist die Annahme, einer der beiden Wege habe Vorrang, jedenfalls nicht zwingend. Es wird vielmehr eben auf die jeweilige Konstellation ankommen, welche Folgen (Nutzen und Kosten) die jeweilige Anpassung hat: Unter bestimmten Umständen wird eine Zielanpassung (Anpassung des Soll-Zustands) funktional sein, unter anderen vielleicht eher Hartnäckigkeit (Veränderung des Ist-Zustands). Ein bestimmtes Berufsziel nach einer gescheiterten Prüfung nicht weiter zu verfolgen und stattdessen eine andere Karriere einzuschlagen, könnte die Lebensqualität stabilisieren, wird aber mit sogenannten „Opportunitätskosten" (d. h. der *entgangene* Nutzen, der bei hartnäckiger Verfolgung des ursprünglichen Zieles eingetreten wäre) bezahlt; zugleich sind aber die Kosten, die eine hartnäckige (möglicherweise aussichtslose) Zielverfolgung nach sich gezogen hätten, *nicht* angefallen. Da die jeweils nicht realisierten Bedingungen nicht geprüft werden können (zumal nicht aus der begrenzten und subjektiven Sicht des Individuums), kann die Frage, welche Lösung die „bessere" ist, selbst dann nicht sicher beantwortet werden, wenn das *Kriterium* für „besser" (s. „Gelungene Entwicklung" in Abschn. 5.2) unstrittig wäre.

Das Beispiel legt die Vermutung nahe, dass eine funktionale Entwicklungsregulation weniger durch Vorrang *einer* Problemlösung als vielmehr durch eine ausgewogene und realitätsangemessene Balance zwischen verschiedenen Wegen, ein Problem zu lösen oder aufzulösen, gekennzeichnet ist. „Realitätsangemessen" muss Regulation mindestens so weit sein, dass „Festfahren" in einer faktisch aussichtslosen Orientierung (z. B.: „Mit dem Kopf durch die Wand …"; aber ebenso: „Der Klügere gibt nach … und nach … und nach …") unwahrscheinlich oder ganz vermieden wird. Das Zwei-Prozess-Modell der Entwicklungsregulation (Brandtstädter 2007; Brandtstädter und Rothermund 2002) das ebenfalls aus einer aktionalen Perspektive entwickelt wurde, fokussiert insbesondere diese wechselseitige Abhängigkeit der beiden angesprochenen Wege. Dementsprechend unterscheidet das Modell zwei grundsätzliche Modi der Problembewältigung, die als „assimilative Strategien" und „akkommodative Prozesse" bezeichnet werden.

Assimilative Strategien: Intentionale Selbstentwicklung Im assimilativen Reaktionsmodus versucht die Person, ihre Lebenssituation, ihr eigenes Verhalten oder auch Aspekte der eigenen Person im Sinne einer besseren Angleichung an ihre normativen Vorstellungen und Ziele in Bezug auf sich selbst zu verändern. Zum Beispiel können wir uns sportlich betätigen, um etwas für die Kondition zu tun, oder unser Ernährungsverhalten ändern, um unsere Figur unseren diesbezüglichen Wunschvorstellungen anzunähern. Kennzeichnend für diesen Modus ist das Festhalten an den persönlichen Standards und Zielen, die der Situations- bzw. Entwicklungsbewertung zugrunde liegen. Die Bemühungen um Lösung des jeweils wahrgenommenen Problems werden typischerweise absichtlich, bewusst und kontrolliert ausgeführt: Man kann von Bewältigungs*strategien* sprechen. In diesem Modus wird die oben (Abschn. 5.1) diskutierte intentionale Selbstgestaltung im Wesentlichen operieren, jedenfalls solange sich keine unüberwindlichen Hindernisse in den Weg stellen. Allerdings gilt auch hier der oben angesprochene Einwand, dass die Handlungsvoraussetzungen ihrerseits nicht intentional angestrebt (reguliert) werden können. Der assimilative Modus selbst umfasst daher *mehr* als nur absichtsvolles Handeln; zu diesem Modus gehört etwa auch eine spezifische (selektive und fokussierte) Informationsverarbeitung (die ihrerseits keine Handlung ist).

Akkommodative Prozesse: Entwicklung als Adaptation Natürlich kann der Versuch, Entwicklungsprobleme auf strategische, absichtsvolle Weise zu beseitigen oder zu verhindern, scheitern oder mit zu hohen Schwierigkeiten und Kosten verbunden sein; kompensatorische Maßnahmen werden nicht immer verfügbar sein, nicht immer gelingen. Wünsche sind manchmal unerreichbar, Ziele endgültig blockiert, Hoffnungen unwiderruflich begraben. Das kann Ziele betreffen, die sich ersetzen lassen (z. B. wenn sich ein bestimmtes berufliches Ziel nicht erreichen lässt, lassen sich andere finden, berufliche oder private, die seinen Platz einnehmen können), aber auch Ziele, die schwerer zu kompensieren sind (z. B. wenn im hohen Alter der Partner stirbt, mit dem einen ein Leben verbunden hat, dann ist diese Lücke nicht zu schließen und das Ziel, mit ihm weiter zu altern, unerreichbar geworden). Dennoch findet sich empirisch, dass Lebensqualität und Wohlbefinden auch im höheren Alter, wenn Verlusterfahrungen wahrscheinlicher werden, für die meisten Menschen die meiste Zeit auf einem stabilen, hinreichend positiven Niveau bleiben – wir haben das Phänomen des sogenannten „Wohlbefindensparadoxes" (Staudinger 2000) oben im Zusammenhang der Diskussion von „Resilienz" schon angesprochen. Es ist keineswegs offensichtlich, wie das gelingen kann, denn der oben angesprochene Pianist, der seine mit dem Alter nachlassende Fingerfertigkeit mit Repertoireanpassung, erhöhter Vorbereitung und adaptierter Interpretation kompensiert, kann vielleicht sein Publikum, nicht aber sich selbst darüber hinwegtäuschen, dass seine Finger ihre frühere Geschmeidigkeit verloren haben (und nun sich die künstlerische Gestaltung nach den Möglichkeiten richten muss, die ihm noch zu Verfügung stehen). Seine *eigene* künstlerische Zufriedenheit setzt voraus, dass sich seine Bewertungsmaßstäbe ebenfalls verändern („Die absolute Geschwindigkeit ist künstlerisch ja wirklich unbedeutend – der *Kontrast* zwischen der schnelleren und der langsameren Passage ist das, was die Interpretation ausmacht; wenn das Stück insgesamt etwas langsamer gespielt wird, kommt das umso *besser* zur Geltung!").

Offenbar gelingt es den meisten Menschen (in den meisten Fällen), Lebens- und Entwicklungsentwürfe soweit zu revidieren und anzupassen, dass sich das Problem *auf*löst, wenn es nicht *ge*löst werden kann. Ein wichtiger Fall solcher Adaptation sind reaktive Präferenzanpassungen, also das Angleichen von Standards und Zielen an die Situation und die gegebenen Handlungsmöglichkeiten (wie im Beispiel des Pianisten). Derartige Anpassungen werden als Akkommodation bezeichnet. Typische Beispiele akkommodativer Reaktionen sind die Aufgabe und Abwertung von blockierten Zielen, Prozesse der Anspruchsregulation,

5.4 Lebenslauf als psychologisches Problem: Entwicklungsregulationstheorien

aber auch Prozesse, die zu einer akzeptanzfördernden Umdeutung der gegebenen Situation führen. Das kann beispielsweise bedeuten, dass Ziele, die man nicht aktiv verfolgen kann, an Bedeutung verlieren. Eine Liebe, die allen Bemühungen zum Trotz unerwidert bleibt, muss durch Ablösung, im besten Fall durch Umorientierung (eine neue Liebe) aufgelöst werden (z. B. „If you're not with the one you love, love the one you're with"). Das Beispiel macht allerdings auch deutlich, dass derartige Prozesse nicht nur Zeit brauchen (z. B. auch eine Phase des Trauerns, des „Verabschiedens" einschließen; Brandtstädter 2011), sondern oftmals kaum direkt willentlich beeinflussbar sind. Wer unglücklich verliebt ist, kann nicht einfach entscheiden, dass er es nicht mehr ist. Die Idee, die angebetete Person aufzugeben und sich nach einem neuen Partner umzuschauen, klingt schlüssig, lässt sich aber in der aktuellen Situation nicht willentlich umsetzen. Faszinierenderweise gelingt es den meisten Menschen dennoch irgendwann, Liebeskummer zu überwinden. Es bleibt die Erinnerung, wie sehr man am Boden zerstört war, aber aktuell schmerzt die Geschichte nicht mehr; vielleicht ist man sogar rückblickend froh, dass es anders gekommen ist, als man es seinerzeit so sehr ersehnt hatte. Offenbar hat sich, gewissermaßen hinter der Bühne des Bewusstseins, die interne Organisation von Wünschen und Bewertungen verändert, entwickelt, angepasst.

Typischerweise sind auch solche Lebensereignisse in gewissem Maße mehrdeutig und facettenreich, die auf den ersten Blick belastend oder bedrohlich erlebt werden. Die Bedrohung eines Lebensbereichs kann durchaus positive Aspekte für andere Bereiche haben: In einer Krise mögen sich Freundschaften bewähren oder festigen, das Ende des Berufslebens öffnet den Weg zu einer neuen Hinwendung zur Familie, eine Krankheit kann zu einer reiferen Perspektive auf den Sinn des eigenen Lebens führen. Akkommodative Bewältigung meint eben die Prozesse, die zu einer partiellen oder vollständigen positiven Neudefinition bzw. Deutung der Lebenssituation führen. Kennzeichnend ist hierbei gerade nicht das Festhalten an Zielen und Bewertungen, sondern das flexible Anpassen von Orientierungen, Zielvorstellungen und Präferenzen an erlebte Einbußen und Beschränkungen: Der Weg zum Glück ist, zu wollen, was man muss. Die Funktionalität akkommodativer Bewältigungsformen ist nicht an bestimmte Lebensabschnitte gebunden; so zeigt sich etwa die selbstwertstabilisierende Wirkung akkommodativer Reaktionstendenzen beispielsweise auch bei Jugendlichen und Heranwachsenden (Thomsen et al. 2015). Jedoch gewinnen akkommodativ-adaptive Bewältigungsformen im höheren Alter an Gewicht (Brandtstädter 1992; Heckhausen et al. 2010). Dabei wirkt die Anpassung von Zielen an Handlungs- und Kontrollmöglichkeiten zunächst als Puffer gegen die Belastungswirkung von Einbußen, Verlusten oder Behinderungen und trägt darüber hinaus mittelfristig zur Stabilisierung von Kontroll- und Selbstwirksamkeitsüberzeugungen bei. Eben diese Funktion war auch für die oben angesprochene sekundäre Kontrolle kennzeichnend; allerdings werden im Zwei-Prozess-Modell akkommodative Regulationen als typischerweise nicht intentional und kontrollierbar, sondern als intrapersonal ablaufende Regulationsprozesse konzipiert (daher wäre der Begriff „Kontrolle" vielleicht nicht ganz treffend). Zugleich wird keinem der beiden Modi ein Primat eingeräumt: Es ist nicht nur jeweils offen, welcher Modus „angemessen" oder gar „erfolgreich" ist, und es ist auch nicht von vornherein entschieden, mit welchem Modus die Person zuerst auf eine Belastung reagiert. Es wird in einer dynamischen Perspektive häufig sogar so sein, dass erst die Kombination beider Formen wirksam ist.

Prozesskategorien: Von der Sammlung zur Systematik Wenn man die oben (Abschn. 5.3) angesprochenen defensiven Mechanismen in das Zwei-Prozess-Modell einfügte (Brandtstädter und Greve 1994), würde man diesem Einwand Rechnung tragen. Man könnte argumentieren, dass die Voraussetzung für assimilative oder akkommodative Regulationen (und auch für SOK-Prozesse) ist, dass das Problem *überhaupt* wahrgenommen worden wird (Greve 2000). Aber wenn man bereit wäre, diesen dritten Modus in die Systematik aufzunehmen, stellt sich die Frage, ob es nicht einen vierten geben könnte (z. B. den Modus der aktiven Problemvorbeugung; Greve 1997). Diese Schwierigkeit haben wir bereits im Zusammenhang einiger Phasentheorien diskutiert (Warum sind es acht Phasen, warum nicht neun oder sieben? s. Abschn. 2.3); sie begegnet uns hier in neuer Form wieder (Warum sind es vier Prozessformen (Modi) der Problemlösung, warum nicht fünf?). Diese Schwierigkeit wird immer dann auftreten, wenn Reaktionsformen *inhaltlich* bestimmt werden, denn dabei wird man niemals sicher sein können, eine abschließende und umfassende Sammlung erreicht zu haben (wer weiß, was es noch so alles geben könnte, unter anderen Umständen und Bedingungen?).

Deswegen ist es vielleicht sinnvoller, die *abstrakte* Logik, mit der dieser Abschnitt begonnen hat, zur Grundlage zu machen: Wenn Probleme durch eine Diskrepanz zwischen einem aktuellen und einem angestrebten Zustand (IST-SOLL) *konstituiert* werden (ein Problem *ist* eine Diskrepanz), dann ist die Alternative, entweder am „IST" oder am „SOLL" etwas zu verändern (oder an beidem), um das Problem zu verringern, logisch vollständig. In dieser Systematik wären beispielsweise präventive Handlungen als eine Variante der Beeinflussung des „IST" einzuordnen, die auf eine antizipierte wahrgenommene Diskrepanz („Wenn ich dies nicht tue, dann könnte ein Problem entstehen") reagiert. Und es ist auch klar, dass ein Problem für ein potenziell reagierendes System (also z. B. eine Person) nur dann ein Problem ist, wenn es die Diskrepanz irgendwie registriert (wahrnimmt); das muss nicht immer eine bewusste Repräsentation

5.4 Lebenslauf als psychologisches Problem: Entwicklungsregulationstheorien

sein, aber eine Reaktion des Systems impliziert die Registrierung (wenigstens eines Aspekts) dessen, worauf es reagiert. Das gilt natürlich auch für defensive Reaktionen: Auch eine systematische Wahrnehmungsvermeidung („Leugnung") setzt voraus, dass das System registriert, dass hier eine (potenziell) bedrohliche Information ist, deren Bedrohlichkeit dadurch vermieden werden kann, dass sie nicht bewusst wahrgenommen wird. Auch diese Reaktion ändert das „IST" in gewisser Weise – danach ist das Problem verschwunden. Die letzte Überlegung führt aber zu einem grundsätzlichen Aspekt, den wir in einem anderen Zusammenhang (etwa bei der Diskussion der „Nische"; Abschn. 4.3) schon berührt hatten: Probleme (Selektionsdruck) bestehen immer relativ zur jeweiligen System-Umwelt-Konstellation. Vielleicht kann man diesen Gedanken (in der Terminologie des Zwei-Prozess-Modells) so ausdrücken, dass akkommodative und assimilative Prozesse auf wahrgenommene (im eben erläuterten weiteren Sinne einer Registrierung) Probleme reagieren (Abb. 5.1).

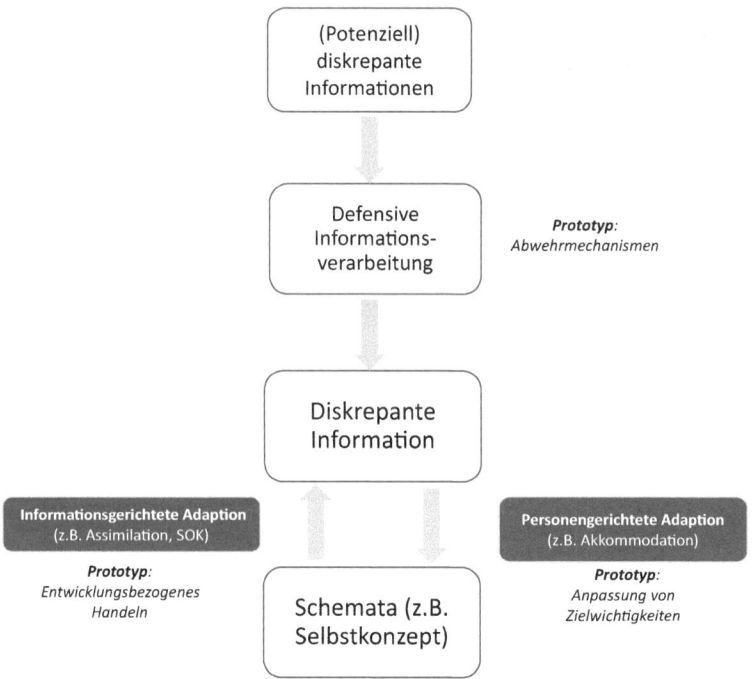

Abb. 5.1 Stabilisierung und Adaption (modifiziert nach Greve 2000)

Es ist wichtig, festzuhalten, dass in dieser abstrakten Systematik Assimilation und Akkommodation abstrakte Prozess*kategorien* sind, nicht konkrete Prozesse. Akkommodative Prozesse zum Beispiel können darin bestehen, die eigenen Ansprüche zu verändern, Ziele durch andere, erreichbare zu ersetzen, sich mit Menschen zu vergleichen, denen es schlechter geht, und vieles andere mehr. Es ist nicht gut geklärt, welche Prozesse wann (warum) einsetzen: Im SOK-Modell (Baltes) und in der Kontrolltheorie der Lebensspanne (Heckhausen) wird diese Regulierung zwischen den Prozessen „Orchestrierung" genannt – ein treffendes Bild, weil es offenbar auf den Gleichklang zwischen ihnen ankommt. Klar ist, dass es Voraussetzungen für alle Wege gibt, mit Bedrohungen oder Belastungen umzugehen (z. B. muss es objektive Handlungsmöglichkeiten und subjektive Kontrollüberzeugungen für Assimilation geben), und dass negative Abhängigkeiten zwischen verschiedenen Problemreaktionen auftreten können (ein Problem, das gelöst ist, muss weder bestritten noch aufgelöst werden; Brandtstädter und Rothermund 2002).

5.5 Entwicklung als Problemlösen: Adaptation und Äquilibration

Man könnte die angesprochenen Theorien der Entwicklungsregulation auch als „Bewältigungstheorien" bezeichnen. Der englische Begriff „Coping" ist vielleicht noch passender, denn er bezeichnet neutraler einfach dem Umgang mit einem Problem und hat, anders als das deutsche Wort „Bewältigung", nicht die mitschwingende Bedeutung des „erfolgreichen" Umgangs (Wentura et al. 2002). Mit „Coping" wird jeglicher Umgang mit Ereignissen bezeichnet, die von einer Person als stressvoll oder belastend empfunden werden und die nicht mit den ohne Weiteres verfügbaren Mitteln gelöst werden können. Oftmals wird Coping auch als „Regulation unter Stress" bezeichnet (Skinner und Zimmer-Gembeck 2009). Diese Regulation kann sich auf unterschiedliche Bereiche beziehen, z. B. auf die Regulation von Emotionen, Kognitionen, physiologischen Reaktionen oder von Verhaltensweisen. Wenn wir Entwicklung als (Auf-)Lösung von Problemen verstehen, dann sollten die (vielen) Prozesse, die bei der „Bewältigung" von Problemen untersucht und beschrieben worden sind, auch bei der Bewältigung von Lebensproblemen (Krisen, Entwicklungsaufgaben etc.) wirksam sein. Das können durchaus auch stabilisierende Prozesse sein, wie wir gesehen haben (Abschn. 5.3).

Das höhere Lebensalter ist in dieser Hinsicht ein paradigmatischer Fall: Unter Bedingungen einer zunehmenden Einschränkung von Handlungs- und Zeitressourcen richten sich selbstregulatorische Aktivitäten wesentlich auf

5.5 Entwicklung als Problemlösen …

Erhaltungsziele und auf entsprechende präventive und kompensatorische Aktivitäten (Baltes und Baltes 1990; Freund et al. 1999). Dies führt zu der Überlegung, dass sich Bewältigungsreaktionen und Entwicklungsprozesse vielleicht gar nicht substanziell voneinander unterscheiden, abgesehen von ihrer zeitlichen Taktung: Kurzfristige Zustandsveränderungen in Reaktion auf eine herausfordernde Konstellation, die mit den vorhandenen Mitteln und Ressourcen nicht „gelöst" werden kann, würden demnach als „Bewältigung", längerfristige Veränderungen der Person in Reaktion auf Herausforderungen, die mit dem zuvor entwickelten kognitiven, emotionalen und handlungsbezogenen Repertoire nicht bearbeitet werden können, würden dann als „Entwicklung" beschrieben (Greve und Leipold 2018). Ein Grund dafür, dass oben (Abschn. 5.2) die Entwicklung des Selbst (und ihre Selbstentwicklung) relativ ausführlich angesprochen wurde, ist eben, dass es in der Sache keinen Unterschied macht, ob man von Bewältigungsprozessen oder von Entwicklungsprozessen des Selbst spricht – die angesprochenen Dynamiken (des Umgangs mit aversiver Information, der Stabilisierung) kann man gleichermaßen als Coping oder als Entwicklung verstehen. Wenn man dies so einordnet, dann sind auch Stabilisierungsprozesse (und somit Stabilität) einfach nur eine Möglichkeit, mit Problemen umzugehen, und folglich eine Variante von Entwicklung (nicht nur des Selbst). Damit wird zugleich ein erweitertes Entwicklungsverständnis gewonnen, das „Entwicklung" nicht mehr nur an äußerlich sichtbare („dramatische") Veränderungen bindet, sondern auch das Aufrechterhalten eines dynamischen Gleichgewichts (Resilienz; s. Exkurs) als Ausdruck und Folge von Entwicklungsprozessen versteht (Skinner und Zimmer-Gembeck 2009).

Dieser Gedanke führt zu der interessanten Integrationsperspektive, dass Bewältigung und Entwicklung (und auch Resilienz) einen „gemeinsamen Nenner" haben: die Lösung von Problemen (Greve und Leipold 2018). Tatsächlich kann man fast alle Entwicklungstheorien, die in den vorangegangenen Kapiteln angesprochen wurden, als Problemlösungstheorien beschreiben (auch wenn sie mit jeweils unterschiedlichen Begriffen operieren). Sehr deutlich ist das bei Havighurst, der Entwicklung als die Sequenz einer Vielzahl von „Aufgaben" beschreibt, die sich uns im Laufe unseres Lebens stellen (teils vorgegeben, teils von anderen, teils von uns selbst gewählt). Erikson hat für die Probleme, die wir im Laufe unserer Entwicklung zu lösen haben, den Begriff „Krise" gewählt, aber auch bei ihm wird Entwicklung durch diese Probleme und durch den Lösungsweg, den die Person jeweils einschlägt, bestimmt. Aus der Perspektive der psychoanalytischen Theorie wird Entwicklung durch (innere) „Konflikte" angetrieben: durch Diskrepanzen zwischen Triebregungen des „Es" und den Grenzen, die die (wahrgenommene) Realität und zunehmend auch (internalisierte) Normen („Über-Ich") setzen.

Aufgaben, Krisen oder Konflikte sind offenbar eben dies: Herausforderungen, die durch eine Diskrepanz zwischen dem (erlebten) aktuellen und einem angestrebten oder erforderlichen Zustand zustande kommen. Alle Ansätze haben aber nicht nur die Auswahl und Reihenfolge der jeweils benannten Probleme nicht begründen können, sondern vor allem die Prozesse, durch die ihre Lösung Entwicklung reguliert, nicht geklärt.

Folgerichtig haben die im vorangegangenen Abschnitt angesprochenen jüngeren Entwicklungsregulationstheorien Prozesse statt Entwicklungsstadien oder -phasen fokussiert: Die Probleme der Unabgeschlossenheit inhaltlich spezifizierter Entwicklungsphasen oder -aufgaben lassen sich dadurch vermeiden. Leider stößt der Versuch, eine abgeschlossene Sammlung inhaltlich beschriebener Entwicklungsregulations*prozesse* zu konzipieren, wie gesehen, an dieselbe Grenze der unauflösbaren Unabgeschlossenheit der Sammlung *möglicher* Kontexte. Schon die Zusammenstellung der Abwehrmechanismen bei Anna Freud (1936) ist mehrfach erweitert worden (z. B. Vaillant 1993), zumal, wenn man die Informationsverarbeitungsprozesse des Selbst außerhalb des psychoanalytischen Theoriekontexts einbezieht (Greve 2000; Leary und Tangney 2012). Das analoge Problem stellt sich auch bei der Entwicklungsregulation generell: Neben Selektion, Optimierung und Kompensation könnte es Abwehr, Prävention und Revision geben und vermutlich weitere Prozesse (abgesehen davon, dass Entwicklungsregulation ohnehin nicht nur aktional gedacht werden kann, wie in Abschn. 5.2 angesprochen). Tatsächlich ist auch dieser Ansatz mehrfach erweitert beziehungsweise differenziert worden, mit jeweils etwas anderen begrifflichen Nuancen (Freund et al. 1999). Aussichtsreicher erscheint es, bei der Suche nach den Prinzipien von Entwicklung die oben angesprochene abstrakte Systematik von Entwicklungsprozessen zugrunde zu legen. Um sie zu erarbeiten, müssen allerdings noch mehrere offene Fragen untersucht werden.

Adaptation vor dem Erwachsenenalter Insbesondere hat die Perspektive, die wir im vorangegangenen Abschn. (5.3) behandelt haben, obwohl sie explizit als „Lebensspannenperspektive" auf menschliche Entwicklung deklariert wurde, tatsächlich nur das (mittlere und höhere) *Erwachsenen*alter behandelt. Die Intention der Lebensspannenperspektive könnte (und sollte vielleicht) aber gerade sein, lebensspannen*übergreifende* Prozesse (Prinzipien) zu identifizieren und die Entwicklung erklären. Zwei Wege erscheinen denkbar, um diese Erklärungslücke zu schließen.

Zum einen wäre nach den Entwicklungsbedingungen, möglicherweise auch von Vorformen oder von Konstituenten, der „erwachsenen" Entwicklungsregulationsmodi zu fragen. Es spricht viel dafür, dass bei der Entwicklung akkommodativer

5.5 Entwicklung als Problemlösen ...

wie assimilativer Regulationsformen jeweils kognitive, affektive und motivationale Bedingungen zu berücksichtigen sind – und ihre jeweiligen Entwicklungsprozesse (Thomsen und Greve 2013). Allerdings wird diese Forschungsrichtung (abgesehen davon, dass sie bislang sehr wenig ausgearbeitet wurde; Skinner und Zimmer-Gembeck 2009, 2016) an die theoretische Grenze stoßen, die wir bereits mehrfach angesprochen haben. Assimilative Prozesse im bislang konzipierten Sinne können deswegen nicht ausreichen, um Entwicklung vor dem Erwachsenenalter zu erklären, weil die Voraussetzungen für selbstregulatives Handeln ihrerseits erst entwickelt werden müssen, und die *Bedingungen* für akkommodative Prozesse (im Sinne des Zwei-Prozess-Modells) können aus demselben Grund nicht durch eben diese Prozesse erklärt werden.

Also müssen die Entwicklungsbedingungen und -prozesse, die die Entwicklung der individuellen Fähigkeit, Entwicklung akkommodativ oder assimilativ zu regulieren, ihrerseits erklären, anders erklärt werden als mit den Prozesskategorien, die im Zwei-Prozess-Modell „akkommodativ" und „assimilativ" genannt wurden. Mindestens müssten sie etwas über den Bereich der Zielverfolgung bzw. Zielanpassung hinaus erweitert werden.

Akkommodation und Assimilation als Adaptation Dies ist der zweite Weg, die Erklärungslücke der Lebensspannenperspektive (in Kindheit und Jugend) zu schließen: der Versuch, Modelle, die sich auf Kindheit und Jugend konzentrieren, *konzeptuell* mit den Entwicklungsregulationstheorien des Erwachsenenalters zu verbinden. Tatsächlich sind die Begriffe „Akkommodation" und „Assimilation" bereits ein halbes Jahrhundert zuvor im Kontext einer entwicklungspsychologischen Theorie verwendet worden, die wir schon angesprochen (Abschn. 2.4), aber unvollständig dargestellt und diskutiert haben: die Theorie der kognitiven Entwicklung von Jean Piaget.

Obwohl die ausführliche Darstellung der von Piaget postulierten Entwicklungsphasen und der vielen Möglichkeiten, sie empirisch zu untersuchen (z. B. im Hinblick auf die zeitliche Einordnung), in der Regel viel Aufmerksamkeit auf sich ziehen, ist der vielleicht fruchtbarere Aspekt seiner Theorie (den wir bislang nicht angesprochen haben) eben der Ansatz, Entwicklung zu *erklären*. Im Unterschied zu den anderen angesprochenen Phasentheorien diskutiert Piaget ausdrücklich und detailliert die Prozesse, die die (kognitive) Entwicklung *über diese Phasen hinweg* regulieren. Ausgangspunkt ist der Gedanke, dass die Kompetenzen, deren Vorliegen bzw. Fehlen die jeweilige Phase kennzeichnen, als Schemata (bzw. Strukturen von Schemata) beschrieben werden können. Das können (etwa in der sensumotorischen Phase) auch motorische Schemata sein (z. B. das Greifschema), typischerweise aber sind es kognitive Schemata. Als „Schema" wird dasjenige an einer Operation (einer Handlung, einer Kognition) bezeichnet, was über die je konkret realisierte *individuelle* Operation hinaus verallgemeinerbar ist: nicht das Greifen *dieser* Flasche, sondern das Greifen *von Flaschen*, vielleicht sogar von runden Behältern mittlerer Größe. Nicht die Addition „2 + 5", sondern das Prinzip der Addition. Die kognitive Entwicklung besteht nun darin, dass dann, wenn eine neue Erfahrung (Information) nicht in ein bereits vorhandenes Schema eingefügt (*assimiliert*) werden kann (also kein weiteres Beispiel des Schemas ist, das bruchlos hineinpasst), dieses Schema angepasst (*akkommodiert*) oder ein neues Schema konstituiert wird, so dass die Information danach kognitiv eingeordnet ist. So lernen wir nicht nur, immer differenzierter zu greifen (man kann einen Wasserstrahl nicht greifen, obwohl er aussieht wie ein Stab, den man greifen kann), sondern eben auch differenzierter zu begreifen. Wenn Kinder (in der prä-operationalen Phase) auf einen Aspekt eines beobachteten Vorgangs „zentrieren" (also z. B. nur die Spiegelhöhe der Flüssigkeit beachten, die in ein anders geformtes Gefäß umgeschüttet wird, und daraus schließen, dass es „mehr" geworden sein muss), dann ist eine dazu nicht passende Information (z. B. der Hinweis von Mutter oder Vater, dass es ja nicht mehr geworden sein *kann*, weil man die Flüssigkeit ja auch zurückschütten könne, ohne dass etwas übrig bleibe) nicht in die vorliegenden Schemata („viel" bei Flüssigkeiten hängt von der Spiegelhöhe ab) assimilierbar. Die Lösung ist nicht, nun auf einen anderen Aspekt (z. B. die Breite des Gefäßes) zu zentrieren, sondern die Zentrierung selbst aufzugeben und stattdessen mehrere Aspekte (hier: Dimensionen) gleichzeitig zu beachten (Breite, Tiefe und Höhe): Das Schema für „Menge" oder „Volumen" wurde akkommodiert. Es ist klar, dass diese Akkommodation nicht notwendigerweise bewusst (und schon gar nicht in diesen Begriffen) repräsentiert sein muss; für die kognitive Entwicklung genügt es, wenn der Fehler nun nicht mehr gemacht wird (d. h. die Information, die dazu nicht passte – Zurückschütten – nicht mehr stört: zwar nicht mehr so hoch, aber dafür breiter), auch bei anderen „Mengen".

Man kann diesen Entwicklungsschritt auch anders ausdrücken: Das kognitive System (ein Schema, aber auch eine Struktur von Schemata) hat ein Problem (die Diskrepanz einer Information zu dem bisher verwendeten Schema) durch Adaptation gelöst. So ist die Parallele zu den im vorangegangenen Abschnitt beschriebenen Entwicklungsregulationen bei Zieldiskrepanzen offensichtlich. Piaget geht davon aus, dass aus dem Wechselspiel von Assimilation (solange es „passt", also keine zu große Diskrepanz auftritt) und Akkommodation (wenn Schemata nicht mehr zu den Informationen passen) Entwicklung entsteht; er benutzt für diese beiden Begriffe den Oberbegriff der Adaptation (Piaget 1980). Entwicklung besteht, mit anderen Worten, in der Lösung von (im Fall seiner Theorie: kognitiven) Problemen – und wird durch neue Probleme vorangetrieben.

5.5 Entwicklung als Problemlösen ...

Man könnte einwenden, dass damit noch nicht erklärt sei, warum Menschen Diskrepanzen zu „lösen" bestrebt sind. Tatsächlich dauert es oft lange, bis uns eine Diskrepanz überhaupt auffällt – offenbar können Menschen manchmal lange mit ihnen leben (z. B. dass Schiffe am Horizont „versinken" und dass man von einem höheren Standpunkt aus „weiter" sehen kann, hat jahrtausendelang niemanden auf die Idee einer Kugelgestalt der Erde gebracht). Piagets Antwort darauf lautet, dass uns eine Diskrepanz erst dann zu einer Adaptation veranlasst, wenn sie ein inneres „Gleichgewicht" (*Äquilibrium*) stört. Dazu ist es eben erforderlich, dass die Diskrepanz auch „wahrgenommen" (nicht unbedingt bewusst als solche beschrieben, aber eben doch registriert) wird – auch das ist eine Parallele zu der in Abschn. 5.2 angesprochenen Stabilisierung des Selbst. Ein Äquilibrium kann bestehen (und gestört sein) zwischen (a) einem Schema und einer (Umwelt-)Information, (b) zwei oder mehr Schemata (z. B. wenn das Volumen bei Flüssigkeiten offenbar nicht nur eindimensional beschrieben werden kann – was heißt das für andere Dinge, z. B. Knete?), (c) einem Schema und der Struktur, der es zugeordnet ist (z. B. wenn man einen Sonnenstrahl auch nicht greifen kann – ist das vielleicht gar kein „Ding"?), aber auch zwischen (d) Akkommodation und Assimilation.

Der letztgenannte Punkt ist besonders interessant: Entwicklung setzt die Wirksamkeit beider Adaptationsformen voraus. Die Anpassung der Wahrnehmungen (Informationen) an die vorhandenen Schemata (Assimilation) kann nicht alles sein, weil die Welt insbesondere zu Beginn der Entwicklung komplexer ist als ihre Repräsentation (in Schemata) in der Person. Aber wenn jede Information neue oder veränderte Schemata erzeugte, wäre es unmöglich, irgendetwas zu denken, zu verstehen (zu begreifen), weil dazu übergreifende und verlässlich verwendbar Begriffe (Kategorien, eben: Schemata) notwendig sind. Es kann sein, dass sich das Gleichgewicht zwischen Akkommodation und Assimilation im Laufe des Lebens verschiebt (in verschiedenen Lebensabschnitten werden Assimilation oder Akkommodation unterschiedlich oft gefordert sein; z. B. wird am Lebensende meist häufiger Akkommodation erforderlich sein, weil die Handlungsmöglichkeiten nachlassen), aber es bedarf immer des Ausgleichs zwischen ihnen; in diesem Sinne haben wir oben den „Gleichklang" („Orchestrierung"; Baltes 1997) zwischen den verschiedenen Regulationsmodi angesprochen. Die Tendenz, ein gestörtes Gleichgewicht wiederherzustellen, ist zugleich so etwas wie der „Motor" von Entwicklung. Piaget argumentiert, dass diese Tendenz ein universelles Prinzip der Natur sei: Auch die durch einen Steinwurf unruhig gewordene Oberfläche eines Sees wird nach einer Weile wieder in ihr Gleichgewicht zurückkehren.

Dieses Beispiel macht zugleich klar, dass diese „Tendenz" nicht so zu verstehen ist, dass die Person ein Gleichgewicht absichtlich anstrebt. Es ist wichtig, diesen Aspekt noch etwas genauer zu betrachten, denn er kann leicht missverstanden werden. Piagets Theorie geht davon aus, dass Menschen vom ersten Augenblick an durch ihr Verhalten Einfluss auf die Umwelt nehmen und dadurch Informationen über sie erhalten, die sie dann kognitiv verarbeiten (so entstehen und verändern sich Schemata). Man kann dies einen „aktiven" Einfluss auf die Entwicklung nennen (und die Organisation der so gewonnenen Informationen in kognitiven Schemata und Strukturen eine „aktive Konstruktion"). Aber es ist klar, dass diese Form des „aktiven" Einflusses auf Entwicklung nicht der in Abschn. 5.1 diskutierte Fall der „aktionalen" Perspektive ist – absichtlich, gesteuert, kontrolliert oder gar geplant sind diese Prozesse gewiss nicht. Aber vielleicht sind die kognitiven Entwicklungsprozesse, die durch Akkommodation und Assimilation in diesem Sinne erklärt werden können, ein Aspekt der dort offen gebliebenen Erklärung der *Möglichkeit* (d. h. der *Voraussetzungen*) absichtlicher aktionaler Selbstgestaltung. Die (kognitiven) Voraussetzungen für das absichtliche Verfolgen von Zielen (z. B. Schemata von Ziel und Mittel, von Kausalität etc.) entwickeln sich auch durch Aktivitäten der Person, aber nicht absichtlich. Sollte dieser Gedanke zutreffen, dann wären Assimilation und Akkommodation im hier diskutierten etwas weiteren Sinne eine Voraussetzung dafür, dass sich die Regulationsprozesse der Assimilation und Akkommodation (im etwas engeren Sinne der Kategorien des Zwei-Prozess-Modells) entwickeln können.

Der im vorangegangenen Abschnitt konturierte allgemeine Rahmen, der „Probleme" als Diskrepanz zwischen einem aktuellen (IST) Zustand und einem angestrebten oder erforderlichen (SOLL) Zustand gekennzeichnet hat und in den vielleicht auch die Prozesse der kognitiven Entwicklung eingeordnet werden können, weist allerdings, jedenfalls auf den ersten Blick, eine gravierende Schwierigkeit auf, die wir bereits mehrere Male angesprochen hatten: Wie soll die normative Festlegung des jeweiligen SOLL-Zustands (die ja erst die Diskrepanz konstituiert) gerechtfertigt werden? Wie kann entschieden werden, welcher Zustand „erstrebenswert" oder „erforderlich" ist? Eine *wissenschaftliche* (empirische) Möglichkeit, anzustrebende oder erforderliche Zustände zu identifizieren, besteht nicht, wie wir gesehen haben (Abschn. 3.1). Auch die naheliegende Antwort, dass angestrebte Ziele individuell gewählt werden, kann bestenfalls für einige Aspekte von Entwicklung (insbesondere im Erwachsenenalter) zutreffen – die Selbststeuerung von Entwicklung selbst kann ja nicht selbstgesteuert entwickelt werden (Abschn. 5.1).

Es ist daher vielleicht weiterführend, die Diskrepanz (das Disäquilibrium) zwischen IST und SOLL etwas anders zu beschreiben: als fehlende *Passung* zwischen dem Organismus und seiner Umwelt. Diesem Gedanken sind wir im vorigen Kapitel bereits im Zusammenhang einer anderen Entwicklungstheorie begegnet: der Evolutionstheorie. Eine „Vorgabe" oder ein „Ziel", ein „Soll" gibt es bei evolutionäre Prozessen natürlich niemals; auch „Überleben" ist kein Ziel oder Zweck der Evolution (obwohl es ein Ziel eines Organismus sein kann) – es bleiben einfach diejenigen Varianten übrig, deren Passung bei knappen Ressourcen größer ist. Die daraus resultierende Veränderung der Spezies wird als Adaptation bezeichnet: Die Spezies passt sich an die Erfordernisse (Selektionsdruck) der aktuellen Umweltkonstellation an (Abschn. 4.3). Piagets Konzept der Adaptation als durch (fehlende) Passung (der Informationskonstellation zu den Schemata) angetrieben folgt einem ähnlichen Gedanken. Das verweist darauf, dass auch Entwicklung und Evolution sich vielleicht mehr in der zeitlichen „Auflösung" als in der Art der sie konstituierenden Prozesse unterscheiden.

Ontogenese mit evolutionären Prozessen?
Wenn die individuelle Adaptivität ebenso wie die Ontogenese generell ein Evolutionsprodukt ist, dann liegt die Frage nahe, ob nicht der Ontogenese überhaupt evolutionäre Prozesse zugrunde liegen könnten. Wenn das so wäre, dann müssten die zentralen Konzepte der Evolutionstheorie auf die menschliche Entwicklung anwendbar sein. In vielen Fällen ist das leicht möglich; der Versuch ist sehr lehrreich. Das gilt vor allem für das *Prinzip der Historizität*. Zu jedem Zeitpunkt unseres Lebens sind wir die Person, die wir sind, nicht nur aufgrund allgemeiner Entwicklungsgesetzmäßigkeiten (z. B. weil wir in einer bestimmten Phase unserer geistigen Entwicklung sind), sondern wesentlich auch deswegen, weil unsere individuelle Geschichte („Biografie") so verlaufen ist, wie sie verlaufen ist (die Beziehung zu unseren Eltern, das Vorbild eines Lehrers usw.). Und auch viele Aspekte des *Prinzips der Adaptation* finden sich in der Individualentwicklung (Ontogenese) wieder. Beispielsweise *variiert* unser Verhalten, besonders wenn wir noch klein sind, sehr unsystematisch (z. B. zufällige Bewegungen des Kleinkindes in der Wiege); da aber verschiedene Verhaltensvarianten – weil die Umwelt systematisch reagiert – unterschiedlich günstige Folgen für uns haben, adaptiert unser Verhalten im Laufe unserer Ontogenese an die für uns relevante Umwelt. Beispielsweise werden bestimmte Laute („Ma-Ma") von der Umwelt freundlicher aufgenommen als andere, was dazu führt, dass sie in der Folge häufiger (wahrscheinlicher) auftreten (u. a. auf diese Weise lernen wir eine Sprache oder allgemeiner: eine Kultur).

Dabei werden von unterschiedlichen Umwelten unterschiedliche Verhaltensvarianten *selektiert* (deswegen gibt es verschiedene Sprachen oder Moden – und einige sind ausgestorben). Dieses Prinzip trifft keineswegs nur auf Sprache zu; Jean Piaget hat es – übrigens mit ausdrücklichem Bezug auf die Evolutionstheorie – beispielsweise für die erste, die „sensumotorische" Phase unserer geistigen Entwicklung in der Abfolge verschiedener Schritte beschrieben, bei denen das Verhalten durch „Rückkopplung" – also seine Konsequenzen – beeinflusst und verändert wird („Kreisreaktionen"; Ginsburg und Opper 1998). „Erhalten" werden die selektierten Verhaltensvarianten hier allerdings nicht durch Vererbung im engeren Sinne, sondern in verschiedenen Formen des Gedächtnisses. Spätere Verhaltensvariationen treten dann natürlich nur innerhalb der verbliebenen Versionen auf, wobei zu unserem Glück einige Verhaltensweisen unseres Organismus (z. B. Verdauungs-, Atmungs- oder Durchblutungsprozesse) gar nicht variieren, denn hier wäre das Risiko einer dysfunktionalen Version viel zu groß. Sobald es komplexer wird (z. B. Erziehungsformen, soziale Interaktionen) steigt die Variabilität (zwischen Personen, Gruppen, Kulturen, d. h. innerhalb der Art „homo sapiens") dann freilich deutlich an – und wird von verschiedenen Umwelten unterschiedlich selektiert.

Entwicklung als Veränderung zweiter Ordnung Vielleicht ist es tatsächlich fruchtbar, Entwicklung unabhängig vom jeweils betrachteten zeitlichen „Takt" als Problemlösen zu bezeichnen. Das klingt gut, aber so verlockend der Gedanke einer integrativen Perspektive ist, es könnte sein, dass sie *zu weit* ist. Ein Entwicklungsbegriff, der jede Art von Veränderung umfasst (der also dasselbe bedeutet wie Veränderung), wäre uninteressant. Brandtstädter (1990) hat den Vorschlag gemacht, Zustandsveränderungen, die unmittelbare Antworten entweder auf äußere Einflüsse (z. B. Rötung der Haut als Reaktion auf Sonneneinstrahlung) oder innere Prozesse (z. B. Hunger aufgrund des Verbrauchs von Nährstoffen durch den Zellstoffwechsel) sind, von Veränderungen in der Art, wie das System auf derartige Einflüsse oder Prozesse antwortet, zu unterscheiden. Letztere wären als „Veränderungen zweiter Ordnung" (also Veränderungen der Art, wie sich das System aktuell verändert) Entwicklungen. Sonnenbrand, das Wachsen der Haare oder der zunehmende Durst wären dann keine Entwicklungen, aber die Akkommodation kognitiver Schemata oder akkommodative Problemlösungen im hohen Erwachsenenalter durchaus.

5.5 Entwicklung als Problemlösen ...

Wenn Entwicklung in diesem Sinne als Anpassung (Veränderung zweiter Ordnung) beschrieben werden kann, dann wird auch deutlicher, dass eine solche Anpassung auch zur Folge haben kann, dass Zustandsveränderungen (erster Ordnung) vermieden oder verringert werden. Durch die Anpassung von Lebenszielen oder kognitiven Schemata werden aktuelle Probleme (Diskrepanzen, fehlende Passung) dauerhaft gelöst (z. B. das Umschütten von Flüssigkeiten wird mich nun nie mehr irritieren, die nicht bestandene Prüfung wird nun als Chance gesehen). Gleichzeitig wird klar, dass Abwehrmechanismen diesen Effekt eben nicht haben – sie müssen in jedem Fall wieder neu eingesetzt werden (jede bedrohliche Erinnerung muss einzeln verdrängt werden) und wären daher eben nicht als Entwicklungsregulationen einzuordnen, obwohl sie eine Randbedingung für sie darstellen, wie wir gesehen haben: Nur registrierte Probleme lösen Adaptationen (Veränderungen zweiter Ordnung) aus. Diese Überlegung wiederum erlaubt eine Antwort auf die oben gestellte Frage: Kann sich Entwicklung auch in Stabilität (Resilienz) äußern? Die Antwort hat nach den Diskussionen dieses und des vorangegangenen Abschnitts zwei Teile. Zum einen hängt die Frage, ob ein System stabil ist oder sich (gerade) verändert, offenbar von der betrachteten Ebene ab: Durch eine *Veränderung* eines Zieles (z. B. eines Berufswunsches) kann mein Selbstwertempfinden *stabilisiert* werden. Zum anderen erscheint es plausibel, solche Stabilisierungen, die als Veränderungen zweiter Ordnung (Adaptationen) beschrieben werden können, als Entwicklung zu bezeichnen (und sie so von Stabilität *ohne* Regulation zu unterscheiden).

Entwicklungssysteme: Dynamische Adaptation auf verschachtelten Ebenen 6

Die Argumentation vom Anfang des Buchs bis zu diesem Punkt hat die auf den ersten Blick naheliegende Perspektive, Entwicklung als „universelle Sequenz" zu denken, in wichtigen Punkten revidiert. Zunächst kann, wie wir schon ganz zu Anfang gesehen haben (Kap. 2), eine Sequenz selbst dann, wenn sie universell wäre, keine Erklärung von Entwicklung sein: Sogar dann, wenn eine Abfolge logisch zwingend ist (also unter keinen denkbaren Umständen ein späteres *vor* einem früheren Stadium auftreten könnte), sind die Fragen, warum die Sequenz überhaupt voranschreitet (und nicht stehenbleibt), warum sie in einer bestimmten Richtung voranschreitet (aus einem Ausgangsstadium können immer mehrere Folgezustände erwachsen) und warum sie nicht (unter Umständen) wieder zurückschreitet (das ist tatsächlich manchmal der Fall; Abschn. 4.1), in keiner Weise geklärt. Auch die Frage, warum Ungleichzeitigen innerhalb der individuellen Entwicklung und Unterschiede zwischen Personen auftreten, ist bislang nicht systematisch behandelt worden.

Vor allem hat sich immer wieder gezeigt, dass Phasen und ihre Reihenfolge vielfach auf den sozialen, kulturellen und historischen Kontext zu relativieren sind. Zwar gibt es Entwicklungssequenzen, die überall gleich oder vergleichbar auftreten – das scheint insbesondere im Bereich der körperlichen Entwicklung so zu sein (z. B. Wachstum, Geschlechtsreife). Aber der Umstand, dass sogar hier der Kontext (z. B. Ernährung, Chemikalien) die Entwicklung beeinflusst, zeigt, dass es nicht einmal bei der physischen Entwicklung universelle und unveränderliche Sequenzen gibt. Das bedeutet, dass der Entwicklungskontext in Entwicklungstheorien offenbar *systematisch* berücksichtigt werden muss; die bislang diskutierten Ansätze haben das nicht getan.

Wir haben im zurückliegenden Kapitel (Kap. 5) argumentiert, dass der Wechsel zu einer Perspektive, in der die *Prozesse* betrachtet werden, die Veränderungen generieren, diese Forderung vielleicht leichter aufgreifen kann, eben weil Veränderungen in Abhängigkeit von den Ausgangsbedingungen innerhalb und außerhalb der Person durch die Art und Weise erklärt werden, wie diese Bedingungen („Einflüsse") verarbeitet werden. Der Prozess der evolutionären Adaptation (d. h. die selektive Bewahrung solcher Varianten einer Grundform, die besser zu den Kontextbedingungen passen) ist ein besonders gutes Beispiel für einen solchen Veränderungsprozess, der die Abhängigkeit der Veränderung vom Kontext („Selektionsdruck") systematisch berücksichtigt. Gleichzeitig legt dieser Prozess aber gerade nicht fest, wie Evolution im Einzelnen verläuft – im Gegenteil hat er die endlose Vielfalt der belebten Welt hervorgebracht.

Die Fokussierung auf Entwicklungsprozesse (statt auf Veränderungssequenzen) hilft zugleich, einen Aspekt besser zu verstehen, der vielleicht lange dazu beigetragen hat, den Blick auf menschliche Entwicklung auf die ersten beiden Lebensjahrzehnte zu konzentrieren: Entwicklung im Erwachsenenalter scheint eher darin zu bestehen, dass es *keine* Entwicklung gibt, denn Stabilität ist, wie gesehen, für die lange Strecke des Erwachsenenalters bestimmender als Veränderungen. In der Tat werden Veränderungen nicht immer auf den ersten Blick sichtbar sein. Bei näherem Besehen ist jedoch deutlich geworden, dass auch Stabilität das Ergebnis komplexer Prozesse sein kann, und zwar möglicherweise das Ergebnis *derselben* Prozesse, die unter anderen Umständen Veränderungen hervorbringen (Abschn. 5.4). Das wiederum bedeutet: Auch um diese Stabilität (auf einer bestimmten Betrachtungsebene) her- und sicherzustellen, muss sich (auf einer anderen Ebene) etwas verändern (anpassen). Anders gesagt: Auch Stabilität ist relativ – relativ zum Kontext (wenn sich die Bedingungen verändern, wird auch die Stabilität einer Veränderung weichen), aber auch relativ zur Betrachtungsebene (Beispiel „Seiltänzer").

Insbesondere dieser Gedanke legt es nahe, dass Entwicklung (Stabilität und Wandel) nur verstanden werden kann, wenn man beachtet, dass die jeweils betrachtete „Einheit" (z. B. eine Person, ein Aspekt der Person, eine Gruppe von Personen) ineinander verschachtelt sind. Dies führt zu der Überlegung, dass das, was sich entwickelt (die „Einheit" von Entwicklung) nicht eine Person oder einzelne Aspekte von ihr sind, sondern Systeme, die sich in Abhängigkeit von Randbedingungen dynamisch verändern. Diesen Gedanken wird dieses Kapitel entfalten.

Alle behandelten Theorien haben den Grundgedanken gemeinsam, dass Entwicklung angetrieben wird durch einen Anlass, eine Art „Anforderung" (eine Aufgabe, eine Krise, ein Problem), auf die das mit dieser Anforderung konfrontierte System reagiert und so einen komplexen Prozess wechselseitiger Anpassung nach sich zieht. Entwicklung ist beschreibbar als fortlaufender Prozess, immer wieder neue Entwicklungsprobleme zu lösen, oder in anderen Worten: als fortlaufender Prozess der An-Passung von Systemen an andere („umgebende") Systeme (z. B. Organismen an ihre Umwelt). Dabei hängen Probleme *und* mögliche Lösungen eben vom Kontext ab – nicht zuletzt das ist es, was dem Kontext seine besondere Bedeutung für den Verlauf von Entwicklung gibt. Tatsächlich könnte die Verbindung des Ansatzes, Prozesse und nicht Sequenzen in den Blick zu nehmen, mit der Idee, Entwicklung als (permanentes) Problemlösen, d. h. als Anpassung an herausfordernde Konstellationen zu betrachten, eine hilfreiche Integrationsperspektive für die *Erklärung* von Entwicklung bieten. Dies ist das Ziel dieses letzten Kapitels.

Dazu muss zunächst der Einfluss des Kontexts etwas systematischer geordnet werden (Abschn. 6.1). Es wird sich zeigen, dass die intuitiv einleuchtende Idee, dass sich „der" Kontext in verschiedene Ebenen (z. B. Einzelpersonen – Gruppen – Kulturen) einordnen lässt, nicht falsch, aber näher besehen doch komplizierter ist. Ein besonderer Aspekt in diesem Zusammenhang ist der „Kontext", den die vorangegangene Entwicklung für die nachfolgende schafft. Die These, dass die Entwicklungskonstellation zu einem Zeitpunkt einerseits das Ergebnis der bisherigen Entwicklung ist, andererseits die weitere Entwicklung wesentlich beeinflusst, ist fast allen Entwicklungstheorien gemeinsam, die bislang angesprochen worden sind; allerdings wird in diesen Theorien selten genauer erklärt, in welcher Weise sich Varianten des Früheren auf das Spätere auswirken. Es ist wichtig, einige Aspekte dieser Überlegung etwas genauer zu betrachten, auch deswegen, weil dieses Prinzip auf verschiedenen Ebenen – der Aktualgenese, der Ontogenese und der Phylogenese (Abschn. 4.1) – auftritt (Abschn. 6.2).

Beide Punkte – die Vielschichtigkeit von „Kontext" und die Bedeutung des Früheren für das Spätere – zeigen deutlich, dass die Erklärung von Entwicklung mehr sein muss als eine Sammlung jeweils einzeln wirkender „Einflussfaktoren" oder Entwicklungsbedingungen. So wie sich „die" Umwelt sicher nicht auf ein paar Faktoren reduzieren lässt und auch nicht nur auf die Wechselwirkungen zwischen ihnen, lässt sich „die" Entwicklung nicht durch eine Sammlung von Wirkfaktoren erklären. Denn wenn Einflussbedingungen auf verschiedenen Ebenen liegen, die sich wechselseitig bedingen und beeinflussen und sich dabei im Laufe der Zeit ihrerseits verändern (d. h. entwickeln), dann ist auch die stillschweigende Voraussetzung aller Theorien, die wir bislang betrachtet haben, infrage gestellt: die Voraussetzung nämlich, der „Gegenstand" von Entwicklung (und Entwicklungspsychologie) sei einfach die sich entwickelnde Person (und ihre Eigenschaften). Sie ist, wie sich zeigen soll, mindestens zu einfach, vielleicht sogar irreführend. Mit anderen Worten: Auch die „Einheit" von Entwicklung ist vielschichtig, Entwicklung spielt sich gleichzeitig auf verschiedenen Ebenen ab und muss dabei durchaus nicht gleichsinnig verlaufen. Deswegen wird der Ansatz, von *Entwicklungssystemen* zu sprechen, den Abschluss des Kapitels und damit dieses Buchs insgesamt bilden (Abschn. 6.3).

6.1 Die Komplexität der Entwicklungskontexte: Entwicklungseinflüsse und Entwicklungsbedingungen auf verschiedenen Ebenen

Der Kontext für sich entwickelnde Menschen ist zunächst natürlich: die ganze Welt, auch die physikalische Welt. Abgesehen von sehr spezifischen Fällen (insbesondere im Hinblick auf die Wechselwirkung von genetischen Konfigurationen mit „der" Umwelt) haben entwicklungspsychologische Theorien den physikalischen Kontext (z. B. chemische oder radioaktive Bedingungen der Umgebung, das Wetter) bislang kaum systematisch berücksichtigt. Vermutlich liegt das auch daran, dass viele dieser Bedingungen überall auf der Welt (weitgehend) gleich sind (die Schwerkraft, die Atmosphäre, die Sonneneinstrahlung) oder nur unsystematisch und wenig variieren. Wenn das einmal systematisch anders ist (z. B. regionale Klimaveränderungen), dann richten wir unser Augenmerk sofort darauf. Aber in der Tat: Das sind Ausnahmen von der Regel – die Regel scheint hier (in der Geschichte der Menschheit) eher Stabilität der Umweltbedingungen zu sein.

Deutlicher und systematischer variiert der soziale Entwicklungskontext: zwischen Personen und Familien, zwischen Regionen und Kulturen, zwischen historischen Epochen. Es kann kein Zweifel bestehen, dass diese Entwicklungskontexte unsere individuelle Entwicklung wesentlich mitbestimmen: Wir sprechen unterschiedlich, wir glauben Verschiedenes, wir können Unterschiedliches, wir leben verschieden – wir *werden* („sind") verschieden, obwohl wir biologisch dieselbe Spezies sind.

Die Annahme, dass neben biologischen auch kulturelle Einflüsse die individuelle Entwicklung bestimmen, ist relativ früh formuliert worden. Insbesondere Lev Vygotsky (Keiler 2002) hat die Position vertreten, dass eine „natürliche" und eine „kulturelle Linie" in der Ontogenese verschmelzen. Vygotsky hatte insbesondere auch die Entwicklung der Sprache, des Sprechens im Blick (Vygotsky 2002), für die diese These höchst offensichtlich zutrifft: Andere Tiere können kommunizieren, aber nicht sprechen, und ohne Kultur lernen auch Menschen nicht zu sprechen. In der Sprachentwicklungstheorie – sowohl aus phylogenetischer (z. B. Fitch 2010; Tomasello 2011) als auch aus ontogenetischer Perspektive (z. B. Weinert und Grimm 2012) – ist daher die Verschränkung von Biologie und Kultur ein unverzichtbarer Aspekt. Aber viele Argumente, die in den bisherigen Kapiteln angesprochen worden sind, legen die These nahe, dass Kultur nicht nur einige spezifische Kompetenzen (wie Sprache) formt und mitbestimmt, sondern einen deutlich weiterreichenden Einfluss hat. Abstraktes Denken setzt Begriffe voraus, und es ist schwer vorstellbar, wie abstraktes Denken ohne Sprache entwickelt werden könnte; jedenfalls wird es von Sprache wesentlich beeinflusst, in Teilen gewiss bestimmt werden – und Sprache wiederum setzt soziale Interaktion voraus.

Bereits bei Vygotsky schließt daran die nochmals grundsätzlichere Überlegung an, dass soziale Interaktion und Regulation der Weg seien, auf dem sich schließlich auch Selbstregulation entwickelt. Dieser Gedanke der Verschmelzung, der „Internalisierung" von Kultur in der Ontogenese des Individuums geht über die Überlegungen von Havighurst und zumal von Erikson (in denen immerhin die Bedeutung des kulturellen Kontexts explizit formuliert worden ist) deutlich hinaus. Leider ist der Ansatz von Vygotsky (fast gleichzeitig mit Piaget, Havighurst und Erikson geboren) unabgeschlossen geblieben (er starb früh, mit 38 Jahren). Insbesondere sind die *Prozesse*, durch die diese Verbindung von Natur und Kultur realisiert wird, wenig geklärt.

Zone der proximalen Entwicklung
Einflussreich ist Vygotskys Idee der „Zone der proximalen Entwicklung" (Vygotsky 2002) geworden, die den Kompetenzbereich einer Person beschreibt, den sie aktuell noch nicht allein, wohl aber mit der gezielten Unterstützung anderer erreichen kann. Indem diese Kompetenzgrenze in die prinzipielle Reichweite gelangt und der Bereich zwischen ihr und der aktuell bereits selbstständig beherrschten Fähigkeiten „erobert" wird, d. h. die neue Fähigkeit erprobt und erworben werden kann, erweitert sich der Bereich der selbstständig beherrschten Kompetenzen (und damit auch die (nächste) Zone der proximalen Entwicklung). Diese „Entwicklungshilfe" wird als „Scaffolding" bezeichnet (Bruner 1960): Die soziale Unterstützung zu Beginn des Erwerbs einer Kompetenz bildet das „Gerüst" (englisch: „scaffold"), das den Erwerb ermöglicht, aber dann, wenn es nicht mehr gebraucht wird (wenn das Gebäude, das mit seiner Hilfe errichtet wurde, allein steht), schrittweise wieder abgebaut werden kann. Das „Gerüst" ist dabei ja nicht nur eine Hilfe auf dem Entwicklungsweg, sondern bestimmt, mindestens beeinflusst zugleich seine Richtung: An welchem Punkt welches Gerüst wofür errichtet wird, macht Entwicklung wesentlich aus – in dem dann erreichten Entwicklungsstand sind biologische und kulturelle Einflüsse tatsächlich „verschmolzen".

Nun können soziale Einflüsse auf unsere Entwicklung an unzähligen Punkten einwirken; wir haben dies ja mehrfach als mögliche und wichtige Einwände gegen klassische entwicklungspsychologische (Phasen-)Theorien formuliert. Wie können wir die soziokulturellen Einflüsse auf individuelle Entwicklung nun systematisieren? Im ersten Schritt ist es vielleicht sinnvoll, eine Art Ordnungssystem („Taxonomie") zu suchen, in das wir verschiedene Arten von sozialen Einflüssen einordnen können. Prominent und vielfach aufgegriffen ist der Ansatz von Bronfenbrenner (1981, 2005), der vier verschiedene Ebenen von sozialen Einflüssen unterscheidet.

Das Mikrosystem der unmittelbaren Interaktionen mit anderen Personen (z. B. ein Gespräch mit der Mutter, ein Konflikt mit einer gleichaltrigen Schulfreundin, ein Rat von einer Lehrerin) bildet die innerste Grenze der sozialen Außenwelt. Diese (Mikro-)Interaktionen sind eingebettet in das Mesosystem der sozialen Bedingungen. Man kann dies den konkreten Entwicklungskontext nennen, in dem die Person sich entwickelt (z. B. ihre Familie, ihr unmittelbarer Freundeskreis, die Schulklasse). Dieses Mesosystem ist mit zahlreichen anderen Mesosystemen vernetzt, die das Exosystem bilden (die Personen des Mesosystems sind ihrerseits Teile anderer Mikro- und Mesosysteme). Zu ihm gehört die sich entwickelnde Person zwar nicht selbst, aber die anderen Mesosysteme sind für sie dennoch relevant, eben weil sie die Menschen ihres Mesosystems beeinflussen (z. B. der Arbeitsplatz der Mutter, die Familie des Lehrers etc.). Meso- und Exosystem(e) sind schließlich eingebettet in das Makrosystem. Es umfasst soziale Institutionen (z. B. Schule oder Familie), die kulturellen Regeln und Üblichkeiten (z. B. explizite Gesetze oder gewachsene Traditionen), komplexe Konstellationen (z. B. die Stadt, in der man lebt, der aktuelle Arbeitsmarkt, die soziale Durchlässigkeit der Gesellschaft), aber auch andere Bedingungen (z. B. die Sprache, in der man zu denken lernt, der Stand der technischen Entwicklung und des Wissens etc.).

Bronfenbrenner hat außerdem das „Chronosystem" eingeführt (die zeitliche Ebene) – wir besprechen es hier nicht, weil der für den Zweck dieses Kapitels wichtige Punkt der Taxonomie der „Außenwelt" durch dieses System nicht erweitert wird. Es ist klar, dass Entwicklung in der Zeit abläuft – eben dies impliziert ja die Prozessperspektive.

Typischerweise werden diese Systeme konzentrisch dargestellt: Jedes System ist in das „äußere" eingebettet (nicht ganz: das Mikrosystem der Person, um die es geht, ist nicht Teil des Exosystems – obwohl es viele andere Mikrosysteme umfasst, die miteinander interagieren können). Das klingt plausibel, aber es lohnt sich, ein paar Aspekte dieser „Verschachtelung" des „äußeren" (sozialen) Entwicklungskontexts näher zu betrachten. Zunächst ist deutlich, dass die Abstraktion von „innen" nach „außen" zunimmt.

Eine konkrete Interaktion mit der Mutter oder dem Freund lässt sich detailliert beschreiben und auch differenziert erfassen, das irgendwie „spürbare", aber dennoch abstraktere soziale „Klima" in der Schulklasse oder im Wohnviertel ist schon weniger klar beschreibbar (und messbar), aber doch anhand von mehreren Indikatoren (die jeweils empirisch erfasst werden können) noch hinreichend konkret zu konturieren, und die aus vielen Details abstrahierte Kultur des Landes und der Zeit, in der man lebt, ist nur noch vage oder sehr allgemein zu beschrieben (obwohl auch sie sich in der individuellen Entwicklung zeigt, wie wir am Beispiel der „kollektivistisch-individualistisch"-Unterscheidung gesehen haben; Abschn. 2.3).

Der zunehmenden Abstraktion entspricht eine zunehmende Aggregierung von Einzelaspekten bzw. Einzelelementen. Die jeweils äußeren Ebenen umfassen (enthalten) die jeweils inneren in vielen Versionen: Der Makrokontext umfasst viele Mesokontexte, der Mesokontext viele Mikrokontexte (auf die Frage, was genau mit „umfassen" gemeint ist, und ob die äußeren Ebenen über die jeweils inneren Ebenen hinaus noch mehr beinhalten, kommen wir sofort zurück). Durch diese Aggregierung vieler „Elemente" nimmt auch die Veränderlichkeit der Systeme von innen nach außen ab, weil sich das äußere System nicht mitändern muss, wenn sich ein Element verändert, aus dem es besteht, z. B. *bestätigen* einzelne Ausnahmen oft die allgemeine Regel. Die konkreten Interaktionen (des Mikrosystems) ändern sich natürlich von Augenblick zu Augenblick: Jeder Augenblick ist (etwas) anders als der vorherige. Die sich in diesen Interaktionen (möglicherweise) ausdrückenden Muster und wiederkehrende Regelmäßigkeiten (z. B.: „In unserer Familie ist es wichtig und üblich, dass man sein Zimmer aufräumt", „Meine Mutter geht regelmäßig morgens zur Arbeit aus dem Haus", „In meinem Freundeskreis sind bestimmte Witze tabu") sind eben deshalb als Regelmäßigkeit oder Muster erkennbar, weil sie hinreichend stabil über die Zeit und verschiedene Einzelsituationen (Interaktionen) hinweg sind (u. a. diesen Punkt spricht der Gedanke des „Chronosystems" an). Diese Muster und Regelmäßigkeiten konstituieren den Mesokontext, machen ihn aus; er verändert sich nicht über Nacht, aber doch unter Umständen mehrfach im Leben. Dieser Mesokontext zusammen und in Wechselwirkung mit denen von allen anderen, also die über verschiedene Mesokontexte hinweg erkennbaren Muster und Regelmäßigkeiten (z. B.: „Dies ist ein Land, in dem Ordnung und Pünktlichkeit allgemein geschätzt werden") bilden den Makrokontext. Dieser kulturelle und historische Kontext verändert sich in geschichtlichen Taktungen, also entweder sehr allmählich (die „Moderne", die „Romantik") oder manchmal durch radikale Umbrüche (die Erfindung des Buchdrucks, die Französische Revolution, der Mauerfall).

Wenn diese verschiedenen und ineinander verschachtelten Ebenen die individuelle Entwicklung beeinflussen, weil sie den Kontext bilden, der die Entwicklungsanlässe (Probleme) liefert, und wenn nicht nur Mikrokontexte von Person zu Person und von Moment zu Moment variieren, sondern es auch unterschiedliche Meso- und Makrokontexte (Konfigurationen) gibt, die überdies über die Zeit veränderlich sind, dann ist verständlich, warum es inhaltlich universelle Entwicklungskonstellationen schwerlich geben kann. Kurz: „Die" Entwicklungsumgebung gibt es nicht und somit auch keine universellen Entwicklungsverläufe. Es lohnt sich, das noch etwas genauer zu betrachten.

Mikro- und Mesokontexte im soziokulturellen Rahmen: Die Rolle der Sozialisationsagenten

Das Kap. 3 hat den Punkt, dass Entwicklung auch „Sozialisation" ist, dass wir uns also nicht nur „biologisch entfalten", sondern auch durch die soziale Gemeinschaft (und: auf die soziale Gemeinschaft hin) entwickelt werden, in zwei wichtigen Aspekten diskutiert. Natürlich spielen die Personen, die uns in den allerersten Lebensschritten schützen, fördern und begleiten, typischerweise die Eltern, eine besondere Rolle für viele zentrale Bereiche unsere Entwicklung, z. B. für die Entwicklung eines Verständnisses und der Regulation von Emotionen oder von (pro-) sozialen Verhaltensweisen (Morris et al. 2007; Petersen et al. 2017; Reichle und Gloger-Tippelt 2007). Auch wenn die Bindungstheorie (Abschn. 3.2), die Rolle der Eltern besonders betont, Einwänden ausgesetzt ist, steht der grundsätzliche Punkt gewiss nicht infrage. In den meisten Kulturen wird diese besondere Rolle von Eltern nicht nur ausdrücklich anerkannt (oft auch geehrt), sondern durch besondere Rechte unterstützt. Aber bemerkenswerterweise gilt das nicht in allen Kulturen. Wir haben gesehen, dass sogar die Form und die Bewertung der frühen Bindung von Müttern und Kindern zwischen Kulturen systematisch variiert. Manchmal wird der Einfluss von Eltern systematisch verringert: Das Konzept des „Kibbuz" in Israel oder die Erziehung der Spartiaten im antiken Sparta (bei denen die ausgewählten Kinder sehr früh ihren Müttern weggenommen wurden, um eine spezielle militärische Ausbildung von klein auf zu durchlaufen) zeigen, dass selbst dieser frühe Sozialisations- und Bindungskontext nicht universell ist, sondern von der Kultur abhängt. Auf die gerade in dieser Hinsicht anderen

6.1 Die Komplexität der Entwicklungskontexte …

Entwicklungsbedingungen in „kollektivistischen" oder „interdependenten" Kulturen (Abschn. 2.3) haben wir hingewiesen.

Auch wenn die Eltern eine besondere Rolle für unsere Entwicklung spielen (z. B. Lohaus et al. 2008; Ulrich und Petermann 2017; Walper et al. 2018), werden wir die Person, die wir sind, gewiss durch den Einfluss *vieler* Menschen, die im Laufe unseres Lebens Einfluss auf unsere Entwicklung nehmen. Einige Menschen haben (in unserer Kultur) den ausdrücklichen Auftrag, etwas zu unserer Entwicklung beizutragen: Erzieher und Erzieherinnen (in der vorschulischen Entwicklungsförderung), Lehrer und Lehrerinnen (in der Schule) oder Menschen, die für unsere berufliche Entwicklung (Bildung) zuständig sind (z. B. Ausbilder, Hochschullehrer). Alle diese Personen werden uns bei unserer Entwicklung beeinflussen, manchmal gezielt, z. B. durch „Scaffolding" oder andere Formen der „Entwicklungshilfe", manchmal unbeabsichtigt. Die Menschen, die uns bei den ersten Entwicklungsschritten unterstützen, sind vor allem am Anfang oft nicht gewählt (weder haben wir unsere Eltern noch haben sie uns gewählt). Insbesondere im Erwachsenenalter wählen wir dann aber unsere Entwicklungshelfer, die uns und unsere Entwicklung verändern sollen, manchmal selbst (z. B. dann, wenn wir uns für eine Weiterbildung, eine Beratung oder vielleicht für eine Psychotherapie entscheiden), und wählen vielleicht auch das, was sie an uns verändern sollen (das macht die Verschränkung von Selbstgestaltung und sozialen Entwicklungseinflüssen deutlich – wir kommen darauf zurück).

Oft aber wird unsere Entwicklung durch Menschen beeinflusst, vielleicht sogar deutlich verändert, die wir nicht deswegen ausgewählt haben, sondern aus anderen Gründen. Exemplarisch für diese Form des sozialen Einflusses auf Entwicklung ist das Jugendalter. Wenn die (eher: eine/eine der zentralen) Entwicklungsaufgabe, die das Jugendalter kennzeichnet, die interne Balancierung des Verhältnisses von Autonomie und sozialem Anschluss ist, dann bedeutet das eben die Neuausrichtung des relativen Einflusses, den andere Menschen auf die eigene Entwicklung haben. Selbstbestimmung impliziert die Lockerung oder Lösung bisheriger Bindung; das Fehlen dieses Aspektes der „Lösung" – vor allem von den Eltern – war ja auch ein wichtiger Mangel der Bindungstheorie (Abschn. 3.2). Zugleich aber darf diese Ablösung die soziale Anschlussfähigkeit nicht gefährden: Wir bleiben unser ganzes Leben lang auf andere Menschen, auf Kooperation, auf soziale Gemeinschaft angewiesen, wenn auch in wechselnder Weise. Es ist eine der zentralen Entwicklungsaufgaben des Jugendalters, diese Balance auszuhandeln: Wir müssen (besonders in „individualistischen" Kulturen) lernen, unsere Entwicklungsaufgaben selbst zu wählen (Entscheidungen über unseren Lebensweg zu treffen: Ausbildung, Partnerschaft etc.), aber diese Wahl muss auch mit Blick auf die soziale Welt, in der wir leben, getroffen werden.

Wir müssen bei dieser Wahl natürlich die Informationen berücksichtigen, die wir über uns selbst haben (z. B. die persönlichen Interessen und Talente), aber auch Informationen unserer sozialen Umgebung (z. B. von Beratern im Arbeitsamt, aber auch den Rat der Eltern, die viel über unsere bisherige Entwicklung wissen).

Sicher wird als eine wichtige Informationsquelle auch das dienen, was andere in der gleichen Lage tun: die Gleichaltrigen (Peers). Sie spielen nicht nur deswegen eine Rolle, weil ihre Lage in mancher Hinsicht der eigenen ähnlich ist (jedenfalls haben sie dieselbe Entwicklungsaufgabe zu lösen), sondern weil wir im Umgang mit ihnen auch gelingende Formen des sozialen Miteinanders ausprobieren und einüben können (Siegler et al. 2016a; Vierhaus und Wendt 2018). Über den grundsätzlichen Aneignungs- und Übungseffekt hinaus ist das auch deswegen fruchtbar, weil Gleichaltrige ja gleichalt bleiben, wir also ihnen (oder ihnen ähnliche Personen) im weiteren Leben in allen noch kommenden Stationen unseres sozialen Lebens wieder begegnen werden. Im „Entwicklungskonvoy" verschiedener Generation (besser: Kohorten), in dessen Mitte wir uns durch die Entwicklung bewegen („vor" uns Ältere, „nach" uns Jüngere), ist die Gruppe derer, die ähnliche Entwicklungsaufgaben lösen wie wir selbst, sicher ein herausragender Orientierungspunkt. Die emotionale Bedeutung der Generation „vor" uns wird in der Regel groß bleiben, aber sie wird ihre Orientierungsfunktion zunehmend verringern. Die Bedeutung der Generation „nach" uns – unsere Kinder – als Zweck unseres Lebens kann schwerlich übertroffen werden, aber sie wird über weite Strecken der Entwicklung zwischen beginnendem Erwachsenenalter bis zum Alter eher die Zielrichtung als eine Orientierungsquelle bleiben: Ich richte mein Verhalten auf das Gedeihen der nächsten Generation aus, aber Modelle dafür, wie man das gut tun könnte, wird mir eher die vorangegangene Generation liefern.

Der Einfluss der „Peers" – zwei Seiten einer Medaille
Der Effekt des miteinander Ausprobierens und Einübens muss gewiss nicht immer mit gesellschaftlich erwünschten Entwicklungskonsequenzen (wie z. B. sozialen Kompetenzen, einem höheren Selbstwert, weniger psychischen Auffälligkeiten, usw.) einhergehen – es kann auch weniger glückliche Konstellationen geben. Insbesondere weil sich Peers (Gleichaltrige) wechselseitig beeinflussen, können Freundschaften im Jugendalter auch aggressive und delinquente Verhaltensweisen sowie Substanzmissbrauch begünstigen. So zeigte eine Längsschnittstudie mit 1.354 Jugendlichen im Alter von 14 bis 22 Jahren (Monahan et al. 2009), dass sich antisoziale Jugendliche nicht nur mit ihnen ähnlichen, devianten Jugendlichen zusammentun, sondern auch in ihrem eigenen delinquenten Verhalten

bestärkt werden. Während zu Beginn der Jugend sowohl Selektions- also auch Sozialisationsprozesse eine Rolle spielen, scheinen im Verlauf des mittleren und späten Jugendalters vor allem Sozialisationsprozesse an Bedeutung zu gewinnen.

Jugendkultur ist als Mikrosystem (z. B. der Nachmittag mit meinem besten Freund), als Mesosystem (z. B. die angesagten Trends in meiner Clique), als Exosystem (z. B. die Konkurrenzkämpfe zwischen den Cliquen in meinem Stadtteil) und als Makrosystem (z. B. die Jugendkultur im für mich relevanten Teil der Kultur, in der ich lebe, z. B. die Hip-Hop-Szene) über eine lange Entwicklungsstrecke sehr einflussreich für die Einzelperson, oft auch über die Jugend hinaus: Musik aus dieser Zeit hört man auch später besonders gern, manche Freundschaft aus dieser Zeit hält ein Leben lang und vielleicht wird eine Lebenspartnerschaft in dieser Zeit (in diesem Entwicklungskontext) gegründet. Bis hierhin sieht die Systematik von Bronfenbrenner tragfähig aus, um den Kontexteinfluss auf Entwicklung (z. B. im Jugendalter) zu klären. Aber ein näherer Blick zeigt, dass das Verhältnis der Ebenen zueinander und zu der Person, deren Entwicklung sie mitbestimmen, etwas komplizierter ist, als es zunächst scheint. Das wird zugleich nochmals deutlicher machen, dass „Erklären" (von Entwicklung) nicht einfach die Sammlung von (einem Bündel von) Ursachen bzw. Faktoren ist.

Person und Umwelt: Systeme in Systemen

Der naheliegende Einwand, die Mikro-Meso-Exo-Makro-Systematik sei zu grob, ist natürlich zutreffend (viele Details bleiben unberücksichtigt), aber trifft keinen wesentlichen Punkt, eben weil man sie leicht komplexer machen kann, ohne ihren Grundgedanken zu verändern (jüngere Darstellungen sind dementsprechend differenzierter; s. z. B. Lerner 2002). Sie ist übersichtlich und plausibel, und mehr muss eine Systematik zunächst nicht leisten.

Allerdings ist diese Systematik auf den zweiten Blick unzureichend, weil sie an der kategorialen Trennung von „Person" und „Umwelt" festhält und dann nur noch die Ebenen der sozialen Umwelt differenziert. Diese Trennung von Person und Umwelt hatte sich aber schon bei der Diskussion von „Anlage" und „Umwelt" als unangemessen und unzureichend erwiesen. Wichtiger noch ist das Problem, dass das Verhältnis der Ebenen zueinander ungeklärt ist – und damit die Frage, wie der „Einfluss" der jeweils „äußeren" Ebenen auf die jeweils „inneren" (oder vielleicht auch direkt auf die Entwicklung der Person) verstanden werden kann. Es lohnt sich, diese Schwierigkeiten etwas genauer zu betrachten.

Personen als hierarchische Systeme Die kategoriale Unterscheidung von Person und Umwelt übersieht leicht, dass Personen selbst auch komplexe Systeme sind: Der innere Kontext „unserer" Entwicklung ist nicht weniger komplex als der äußere. Das bedeutet: Die Bronfenbrenner'sche Differenzierung von sozialen Umwelten in verschiedene verschachtelte Ebenen ist in gleicher Weise auch innerhalb der Person erforderlich. Das gilt schon physiologisch (der Organismus besteht aus Organen, diese wiederum aus Teilsystemen, diese aus Zellen, diese aus Zellbestandteilen usw.), aber ebenso auch psychologisch (unsere Problemlösefähigkeit umfasst u. a. unser Gedächtnis, das wiederum umfasst u. a. sensorische Speicher usw.). Es ist hilfreich, die Probleme, die sich bei der Verschachtelung von Systemen stellen, zunächst in Bezug auf die Verschachtelung von Ebenen *innerhalb* der Person zu betrachten. Es wird sich zeigen, dass uns hier eine Reihe von grundlegenden theoretischen Schwierigkeiten der Verhältnisse der Ebenen (Systeme) zueinander begegnen, die in gleicher Weise auch bei der Klärung des Wechselverhältnisses sozialer Ebenen außerhalb „der" Person zu lösen sind.

Mindestens zwei (konzeptuelle) Ebenen sind in Bezug auf „die" Person zu unterscheiden: die personale und die subpersonale (intraindividuelle) Ebene. Die personale Ebene meint Aspekte (z. B. Eigenschaften oder Kompetenzen), die der Person zugeschrieben werden; das ist typischerweise dann der Fall, wenn wir Entwicklungen betrachten: die Entwicklung der Moral, der Intelligenz, der Sprache etc. Oft versuchen wir, die Entwicklung einer solchen Eigenschaft der Person auch unter Rückgriff auf andere Attribute der Person zu erklären (z. B. könnte die Entwicklung der sozialen Fähigkeiten einer Person mit ihrer Intelligenz zusammenhängen und mit ihrer Motivation, etwas zu lernen). Obwohl diese Aspekte der Person jeweils nicht die Person insgesamt beschreiben, sind sie doch „personale" Konstrukte in dem Sinne, dass sie der Person zugeschrieben werden, nicht Teilen von ihr (die Person ist motiviert oder intelligent, nicht ihr Gehirn oder ihr Gedächtnis).

Deswegen ist es wichtig, Aspekte, die nicht der Person insgesamt zugeschrieben werden, sondern funktionale Einheiten „innerhalb" der Person ansprechen, von diesen personalen Aspekten systematisch zu unterscheiden. Das gilt durchaus nicht nur für physiologische „Einheiten" (z. B. Teile des Gehirns oder Sequenzen des genetischen Codes), sondern auch für die funktionale intraindividuelle Beschreibungsebene, z. B. das Arbeitsgedächtnis, das nicht ein *Teil*, sondern eine (Teil-)*Funktion* des Gehirns ist. Wenn man Funktionen oder Eigenschaften dieser Einheiten beschreibt (oder in Erklärungen benutzt), wird nicht die Person insgesamt angesprochen, sondern ihre subpersonalen Komponenten (z. B. sind Prozesse im Arbeitsgedächtnis – etwa die Steuerungsfunktion der zentralen Exekutive – ein funktionaler Bestandteil dessen, was wir auf der personalen Ebene als Intelligenz beschreiben; dennoch sind *Personen* intelligent, nicht Gedächtnisse). Besonders deutlich ist diese Differenzierung der konzeptuellen Ebenen für die physiologische Beschreibungsebene: Das zu erklärende Phänomen (z. B. Intelligenz oder Sprache) kann auf dieser konzeptuellen Ebene nicht abgebildet werden (Gene oder Hirne sprechen nicht), obwohl funktionale (z. B. das Arbeitsgedächtnis) oder physiologische „Einheiten" (z. B. das Broca-Areal der Großhirnrinde) notwendig für das Phänomen Sprache und deswegen auch eine Erklärung von Sprachkompetenz sind. Innerhalb der subpersonalen Ebene sollten wir also mindestens die funktionale (z. B. Gedächtnis) und die physiologische (Gehirn) Perspektive unterscheiden.

Hier begegnet uns nun ein wichtiges Problem: *Zwischen* den Ebenen besteht zunächst keine *kausale* Beziehung. Zwar tragen kausale Prozesse auf genetischer oder hirnphysiologischer Ebene (innerhalb der physiologischen Ebene kann man offenbar weiter differenzieren) zu den Phänomenen bei, die „Intelligenz" oder „Sprache" ausmachen (konstituieren) (z. B. die Bewegung der Zunge im Mund, die Vibration der Stimmbänder oder die Aktivierung einzelner Neuronen im Gehirn), aber Gene oder Nervenzellen *verursachen* nicht Sprache (obwohl sie sie *bedingen*, obwohl sie notwendige Voraussetzungen für sie sind). Ein Tonband, das Klänge produziert, die wie Sprache klingen, *spricht* dennoch nicht (obwohl sein „Arbeitsgedächtnis" dabei eine Rolle spielt).

Notwendig und hinreichend – Logik und Kausalität
Spätestens hier müsste man nun eigentlich klären, was mit „Kausalität" (Verursachung) eigentlich gemeint ist und wie sich kausale von logischen Bedingungen unterscheiden. Unglücklicherweise ist dies eine der schwierigsten wissenschaftstheoretischen (philosophischen) Fragen überhaupt – und unglücklicherweise ist sie obendrein ungeklärt. Ein paar Aspekte sind jedoch wichtig zu unterscheiden. Eine kausale Bedingung („Ursache" sagen wir im Alltag dazu) ist *nicht* logisch mit dem verbunden, für das sie die Bedingung ist. Der Regen macht die Straße nass – das ist nicht logisch zwingend, denn die Straße könnte auch abgedeckt sein, oder es könnte auch der Wasserwagen gewesen sein, der die Straße nass gemacht hat. Mit anderen Worten: Es liegt weder im Begriff der Straße, dass sie durch Regen nass wird, noch im Begriff des Regens, dass er Straßen nass macht. Das ist in unserer Welt so, aber es ist nicht notwendigerweise (logischerweise) so, sondern einfach eben

der Fall (man nennt diese Art von Beziehung „kontingent": Es *ist* – in dieser Welt – so, aber es *könnte* auch anders sein). In der Terminologie, die wir oben benutzt haben: Der Regen ist weder *hinreichende* Bedingung dafür, dass die Straße nass geworden ist (wäre die Straße abgedeckt gewesen, wäre sie trotz Regen nicht nass geworden), noch ist der Regen *notwendige* Bedingung dafür, dass die Straße nass wird (auch der Wasserwagen reicht aus, um die Straße nass zu machen – wenn sie nicht abgedeckt ist).

Logische Bedingungen funktionieren anders. Junggesellen sind unverheiratet. Der Umstand, dass Peter ein Junggeselle ist, ist *hinreichende* Bedingung dafür, dass er unverheiratet ist, weil der *Begriff* des Junggesellen bedeutet (und daher: impliziert), dass er unverheiratet ist. Eine kausale Beziehung ist da nicht im Spiel (es ist gleichgültig, warum Peter unverheiratet ist). Umgekehrt ist die Tatsache, dass Peter unverheiratet ist, *notwendige* Bedingung dafür, dass er Junggeselle ist (man *muss* unverheiratet sein, um Junggeselle sein zu können).

Mackie (1974) hat vorgeschlagen, eine kausale Bedingung so zu verstehen: Eine kausale Bedingung ist der nicht hinreichende, aber notwendige Teil einer nicht notwendigen aber hinreichenden Konstellation von Bedingungen (er nennt das eine INUS-Bedingung: „**I**nsufficient but **N**ecessary part of an **U**nnecessary but **S**ufficient constellation"). Was das bedeutet, haben wir oben am Beispiel von Resilienzkonstellationen schon kennengelernt. Eine bestimmte Ressource (z. B. die liebende Großmutter) ist Teil einer Konstellation, die dem Kind geholfen hat, seine sehr belastenden Entwicklungsumstände (z. B. psychisch kranke Eltern) zu überwinden. Großmutter ist in *dieser* Konstellation *notwendiger* Bestandteil gewesen (ohne sie wäre es *nicht* gegangen), aber sie allein war *nicht ausreichend* (es brauchte z. B. auch die Schule, in die das Kind gegangen ist, um etwas zu lernen). Die Konstellation (*mit* Großmutter *und* den anderen Aspekten) war zusammen *hinreichend*: Damit ging es dann gut. Aber die *Konstellation* war *nicht notwendig* (es hätte auch in anderen Konstellation gut gehen können, z. B. die Schule mit einem unterstützenden Lehrer oder einem stabilen Freundeskreis oder einer flexibleren inneren Selbstregulation). In diesem (INUS-) Sinne war Großmutter eine kausale Bedingung (keine logische).

Es ist wichtig, derartige Überlegungen zu beachten, weil es eben darauf (unter anderem) ankommt, wenn man etwas „erklären" will.

6.1 Die Komplexität der Entwicklungskontexte ... 211

„Sprache" oder „Intelligenz" sind Phänomene auf einer anderen konzeptuellen Ebene als „Großhirnrinde" – obwohl die kausalen Prozesse in der Großhirnrinde für das, was wir Intelligenz oder Sprache nennen, notwendig sind. Diese Trennung zwischen konzeptuellen (logischen) und kausalen (empirischen) Bedingungen ist auch zwischen verschiedenen Ebenen *innerhalb* der Person zu beachten: Das Gehirn „hat" kein Kurzzeitgedächtnis, obwohl physiologische Prozesse im Gehirn das konstituieren, was auf funktionaler Ebene als Arbeitsgedächtnis beschrieben werden kann. Deswegen wäre es irreführend zu sagen, dass hirnphysiologische Prozesse das Arbeitsgedächtnis „verursachen". Eher kann man sagen, dass diese physiologischen Strukturen und Prozesse das menschliche Arbeitsgedächtnis ausmachen, denn tatsächlich wird das, was man als „Arbeitsgedächtnis" bezeichnet, im Gehirn durch bestimmte physiologische Strukturen und Prozesse *realisiert* (in einem Computer wird ein entsprechendes (äquivalentes) Phänomen (vorübergehende Speicherung zur Weiterverarbeitung) durch *andere* physikalische Prozesse (z. B. Elektrizität, Magnetismus) und Einheiten (z. B. Transistoren) realisiert).

Näher betrachtet sind die Beziehungen zwischen den Ebenen *innerhalb* der Person nochmals komplizierter: So ist die Unterscheidung zwischen „funktional" und „physiologisch" noch immer zu grob, denn auch innerhalb der physiologischen Perspektive (oder Ebene) gibt es mehrere „verschachtelte" Ebenen: Zum Beispiel sorgen die in Genen kodierten Informationen dafür, dass eben diese Zelle, in deren Zellkern die DNA, durch die die Gene kodiert sind, überhaupt erst entstanden ist (u. a. aus Proteinmolekülen), aber diese Zelle machte die Wirksamkeit der DNA erst möglich (durch Enzyme und zahlreiche andere Prozesse, die wiederum das „Ablesen" der DNA realisieren). Die Schwierigkeiten, die mit dieser Relation verbunden sind (einige sind tatsächlich fundamentale Rätsel: Die Frage, inwieweit physiologische Vorgänge Ursache oder Realisierung psychischer Prozesse sind, bezeichnet man als das Leib-Seele-Problem; Metzinger 2013; Pauen 2015), sind damit nicht einmal annähernd benannt, geschweige denn gelöst, aber das prinzipielle Problem ist immer dasselbe: Die Zusammenhänge zwischen den Ebenen sind nicht einfach nur „kausale Ketten", in denen ein Effekt von „außen" nach „innen" (oder umgekehrt) „durchgereicht" wird, obwohl es natürlich auch solche Effekte gibt (kausale Ketten, z. B. von der Zelle über ein Organ zu einem Zustand des Körpers).

Ganz abgesehen von der Qualität der Beziehungen zwischen Ebenen führt die Beachtung der Verschachtelung verschiedener Ebenen innerhalb der Person zu einer weiteren wichtigen Einsicht. Die Frage, ob ein System Mikro-, Mesooder Makrosystem ist, wird immer relativ zu den jeweils mitbetrachteten Ebenen „darunter" oder „darüber" beantwortet. Aus der Sicht einer Zelle sind die anderen

Zellen Umwelt – und sie interagieren in einer Art Mikrosystem miteinander. Das Organ, das durch diese Zelle gebildet wird (z. B. die Leber, das Herz, das Gehirn), ist aus dieser Sicht dann das Mesosystem dieser Zellen. Die Interaktion von Organen miteinander (z. B. Herz, Lunge und Nervensystem) kann man aber wiederum als Mikrosystem betrachten, das in dem Mesosystem „Körper" operiert. Der Körper wäre dann zugleich so etwas wie das Makrosystem für Zellen – genauso wie das Organ das Makrosystem für die Elemente einer Zelle ist (für die Mitochondrien, den Zellkern und die Ribosomen ist die Zelle der Mesokontext).

Offenbar ist die Einordnung (Mikro, Meso, Makro) relativ. Das gilt ebenso auch für die Unterscheidung von Ebenen *außerhalb* der Person. Tatsächlich treten dort dieselben Schwierigkeiten (z. B. Relativität der Ebene, verschiedene „Arten" der konzeptuellen Beziehungen zwischen Ebenen) auf wie „innerhalb".

Die Beziehungen zwischen den sozialen Ebenen Auch außerhalb der Person werden Mesokontexte (z. B. Familie, Schule) durch (Mikro-)Interaktionen *konstituiert*: „Die Schule" *besteht* z. B. im Wesentlichen aus sozialen Praktiken und Beziehungen zwischen Personen (und eben nicht nur aus Mauern und Türen). Diese Interaktionen verursachen also nicht den Mesokontext, sondern machen ihn aus (er besteht aus ihnen). Die Person (deren Entwicklung uns interessiert) erlebt diese Interaktionen nicht nur, sondern gestaltet sie selbst mit, weil sie ein aktiver Teil dieser sozialen Institution ist. Das Klassenklima, das mich in meiner Entwicklung im Jugendalter vielleicht beeinflusst, wird nicht nur auch von mir beeinflusst (weil ich andere Kinder beeinflusse), sondern besteht unter anderem auch aus meinem Handeln (das Klima *ist* unter anderem das, was ich tue). Es wäre daher verkürzt und irreführend zu sagen, der soziale (Meso-)Kontext „beeinflusse" die Entwicklung des Individuums, auch wenn natürlich Aspekte der sozialen Umgebung (z. B. die pädagogischen Absichten und Kompetenzen der Lehrenden, die Beziehungen meiner Freunde untereinander, die Verfügbarkeit von Medien) auch in kausale Prozesse involviert sind, die die Entwicklung des jeweils interessierenden Aspekts der Person (z. B. ihrer Sprachkompetenz, ihres Sozialverhaltens) erklären.

Das Problem des Beziehungscharakters wird nochmals deutlicher für den übergeordneten Makrokontext: Er wird durch die Praktiken der Mesokontexte konstituiert (wiederum: Er wird nicht durch sie „verursacht", sondern besteht aus ihnen). So „sind" zum Beispiel das soziale Klima oder bestimmte kulturelle Aspekte einer Gesellschaft in gewisser Hinsicht nichts „Zusätzliches" über das hinaus, was sich aus den Beziehungen, Verhaltensweisen und Interaktionen der Mitglieder dieser Gesellschaft ergibt: eine hochkomplexe Konfiguration von

6.1 Die Komplexität der Entwicklungskontexte ...

Personen, ihren personalen und intrapersonalen Strukturen, sozialen (Mikro-) Interaktionen und den aus ihnen entstehenden (Meso-)Strukturen.

Aber es lohnt sich, hier noch etwas genauer hinzusehen: Auch wenn es wahr ist, dass nichts „Zusätzliches" hinzukommt, damit aus einer großen Gruppe von Menschen deren Kultur entsteht, ist die Annahme „alle zusammen – mehr nicht" doch nicht die vollständige Erklärung. Manchmal ist die übergeordnete Ebene nicht nur eine andere (sozusagen „umfassendere", abstraktere) Beschreibung, sondern es entsteht auf ihr ein Phänomen, das nicht auf die Phänomene der Elemente reduziert werden kann, die die übergeordnete Ebene ausmachen (konstituieren). (Manchmal ist das Ganze tatsächlich mehr als die Summe seiner Teile.) Dieses Entstehen eines neuen Phänomens auf einer übergeordneten Ebene nennt man „Emergenz". Das alles klingt sehr abstrakt – wie ist das zu verstehen?

Nun: Die Struktur (Konfiguration) der Elemente (d. h. die übergeordnete Ebene) hat Eigenschaften, die Elemente nicht haben. Das beginnt damit, dass manche *Phänomene* nur *zwischen* Einheiten bestehen können, nicht innerhalb. „Kommunikation" oder „Kooperation" zum Beispiel kann es nur zwischen Einheiten geben, nicht innerhalb: Es können nur Menschen miteinander kooperieren, ein Mensch (allein) kann nicht kooperieren (man könnte allerdings die Einheiten „in" einem System und ihre Interaktion betrachten, also z. B. sagen, das Gehirn kommuniziere – über Nervensignale oder Botenstoffe – mit dem Herz, aber damit hat man die Betrachtungsebene gewechselt und analysiert wieder die Interaktionen *zwischen* Einheiten: die Kommunikation zwischen Hirn und Herz).

Aber die Idee, dass eine übergeordnete Ebene Phänomene konstituieren und Eigenschaften zeigen kann, die die Einheiten oder Elemente, die sie ausmachen, nicht haben, geht noch darüber hinaus. Wir hatten das eben bei der Betrachtung der Beziehung zwischen der personalen und der subpersonalen Ebene schon gesehen: Nervenzellen können nicht denken, auch Gehirne können nicht denken, aber Personen können denken. Es ist klar, dass kausale Prozesse zwischen Nervenzellen hier eine wesentliche Rolle spielen (wenn sie gestört wären, könnte die Person *nicht* denken). Es ist klar, dass das Gehirn (unter anderem) aus Nervenzellen besteht (in einer sehr spezifischen Anordnung), aber es ist dennoch richtig, dass weder Nervenzellen noch Gehirne denken. Zugleich aber scheint es so zu sein, dass dieses Phänomen („Denken") selbst „eigene" kausale Folgen haben kann, nicht nur außerhalb der Person (Gedanken der Person äußern sich in Taten, die dann auch andere Personen betreffen), sondern sogar für die darunter liegenden Ebenen innerhalb der Person: Die „personale" Ebene (*„ich* denke") verursacht (so sieht es jedenfalls aus) Phänomene auf der „subpersonalen" (z. B. physiologischen) Ebene: Die Finger auf der Tastatur bewegen sich, *weil* ich denke (eben hier liegt, wie oben schon angedeutet, das fundamentale Rätsel des Verhältnisses von Geist und Körper: „Leib-Seele-Problem"; Metzinger 2013; Pauen 2015 etc.).

Warum ist das hier wichtig? Es wird deutlich: Je genauer man hinsieht, desto weniger klar wird, was „innen" und „außen" jeweils bedeutet. Ist der Körper die Umwelt (das „Mesosystem") für die Zelle (das „Mikrosystem")? Einerseits „Ja", denn der Körper ist die Welt, *in* der die Zelle „lebt" – andererseits „Nein", denn der Körper *besteht* aus Zellen, er wird durch sie konstituiert. Auf den ersten Blick scheint das nur eine sprachliche Ungenauigkeit zu sein; vielleicht ist es einfach genauer zu sagen, dass „eigentlich" die *anderen* Zellen die Zelle beeinflussen, deren Entwicklung wir gerade betrachten – „der Körper" *ist* doch nichts anderes als diese Zellen und ihre Wechselwirkungen. Aber vielleicht ist das nicht alles, denn es ist zugleich deutlich, dass Körper Dinge tun (und verursachen) können, die Zellen (auch viele Zellen) nicht tun können: Der Körper kann auf die Jagd gehen und kochen, und die so gesicherte Ernährung versorgt die Zellen mit der überlebensnotwendigen Energie. Und das bedeutet: Der Körper „ist" nicht nur (viele) Zellen, sondern mehr als das – insbesondere eine bestimmte Struktur (Ordnung) von Zellen.

Dies ist ein zentraler Punkt: Die Eigenschaft oder Kompetenz der übergeordneten Ebene wird wesentlich auch durch die *Struktur* ihrer Elemente bestimmt, nicht nur durch die Elemente selbst. Das Gehirn wird nicht nur durch Nervenzellen konstituiert, sondern durch die spezifische Struktur dieser Zellen. Nervenzellen können nicht denken (sie sind nur aktiv oder nicht), und auch eine große Menge von Nervenzellen können (noch) nicht denken, erst die *Struktur* der Nervenzellen, die unser Gehirn kennzeichnet (ausmacht), macht es möglich, dass wir denken. In anderen Zusammenhängen ist uns dieses Phänomen sehr vertraut: Ein Musikstück ist nicht die Liste der in ihm anklingenden Töne (726mal C, 44mal B, 681mal Bb, 512mal A usw.), sondern eine ganz spezifische Struktur dieser Töne (eben die Zusammenstellung: die *Komposition*).

Emergenz Wir haben oben schon kurz darauf hingewiesen, dass man dieses Phänomen, dass eine Struktur von Elementen Eigenschaften oder Fähigkeiten hat, die die Einzelelemente jeweils (und auch in einer anderen, z. B. zufälligen, Anordnung) nicht haben, als „Emergenz" bezeichnet. Das ist ein komplexes Thema schon deswegen, weil (wie wir eben am Beispiel der Kommunikation schon gesehen haben) die „Elemente" einer Struktur (also z. B. die Nervenzellen) ihrerseits ja wieder eine emergente Struktur sind, denn auch sie bestehen aus einzelnen Elementen (Zellkern, Mitochondrien etc.), aber Eigenschaften haben („aktiv sein" oder nicht), die ihre Elemente nicht haben. Vor allem aber ist nicht klar, *wie* diese

6.1 Die Komplexität der Entwicklungskontexte ...

Struktur von Elementen die jeweiligen Eigenschaften oder Fähigkeiten „hervorbringt", die ihr zugeschrieben werden (Körper können Tennis spielen, Zellen nicht; Gehirne können Informationen verarbeiten, Zellen nicht, jedenfalls nicht dieselbe Kategorie von Informationen). Solche „emergenten" Phänomene gibt es natürlich auch in anderen Lebensformen (Bedau und Humphreys 2008): Termitenstaaten bringen beispielsweise komplexe Bauten hervor (in denen es sogar funktionale Klimaregulationsstrukturen gibt), ohne dass es eine zentral steuernde „Einheit" gibt (es gibt keine Architektentermiten), die Formation von Vögeln, die in großen Schwärmen reisen, wird von keiner zentralen „Einheit" koordiniert (es gibt keinen „Dirigenten"). Zu sagen, diese Phänomene (der geordnete Flug des Schwarms, der Termitenbau) seien das Ergebnis von „Selbstorganisation", ist natürlich richtig, aber leider keine Erklärung, sondern zunächst nur eine Bezeichnung für das Phänomen. Die Frage, *wie* (unter welchen Bedingungen) Elemente sich „selbst organisieren", ist damit noch nicht beantwortet.

Ein verwandtes Problem ist uns im Zusammenhang evolutionärer Prozesse (Abschn. 4.3) bereits begegnet: Individuelle Eigenschaften, die *innerhalb* der Gruppe nicht günstig zu sein scheinen (z. B. altruistisches Verhalten), können in der Konkurrenz *zwischen Gruppen* die Gruppen begünstigen, in denen es häufiger auftritt (Sober und Wilson 1998; Wilson und Wilson 2007). Offenbar ist dasselbe Phänomen (z. B. altruistisches Verhalten) auf einer Ebene (innerhalb der Gruppe) anders zu betrachten als auf einer anderen (Vergleich zwischen Gruppen, deren Mitglieder sich altruistisch oder egoistisch verhalten). Auch die Schwierigkeit, dass die „höhere" Ebene einerseits von den Elementen (der „unteren" Ebene) gebildet wird (aus ihnen besteht), zugleich aber diese Elemente „beeinflusst", ist uns dort begegnet: Die „Nische", in der eine Spezies (und alle Individuen der Spezies) lebt, wird nicht nur durch die vom Individuum unabhängige physikalische Umwelt (z. B. Sonne, Regen, geologische Bedingungen etc.), auch nicht nur durch Umweltbedingungen, die für diese Spezies *relevant* sind (für andere aber vielleicht nicht; z. B. ist ein kleines Rinnsal in meinem Garten für mich kaum wahrnehmbar, aber für einen Käfer, der dort lebt, ein unüberwindliches Hindernis), sondern eben auch durch das *Verhalten* der Individuen *konstituiert*: Wenn das Tier weiterwandert, wenn es eine andere Jagdtechnik anwendet, wenn es sich geschickter einer Bedrohung entzieht, verändert sich seine Nische, insbesondere der „äußere" Selektionsdruck.

Es ist daher nicht nur denkbar, sondern auch plausibel, dass soziale Systeme (die u. a. aus Individuen bestehen, einschließlich der jeweils betrachteten Person selbst) das Verhalten dieser Person(en) durch ihre emergenten Eigenschaften kausal beeinflussen. Beispielsweise könnte die „Kohärenz" einer sozialen Gruppe (auch das ist eine Eigenschaft, die nur Gruppen haben können, nicht die Gruppenmitglieder) das Verhalten der Gruppenmitglieder beeinflussen. Die „kollektivistische Kultur" einer Gesellschaft besteht nicht nur aus der Selbstwahrnehmung und -konstruktion ihrer Mitglieder.

Jenseits der Emergenz: Kausale Einflüsse zwischen Ebenen Tatsächlich ist es aber sehr wahrscheinlich, dass manchmal „äußere" Einflüsse die Individuen eines Systems beeinflussen, ohne das ihr Verhalten (zuvor) das Geringste zu diesem Einfluss beigetragen hat, dass mit anderen Worten dieser Einfluss nicht nur kausaler Natur, sondern tatsächlich vollständig unabhängig ist. Wenn der Einschlag eines Meteoriten das Weltklima auf lange Zeit so dauerhaft verändert hat, dass viele Arten (buchstäblich von einem Moment auf den anderen) keine Überlebenschance mehr hatten, dann ist dies ein gänzlich „äußerer", unabhängiger und für alle davon betroffenen (Sub-)Systeme *gemeinsamer* Einfluss. Beispiele dafür müssen nicht dieses kosmische Ausmaß haben: Die Französische Revolution hat gewiss nicht nur die Menschen, die an ihr beteiligt waren, nachhaltig beeinflusst; der Ausbruch der Pest in einer Welt, in der niemand eine halbwegs zutreffende Vorstellung davon hatte, was gegen sie zu unternehmen sein könnte, ist ein unabhängiger gemeinsamer Einflussfaktor für die Entwicklung vieler Individuen.

Was bedeuten diese Überlegungen für die Frage, inwiefern die „innere" und „äußere" Umwelt die menschliche Entwicklung beeinflusst? Da offenbar die verschiedenen Ebenen (innen wie außen) sehr kompliziert zusammenhängen, ist klar, dass es wichtig ist, die verschiedenen konzeptuellen Ebenen so genau wie möglich zu unterscheiden (wie das von Bronfenbrenner vorgeschlagene System es – vereinfacht – tut) und dabei sorgfältig auf das jeweilige Verhältnis dieser Ebenen zueinander zu achten. Die Frage, ob die jeweils übergeordnete Ebene (z. B. „kollektivistische Kultur" auf der Makroebene) tatsächlich *eigenständige* (emergente) kausale Effekte auf die untere Ebene hat oder doch nur als Sammelbegriff für die Interaktion der (Meso-)Elemente anzusehen ist, die „eigentlich" wirken, und ob nicht diese (Meso-)Elemente ihrerseits nicht „eigentlich" nur durch die (Mikro-)Elemente wirken, die sie konstituieren (etc.), oder ob es ganz unabhängige äußere Einflussfaktoren gibt, ist eben deswegen von entscheidender Bedeutung für die theoretische Modellierung eines Entwicklungsprozesses, weil von dieser Klärung die Antwort auf die Frage abhängt, ob konsistent von kausalen Effekten *zwischen* den hier unterschiedenen Analyseebenen gesprochen werden kann. Dies gilt insbesondere für die „Abwärts"-Perspektive, wie sie in der Entwicklungspsychologie im Hinblick auf die Bedeutung des Kontexts eingenommen wird: Inwiefern kann zum Beispiel die kollektivistische Kultur einen (eigenständigen) *kausalen* Effekt auf die Entwicklung des Selbstkonzepts der Person ausüben, der über die Effekte innerhalb des Mikrosystems der Person hinausgeht?

6.1 Die Komplexität der Entwicklungskontexte ...

Theoretische und methodische Probleme sind nicht identisch
Es ist wichtig, zu verstehen, dass die hier diskutierte Frage ein theoretisches Problem betrifft, das nicht einfach methodisch gelöst werden kann. Auf den ersten Blick scheint es ja nicht schwierig zu sein, den Einfluss von Bedingungen auf verschiedenen Ebenen methodisch (z. B. statistisch) voneinander zu trennen. Wenn man beispielsweise den Lernfortschritt einer Schülerin erklären möchte, könnte man nicht einfach ihre Gedächtniskapazität, ihre Intelligenz, die Kompetenz ihrer Eltern und Freundinnen, das Klima in der Klasse, die Bildungsstrategie der Schule und die Bildungsfreundlichkeit der Kultur unabhängig messen (operationalisieren) und dann versuchen, die jeweiligen Effekte in einem gemeinsamen statistischen Modell darzustellen? Es scheint, als wäre so der Einzelbeitrag beispielsweise des Klassenklimas identifizierbar. Um einen solchen Befund empirisch abzusichern, würde man wenigstens zwei weitere methodische Wege nutzen. Zum einen sollte man den möglichen Einfluss anderer Variablen kontrollieren (die hier einen „Effekt" vortäuschen könnten; z. B. die Kompetenz der Lehrerin, die sowohl das Klassenklima als auch den Lernfortschritt ihrer Schüler beeinflusst), indem man möglichst auch solche Variablen erfasst und deren „Effekte" auf die zu erklärende – „abhängige" – Variable herausrechnet (also z. B. prüft, was das Klassenklima *über die Kompetenz der Lehrerin hinaus* zum Lernfortschritt der Schülerin beiträgt). Moderne Verfahren (z. B. Mehrebenenanalyse) können eine solche Prüfung mit anspruchsvolleren statistischen Methoden vornehmen.

Allerdings wären Ergebnisse einer solchen Analyse gewissermaßen „blind" für die oben diskutierte Frage, welcher Art die Zusammenhänge zwischen den Ebenen sind (kausal oder doch konzeptuell bzw. logisch). Das Klassenklima kann einen *statistischen* Effekt auf die Sprachentwicklung eines Kindes dieser Klasse haben, ohne dass damit geklärt ist, worin dieser Effekt eigentlich besteht – neben dem angesprochenen Problem der Konstitution der einen Ebene durch Strukturen und Prozesse der anderen wäre auch verschiedene kausale Effekte denkbar. Man könnte sich vorstellen, dass die Wahrnehmung des Klimas durch andere Schüler deren Verhalten beeinflussen, das wiederum die Einzelperson (im Mikrosystem) beeinflusst (das wäre eine Art indirekter kausaler „Kette"). Aber es könnte eben auch sein, dass das (emergente) Klassenklima direkt auf die Leistungsentwicklung des Schülers wirkt (ein direkter kausaler Effekt durch emergente Phänomene).

Immerhin hätte eine Mehrebenenanalyse zeigen können, dass das Phänomen, das jeweils erklärt werden soll, nicht nur durch Prozesse innerhalb einer Ebene erklärt werden kann. Eine statistische Vorhersage ist allerdings auch dann, wenn man diese Schwierigkeit für einen Moment ignoriert, nicht ausreichend für eine Erklärung, weil eine gleichzeitige Korrelation Kausalität in keinem Fall belegt. Daher würde man ein Experiment oder aber ein längsschnittliches Design nutzen, um möglichst prüfen zu können, in welcher (zeitlichen) Richtung dieser Vorhersageeffekt auftritt (sagt der Lernerfolg der Schülerin zum Zeitpunkt 1 das Klassenklima zum Zeitpunkt 2 vorher – oder umgekehrt?). Tatsächlich wäre das eine Prüfung des vermuteten Effekts in dem Sinne, dass das *Nichtauftreten* des entsprechenden Effekts (die entsprechende methodische Qualität der Studie vorausgesetzt: eine ausreichende Stichprobe, eine gute Operationalisierung etc.) gegen die theoretische Hypothese spricht. Das Fehlen eines statistischen Zusammenhanges spricht gegen das Bestehen einer Kausalbeziehung. Jedoch würde der Umstand, *dass* sich ein entsprechender statistischer Effekt empirisch zeigen lässt, den vermuteten kausalen Effekt aus mehreren Gründen noch immer nicht sicher zeigen. Zunächst ist eine zutreffende statistische Vorhersage nur eine notwendige, nicht aber hinreichende Bedingung für Kausalität (auch dann nicht, wenn sie längsschnittlich geprüft wird), weil Kausalität eine *Wirkung* behauptet, nicht nur die dieser Wirkung entsprechende zeitliche *Kontingenz* (d. h. das gemeinsame Auftreten) der (vermuteten) Ursache und des (vermuteten) Effekts, die Korrelation aber nur Letzteres prüfen kann.

Hinzu kommt aber, wie eben schon gesehen, dass empirische Messungen und Korrelationen gewissermaßen „blind" für die oben diskutierten Schwierigkeiten der konzeptuellen (Un-)Abhängigkeit zwischen den Ebenen sind (die Schülerin prägt das Klassenklima selbst mit, vielleicht gerade auch durch ihren Lernfortschritt). Auch eine methodisch unabhängige Erfassung der beteiligten Variablen (z. B. könnte man den Lernfortschritt bei der Schülerin selbst messen, das Klassenklima aber bei den *anderen* Schülern erfragen und die Kompetenz der Lehrerin durch ein Urteil *ihrer* Kollegen erfassen) löst das Problem erkennbar nicht, weil es den konstitutiven Beitrag der Schülerin zum Klima in ihrer Klasse nicht aufhebt.

Wohlgemerkt: Diese Argumente belegen nicht etwa, dass eine statistische Vorhersage mit der (vermuteten) *kausalen* Beziehung zwischen den Ebenen nichts zu tun hat – ganz im Gegenteil ist es sehr plausibel, dass es diesen kausalen Einfluss des (emergenten) Klassenklimas auf den

> Lernfortschritt der Schülerin gibt (der eben mehr ist als der (sozusagen „aufsummierte") Effekt von Wahrnehmungen und Verhaltensweise der einzelnen anderen Schüler auf den Lernfortschritt dieser Schülerin) und dass sich genau dieser Effekt auch in der oben skizzierten empirischen Analyse widerspiegelt. Der Punkt ist hier nur, dass ein entsprechender statistischer Effekt diesen kausalen Effekt nicht *zeigt* und auch nicht *zeigen kann* – und das theoretische Problem, das wir hier angesprochen haben, nicht einfach ein methodisches Problem darstellt.

Es ist offenbar nicht einfach, „den" Kontext und seinen Einfluss auf die individuelle Entwicklung systematisch zu berücksichtigen, wenn wir Entwicklung *erklären* und nicht nur statistisch vorhersagen wollen. Wenn man genauer hinsieht, dann ist nicht nur „der" Kontext ein äußerst komplex verschachteltes System von Ebenen (die manchmal auf ihre („darunterliegenden") Komponenten reduziert werden können, manchmal aber auch nicht), sondern auch „das" Individuum ein komplex verschachteltes System (von Systemen …). Bevor wir diesen Gedanken aufgreifen und (etwas) weiterführen können, müssen wir aber noch eine Komplikation ansprechen, die wir bislang nur sehr beiläufig berührt haben, die aber für das Verständnis von Entwicklung wesentlich ist: ihre dynamische Natur.

6.2 Entwicklungsdynamik: Entwicklung als Entwicklungsbedingung

Dieser Aspekt war uns gerade (im Exkurs) schon kurz begegnet: Die Notwendigkeit, längsschnittliche Daten zu erheben, wenn wir individuelle Veränderung erfassen wollen, erinnert uns daran, dass Entwicklung in der Zeit geschieht (kausale Effekte ebenfalls). Jedem Zustand (in all seiner verschachtelten Komplexität) geht ein Zustand vorher, und es ist plausibel, dass der vorherige Zustand für den nachfolgenden wichtig ist.

Tatsächlich gehen alle Ansätze, die wir in den zurückliegenden Kapiteln angesprochen haben, in diesem wichtigen Punkt über die Beschreibung einer bloßen Sequenz von Zuständen (Konstellationen) hinaus: Sie alle nehmen an, dass der Verlauf oder das „Ergebnis" jeder Phase für alle nachfolgenden bedeutsam sind. Sehr deutlich haben das insbesondere die klassischen Theorien von Freud und Piaget postuliert, wenn auch mit sehr unterschiedlichen Argumentationen. Während in der Theorie der geistigen Entwicklung von Piaget das jeweils vorangehende Entwicklungsstadium die *logisch* notwendige Voraussetzung für das Erreichen der nächsten ist (z. B. Ich muss bis 12 zählen können, um die Uhr lesen zu können; Abschn. 2.4), argumentiert die psychoanalytische Entwicklungstheorie (und in dieser Tradition auch Eriksons Theorie), dass der Verlauf der früheren Entwicklungsphasen (bei Freud insbesondere in der frühen Kindheit) den weiteren Lebensweg *inhaltlich* beeinflusst (das Konzept der „Fixierung" etwa geht davon aus, dass unabgeschlossene und abweichend bearbeitete Konflikte langfristig im Verhalten sichtbar bleiben).

Die Schwierigkeit der bisher näher betrachteten Theorien besteht darin, dass bei ihnen die jeweils konkrete Bedeutung des Früheren für das Spätere an die jeweilige *inhaltliche* Ausrichtung jeder Phase (und auch an die jeweils behauptete inhaltliche Sequenz) gebunden ist. Wenn aber diese Phasen und ihre Sequenz nicht universell behauptet werden können (weil sie vom Kontext abhängen, wie wir gesehen haben), wird die konkrete inhaltliche Bedeutung (z. B.) der „analen" für die „ödipale" Phase oder das spätere Erwachsenenalter („Fixierung"; Abschn. 2.2) kein aussichtsreicher Weg zu einer *allgemeinen* Entwicklungstheorie sein können, die Entwicklung eben allgemeingültig beschreibt *und* erklärt.

Gleichzeitig ist aber der grundsätzliche Gedanke höchst plausibel: Jeder zukünftige Entwicklungsschritt wird von dem aktuell erreichten Zustand nicht nur gebahnt, sondern auch begrenzt: Von „hier" aus geht es nicht in alle Richtungen weiter. Wenn ich niemals gelernt habe, Klavier zu spielen, dann kann mein nächster Schritt nicht Konzertpianist sein; nur dann, wenn ich bereits sehr gut Klavier spielen kann, ist das ein möglicher nächster Schritt – aber auch nur dann, wenn viele weitere Voraussetzungen (z. B. Motivation, Unterrichtsangebote, kultureller Hintergrund etc.) erfüllt sind, die wiederum an vorherige Bedingungen gebunden sind. Die körperlichen Veränderungen im höheren Alter hängen auch davon ab, wie meine körperliche Entwicklung im mittleren Erwachsenenalter verlaufen ist und das hängt unter anderem auch von meinen Entscheidungen ab, etwa meiner Ernährung, meiner körperlichen Fitness oder regelmäßiger ärztlicher Vorsorge.

Insbesondere im Zusammenhang mit der *aktionalen Perspektive* auf Entwicklung hatten wir diese Folgewirkung von Bisherigem für Künftiges gesehen: Die Fähigkeit, intentional zu handeln, muss sich zunächst entwickeln, aber diese Fähigkeit wird auch dafür genutzt, die eigene (weitere) Entwicklung zu gestalten, nicht zuletzt auch, um künftig noch besser (zielgerichteter, effektiver, etc.) handeln zu können (Abschn. 5.2). Auch im Zusammenhang mit der Entwicklung des Selbst in der Lebensspanne (Abschn. 5.3) war die hier angesprochene Doppelperspektive deutlich geworden: Gewiss ist das Selbst (selbstbezogene Prozesse, Inhalte des Selbstkonzepts, Selbstwirksamkeitserwartungen etc.) das Resultat („Produkt") von zahlreichen vorherigen Entwicklungsprozessen; zugleich aber sind die Inhalte und Prozesse des Selbst ein wichtiger Faktor („Produzent") der weiteren Entwicklung, nicht nur der Weiterentwicklung des Selbst (welche Entwicklungsoptionen das Selbst hat, hängt wesentlich davon ab, welche Struktur es aktuell hat), sondern auch der Entwicklung generell (selbstbezogene Ziele steuern beispielsweise, welche Entwicklungsinterventionen ich für mich selbst plane, z. B. eine Ausbildung, eine Therapie, radikalere Lebenswendungen, etc.). Aber auch im Kontext der evolutionären Perspektive ist uns schon dieser Gedanke begegnet: Auch die Evolution „arbeitet" immer mit dem je Vorfindlichen. Es geht nicht um die Erschaffung von etwas Neuem „am Reißbrett", sondern um das Verändern (Variieren) dessen, was gerade aktuell realisiert ist (Abschn. 4.3).

Exkurs: Selbsterschaffung – Konstruktion oder Dynamik?
Wenn das je Vorherige für das Spätere von bestimmender Bedeutung ist, dann scheint es fast so, als „erschaffe" sich jedes System selbst (das geht über den oben schon kurz angesprochenen Gedanken der „Selbstorganisation" noch einen Schritt hinaus). Dieser Gedanke der „Autopoiesis" (Selbsterzeugung) ist wiederholt formuliert worden (Maturana und Varela 1987), aber bislang kaum konkret und empirisch prüfbar ausgearbeitet worden. Tatsächlich ist er in sehr unterschiedlichen Versionen vorgetragen worden, die sich in der Terminologie, aber auch in den erkenntnistheoretischen und wissenschaftstheoretischen Voraussetzungen erheblich voneinander unterscheiden, aber in vielen Versionen eine „konstruktivistische" Perspektive gemeinsam haben (zur allgemeinen Einführung Kriz et al. 1990). So kann die These der Selbsterschaffung auch die Verschränkung von Ebenen nutzen (oder, je nach Ansicht, missbrauchen). „Das Selbst", so argumentieren einige Ansätze, werde erst durch die Erzählung der Person über sich selbst konstituiert: Die Biografie „gibt" es nur als *erzählte* Biografie. Das ist seltsamerweise gleichzeitig höchst plausibel und ganz unplausibel. Einerseits: Eine biografische Erzählung (wenn ich zu einem Zeitpunkt, in einem spezifischen Kontext über mich spreche) ist in höchstem Maße selektiv und akzentuiert, denn fast alles, was mir passiert ist, wird nicht erzählt (ein einziges Jahr hat mehr als 31 Millionen Sekunden), und meine Wahrnehmung (und Auswahl) dessen, was für mich wichtig ist (jetzt, in der Rückschau, wichtig ist, und jetzt, für meine Erzählung in einem spezifischen Kontext, wichtig ist), muss nicht mit dem, was damals für meine Entwicklung wichtig (einflussreich) war, übereinstimmen, nicht einmal mit dem, was mir seinerzeit wichtig erschien. Und wird nicht meine Auswahl mein Bild von mir und ebenso mein Verhalten,

meine Pläne, meine Ziele, wesentlich, womöglich entscheidend beeinflussen? Mehr noch: Die Tatsache, *dass* – und wie – ich etwas über mich erzählt habe, ist sofort selbst ein Teil meiner Biografie, ich erinnere mich daran, es ruft Reaktionen hervor (andere werden sich und mich daran vielleicht erinnern), vielleicht bin ich bestrebt, beim nächsten Mal hinreichend konsistent zum letzten Mal zu bleiben. Kurz: meine Erzählung über mich wird meine zukünftige Biografie beeinflussen. Die Vergangenheit formt den Möglichkeitsraum der Gegenwart mit und diese die Zukunft.

Andererseits: Steckt in dieser Perspektive nicht ein Widerspruch? Steckt nicht schon in der Formulierung, die einem biografischen Ereignis *zugeschriebene* Wichtigkeit müsse nicht mit ihrer *tatsächlichen* Bedeutung übereinstimmen, das Zugeständnis, dass es diese „tatsächliche" Bedeutung gibt? Und ist das nicht auch höchst plausibel, dass beispielsweise eine fiebrige Erkrankung im ersten Lebensjahr, die das Wachstum von Nervenverbindungen ein wenig beeinflusst hat, tatsächlich bedeutsam für meine geistige Entwicklung war, ohne dass ich (oder irgendjemand anderes) davon auch nur das Geringste weiß? Ist nicht meine Biografie wesentlich durch diese gänzlich unbemerkten Momente gestaltet, besteht sie nicht aus *allen* Sekunden meines Lebens? Ist nicht die subjektive Biografie bestenfalls nur ein kleiner Ausschnitt daraus und wahrscheinlich einfach nur eine unzutreffende Geschichte? Gewiss hat die Tatsache, dass und wie ich diese Geschichte erzählt habe, einen Einfluss auf meine weitere Biografie, aber auch dieser Einfluss besteht objektiv (ob ich es nun bemerke oder nicht).

Die mit dieser Kontroverse verbundenen erkenntnistheoretischen Fragen („Konstruktivismus") können (und müssen) hier nicht vertieft werden (vgl. dazu z. B. Hecht und Desnizza 2012; Kriz et al. 1990), aber es ist klar, dass für eine Erklärung jedes gegenwärtigen Zustands eines Organismus, einer Person oder einzelner Aspekte von ihr, und somit für die Erklärung ihrer Entwicklung, der Verlauf dieser Entwicklung (d. h. alle jeweils vorhergehenden Zustände) systematisch berücksichtigt werden muss. Aber es ist keineswegs zwingend, vielleicht nicht einmal sehr plausibel, daraus die sehr viel weiterreichende These abzuleiten, jede Struktur (jedes System) „erschaffe" sich selbst.

Halten wir fest: Der Einfluss von „Kontext" auf die „individuelle" Entwicklung ist nicht ohne weiteres als „extern" zu verstehen – die Verschachtelung verschiedener Systeme (Ebenen) ineinander ist sehr viel komplexer. Zu dieser „horizontalen"

Verschachtelung kommt die zeitliche („vertikale") Verschachtelung, insbesondere der Umstand, dass auch der jeweils vorhergehende Zustand Konsequenzen für die späteren hat. Dieser Umstand ist, für sich genommen, allerdings noch nicht dynamisch: Der Gedanke, dass der jeweils erreichte Zustand die weitere (spätere) Entwicklung beeinflusst (begrenzt, ermöglicht), lässt sich zunächst gut im Rahmen eines mechanischen, gewissermaßen „linearen" Modells einordnen. Ein lineares Entwicklungsmodell (im einfachsten Fall eine bloße Sequenz: erst dies, dann dies, dann dies …) kann natürlich einen direkten Einfluss zwischen den Phasen („erst dies, dann *deswegen* dies") berücksichtigen (das behaupten einige der Phasentheorien, die wir betrachtet haben). Allerdings sprechen die Argumente, die wir in den zurückliegenden Kapiteln angesprochen haben, dafür, dass es so einfach nicht ist – so linear (sequenziell, vorhersehbar) verläuft Entwicklung erkennbar nicht. Es gib Sprünge, Beschleunigungen, Verlangsamungen, Ungleichzeitigkeiten, Stabilität – viele Veränderungen sind diskontinuierlich. Schon die grundsätzliche Idee von Entwicklungs*phasen* beruht auf der Wahrnehmung, dass es qualitative Unterschiede zwischen den Phasen, also Diskontinuität gibt. Auch wenn wir Phasentheorien (in ihrem Universalitätsanspruch) kritisiert haben: Dass es manchmal sehr kurzfristige drastisch erscheinende Veränderungen gibt, die von längeren Phasen der Stabilität abgelöst werden, ist als Phänomen ja kaum zu bezweifeln. Mindestens wechselnde Geschwindigkeiten wird man sicher einräumen müssen. Das aber bedeutet: Es gibt vielfach nicht-lineare Entwicklungsverläufe.

Dieser Gedanke führt zum Konzept *dynamischer* Systeme (Thelen und Smith 1998). Damit werden zunächst solche Systeme bezeichnet, deren Entwicklung aus dem jeweils vorhergehenden Zustand hervorgeht. Interessant sind insbesondere solche (komplexen, d. h. aus relativ vielen verbundenen und interagierenden Elementen bestehenden) Systeme, die nicht durch eine einfache lineare Veränderung (Wachstum o. ä.) beschrieben werden können, sondern deren Veränderungen über die Zeit nicht kontinuierlich sind (das lässt sich auch mathematisch modellieren). „Dynamische" Systeme sind insbesondere solche nicht linear beschreibbaren Systeme (anders gesagt: besonders sie sind für die Entwicklungspsychologie interessant). Wiederum wäre aber, selbst wenn man sie durch andere Gleichungssysteme oder Modellierungen beschreiben könnte, damit noch nicht *erklärt*, warum sie genau diese Entwicklungsverläufe zeigen.

Man könnte in mehrere Richtungen nach einer Erklärung suchen. So könnte man etwa vermuten, dass reale nicht-lineare Dynamiken von (Entwicklungs-)Verläufen wesentlich auch dadurch erklärt werden können, dass der jeweils bestehende Zustand eine zentrale Bedingung (bestimmte Optionen eröffnende, andere zugleich begrenzende) für die weitere Entwicklung ist. Mit anderen Worten: Die Dynamik ist nicht nur von „äußeren" Randbedingungen, sondern auch von der „internen" Wechselwirkung ihrer „Elemente" (Komponenten) in einer komplexen Weise beeinflusst.

Wichtig ist, dass der Aspekt der Dynamik von Entwicklungssystemen grundsätzlich unabhängig von der oben diskutierten Problematik der Abhängigkeiten zwischen den Ebenen ist: Dynamische Entwicklungsprozesse sind auch innerhalb *einer* Ebene denkbar, auch dann, wenn der Kontext (die nächst höhere Ebene) stabil (oder linear) ist. Nicht-lineare Veränderungsprozesse (Schwellen, Umkehrpunkte, auf sich selbst zurückgreifende Veränderungen etc.) können nicht nur in *verschachtelten* Systemen auftreten. Es wird natürlich nochmals sehr viel komplexer, wenn wir uns dies dann auf mehreren (verschachtelten) Ebenen vorstellen – die vielleicht auch miteinander in Wechselbeziehung stehen (z. B. wenn es emergente Phänomene gibt).

Aber es ist sicher plausibel, zu vermuten, dass die oben angesprochenen Wechselbeziehungen *zwischen* Ebenen (und Systemen) eine wichtige Erklärung für Dynamik von Systemen liefern: Wegen der vielfältigen Wechselwirkungen und -beziehungen innerhalb von und zwischen Systemen weisen dynamische Systeme nicht (nur) lineare – und somit nicht linear prognostizierbare – Entwicklungsverläufe auf, sondern auch ganz andere (z. B. sprunghafte Veränderungen, längere stabile Phasen, „chaotische" Prozesse etc.). Es könnte sein, dass sich über solche formalen (mathematischen) Modelle auch Prozesse und Entwicklungsverläufe modellieren lassen, die in der Außenbetrachtung vollständig regellos erscheinen (z. B. mutet vieles, wodurch Pubertät gekennzeichnet ist, so an). Das gilt umso mehr dann, wenn die Randbedingungen (die jeweils „äußeren" Ebenen) und die Elemente der betrachteten Ebene (ihre „inneren" Systeme) ebenfalls nicht stabil sind (weil auch sie dynamische Systeme sind). Entwicklungssysteme – auf welcher Ebene auch immer – sind solche dynamischen Systeme, und sehr offensichtlich ist eben dies bei menschlicher Entwicklung der Fall. Eine überzeugende Entwicklungstheorie wird daher beides berücksichtigen müssen: die synchrone (vertikale) Verschachtelung und die diachrone (horizontale) Dynamik der Entwicklungssysteme.

6.3 Entwicklungssysteme: Die Komplexität von Bedingungen, Folgen und Prozessen

Wenn die Überlegungen, die wir bis zu diesem Punkt vorgetragen haben, haltbar sind, dann ist der Gegenstand der Entwicklungspsychologie die Beschreibung (Modellierung) und insbesondere die Erklärung des „Verhaltens" von *Entwicklungssystemen*, also der Veränderungen der verschachtelten Systeme (Systeme in Systemen ...) über die Zeit.

Wenn sich schon Evolution auf mehreren Ebenen abspielt (Abschn. 4.3), wenn die Einheit der Selektion (Adaptation) nicht nur eine (die Gene), sondern viele Dimensionen umfasst (auch den Organismus, familiäre oder große Gruppen, auch kulturelle Aspekte), dann wird es zunehmend plausibel, auch die Ontogenese (des Menschen) nicht mehr eindimensional zu denken. Auch wenn für bestimmte Lebensabschnitte charakteristische Entwicklungsaufgaben identifiziert werden können (vgl. z. B. Abschn. 2.1), und es sicher aus praktischer Sicht oft sinnvoll ist, die Entwicklung einzelner Funktionsbereiche (z. B. die Sprachentwicklung oder die motorische Entwicklung in der frühen Kindheit) gesondert in den Blick zu nehmen, sind die komplexe Vernetztheit und die wechselseitigen Abhängigkeiten dieser vielen verschiedenen Einzelaspekte offensichtlich ein bestimmendes Merkmal von Entwicklung. Menschen sind komplexe, hierarchisch vielfach verschachtelte Systeme von interagierenden (Sub-)Systemen. Eben diese Überlegung liegt dem Ansatz der „Entwicklungssysteme" zugrunde (z. B. Ford und Lerner 1992; Thelen und Smith 1998), der eben diese „systemische" Interdependenz von Entwicklungsprozessen betont. Interessanterweise hat auch dieser Ansatz eine evolutionstheoretische Seite (s. bereits Oyama 1985), die These nämlich, dass die wichtigste Einheit der Evolution (Adaptation) *Entwicklungssysteme* sind (Griffith und Gray 2004): Nicht einfach nur Organismen sind „Gegenstand" der Evolution, sondern Organismen in Nischen, im Kontext anderer Organismen, in einem Ökosystem, usw.. Wäre diese Idee grundsätzlich zutreffend, dann wären Entwicklungssysteme Produkt und Produzent von Entwicklung (tatsächlich wird die Unterscheidung von Produzent und Produkt perspektivabhängig und wäre dann ohne substanzielle Bedeutung).

Dieser Ansatz stellt auch einen Aspekt infrage, den wir bislang fast ganz übergangen haben, die Annahme nämlich, dass wir (auch wenn wir nicht genau wissen, warum Entwicklung stattfindet) jedenfalls wissen, *wer* sich entwickelt: die Person (und ihre Attribute). Wir haben in Abschn. 6.1 schon gesehen, dass dies bei näherem Besehen komplizierter ist, denn auch „wir" sind Systeme (aus Systemen etc.). Die Frage, „wer" sich entwickelt (d. h., die zu Anfang des Kapitels gestellte Frage nach der „Einheit" der Entwicklung), muss aus Sicht des Ansatzes der Entwicklungssysteme gar nicht abschließend oder eindeutig entschieden werden – vielmehr kann und wird es in jedem konkreten Fall von Veränderung, Stabilität und Wandel auf verschiedenen Ebenen gleichzeitig geben. Wir haben in Abschn. 5.3 gesehen, dass die Veränderung auf einer Ebene der Person Stabilität auf einer anderen sichert („Allostasis"). Daher erfordert die Frage, ob eine Veränderung bzw. Entwicklung stattfindet, zunächst eine Klärung darüber, welche Ebene gerade in den Blick genommen wird (Beispiel: der Seiltänzer steht stabil, aber z. B. seine Informationsverarbeitungsprozesse sind dabei – und dafür – höchst dynamisch aktiv). Auch dieser Gesichtspunkt war uns in der evolutionären Perspektive bereits begegnet: Gehört der Bau und der Damm des Bibers nicht zu „ihm"? Dawkins (1976) hat hier treffend vom „erweiterten Phänotyp" gesprochen: Das Netz der Spinne, der Biberdamm, der Termitenbau sind als Phänotyp der Selektion ebenso ausgesetzt wie das Fell des Bibers oder wie das Kommunikationsverhalten der Biene – „der" Phänotyp ist eben nicht nur ein physisches Attribut (Fell), sondern auch Verhalten (Kommunikation), ein Potenzial (Intelligenz) oder auch manifestierte Verhaltensfolgen (Beispiel: Biberdamm; wir haben oben an das in genau diesem Sinne plastische Konzept der „Nische" erinnert).

Wenn dennoch eine allgemeingültige (universelle) Entwicklungstheorie formuliert werden soll und die konkreten Phänomene nicht nur vom Kontext, sondern von der je betrachteten Ebene abhängen, dann müssen wenigstens die Prozesse universell sein. Das bedeutet auch: Gerade wenn Entwicklungssysteme komplex verschachtelt sind, sollten die Prozesse, die ihre Veränderungen (Entwicklung) bestimmen, auf verschiedenen Ebenen in gleicher Weise wirken. Ein naheliegendes Beispiel dafür haben wir mehrfach angesprochen: Adaptation (die Bewahrung solcher Varianten, die besser zu den jeweils gegebenen (durch den Kontext, d. h. die je äußeren Systemebenen, bedingten) Anforderungen passen). Prozesse der Adaptation lassen sich nicht nur auf phylogenetischer (evolutionärer) Ebene (Abschn. 4.3), sondern auch auf individueller (ontogenetischer) Ebene identifizieren (Abschn. 2.4, Piaget).

Lebensläufe und Lebenslaufmuster (also Entwicklungsregelmäßigkeiten) entstehen nach dieser Vorstellung durch die Interaktion zwischen Ebenen (nicht nur Individuum und Umwelt), und dies folgt Prozessen, die im Prinzip auf verschiedene Ebenen gleich ablaufen (funktionieren). Die Lebensverlaufsmuster sind also so lange und soweit stabil und universell, wie die Bedingungen gleich sind: Wenn dieselben Voraussetzungen auf denselben Kontext treffen, wird dasselbe Phänomen entstehen. Gegeben einen hinreichen stabilen Systemkontext werden Entwicklungsverläufe über viele Generationen stabil bleiben, d. h. gleichförmig verlaufen. Wie oben schon angesprochen verläuft beispielsweise die physiologische Entwicklung des Menschen von der befruchteten Eizelle bis zum erwachsenen Menschen insgesamt so einheitlich, dass Lehrbücher der Physiologie („Gray's Anatomy") seit Jahrhunderten in lediglich in winzigen Details verfeinerten Auflagen erscheinen können (Abschn. 4.1). Aber schon eine kleine Kontextveränderung kann einen drastisch abweichenden Entwicklungsverlauf zur Folge haben, weil die Passung zwischen genetischem Code und dem für ihn relevanten Kontext sich verändert hat. Ein dramatisches

6.3 Entwicklungssysteme: Die Komplexität ...

Beispiel dafür ist der sogenannte „Contergan"-Skandal Anfang der 1960er Jahre in der Bundesrepublik: Ein Medikament (u. a. gegen Übelkeit) mit diesem Markennamen enthielt den Wirkstoff Thalidomid, der erhebliche Schädigungen der normalen Entwicklung nach sich zog (etwa die Unterdrückung des Wachstums der Arme), wenn er in einer ganz bestimmten, sehr kurzen Phase der Schwangerschaft eingenommen wurde. Eben deswegen sind alle Theorien, die universelle Beschreibung einer Entwicklungssequenz anzielen, zwar innerhalb des betrachteten Kontexts plausibel (z. B. des normalen chemischen Milieus in der Gebärmutter: Armwachstum, z. B. unter den Bedingungen individualistischer Kulturen: Bindung), aber unzureichend oder unzutreffend, wenn der Kontext in relevanten Punkten anders ist.

Erst dann, wenn man die Perspektive wechselt und den *Umgang* mit dem Kontext in den Blick nimmt (etwa bei der vorgestellten Lesart von Marcias Ansatz; Abschn. 5.3), verschwindet dieses Problem, weil der Erklärungsgegenstand dann ja genau der Interaktions*prozess* wird, der sich gerade an wechselnden (verschiedenen) Kontexten zeigen muss: Derselbe Prozess wird bei verschiedenen Kontexten manchmal verschiedene, manchmal gleiche Ergebnisse hervorbringen. Wir haben Beispiele dafür in Kap. 5 angesprochen und deswegen eingangs dieses Kapitels an den Perspektivwechsel zu einer Prozessperspektive erinnert – hier sind, unter Umständen, die Aussichten auf eine allgemeingültige Entwicklungstheorie besser. Das heißt nicht, dass das ein einfaches Unterfangen sein wird – diese allgemeine Entwicklungstheorie wird im Gegenteil ziemlich kompliziert sein.

Eine in diesem Sinne universelle allgemeine Entwicklungstheorie ist bislang noch nicht ausgearbeitet worden, aber einige für sie notwendige Gesichtspunkte könnten aussichtsreich sein:

- Die Strukturierung der Erklärung durch *Prozesse* anstatt durch inhaltliche Festlegungen, weil Letztere vom Kontext abhängen, während Erstere zwar in Abhängigkeit vom Kontext verschiedene Folgen hervorbringen, aber selbst nicht kontextabhängig sind (falls ein Prozess doch kontextabhängig zu wirken scheint, wäre dafür wiederum ein Prozess verantwortlich, der dies dann universell erklärt). Dieser prozessuale Fokus wird zugleich auch die diachrone Dynamik von Entwicklung besser berücksichtigen können.
- Die Suche nach *abstrakten* Prozessen, die auf verschiedenen Ebenen äquivalent, vielleicht sogar tatsächlich gleich operieren (z. B. Adaptation).
- Systemische Verschachtelung, also die Berücksichtigung des Umstands, dass Entwicklungsprozesse zugleich auf verschiedenen Ebenen operieren, die sich einerseits wechselseitig beeinflussen (vielleicht auch: konstituieren),

aber dennoch nicht notwendig gleichsinnig verlaufen. Gerade die vertikale Verschachtelung von Ebenen (Systemen) ineinander macht es notwendig, nach Prozessen zu suchen, die auf verschiedenen Ebenen in gleicher oder äquivalenter Weise wirksam sind.

- Dynamik, d. h. der nicht (nur) linear modellierbare zeitliche Verlauf. Ungleichzeitigkeiten, verschiedene Verlaufsformen (darunter auch stabile Phasen: „Plateaus") müssen offenkundig berücksichtigt werden. Dabei ist die (mathematische) Modellierung solcher dynamischen Formen noch keine Erklärung; hierfür werden die angesprochenen Wechselwirkungen zwischen verschiedenen Faktoren (auf verschiedenen Ebenen) wichtig werden und in diesem Zusammenhang insbesondere auch die Bedeutung des jeweils Früheren für das Nachfolgende.

Was also ist Entwicklung? Oft beginnt die Suche nach Entwicklungsprozessen, nach der Erklärung von Entwicklung damit, dass wir Veränderungen im Laufe des Lebens beobachten: Entwicklung als alterskorrelierte Veränderung. Wenn solche Veränderungen bei vielen auftreten und bei vielen zu einer ähnlichen Zeit im Leben und wenn sie bei vielen gleichartig verlaufen, dann scheint uns dieses Veränderungsmuster ein Kandidat für eine allgemeine Entwicklung zu sein. Es hat sich gezeigt, dass dies kein fruchtbares Verständnis von Entwicklung ist. Universell sind Veränderungen über die Zeit nicht, weil Entwicklung vom Kontext mitbestimmt wird, weil Entwicklung sich ontogenetisch selbst entwickelt und weil diese Muster und Prozesse selbst Produkt der phylogenetischen Entwicklung sind. Nur wenn es uns gelingt, Prozesse zu identifizieren, die allen diesen Veränderungen zugrunde liegen (sie erklären), können wir Entwicklung allgemein erklären.

Literatur

Ainsworth, M. D. S., Blehar, M. C., Waters, E., & Wall, S. (1978). *Patterns of attachment: A psychological study of the strange situation*. Hillsdale: Erlbaum.
Ariès, P. (1975/1987). *Geschichte der Kindheit*. München: dtv.
Arnett, J. J. (2000). Emerging adulthood. A theory of development from the late teens through the twenties. *American Psychologist, 55*, 469–480.
Arthur, W. (2011). *Evolution. A developmental approach*. Chichester, UK: Wiley-Blackwell.
Asendorpf, J. (2007). *Psychologie der Persönlichkeit* (4. Aufl.). Berlin: Springer.
Asendorpf, J. (2012). Verhaltens- und molekulargenetische Grundlagen. In W. Schneider & U. Lindenberger (Hrsg.), *Entwicklungspsychologie* (7. Aufl., S. 81–96). Weinheim: Beltz.
Avital, E., & Jablonka, E. (2000). *Animal tradition. Behavioral inheritance in evolution*. Cambridge: Cambridge University Press.
Baltes, M. M., & Montada, L. (Hrsg.). (1996). *Produktives Leben im Alter*. Frankfurt: Campus.
Baltes, P. B. (1987). Theoretical propositions of life-span developmental psychology: On the dynamics between growth and decline. *Developmental Psychology, 23*, 611–626.
Baltes, P. B. (1997). On the incomplete architecture of human ontogeny. *American Psychologist, 52*, 366–380.
Baltes, P. B., & Baltes, M. M. (1990). Psychological perspectives on successful aging: The model of selective optimization with compensation. In P. B. Baltes & M. M. Baltes (Eds.), *Successful aging. Perspectives from the behavioral sciences* (pp. 1–34). Cambridge: Cambridge University Press.
Baltes, P. B., Lindenberger, U., & Staudinger, U. M. (2006). Life-span theory in developmental psychology. In R. M. Lerner (Ed.), *Handbook of child psychology: Vol. 1. Theoretical models of human development* (6th ed., pp. 569–664). New York: Wiley.
Baltes, P. B., Reese, H. W., & Nesselroade, J. R. (1977). *Life-span developmental psychology*. Monterey: Brocks/Cole.
Baltes, P. B., Rösler, F., & Reuter-Lorenz, P. A. (2006). Prologue: Biocultural co-constructivism as theoretical metascript. In P. B. Baltes, F. Rösler & P. A. Reuter-Lorenz (Eds.), *Lifespan development and the brain. The perspective of biocultural co-constructivism* (pp. 3–39). Cambridge, NY: Cambridge University Press.
Bandura, A. (1986). *Social foundations of thought an action: A social-cognitive theory*. Englewood Cliffs, NJ: Prentice-Hall.
Barker, R. G., & Wright, H. F. (1961). *One boy's day* New York: Harper.

Bedau, M. A., & Humphreys, P. (Eds.). (2008). *Emergence*. Cambridge, MA: MIT Press.
Berk, L. E. (2011). *Entwicklungspsychologie* (5. Aufl.). München: Pearson.
Bischof, N. (1985). *Das Rätsel Ödipus*. München: Piper.
Bischof, N. (2008). *Psychologie*. Stuttgart: Kohlhammer.
Bjorklund, D. F. (1997). The role of immaturity in human development. *Psychological Bulletin, 122*, 153–169.
Bjorklund, D. F. (2007). *Why the youth is not wasted to the young: Immaturity in human development*. Malden, MA: Blackwell.
Bjorklund, D. F., Hernandez Blasi, C., & Ellis, B. J. (2016). Evolutionary Developmental Psychology. In D. M. Buss (Ed.), *The Handbook of Evolutionary Psychology* (2nd ed., Vol. 2, pp. 904–924). New York: Wiley.
Bjorklund, D. F., & Pellegrini, A. D. (2002). *The origins of human nature. Evolutionary developmental psychology*. Washington, DC: APA.
Blasi, A. (1980). Bridging moral cognition and moral action: A critical review of the literature. *Psychological Bulletin, 88*, 1–45.
Bogin, B. (1997). Evolutionary hypotheses for human childhood. *Yearbook of Physical Anthropology, 40*, 63–89.
Bowlby, J. (1969). *Attachment and loss: Vol. 1: Attachment*. London: Hogarth.
Bolwby, J. (1969/2006). *Bindung*. München: Reinhardt.
Boyd, R., & Richerson, P. J. (2005). *The origin and evolution of cultures*. New York: Oxford University Press.
Brandtstädter, J. (1981). Begriffliche Voraussetzungen der Moralpsychologie. In W. Kempf & G. Aschenbach (Hrsg.), *Konflikt und Konfliktbewältigungen* (S. 231–254). Bern: Huber.
Brandtstädter, J. (1990). Entwicklung im Lebensablauf. Ansätze und Probleme der lebensspannen-Entwicklungspsychologie. *Kölner Zeitschrift für Soziologie und Sozialpsychologie, 31*, 322–350.
Brandtstädter, J. (1992). Personal control over development: Some developmental implications of self-efficacy. In R. Schwarzer (Ed.), *Self-efficacy* (pp. 127–145). New York: Hemisphere.
Brandtstädter, J. (2001). *Entwicklung – Intention – Handeln*. Stuttgart: Kohlhammer.
Brandtstädter, J. (2006). Action perspectives on human development. In R. M. Lerner (Ed.), *Handbook of child psychology: Vol. 1: Theoretical models of human development* (6th ed., pp. 516–568). New York: Wiley.
Brandtstädter, J. (2007). *Das flexible Selbst: Selbstentwicklung zwischen Zielbindung und Ablösung*. München: Elsevier.
Brandtstädter, J. (2011). *Positive Entwicklung. Zur Psychologie gelingender Lebensführung*. Heidelberg: Spektrum.
Brandtstädter, J., & Greve, W. (1994). The aging self: Stabilizing and protective processes. *Developmental Review, 14*, 52–80.
Brandtstädter, J., & Greve, W. (2006). Entwicklung und Handeln: Aktive Selbstentwicklung und Entwicklung des Handelns. In W. Schneider & F. Wilkening (Hrsg.), *Entwicklungspsychologie: Theorien* (Enzyklopädie der Psychologie, Bd. C/V/1, S. 409-459). Göttingen: Hogrefe.
Brandtstädter, J., & Lerner, R. M. (Eds.). (1999). *Action and self-development: Theory and research through the life span*. Thousand Oaks, CA: Sage.

Brandtstädter, J., & Lindenberger, U. (Hrsg.). (2007). *Entwicklungspsychologie der Lebensspanne*. Stuttgart: Kohlhammer.
Brandtstädter, J., & Rothermund, K. (2002). The life-course dynamics of goal pursuit and goal adjustment: A two-process framework. *Developmental Review, 22,* 117–150. https://doi.org/10.1006/drev.2001.0539.
Bronfenbrenner, U. (1981). *Die Ökologie der menschlichen Entwicklung: natürliche und geplante Experimente*. Stuttgart: Klett-Cotta.
Bronfenbrenner, U. (2005). *Making Human Beings Human*. Thousand Oaks, GB: Sage.
Bruner, J. S. (1960). *The process of education*. New York: Vintage.
Bühler, C. (1933). *Der menschliche Lebenslauf als psychologisches Problem*. Leipzig: Hirzel.
Campbell, D. T. (1960). Blind variation and selective retention in creative thought as in other knowledge processes. *Psychological Review, 67,* 380–400.
Carey, G. (2003). *Human genetics for the social sciences*. Thousand Oakes, CA: Sage.
Carey, N. (2011). *The epigenetics revolution*. London: Icon Books.
Carroll, S. B. (2005). *Endless forms most beautiful*. New York: Norton.
Cassidy, J., & Shaver, P. R. (Eds.). (1999). *Handbook of attachment*. New York: Guilford.
Chalmers, A. F. (2007). *Wege der Wissenschaft* (6. Aufl.). Berlin: Springer.
Darwin, C. (1859). *The origin of species by means of natural selection: Or, the preservation of favored races in the struggle for life*. London: John Murray.
Dawkins, R. (1976). *The selfish gene*. Oxford: Oxford University Press.
Eid, M., Gollwitzer, M., & Schmitt, M. (2010). *Statistik und Forschungsmethoden*. Weinheim: Beltz.
Erikson, E. H. (1959/1966). *Identität und Lebenszyklus*. Frankfurt a.M.: Suhrkamp.
Erikson, E. H. (1968). *Identity. Youth and crisis*. New York: Norton.
Erikson, E. H. (1970). *Identität und Lebenszyklus*. Frankfurt a.M.: Suhrkamp.
Erikson, E. H. (1970). *Jugend und Krise*. Stuttgart: Ernst Klett.
Erikson, E. H. (1988). *Der vollständige Lebenszyklus*. Frankfurt a. M.: Suhrkamp.
Eschenbeck, H., & Knauf, R.-K. (2018). Entwicklungsaufgaben im Jugendalter. In A. Lohaus (Hrsg.), *Entwicklungspsychologie des Jugendalters* (S. 23–49). Berlin: Springer.
Faltermaier, T., Mayring, P., Saup, W., & Strehmel, P. (2014). *Entwicklungspsychologie des Erwachsenenalters* (3. Aufl.). Stuttgart: Kohlhammer.
Fitch, W. T. (2010). *The evolution of language*. Cambridge, UK: Cambridge University Press.
Flammer, A. (2017). *Entwicklungstheorien. Psychologische Theorien der menschlichen Entwicklung* (4. Aufl.). Bern: Hogrefe.
Flavell, J. H. (1963). *The developmental psychology of Jean Piaget*. Princeton, NJ: Van Nostrand.
Ford, D. H., & Lerner, R. M. (1992). *Developmental systems theory: An integrative approach*. Thousand Oaks, CA: Sage Publications.
Freud, A. (1936). *Das Ich und die Abwehrmechanismen*. München: Kindler.
Freud, S. (1905/1972). Drei Abhandlungen zur Sexualtheorie. In S. Freud (Hrsg.), *Sexualleben* (Studienausgabe, Bd. V, S. 37–145). Frankfurt a.M.: Fischer.
Freud, S. (1916-17/1969). Vorlesungen zur Einführung in die Psychoanalyse. In S. Freud (Hrsg.), *Vorlesungen zur Einführung in die Psychoanalye und Neue Folge* (Studienausgabe, Bd. I, S. 33–445). Frankfurt a.M.: Fischer.

Freund, A. M., Li, K. Z. H., & Baltes, P. B. (1999). Successful development and aging. The role of selection, optimization, and compensation. In J. Brandtstädter & R. M. Lerner (Eds.), *Action and self-development: Theory and research through the life span* (pp. 401–434). Thousand Oaks, CA: Sage.

Freund, J., Brandmaier, A. M., Lewejohann, L., Kirste, I., Kritzler, M., Krüger, A., . . . Kempermann, G. (2013). Emergence of individuality in genetically identical mice. *Science, 340*(6133), 756–759. https://doi.org/10.1126/science.1235294.

Fuhrer, U., Marx, A., Holländer, A., & Möbes, J. (2000). Selbstbildentwicklung in Kindheit und Jugend. In W. Greve (Hrsg.), *Psychologie des Selbst* (S. 39–57). Weinheim: Beltz.

Futuyama, D. J. (1998). *Evolutionary biology* (3rd ed.). Sunderland, MA: Sinauer.

Gilligan, C. (1982). *In a different voice: Psychological theory and womens' development*. Cambridge, MA: Harvard University Press.

Ginsburg, H. P., & Opper, S. (1998). *Piagets Theorie der geistigen Entwicklung*. Stuttgart: Klett-Cotta.

Gottlieb, G. (1976). The roles of experience in the development of behavior and the nervous system. In G. Gottlieb (Ed.), *Neural and behavioral plasticity* (pp. 25–54). New York: Academic Press.

Gould, S. J., & Lewontin, R. C. (1978). The Spandrels of San Marco and the Panglossian paradigm: A critique of the adaptationist programme. *Proceedings of the Royal Society of London, B, 205*, 581–598.

Greve, W. (1994). *Handlungsklärung. Die psychologische Erklärung menschlicher Handlungen*. Bern: Huber.

Greve, W. (1997). Sparsame Bewältigung. Perspektiven für eine ökonomische Taxonomie von Bewältigungsformen. In C. Tesch-Römer, C. Salewski & G. Schwarz (Hrsg.), *Psychologie der Bewältigung* (S. 18–41). Weinheim: PVU.

Greve, W. (Hrsg.). (2000). *Die Psychologie des Selbst*. Weinheim: PVU.

Greve, W. (2002). Handlungstheorien. In D. Frey & M. Irle (Hrsg.), *Theorien der Sozialpsychologie* (2. Aufl., Bd. 2, S. 300–325). Bern: Huber.

Greve, W. (2005). Die Entwicklung von Selbst und Persönlichkeit im Erwachsenenalter. In S.-H. Filipp & U. M. Staudinger (Hrsg.), *Entwicklung im Erwachsenenalter* (Enzyklopädie der Psychologie, Bd. C/V/6, S. 343–376). Göttingen: Hogrefe.

Greve, W. (2007). Selbst und Identität im Lebenslauf. In J. Brandtstädter & U. Lindenberger (Hrsg.), *Entwicklungspsychologie der Lebensspanne* (S. 305–336). Stuttgart: Kohlhammer.

Greve, W. (2015). Successful development: Psychological conceptions. In J. W. Wright (Ed.), *International Encyclopedia of Social & Behavioral Sciences* (2nd ed., Vol. 11, pp. 271–275). Oxford: Elsevier.

Greve, W., & Bjorklund, D. F. (2009). The Nestor-effect. Extending evolutionary developmental psychology to a lifespan perspective. *Developmental Review, 29*, 163–179.

Greve, W. & Bjorklund, D.F. (2018). Evolutionäre Grundlagen. In Schneider, W. & Lindenberger, U. (Hrsg.), *Entwicklungspsychologie* (8. Auflage; S. 61–79). Weinheim: Beltz.

Greve, W. & Leipold, B. (2018). Intentionale Selbstgestaltung und Problembewältigung. In Schneider, W. & Lindenberger, U. (Hrsg.), *Entwicklungspsychologie* (8. Auflage; S. 579–594). Weinheim: Beltz.

Greve, W., & Roos, J. (1996). *Der Untergang des Ödipuskomplexes. Argumente gegen einen Mythos*. Bern: Huber.

Greve, W., & Staudinger, U. M. (2006). Resilience in later adulthood and old age: Ressources and potentials for sucessful aging. In D. Cichetti & D. Cohen (Eds.), *Developmental psychopathology* (2nd ed., Vol. 3, pp. 796–840). New York: Wiley.
Greve, W., & Thomsen, T. (2016). Evolutionary advantages of free play during childhood. *Evolutionary Psychology, 14*(4), 1–9.
Griffith, P. E., & Gray, R. D. (2004). The developmental systems perspective: organism-environment systems as units of development and evolution. In M. Pigliucci & K. Preston (Eds.), *Phenotypic integration* (pp. 409–431). New York: Oxford University Press.
Grossmann, K., & Grossmann, K. E. (2004). *Bindungen – Das Gefüge psychischer Sicherheit.* Stuttgart: Klett-Cotta.
Grossmann, K. E., & Grossmann, K. (Hrsg.). (2003). *Bindung und menschliche Entwicklung.* Stuttgart: Klett-Cotta.
Hannover, B. (1997). *Das dynamische Selbst.* Bern: Huber.
Harter, S. (1999). *The construction of the self: A developmental perspective.* New York, NY, US: Guilford Press.
Haußer, K. (1995). *Identitätspsychologie.* Berlin: Springer.
Havighurst, R. (1948). *Developmental tasks and education.* New York: Longman.
Havighurst, R. (1956). Research on the developmental-task concept. *The School Review, 64*(5), 215–223. https://doi.org/10.1086/442319.
Hawkes, K. (2004). Human longevity: The grandmother effect. *Nature, 428,* 128–129.
Hecht, H., & Desnizza, W. (2012). *Psychologie als empirische Wissenschaft.* Berlin: Springer.
Heckhausen, J., & Heckhausen, H. (2018). *Motivation und Handeln.* Berlin: Springer.
Heckhausen, J., Wrosch, C., & Schulz, R. (2010). A motivational theory of life-span development. *Psychological Review, 117,* 32–60.
Hopf, C., & Nunner-Winkler, G. (Hrsg.). (2007). *Frühe Bindung und moralische Entwicklung.* München: Juventa.
Jablonka, E., & Lamb, M. J. (2005). *Evolution in four dimensions.* Cambridge, MA: MIT Press.
Jacob, F. (1977). Evolution and tinkering. *Science, 196,* 1161–1166.
Johnson, M. H., & de Haan, M. (2015). *Developmental cognitive neuroscience.* Malden: Wiley.
Kant, I. (1783/1968). *Prolegomena zu einer jeden künftigen Metaphysik, die als Wissenschaft wird auftreten können* (Akademie-Textausgabe, Bd. IV). Berlin: de Gruyter.
Keiler, P. (2002). *Lev Vygotskij – ein Leben für die Psychologie.* Weinheim: Beltz.
Keller, H. (2011). *Kinderalltag. Kulturen der Kindheit und ihre Bedeutung für Bindung, Bildung und Erziehung.* Berlin: Springer.
Kendler, K. S. (2001). Twin studies in psychiatrc illness: An update. *Archives of General Psychiatry, 58,* 1005–1014.
Kohlberg, L. (1969). Stage and sequence: The cognitive-developmental approach to socialization. In D. A. Goslin (Ed.), *Handbook of socialization theory and research* (pp. S. 347–480). Chicago: Rand McNally.
Kohlberg, L. (1974). *Zur kognitiven Entwicklung des Kindes.* Frankfurt a. M.: Suhrkamp.
Kohlberg, L. (1984). *Essays on moral development* San Francisco: Harper & Row.
Konrad, K., & König, J. (2018). Biopsychologische Veränderungen. In A. Lohaus (Hrsg.), *Entwicklungspsychologie des Jugendalters* (S. 2–22). Berlin: Springer.

Krebs, D. L., Denton, K., Wark, G., Couch, R., & Racine, T. (2002). Interpersonal moral conflicts between coouples. *Journal of Adult Development, 9*, 307–316.
Krebs, D. L., & Laird, P. G. (1998). Judging yourself as you judge others. *Journal of Adulkt Development, 5*, 1–12.
Kriz, J., Lück, H. E., & Heidbrink, H. (1990). *Wissenschafts- und Erkenntnistheorie* (2. Aufl.). Opladen: Leske & Budrich.
Lammert, F., & Terjung, B. (2007). Laktoseintoleranz: Neue Aspekte eines alten Problems. *Deutsche Medizinische Wochenschrift, 132*, 271–275.
Lang, F., Martin, M., & Pinquart, M. (2012). *Entwicklungspsychologie – Erwachsenenalter*. Göttingen: Hogrefe.
Leary, M. R., & Tangney, J. P. (Eds.). (2012). *Handbook of Self and Identity*. New York: Guilford Press.
Leipold, B. (2015). *Resilienz im Erwachsenenalter*. München: Reinhardt.
Lerner, R. M. (2002). *Concepts and theories of human development* (3rd ed.). Mahwah, NJ: Erlbaum.
Lindenberger, U., Marsiske, M., & Baltes, P. B. (2000). Memorizing while walking: Increase in dual-task costs from young adulthood to old age. *Psychology and Aging, 15*, 417–436.
Lindenberger, U., Smith, J., Mayer, K. U., & Baltes, P. B. (2010). *Die Berliner Altersstudie*. Berlin: Akademie.
Lohaus, A. (Hrsg.). (2018). *Entwicklungspsychologie des Jugendalters*. Berlin: Springer.
Lohaus, A., Ball, J., & Lißmann, I. (2008). Frühe Eltern-Kind-Interaktion. In L. Ahnert (Hrsg.), *Frühe Bindung. Entstehung und Entwicklung* (S. 147–161). München: Ernst Reinhardt.
Lohaus, A., & Vierhaus, M. (2015). *Entwicklungspsychologie des Kindes- und Jugendalters für Bachelor* (3. Aufl.). Berlin: Springer.
Lorenz, K. (1935). Der Kumpan in der Umwelt des Vogels. *Journal für Ornithologie, 83*(2-3), 137–215, 289–413. https://doi.org/10.1007/bf01905355.
Lück, H. E., & Miller, R. (Hrsg.). (1993). *Illustrierte Geschichte der Psychologie*. München: Quintessenz.
Luthar, S. S. (2006). Resilience in Development: A synthesis of research across five decades. In D. Cichetti & D. Cohen (Eds.), *Developmental psychopathology* (2nd ed., Vol. 3,pp. 739–795). New York: Wiley.
Mackie, J. L. (1974). *The cement oft he universe*. Oxford, UK: Clarendon.
Marcia, J. E. (1966). Development and validation of ego-identity status. *Journal of Personality and Social Psychology, 3*(5), 551–558. https://doi.org/10.1037/h0023281.
Marcia, J. E., Waterman, A. S., Matteson, D. R., Archer, S. L., & Orlofsky, J. L. (1993). *Ego identity: A handbook for psychosocial research*. New York: Marcia.
Markus, H. R., & Kitayama, S. (1991). Culture and the self: Implications for cognition, emotion, and motivation. *Psychological Review, 98*, 224–253.
Masson, J. M. (1984). *Was hat man Dir, Du armes Kind, getan?* Hamburg: Rowohlt.
Maturana, H. R., & Varela, F. J. (1987). *The tree of knowledge*. Boston: New Science Library.
Mayr, E. (1984/2002). *Die Entwicklung der biologischen Gedankenwelt*. Berlin: Springer.
Mayr, E. (2001). *What evolution is*. New York: Basic Books.

Metzinger, T. (2013). *Grundkurs Philosophie des Geistes: Bd. 2 (Das Leib-Seele-Problem)*. Paderborn: Mentis.
Monahan, K. C., Steinberg, L., & Cauffman, E. (2009). Affiliation with antisocial peers, susceptibility to peer influence, and antisocial behavior during the transition to adulthood. *Developmental Psychology, 45*(6), 1520–1530. https://doi.org/10.1037/a0017417.
Morris, A. S., Silk, J. S., Steinberg, L., Myers, S. S., & Robinson, L. R. (2007). The role of the family context in the development of emotion regulation. *Social Development, 16*(2), 361–388. https://doi.org/10.1111/j.1467-9507.2007.00389.x.
Odling-Smee, F. J., Laland, K. N., & Feldman, M. W. (2003). *Niche construction*. Princeton, NJ: Princeton University Press.
Otto, H. (2008). *Culture-specific attachment strategies in the Cameroonian Nso. Cultural solutions to a universal developmental task*. Dissertation. Osnabrück: Universität Osnabrück.
Oyama, S. (1985). *The ontogeny of information. Developmental systems and evolution*. Cambridge: Cambridge University Press.
Pauen, M. (2015). *Grundprobleme der Philosopie des Geistes: Eine Einführung*. Frankfurt a. M.: Fischer.
Pauen, S. (2016). *Entwicklungspsychologie des Kindes- und Jugendalters*. Heidelberg: Springer.
Pauen, S., & Roos, J. (2017). *Entwicklung in den ersten Lebensjahren (0–3 Jahre)*. München: Reinhardt.
Petersen, R., Petermann, F., & Petermann, U. (2017). Feinfühliges Elternverhalten und kindliche Emotionsregulation. *Kindheit und Entwicklung, 26*(3), 147–156. https://doi.org/10.1026/0942-5403/a000226.
Piaget, J. (1932/1983). *Das moralische Urteil beim Kinde*. Stuttgart: Klett-Cotta.
Piaget, J. (1947). *Psychologie der Intelligenz*. Zürich: Rascher.
Piaget, J. (1959/1975). *Das Erwachen der Intelligenz beim Kinde*. Stuttgart: Klett.
Piaget, J. (1980). *Adptation and intelligence*. Paris: Herrmann.
Piaget, J., & Inhelder, B. (1972). *Die Psychologie des Kindes*. Olten: Walter.
Plomin, R., Defries, J. C., Knopik, V. S., & Neiderhiser, J. M. (Eds.). (2013). *Behavioral genetics*. New York: Worth.
Plomin, R., DeFries, J. C., McClearn, G. E., & Rutter, M. (1999). *Gene, Umwelt und Verhalten. Einführung in die Verhaltensgenetik*. Bern: Huber.
Popper, K. R. (1994). *Alles Leben ist Problemlösen. Über Erkenntnis, Geschichte und Politik*. München: Piper.
Popper, K. R. (2002). *Conjectures and refutations*. London: Routledge.
Purcell, S. (2013). Statistical methods in behavioral genetics. In R. Plomin, J. C. Defries, V. S. Knopik & J. M. Neiderhiser (Eds.), *Behavioral genetics* (6th ed., pp. 357–411). New York: Worth.
Purves, D., Brannon, E. M., Cabeza, R., Huettel, S. A., LaBar, K. S., Platt, M. L., & Woldorff, M. G. (2008). *Principles of cognitive neuroscience*. Sunderland: Sinauer.
Quaiser-Pohl, C., & Rindermann, H. (2010). *Entwicklungsdiagnostik*. München: UTB.
Reichle, B., & Gloger-Tippelt, G. (2007). Familiale Kontexte und sozial-emotionale Entwicklung. *Kindheit und Entwicklung, 16*, 199–208.
Rheinberg, F., & Vollmeyer, R. (2010). Paradoxe Effekte für Lob und Tadel. In D. Rost (Hrsg.), *Handwörterbuch der Pädagogischen Psychologie* (S. 635–641). Weinheim: Beltz.

Roberts, B. W., & Caspi, A. (2003). The cumulative continuity model of personality development: Striking a balance between continuity and change in personality traits across the life course. In U. M. Staudinger & U. Lindenberger (Hrsg.), *Understanding human development: Dialogues with lifespan psychology*. Dordrecht, NL: Kluwer Academic Publishers.

Rothbaum, F., Weisz, J. R., & Snyder, S. S. (1982). Changing the world and changing the self. *Journal of Personality and Social Psychology, 42*, 5–37.

Scarr, S., & McCartney, K. (1983). How people make their own environments: A theory of genotype-environment effects. *Child Development, 54*, 424–435.

Schaie, K. W. (1996). *Intellectual development in adulthood: The Seattle Longitudinal Study*. New York: Cambridge University Press.

Schaie, K. W. (2005a). *Developmental influences on adult intelligence: The Seattle Longitudinal Study*. New York: Cambridge University Press.

Schaie, K. W. (2005b). What Can We Learn From Longitudinal Studies of Adult Development? *Research in Human Development, 2*(3), 133–158. https://doi.org/10.1207/s15427617rhd0203_4.

Schlichting, C. D., & Pigglucci, M. (1998). *Phenotypic Evolution: A Reaction Norm Perspective*. Sunderland: Sinauer.

Schneider, W., & Lindenberger, U. (2012). *Entwicklungspsychologie*. Weinheim: Beltz.

Siegler, R., Eisenberg, N., DeLoache, J., & Saffran, J. (2016a). Beziehungen zu Gleichaltrigen. In S. Pauen (Hrsg.), *Entwicklungspsychologie im Kindes- und Jugendalter* (S. 483–528). Heidelberg: Spektrum.

Siegler, R., Eisenberg, N., DeLoache, J., & Saffran, J. (2016b). Biologie und Verhalten. In S. Pauen (Hrsg.), *Entwicklungspsychologie im Kindes- und Jugendalter* (S. 77–154). Heidelberg: Spektrum.

Siegler, R., Eisenberg, N., DeLoache, J., & Saffran, J. (2016c). Die Entwicklung des Sprach- und Symbolgebrauchs. In S. Pauen (Hrsg.), *Entwicklungspsychologie im Kindes- und Jugendalter* (S. 197–238). Heidelberg: Spektrum.

Siegler, R., Eisenberg, N., DeLoache, J., & Saffran, J. (2016d). Die frühe Kindheit – Sehen, Denken und Tun. In S. Pauen (Hrsg.), *Entwicklungspsychologie im Kindes- und Jugendalter* (S. 155–196). Heidelberg: Spektrum.

Skinner, E. A., & Zimmer-Gembeck, M. J. (2009). Challenges to the developmental study of coping. *New Directions for Child and Adolescent Development, 124*, 5–17. https://doi.org/10.1002/cd.239.

Skinner, E. A., & Zimmer-Gembeck, M. J. (2016). *The development of coping. Stress, neurophysiology, social relationships, and resilience during childhood and adolescence*. Heidelberg: Springer.

Sober, E., & Wilson, D. S. (1998). *Unto others: The evolution and psychology of unselfish behavior*. Cambridge, MA: Harvard University Press.

Spangler, G., & Zimmermann, P. (Hrsg.). (1995). *Die Bindungstheorie. Grundlagen, Forschung und Anwendung*. Stuttgart: Klett-Cotta.

Standring, S. (Ed.). (2015). *Gray's anatomy* (41st ed.). New York: Elsevier.

Staudinger, U. M. (2000). Viele Gründe sprechen dagegen und trotzdem fühlen viele Menschen sich wohl: Das Paradox des subjektiven Wohlbefindens. *Psychologische Rundschau, 51*, 185–197.

Staudinger, U. M., & Glück, J. (2011). Psychological wisdom research: Commonalities and differences in a growing field. *Annual Review of Psychology, 62*, 215–241.

Staudinger, U. M., Marsiske, M., & Baltes, P. B. (1995). Resilience and reserve capacity in later adulthood: Potentials and limits of development across the life span. In D. Cicchetti & D. Cohen (Eds.), *Developmental psychopathology* (Vol. 2, pp. 801–847). New York: Wiley.

Steinebach, C. (2000). *Entwicklungspsychologie*. Stuttgart: Klett-Cotta.

Thelen, E., & Smith, L. B. (1998). Dynamic systems theories. In W. Damon & R. M. Lerner (Eds.), *Handbook of child psychology. Vol. 1: Theorectical models of human development* (5th ed., pp. 563–634). Hoboken, NJ: Wiley & Sons.

Thomsen, T., Fritz, V., Mößle, R., & Greve, W. (2015). The impact of accommodative coping on well-being and self-esteem in childhood and adolescence: Longitudinal findings. *International Journal of Behavioral Development, 39*(5), 467–476. https://doi.org/10.1177/0165025414551762.

Thomsen, T., & Greve, W. (2013). Accommodative coping in early adolescence: An investigation of possible developmental components. *Journal of Adolescence, 36*(5), 971–981. https://doi.org/10.1016/j.adolescence.2013.08.003.

Thomsen, T., Lessing, N., Greve, W., & Dresbach, S. (2018). Selbstkonzept und Selbstwert. In A. Lohaus (Hrsg.), *Entwicklungspsychologie des Jugendalters* (S. 91–111). Berlin: Springer.

Tomasello, M. (2011). *Die Ursprünge der menschlichen Kommunikation*. Frankfurt a. M.: Suhrkamp.

Tyson, P., & Tyson, R. L. (2009). *Lehrbuch der psychoanalytischen Entwicklungspsychologie*. Stuttgart: Kohlhammer.

Tyson, P., & Tyson, R. L. (2012). *Lehrbuch der psychoanalytischen Entwicklungspsychologie* (4. Aufl.). Stuttgart: Kohlhammer.

Ulrich, F., & Petermann, F. (2017). Elterliche Emotionsdysregulation als Risikofaktor für die kindliche Entwicklung. *Kindheit und Entwicklung, 26*(3), 133–146. https://doi.org/10.1026/0942-5403/a000225.

Vaillant, G. E. (1993). *The wisdom of the ego*. Cambridge, MA: Harvard University Press.

Valsiner, J., & Connolly, K. (Eds.). (2003). *Handbook of developmental psychology*. London: Sage.

Vierhaus, M., & Wendt, E.-V. (2018). Sozialbeziehungen zu Gleichaltrigen. In A. Lohaus (Hrsg.), *Entwicklungspsychologie des Jugendalters* (S. 139–168). Berlin: Springer.

Voland, E., Chasiotis, A., & Schiefenhövel, W. (Eds.). (2005). *Grandmotherhood. The evolution of significance of the second half of female life*. New Brunswick, NJ: Rutgers University Press.

Vygotsky, L. S. (2002). *Denken und Sprechen*. Weinheim: Beltz.

Walper, S., Lux, U., & Witte, S. (2018). Sozialbeziehungen zur Herkunftsfamilie. In A. Lohaus (Hrsg.), *Entwicklungspsychologie des Jugendalters* (S. 113–138). Berlin: Springer.

Weinert, S., & Grimm, H. (2012). Sprachentwicklung. In W. Schneider & U. Lindenberger (Hrsg.), *Entwicklungspsychologie* (S. 433–456). Weinheim: Beltz.

Wentura, D., Greve, W., & Klauer, T. (2002). Bewältigungstheorien. In D. Frey & M. Irle (Hrsg.), *Theorien der Sozialpsychologie* (2. Aufl., Bd. 3, S. 101–125). Bern: Huber.

Wilson, D. S., & Wilson, E. O. (2007). Rethinking the theoretical foundation of sociobiology. *Quarterly Review of Biology, 82*, 327–348.

Wilson, E. O. (1975). *Sociobiology: The new synthesis*. Cambridge, MA: Cambridge University Press.

Sachverzeichnis

A
Abwärtsvergleich, 168
Abwehrmechanismus, 188, 195
Adaptation, 122, 124, 125, 127, 130, 131, 180, 182, 186, 188–190, 193, 197, 225, 226
Adaptivität, 48, 129, 151, 193
Akkommodation, 172, 182, 186, 189, 190, 194
Aktualgenese, 99, 199
Allostasis, 166, 225
Altruismus, 215
Animismus, 54, 55, 67
Anlage/Umwelt, 104, 106, 115, 207
Anpassung, 101, 180, 195
Äquilibration, 186
Arbeitsmodell, inneres, 82–84, 87, 102
Artifizialismus, 54
Assimilation, 186, 189, 190
Autopoiesis (Selbsterzeugung), 221

B
Begründungszusammenhang der Theorie, 88
Belastung, 30, 167, 180, 184, 186
Bewältigung, 24, 150, 151, 175, 181, 183, 186, 187
Bindung, 77, 78, 82, 83, 85, 86, 93, 204
Bindung im Kulturvergleich, 85
Bindungserfahrung, 102
Bindungsqualität, 79, 81, 83, 85

Bindungsstil, 79
Bindungstheorie, 77, 78, 81, 82, 84, 204, 205
Bindungstyp, 79–81

C
Chromosom, 106
Chronosystem, 202
Coping, 186

D
Deduktion, 21
Disäquilibrium, 192
DNA, 117, 211

E
Egozentrismus, 53
Elektrakomplex, 33
Eltern, 204
Emergenz, 213, 214
Emotionsregulation, 204
Enrichment, 97
Entwicklung – Abweichung, 26
Entwicklung des Selbst, 156, 187
Entwicklung, gelungene, 148, 173
Entwicklung, kognitive, 52, 68, 74, 153, 189
Entwicklung, körperliche, 92
Entwicklung, moralische, 62

Entwicklung – Multidirektionalität, 153
Entwicklung, neuronale, 95
Entwicklung, proximale, 201
Entwicklung, psychosoziale, 46
Entwicklungsabschnitt, sensibler, 138
Entwicklungsaufgabe, 24–28, 30, 46, 60, 61, 87, 93, 140, 142, 151, 152, 165, 205, 225
Entwicklungsbedingung, 23, 41, 45, 97, 103, 105, 110, 120, 172, 188, 189, 200
Entwicklungsdiagnostik, 7, 26, 56
Entwicklungsdynamik, 153, 166, 176, 219
Entwicklungseinfluss, 14–17, 200
Entwicklungserklärung, 17, 162
Entwicklungskonsequenz, 206
Entwicklungskonstellation, 199
Entwicklungskontext, 48, 197, 200
Entwicklungsphase, 23, 39, 58
Entwicklungsprozess, 17, 89, 94, 135, 144, 172, 192, 198, 220, 228
Entwicklungspsychologie der Lebensspanne, 172
Entwicklungspsychologie, evolutionäre, 127
Entwicklungsregulation, 89, 92, 157, 169, 181, 188
Entwicklungssequenz, 69, 70, 74
Entwicklungsstabilität, 91
Entwicklungssteuerung, 141
Entwicklungsstufe, 33, 59, 67
Entwicklungssystem, 197, 200, 224
Entwicklungstheorie, 12, 29, 31, 35, 45, 75, 133, 220, 226
Entwicklungsverlauf, 24, 31, 58, 77, 91, 151, 173, 223, 226
Entwicklungsziel, 142, 147
Entwicklungszustand, 25
Epigenetik, 118
Erwachsenenalter, 148, 153, 157, 163, 198
Erwartungs-Wert-Theorie, 145
Erziehung, 62, 77, 86, 151
Evolution, 120, 121
Evolutionstheorie, 12, 120, 121, 126, 141, 193
Exosystem, 202

Experiment, 178
Explorationsverhalten, 80, 98

F
Feinfühligkeit, elterliche, 78
Fitness, 121, 123, 130
Flexibilität, 85, 131, 161, 164–166
Forschungsproblem, 109
Fremde-Situation-Test, 80, 86

G
Gehirn, 94, 211
Gehirnentwicklung, 97, 101, 103
Gen, 102, 105, 116, 129, 139, 211
Generation, 41, 122
Genotyp, 105, 128
Genwirkung, kausale, 114
Geschlechtsidentität, 35
Gleichaltrige (Peers), 206
Gleichgewicht (*Äquilibrium*), 191

H
Handlungserklärung, 144
Handlungskontrollstrategie, 165
Heinz-Dilemma, 66
Heritabilität, 108, 110
Hypothese, 10, 22, 218

I
Identität, 47, 50, 51, 158, 159, 166, 168
Identitätsentwicklung, 51, 160
Identitätsstadium, 160
Immunisierung, 168
Imperativ, kategorischer, 65
Individualismus, 49
Individualität, 139, 157
Induktion, 21, 36
Instanzenmodell, 31
Intention, 71
Interaktion von Natur und Kultur, 132
INUS, 141, 210

Invarianzkonzept, 52
IST, 180
Ist-Soll-Diskrepanz, 180, 184, 192

K
Kausalität, 141, 209, 211, 213, 218
Kohärenz, 215
Kohorte, 206
Kohortendesign, sequenzielles, 42, 178
Kohorteneffekt, 42, 43, 153
Kollektivismus, 49
Konstellation, 114, 175, 193, 210
Konstruktivismus, 222
Kontext, 13, 15, 62, 140, 199, 219, 227
Kontext, historischer, 203
Kontext, innerer, 208
Kontext, kultureller, 85, 201, 203
Kontext, sozialer, 85
Kontexteinfluss, 207
Kontextsensibilität, 92
Kontextspezifität, 87
Kontrolle, primäre, 179
Kontrolle, sekundäre, 179
Konvergenzmodell, 42
Kooperation, 205
Krise, 44, 45, 50, 60, 61, 152, 159, 187
Kultur, interdependente, 205
Kultur, kollektivistische, 205

L
Längsschnitt, 39, 153, 178, 206, 218
Lebensqualität, 169, 172, 180
Lebensspannenperspektive, 45, 59, 151, 171, 188, 189
Leib-Seele-Problem, 211, 214
Lustprinzip, 32

M
Makrosystem, 202, 211
Mehrebenenanalyse, 217
Mesosystem, 202, 211
Messfehler, 57
Messwiederholungseffekt, 43

Mikrosystem, 202, 211
Modell selektiver Optimierung mit Kompensation (SOK), 177
Moral, 63
Moralentwicklung, 68, 70
Motivationale Theorie der Lebensspannen-Entwicklung, 179
Mutation, 125

N
Nachkommen, 91
Nervenzelle (Neuron), 95
Neurogenese, 95
Neuronenzuwachs, 98
Nische, 119, 130, 141, 215, 226

O
Objektivität, 56
Objektpermanenz, 52, 54
Ödipuskomplex, 33, 34
Ödipustheorie, 35
Ontogenese, 99, 103, 118, 128, 141, 157, 193, 199, 225
Operationalisierung, 37, 38, 56, 217
Optimierung, 177

P
Persönlichkeitseigenschaft, 41, 108, 129, 164
Perspektivwechsel, 53
Phänotyp, 105, 128
Phase, sensible, 58
Phasen der psychosexuellen Entwicklung, 32
Phenylketonurie (PKU), 115
Phylogenese, 99, 103, 141, 199
Plastizität, 128
Präferenzanpassung, 182
Prägung, 78, 81, 103
Probleme und Grenzen von Definitionen, 170
Problemlösung, 186, 187, 194
Prozess, akkommodativer, 182
Pubertät, 24, 33, 35, 93, 100, 137

Q
Querschnitt, 39, 153, 178

R
Reaktion, defensive, 185
Reaktionsnorm, 128, 140
Realitätsprinzip, 32
Regulation, akkommodative, 184
Regulation, assimilative, 184
Reifung, 3, 92, 137
Reliabilität, 57
Reproduktion, 129–131
Resilienz, 172, 182, 187, 210
roaming entropy (RE), 98
Rouge-Test, 159

S
Säugling, 4
Säuglingsforschung, 137
Scaffolding, 201, 205
Schutzfaktor, 174
Selbst, 155, 220
Selbst, dynamisches, 163
Selbst-Entwicklung, 162
Selbst – Entwicklungsbedingung, 166
Selbst – Entwicklungsdynamik, 168
Selbst – Entwicklungsprodukt, 166
Selbst – Flexibilität, 165
Selbst, individualistisches, 162
Selbst, kollektivistisches, 162
Selbst – Psychologie des Selbst, 158, 169, 176
Selbst-Stabilisierung, 163
Selbst – Stabilisierungsprozess, 167
Selbst-Steuerung, 165
Selbstbewusstsein, 156
Selbstbild, 158
Selbstbild, independentes, 49
Selbstbild, interdependentes, 50
Selbstentwurf, 156
Selbsterschaffung, 221
Selbst*gestaltung*, 142, 152
Selbstkonzept, 159
Selbstorganisation, 221
Selbstregulation, 141, 154, 156, 177, 201
Selbststabilisierung, 176
Selbststeuerung, 192
Selbstwert, 158, 175
Selbstwirksamkeit, 145
Selektion, 124, 177
Selektionsdruck, 124, 125, 185, 193, 198, 215
SOK, 178
SOLL, 180
Sozialisation, 13, 61, 76, 77, 151, 204, 207
Sozialisationsagent, 143, 204
Sprache, 3–5, 137, 200
Stabilität, 11, 51, 157, 198
Stabilität der Persönlichkeit, 163
Stabilität des Verhaltens, 164
Stabilität des Wohlbefindens, 172
Stabilität, intraindividuelle, 164
Stabilität, kumulative, 163
Stabilität von Selbst und Persönlichkeit, 172
Strategie, assimilative, 181
Stress, 186
Synapsenproduktion, 100
Synapsenreduktion, 96, 100
Synaptogenese, 95
System, dynamisches, 223

T
Theorie, allgemeine, 8
Theorie, empirische, 38, 74
Theorie, wissenschaftliche, 9

U
Umschüttaufgabe, 54
Umwelt, äußere, 216
Umwelt, innere, 216
Unreife, 131
Ursache, distale, 101
Ursache, proximale, 101
Urteil, moralisches, 71

Sachverzeichnis

V
Validität, 57
Varianzanalyse, 110
Variation, 124
Veränderung, 3, 10, 11, 157, 223
Veränderung zweiter Ordnung, 194
Veränderungsprozess, nicht-linearer, 224
Vererbung, 105
Verhaltensbereitschaft, 131
Verschachtelung, systemische, 227
Verteidigungslinie, 167
Volitionstheorie, 145

W
Wachstum, 3, 94, 173
Wahrnehmungsvermeidung, 185
Wechselwirkung, 114, 116, 117
Wertfreiheit, 71
Willensfreiheit, 144
Wohlbefindensparadox, 169, 182
Wolfskind, 138

Z
Zielanpassung, 180
Zielblockade, 150
Zielverfolgung, 181
Zielverfolgungsstrategie, 151
Zirkel, logischer, 10, 36, 146, 175
Zwei-Prozess-Modell der Entwicklungsregulation, 181
Zwillinge, 107
Zwillingsforschung, 110
Zwillingsstudie, 107

If you have any concerns about our products,
you can contact us on
ProductSafety@springernature.com

In case Publisher is established outside the EU,
the EU authorized representative is:
**Springer Nature Customer Service Center GmbH
Europaplatz 3, 69115 Heidelberg, Germany**

Printed by Libri Plureos GmbH
in Hamburg, Germany